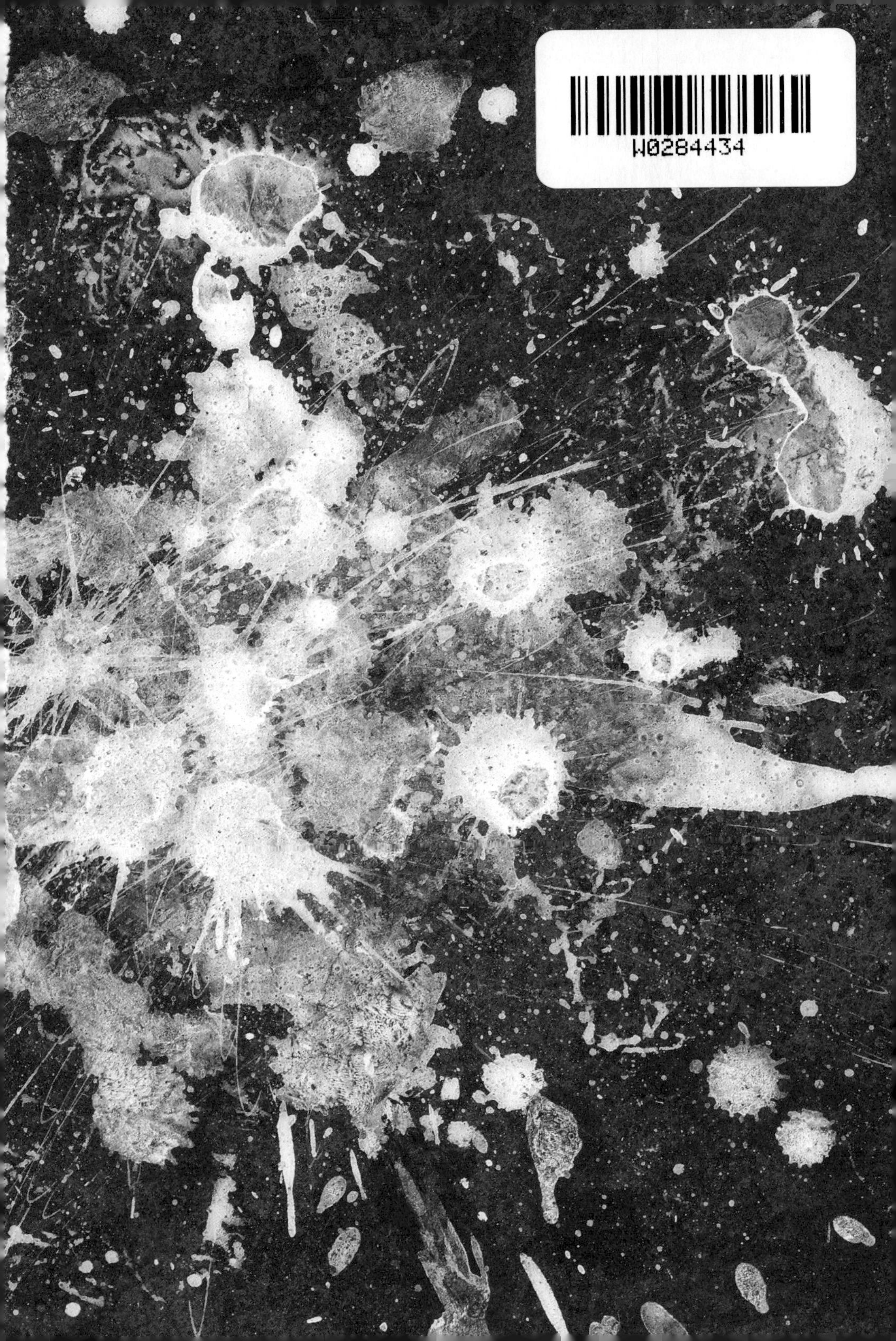

Wolfgang Venohr

PATRIOTEN GEGEN HITLER

WOLFGANG VENOHR

PATRIOTEN GEGEN HITLER

Der Weg zum 20. Juli 1944

Eine dokumentarische und szenische Rekonstruktion

GUSTAV LÜBBE VERLAG

Lektorat: Heike Rosbach, Nürnberg
Umschlaggestaltung: Axel Bertram, Berlin,
unter Verwendung eines Fotos
von Jürgens Ost+Europa-Photo, Berlin
Satz: Bosbach & Siebel Print Media Concept
Gesetzt aus der 10 Punkt Rotis Serif und
Rotis Sans Serif (Linotype-Hell)
Druck und Einband:
Offizin Andersen Nexö Leipzig GmbH, Leipzig

Printed in Germany
ISBN 3-7857-0717-7

Fritz-Dietlof Graf von der Schulenburg sagte 1944 vor dem Volksgerichtshof: »Wir haben diese Tat auf uns genommen, um Deutschland vor einem namenlosen Elend zu bewahren. Ich bin mir klar, daß ich daraufhin gehängt werde; aber ich bereue meine Tat nicht.«

Peter Graf Yorck von Wartenburg versicherte 1944 kurz vor seiner Hinrichtung in einem Abschiedsbrief über seine Widerstandsmotive: »... daß kein ehrgeiziger Gedanke, keine Lust nach Macht mein Handeln bestimmte. Es waren lediglich meine vaterländischen Gefühle, die Sorge um mein Deutschland, wie es in den letzten zwei Jahrtausenden gewachsen ist...«

INHALT

VORWORT

Dies ist die Geschichte von eineinhalb Jahren; die Geschichte der großen Verschwörung oder – wie Claus Schenk Graf von Stauffenberg sich ausdrückte – der »Konspiration« gegen Adolf Hitler. Sie beginnt um die Jahreswende 1942/43, als die 6. Armee an der Wolga um ihr Leben kämpft, und sie endet am 19. Juli 1944, dem Vorabend des Attentats.

Natürlich hat es auch schon vorher Feinde des NS-Regimes gegeben. Leber und Leuschner beispielsweise mußten wie tausend andere von 1933 bis 1937 durch die Konzentrationslager gehen. Dr. Goerdeler trat 1937 unter Protest von seinem Amt als Leipziger Oberbürgermeister zurück. Generaloberst Beck wurde 1938 von seinem Posten abgelöst. Adam von Trott zu Solz erklärte 1939, daß ein Krieg keine Probleme löse. Selbst leidenschaftliche und frühe Nationalsozialisten wie Caesar von Hofacker, Graf Helldorf oder Fritz-Dietlof von der Schulenburg wandelten sich im Laufe der Jahre 1941 und 1942 zu entschiedenen Gegnern des NS-Systems.

Die Schlacht bei Stalingrad aber bedeutete für jüngere Offiziere der Wehrmacht, die sich bis dahin diszipliniert und korrekt jeder Einmischung in die Politik enthalten hatten, die große Wende. Von jetzt an stand die Existenz Deutschlands auf dem Spiel. Die Existenz und die Ehre, denn in der zweiten Jahreshälfte 1942 hatten sie allmählich von verbrecherischen Aktionen im Hinterland der Front erfahren, die sie bis dahin für undenkbar gehalten hatten.

Als diese Offiziere im Januar 1943 zu Oppositionellen wurden, als sie damit begannen, sich zu formieren, konspirative Kreise und

Zirkel zu bilden, und dann – Zug um Zug – Kontakte zu den zivilen Regimegegnern entwickelten, da begann recht eigentlich die Geschichte des deutschen Widerstandes. Denn nur Offiziere der Wehrmacht hatten die Möglichkeit, bewaffnet gegen den Diktator und sein System vorzugehen, nur sie verfügten über den notwendigen Apparat, einen Staatsstreich zu organisieren.

Die Männer des 20. Juli 1944 waren Patrioten. Daß sie im geheimen konspirieren mußten, daß sie zu Verschwörern im dunkeln wurden, entsprach weder ihrer Mentalität noch ihrem Herkommen. Sie tauchten in die Welt des Zwielichts, sie nahmen das Odium des Verrats auf sich – aus Vaterlandsliebe. Einer ihrer Besten, der 36jährige Oberst von Stauffenberg, beschrieb ihre Motivation am 21. Mai 1944 mit den Worten: »Es geht um Deutschland. Und um sonst nichts.«

Die Konspirateure gegen Hitler hatten für sich nichts zu gewinnen. Peter Graf Yorck von Wartenburg versicherte angesichts des Galgens, »daß kein ehrgeiziger Gedanke, keine Lust nach Macht« sein Handeln bestimmt habe. Diese Leute gehörten fast ausnahmslos dem Adel oder dem gebildeten Bürgertum an; sie waren Stabsoffiziere, Selbständige, Mittelständler oder hohe Staatsbeamte. Sie hätten nach Kriegsende ein geruhsames Leben in der westdeutschen BRD führen, hätten ihre Pensionen verzehren und nach Gran Canaria jetten können. Sie brauchten nur damals, im Krieg, den Mund zu halten und die Hände in den Schoß zu legen. Sie hätten fast alle die Katastrophe von 1945 überlebt; die meisten von ihnen waren noch jung.

Sie haben es vorgezogen, sich »Sorge um Deutschland« zu machen, wie Peter Yorck schrieb. Und einer ihrer Tapfersten, Fritz-Dietlof von der Schulenburg, bekannte vor dem Volksgerichtshof: »Wir haben diese Tat auf uns genommen, um Deutschland vor einem namenlosen Elend zu bewahren.«

Was bislang übersehen oder verschwiegen wurde: Die Patrioten des deutschen Widerstandes führten einen Zweifrontenkampf. Sie kämpften gegen Hitler, um Deutschlands Untergang abzuwenden, und sie stemmten sich gegen die Alliierten, die Deutschlands Einheit und Unabhängigkeit vernichten wollten. Am 2. November 1943 überlegten Fritz-Dietlof Schulenburg, Graf Schwerin und die beiden Stauffenberg-Brüder, was sie nach der Beseitigung Hitlers gegen eine deutsche Umsturzregierung tun könnten, die sich den Alliierten zu unterwerfen beabsichtigte. Am 21. Juni 1944 formulierte Trott zu Solz die Bedingungen des Stolzes und der Würde, unter denen es allein möglich sein konnte, mit den Kriegsgegnern in Verhandlungen zu treten. Und am 2. Juli 1944 leisteten die Aktivsten der Konspiration einen feierlichen Schwur, den Widerstand auch unter fremder Besatzung in Deutschland fortzuführen.

Kaum einem dieser Verschwörer, dieser deutschen Widerstandskämpfer gegenüber hätte man den Mai 1945, also die Besetzung und Zerstückelung Deutschlands, als »Befreiung« bezeichnen dürfen. Mit Ausnahme von Gisevius und Oster lehnten sie jede Form der Kollaboration mit den Kriegsgegnern ab. »Was die treiben, ist Landesverrat; ich betreibe den Hochverrat«, sagte Claus Stauffenberg mit Blick auf das von den Sowjets gegründete und ausgehaltene Nationalkomitee in der Sowjetunion. Etwas anderes stand für Schulenburg, Mertz und Hofacker, für Tresckow, Klausing, Haeften und Schwerin nach keiner Seite hin zur Debatte. Sie waren eben: deutsche Patrioten.

Aber haben sie nicht ihren Führer und Obersten Befehlshaber verraten?

Gewiß. Nur war dieser Führer zuvor selbst zum Verräter geworden: als er die Prinzipien des nationalen Selbstbestimmungsrechtes, mit denen er angetreten war, immer mehr preisgab und zum kontinentalen Imperialisten wurde; als er alle Gesetze der Moral, des Anstands und der Humanität mit Füßen zu treten begann, anderen Rassen und Völkern die totale »Ausrottung« androhte; als er mit fortschreitendem Krieg zu erkennen gab, daß er die Existenz seines Volkes dem Starrsinn seiner Ideen opfern würde.

Die Widerstandskräfte bestanden nicht nur aus ehemaligen

Sozialdemokraten, Gewerkschaftern, Deutschnationalen und Zentrumsleuten. Die Aktivsten unter ihnen waren »alte Kämpfer« der NSDAP wie Caesar von Hofacker, Fritz-Dietlof von der Schulenburg, Graf Helldorf. Andere hatten ursprünglich mit der Hitlerbewegung sympathisiert: Henning von Tresckow hielt 1929 im Potsdamer Offizierskasino Werbevorträge für das nationalsozialistische Parteiprogramm, Mertz von Quirnheim sagte im selben Jahr zu seinen Reichswehr-Rekruten, sie bräuchten überhaupt keine andere Zeitung zu lesen als den *Völkischen Beobachter.*

Es muß die Herrschenden des NS-Systems – solche Leute wie Himmler, Bormann, Kaltenbrunner – beim Studium der Gestapo-Verhörprotokolle wie ein Schock getroffen haben, daß gerade unter den Aktivsten der Verschwörer, unter der Attentatsgruppe (Schulenburg, Olbricht, Quirnheim, Claus und Berthold von Stauffenberg, Tresckow, Hofacker, Schwerin, Klausing, Werner von Haeften) mindestens die Hälfte aus ehemaligen Parteigenossen und Sympathisanten des Dritten Reiches bestand.

Der enge Kreis derjenigen, die in die Planung des Staatsstreiches konkret eingeweiht waren, die die Termine und die Methoden kannten, umfaßte etwa 160 Personen. Davon waren die Hälfte Offiziere der Wehrmacht.

Keine Armee der Welt hat so etwas vorzuweisen. Drei Generalfeldmarschälle, drei Generalobersten, 13 Generäle und 21 hohe Generalstabsoffiziere mußten im Konflikt zwischen Treue und Verantwortung ihr Leben lassen.

Sie alle trugen die Uniform der Wehrmacht, und sie blieb für sie bis zum letzten Tag ein Ehrenkleid. Zwischen den Soldaten und Offizieren an der Front, die ihr Äußerstes gaben, das Reich zu verteidigen, und den Patrioten des Widerstandes, denen es um Deutschlands Ehre und Freiheit ging, klaffte kein Abgrund. Sie alle waren feldgraue Kameraden. Und sie alle, an der Front wie im Widerstand, handelten nach dem Bibelwort:

»Niemand hat größere Liebe denn die,
daß er sein Leben läßt für seine Freunde.«

Der Gedanke, die letzten eineinhalb Jahre vor dem 20. Juli 1944 zu rekonstruieren, stammt von meinem alten Freund und Förderer, Professor Dr. Fritz T. Epstein von der Stanford University. Schon im Sommer 1964 forderte er mich in einem Brief auf, »die große Stauffenberg-Biographie« zu schreiben. Als ich ihm 1968 die Erstfassung meines Buches über die slowakische Offiziers-Verschwörung von 1943/44 zur Begutachtung schickte, schrieb er mir: »Das macht Ihnen kein westlicher Historiker nach«, und drängte mich, nun auch die deutsche Konspiration dieser Jahre zu schildern.

Ich fand niemals Zeit, seinem Vorschlag Folge zu leisten. An der Widerstands-Thematik selbst blieb ich immer dran. Ich drehte als Autor, Regisseur und Produzent Fernsehfilme über Tresckow, Niekisch, Stauffenberg, Niemöller, Scheringer; verfaßte zahlreiche Artikel für das Wochenblatt *Die Zeit*; schrieb eine Stauffenberg-Biographie. Doch die Geschichte der Konspiration blieb liegen. Ich wußte nicht recht, wie ich sie formal anfassen sollte.

In der Nacht vom 2. zum 3. Oktober 1990, als das Wirklichkeit wurde, wofür ich als Journalist jahrelang gestritten hatte, kam mir der Gedanke, daß dies ja auch ein Ehrentag für die Patrioten des deutschen Widerstandes sei. Denn das war es doch, wofür sie gekämpft, wofür sie den Makel des Mordes und des Verrats auf sich genommen, wofür sie schließlich ihr Leben geopfert hatten: die deutsche Einheit, das Fortbestehen der deutschen Nation.

In diesem Sinne also galt es, von der patriotischen Konspiration der Jahre 1943 und 1944 zu berichten, als sich die Gefahr der deutschen Spaltung, des manipulierten deutschen Gegeneinanders bereits abzuzeichnen begann. Und bald wurde mir auch die Frage der Gestaltung klar: Zahlen, Daten, Fakten und Zitate *von damals* mußten sprechen – nicht Exegesen, Legenden oder Kommentare *post festum*. Das ließ sich am besten machen, indem ich den dramatischen Stoff mit kühler Akkuratesse chronologisierte. Nur eine strenge Chronologie in Form eines Kalendariums bot die Garantie, den geheimnisvollen Winkelzügen der Verschwörung und den wahren Beweggründen der Konspirateure auf die Spur zu kommen. Und wo immer es ging, wo es die Quellenlage an Briefen, Memoranden, Erinnerungen von Überlebenden und Aussagen vor den Untersuchungsbeamten gestattete, machte ich mich an eine szenische Rekonstruktion, wurden Diskussionen und Dialoge eingearbeitet, auf der Grundlage historischer Überlieferungen.

Aber die Verschwörer, die Widerstandskämpfer lebten und planten ja nicht im luftleeren Raum. Um sie herum tobte der Krieg, fielen die Kameraden, heulten die Sirenen, krachten die Bomben, sank das Reich in Schutt und Asche, vernahm man die fanatische, aufpeitschende Stimme Hitlers, die immer brutaler werdenden Forderungen der Alliierten, erlebte man die hochsensible, zwischen Furcht und Heroismus schwankende Gefühlslage der gepeinigten Bevölkerung. Dies mußte zum Ausdruck gebracht, mußte auf die Szenerie der Geschehnisse gehoben werden. Alle, Freund wie Feind, hatten gleichermaßen zu Wort zu kommen. Der eigene Kommentar mußte zurücktreten, hatte sich darin zu bescheiden, Verbindungsbrücken des Verständnisses zu schlagen. So entstand ganz von selbst eine historische Collage von Bruchstücken, die einander doch bedingten: die Entwicklung der Frontlage, die Atmosphäre im Führerhauptquartier, das Grauen der alliierten Terrorangriffe auf Frauen und Kinder, Hitlers von den Realitäten abgehobene Monologe vor seinen Tischgästen, die warnenden Meldungen des Sicherheitsdienstes über die Stimmung im Reich und – dazwischen, mitten in einem unvorstellbaren Inferno – die Geheimtreffen der Verschwörer, mit ihren Gedanken, Widersprüchen, Planungen.

Ein Drama von antikem Format rollt ab – im Stil eines Drehbuchs, eines Dokumentarfilm-Szenariums. Unaufhaltsam und unerbittlich vollendet sich die Tragödie. Wer sie miterlebt hat, wie der Autor als 18jähriger Frontsoldat, denkt an die Zeit bis ins Innerste erschüttert.

Wolfgang Venohr

DRAMATIS PERSONAE

Die handelnden Personen der Tragödie in alphabetischer Reihenfolge

Hermann Balck
General
der Panzertruppen

Friedrich Fromm
Generaloberst

Ludwig Beck
Generaloberst z. V.,
designierter
Reichsverweser

Dr. Joseph Goebbels
Reichspropaganda-
minister

Robert Bernardis
Oberstleutnant i. G.

Dr. Carl Friedrich
Goerdeler
Oberbürgermeister
a. D., designierter
Reichskanzler

Max-Ulrich Graf
von Drechsel
Hauptmann i. G.

Hermann Göring
Reichsmarschall und
preußischer
Ministerpräsident

Erich Fellgiebel
General der
Nachrichtentruppen

Max Habermann
Designierter
Gewerkschafts-
Vorsitzender

Werner von Haeften
Oberleutnant d. Res.

Adolf Hitler
Führer und Reichskanzler, Oberster Befehlshaber

Carl-Hans Graf von Hardenberg
Major und Rittergutsbesitzer

Erich Hoepner
Generaloberst, designierter Reichskriegsminister

Paul von Hase
Generalleutnant

Dr. Caesar Freiherr von Hofacker
Oberstleutnant d. Res.

Ulrich von Hassell
Botschafter a. D., designierter Reichsaußenminister

Roland von Hösslin
Major

Wolf Heinrich Graf von Helldorf
Designierter Polizeichef

Hermann Kaiser
Hauptmann d. Res., designierter Staatssekretär

Jakob Kaiser
Designierter
Gewerkschafts-
Vorsitzender

Wilhelm Leuschner
Designierter
Gewerkschafts-
Vorsitzender

Bernhard Klamroth
Oberstleutnant i. G.

Erich von Manstein
Generalfeld-
marschall

Hans Günther
von Kluge
Generalfeld-
marschall

Albrecht Ritter Mertz
von Quirnheim
Oberst i. G.

Dr. Julius Leber
Designierter Reichs-
innenminister

Kurt Meyer,
genannt »Panzer-
meyer«
Kommandeur der
12. SS-Panzerdivi-
sion »Hitlerjugend«

Ludwig Freiherr
von Leonrod
Major

Helmuth James Graf
von Moltke
Kriegsverwaltungsrat

Hans Ulrich
von Oertzen
Major i. G.

Rudolf Schmundt
General
der Infanterie

Friedrich Olbricht
General der Infanterie, designierter
Reichskriegsminister

Friedrich
Scholz-Babisch
Rittmeister d. Res.

Prof. Dr. Adolf
Reichwein
Designierter Reichskultusminister

Fritz-Dietlof
Graf von
der Schulenburg
Oberleutnant d. Res.,
designierter
Staatssekretär

Otto Ernst Remer
Generalmajor

Werner Graf von der
Schulenburg
Botschafter a. D.,
designierter
Reichsaußenminister

Erwin Rommel
Generalfeldmarschall

Ulrich-Wilhelm
Graf Schwerin von
Schwanenfeld
Hauptmann d. Res.

Walther von Seydlitz-Kurzbach General der Artillerie, »National-komitee Freies Deutschland«

Henning von Tresckow Generalmajor

Franz Sperr Gesandter a. D.

Adam von Trott zu Solz Legationsrat

Berthold Schenk Graf von Stauffen-berg Marineoberstabs-richter

Dr. Josef Wirmer Designierter Reichs-justizminister

Claus Schenk Graf von Stauffenberg Oberst i. G.

Erwin von Witzleben Generalfeldmar-schall, designierter Oberbefehlshaber der Wehrmacht

Helmuth Stieff Generalmajor

Dr. Peter Graf Yorck von Wartenburg Oberregierungsrat, designierter Staatssekretär

I. DIE REGIMEGEGNER SAMMELN SICH

JANUAR BIS JUNI 1943

Der Monat Januar des Jahres 1943 bringt den Höhepunkt und zugleich die Wende des Zweiten Weltkrieges.

Drei Jahre lang, seit dem 1. September 1939, waren die Soldaten der großdeutschen Wehrmacht Adolf Hitlers von Sieg zu Sieg geeilt. Die Feldzüge in Polen, Norwegen, Belgien und Frankreich, Jugoslawien, Griechenland und Kreta, im Baltikum, im westlichen Rußland und in der Ukraine, in Libyen und Ägypten hatten Triumph an Triumph gereiht. Im Oktober 1942 standen deutsche Truppen vom Nordkap bis an die Pyrenäen, vom Ladogasee bis tief in den Kaukasus, von der Krim bis Kreta und nach Ägypten. Deutsche Panzerspitzen waren bis 100 Kilometer vor Tiflis und vor Alexandria vorgedrungen. Es war die größte Machtentfaltung in der mehr als tausendjährigen Geschichte des deutschen Volkes.[1]

Doch seit drei Monaten hat sich die Lage auf dem Kriegstheater drastisch verändert[2]:

- seit dem 23. Oktober 1942 befindet sich die 8. britische Armee mit gewaltiger materieller Übermacht auf dem Vormarsch gegen Rommels deutsch-italienische Panzerarmee in Ägypten und Libyen;
- am 7. November 1942 sind die Amerikaner und Briten in Marokko und Algerien gelandet, haben den schwachen Widerstand der Vichy-Franzosen beiseite gefegt und stoßen nach Osten, nach Tunesien vor, in den Rücken der Rommelarmee;
- am 19. und 20. November 1942 sind fünf sowjetische Armeen nördlich und südlich des hartumkämpften Stalingrad zur Großoffensive angetreten, haben zwei rumänische Armeen fast widerstandslos überrannt und am 22. November den Kessel um die 6. deutsche Armee in Stalingrad geschlossen;
- am 1. Januar 1943 beginnt der Rückzug der deutschen Truppen aus dem Hochkaukasus und von der Terekfront, womit der gesamte deutsche Sommerfeldzug des Jahres 1942 als gescheitert angesehen werden muß;
- im Osten, in Rußland, wie im Süden, im Mittelmeerraum und in Afrika befinden sich nun die deutschen Armeen, denen niemand in den ersten drei Kriegsjahren zu widerstehen vermoch-

te, auf weiträumigen Rückzügen, während der nächtliche Bombenterror der westlichen Alliierten gegen die deutsche Zivilbevölkerung im Reichsgebiet weiter eskaliert.

Vor einem Jahr, am 20. Januar 1942, ist auf der sogenannten Wannsee-Konferenz die »Endlösung« der Judenfrage erörtert worden. Seitdem sind in verplombten Transportzügen, zu jeweils 2000 Personen zusammengepfercht, jüdische Menschen nach Osten, nach Auschwitz verschleppt worden. Diese Aktion bleibt der deutschen Bevölkerung verborgen. Reichsführer SS Heinrich Himmler behandelt sie als ein »niemals genanntes und niemals zu nennendes« Geheimunternehmen.

Das Reich hat im Jahr 1942 annähernd 70 Milliarden Reichsmark an Steuern, Zöllen, Kriegsanleihen etc. eingenommen. Die Reichsschuld beträgt 125 Milliarden Reichsmark. In den Konzentrationslagern, die sich auf Reichsgebiet befinden, zählt man um die Jahreswende 1942/43 etwa 75 000 Insassen. Die deutsche Industrie hat in den abgelaufenen zwölf Monaten 85 000 Maschinengewehre, über 80 000 Lastkraftwagen, 4224 Panzer und 16 456 Kampfflugzeuge produziert.[3]

Ungeachtet der schweren seelischen Belastungen in den Bombennächten ist die Stimmung der Bevölkerung im Reichsgebiet überwiegend ruhig und gefaßt. Die NS-Regierung wird am 30. Januar 1943 ihr zehnjähriges Bestehen registrieren können. Von Jubelstimmung kann angesichts der schweren Frontkämpfe und der wachsenden Verluste keine Rede sein. Zwar sind die feindlichen Einbußen gewaltig: Die Sowjets haben von den circa 12,5 Millionen Mann, die sie in eineinhalb Jahren gegen die Deutschen eingesetzt haben, etwa sechs Millionen Mann an Gefallenen, Schwerverwundeten und Gefangenen verloren. Sie stehen aber nach wie vor mit 6 124 000 Mann im Kampf.[4] Die deutschen Verluste sind sehr viel geringer: 1,1 Millionen Mann an Gefallenen, Schwerverwundeten und Vermißten. Doch ist auf deutscher Seite kaum noch Ersatz vorhanden; die Rekrutendepots sind leer. Dennoch glauben 80 bis 90 Prozent des deutschen Volkes an das so oft bewiesene »Genie« des Führers Adolf Hitler und an ein positives Kriegsende, während die andersgesinnte Minderheit sich weder artikulieren darf noch stichhaltige Argumente zur Hand hat, die der zehnjährigen Kette von nationalsozialistischen Leistungen, Erfolgen, Siegen und Triumphen gegenübergestellt werden könnten. Unter der ständigen, aufmerksamen Beobachtung des Sicherheitsdienstes (SD) kann sich nirgendwo im Reichsgebiet eine nennenswerte aktive Opposition entwickeln. Insbesondere die Arbeiterschaft, das Landvolk und die Jugend, die Jahrgänge seit 1918 sowieso, sind absolut regimetreu und bereit, für »Führer und Reich« jedwedes Opfer zu bringen. Das gilt auch für die Soldaten der deutschen Wehrmacht.

Daß eine Kriegswende bevorsteht, ahnen Anfang 1943 nur wenige. Da es bei Todesstrafe verboten ist, ausländische Sender abzuhören und Feindpropaganda zu verbreiten, sind Heimat wie Front ausschließlich auf die täglichen Berichte des Oberkommandos der Wehrmacht (OKW) angewiesen. Bis sich in breiteren Kreisen die Erkenntnis Bahn bricht, daß die Zeit der Siege und Sondermeldungen endgültig vorbei ist, daß man sich in einem Kampf auf Leben und Tod befindet, ja, daß die Existenz des Deutschen Reiches auf dem Spiel steht, werden noch drei, vier Monate ins Land gehen. Noch lauscht das Volk vertrauens- und hoffnungsvoll der Stimme Adolf Hitlers.

JAHRESWENDE 1942/43

Adolf Hitler, der Führer, Reichskanzler und Oberste Befehlshaber, erklärt in seiner Proklamation[5]:

»Zum viertenmal zwingt mich das Schicksal, den Neujahrsaufruf im Kriege an das deutsche Volk zu richten. In diesen vier Jahren ist aber auch dem deutschen Volke klar geworden, daß es in diesem Kampf, der uns, wie so oft in der deutschen Geschichte, von den habgierigen alten Feinden aufgezwungen worden war, wirklich um Sein oder Nichtsein geht... Die Stellungnahme des nationalsozialistischen Staates wird in diesem gewaltigsten Kampf der Weltgeschichte von zwei Gesichtspunkten bestimmt. Dem einen: Wir haben weder Frankreich noch England oder gar Amerika irgend etwas getan, wir haben von diesen Ländern nichts verlangt, was einen Anlaß zu diesem Krieg hätte geben können. Ja, selbst jeder Friedensvorschlag im Krieg wurde von den internationalen Kriegsverbrechern schroff zurückgewiesen und nur als deutsche Schwäche ausgelegt... Dem anderen: Wir sind, nachdem der Krieg nicht vermeidbar war, entschlossen, ihn mit dem ganzen Fanatismus zu führen, dessen wir Nationalsozialisten fähig sind. Wir sind vor allem gewillt, ihn bis zu einer endgültigen und klaren Entscheidung zu führen, so daß uns und unseren Nachkommen eine Wiederholung dieser Katastrophe in Zukunft erspart bleiben wird...«

4. JANUAR 1943

In den geheimen »Meldungen aus dem Reich« des Sicherheitsdienstes heißt es über die Stimmungslage der deutschen Bevölkerung[6]:

»Der Neujahrsaufruf des Führers an das deutsche Volk und der Tagesbefehl des Führers an die Wehrmacht haben nach den aus allen Teilen des Reiches übereinstimmend vorliegenden Meldungen die Bevölkerung allgemein tief beeindruckt. Die Hintergründe des Krieges seien noch einmal klar und überzeugend dargestellt worden. Dabei wurde insbesondere die Aufzeigung der unbedingten Notwendigkeit, den Kampf bis zur endgültigen Entscheidung weiterzuführen, als durchaus zwingend empfunden. Es ist aufgefallen, daß der diesjährige Neujahrsaufruf kaum Anhaltspunkte für die kommende Entwicklung des Krieges enthielt, wohl aber Ausführungen, aus denen entnommen werden müsse, daß der Krieg noch länger dauern, harte Kämpfe und schwere Opfer erfordern könne. In diesem Zusammenhang sind die Worte des Führers ›Das Jahr 1943 wird vielleicht schwer sein. Wenn uns der Herrgott die Kraft gegeben hat, den Winter 1941/42 zu überwinden, so werden wir auch diesen Winter und das kommende Jahr überstehen‹, ganz besonders beachtet worden. Insgesamt hat die unbedingte Siegesgewißheit und Zuversicht des Führers die Bevölkerung allgemein in dem Glauben bestärkt, daß diesmal Deutschland als letzte Macht den Kampfplatz verlasse...«

8. JANUAR 1943

An diesem Tag trifft sich in Berlin-Lichterfelde in der Wohnung des Grafen Peter Yorck von Wartenburg eine Handvoll Männer, die unzufrieden mit dem NS-Regime und mit dem Kriegsverlauf sind.[7]

Zustandegebracht hat dieses Treffen der 40jährige, sehr umtriebige Fritz-Dietlof Graf von der Schulenburg, Sohn eines Generals des Ersten Weltkrieges, überzeugter Preuße und Potsdamer, ein glühender Bewunderer des Soldatenkönigs und Friedrichs des Großen. Mit 17 Jahren hatte er sich 1919 zu den Freikorps gemeldet und war 1923, nach dem Studium der Staats- und Rechtswissenschaften, Gerichtsreferendar in Potsdam und 1925 Regierungsreferendar in Kyritz geworden. Leidenschaftlicher Verfechter national- und sozialrevolutionärer Ideen, wurde er weithin als »roter Graf« tituliert. 1931 war er ostentativ der NSDAP beigetreten und hatte sich als Vorkämpfer einer »nationalen Befreiung vom Versailler Diktat« sowie eines eigenständigen Weges zum »deutschen Sozialismus« profiliert. Von 1934 bis 1937 Landrat in Ostpreußen, kam er bald mit dem nationalsozialistischen Gauleiter Erich Koch wegen zahlreicher sozialrevolutionärer Maßnahmen und mit seinem Kampf gegen die Bonzokratie in Konflikt. 1937 wurde er Stellvertretender Polizeipräsident von Berlin. Seit 1939 hatte er als Reserveoffizier, und zwar als Zugführer in einem Infanterieregiment, an mehreren Fronteinsätzen teilgenommen. Jetzt tut er als Oberleutnant der Reserve beim Ersatzbataillon des Infanterieregiments Nr. 9 in Potsdam Dienst.

Schulenburg, als alter Nationalsozialist aus der »Kampfzeit« vor 1933, verfolgte seit Mitte 1941 Pläne, das NS-Regime nach gewonnenem Kriege im Innern zu reformieren. Prinzipieller Gegner der parlamentarischen Demokratie und Verfechter eines autoritären Staatswesens, war Schulenburg doch nicht gesonnen, sich kritisches Denken verbieten zu lassen. Ende 1941 sprach er sich entschieden dagegen aus, daß Hitler den Krieg im Osten nicht allein gegen den Bolschewismus, sondern auch gegen das russische Volk führte. Im Spätherbst 1942 erklärte er den »Dreifrontenkrieg gegen die drei stärksten Weltmächte« (er meinte USA, Sowjetunion und Großbritannien) für »endgültig verloren«. Von nun an war er der Überzeugung, daß eine innere Reform nicht mehr helfen könne, daß ein Staatsstreich nötig sei. Das militärische Desaster von Stalingrad, das im November 1942 seinen Anfang genommen hatte, förderte seinen Entschluß zur Opposition.

Schulenburg kennt Peter Graf Yorck von Wartenburg schon seit seiner Studienzeit, hat mit ihm immer Kontakt gehalten. Yorck, 38 Jahre alt, ist ein Nachfahre des berühmten Generals gleichen Namens aus der Zeit der Befreiungskriege. Er ist ein überzeugter Preuße, glühender deutscher Patriot und Hitlergegner. 1934 nahm er nach einem Jurastudium seine Tätigkeit im Oberpräsidium Breslau auf und arbeitete ab 1936 beim Reichskommissar für Preisüberwachung in Berlin. Im Polenfeldzug von 1939 war er als Panzeroffizier eingesetzt. Seit 1942 hielt Yorck, der nun im Wehrwirtschaftsamt in der Reichshauptstadt arbeitet, engen Kontakt zum oppositionellen »Kreisauer Kreis«, vor allem zu dessen führendem Kopf, dem Grafen Moltke.

So nimmt auch der 35jährige Rechtsanwalt Helmuth James Graf von Moltke, begleitet von zwei Angehörigen des »Kreisauer Kreises«, an der Besprechung teil. Moltke ist ein direkter Nachfahre des legendären Feldmarschalls Helmuth Graf von Moltke, des Siegers von Königgrätz und Sedan, arbeitet als Kriegsverwaltungsrat in der Amtsgruppe Ausland des OKW und leitet in seiner Freizeit auf seinem niederschlesischen Gut Kreisau die geheimen Tagungen seines Oppositionszirkels.

Dieser »Kreisauer Kreis« setzt sich aus schlesischen Jung-Aristokraten wie Moltke, Peter Graf Yorck von Wartenburg, Horst von Einsiedel und Karl Dietrich von Trotha zusammen, die zum Teil schon seit Ende der zwanziger Jahre in der »Schlesischen

Jungmannschaft«, einem Zweig der Bündischen Jugend, Kontakt zueinander gefunden hatten. Im Laufe der Kriegsjahre waren Sozialdemokraten wie Carlo Mierendorf und Theo Haubach, evangelische Theologen wie Eugen Gerstenmaier und Harald Poelchau, von katholischer Seite Pater Alfred Delp dazugestoßen. Eine entschiedene Hinwendung zum Christentum kennzeichnete die geheimen Debatten der Kreisauer. Man verwarf den »schwächlichen Parteienstaat« der Weimarer Republik und bekannte sich zu einer ethisch fundierten »Volksgemeinschaft«. Moltke, unbestritten der führende Kopf dieses Oppositionskreises, erklärte dazu: »Die eigentliche Frage, vor die Europa nach dem Krieg gestellt wird, ist die, wie das Bild des Menschen im Herzen unserer Mitbürger wiederhergestellt werden kann. Dies aber ist eine Frage der Religion und Erziehung, der organischen Verbundenheit mit Beruf und Familie, des rechten Verhältnisses zwischen Verantwortung und Anspruch.«

Der Kreisauer Kreis lehnt das Hitlerregime strikt ab, verurteilt schärfstens die NS-Maßnahmen gegen Juden, Polen, Russen und diskutiert leidenschaftlich die künftige »Bestrafung von Rechtsschändern« nach Beendigung des Krieges. Schulenburg, der an zwei Sitzungen der Kreisauer als »Gast« teilgenommen hat, kennt die extrem liberale und prowestliche Einstellung des Grafen Moltke. Das ist nicht unbedingt seine Marschrichtung. Deshalb liegt ihm daran, Verbindungsfäden zu konservativen Oppositionellen herzustellen, um die Widerstandsbasis gegen das Regime zu verbreitern.

Als geheimes Oberhaupt der konservativen Regimegegner in Deutschland gilt der 59jährige Dr. Carl Friedrich Goerdeler, der ebenfalls in der Yorck-Wohnung erscheint. Goerdeler, nach eigener Überzeugung ein Preuße vom Scheitel bis zur Sohle, war von 1930 bis 1937 Oberbürgermeister von Leipzig und 1931/32 und 1934/35 Reichskommissar für Preisüberwachung gewesen. Als führendes Mitglied der Deutschnationalen Volkspartei (DNVP) hatte er in der Weimarer Republik den »Fluch des Parlamentarismus« beklagt und sich für eine »Mobilisierung aller Volkskräfte« in einer »Diktatur über Jahre hinaus« ausgesprochen. So war es auch bis 1936 zu keinerlei ernsthaften Problemen mit den Nationalsozialisten gekommen, obwohl er den halbsozialistischen NS-Vierjahresplan und den radikalen Antisemitismus der NSDAP häufig kritisiert hatte. 1937 war er unter Protest gegen die Entfernung des Mendelssohn-Denkmals vor dem Leipziger Gewandhaus von seinem Posten als Leipziger Oberbürgermeister zurückgetreten und hatte noch im selben Jahr die Tätigkeit eines Wirtschaftsberaters beim Elektrokonzern Bosch AG angetreten. In den beiden folgenden Jahren bereiste er die halbe Welt und verfaßte am 6. August 1939, zweieinhalb Wochen vor Ausbruch des Zweiten Weltkrieges, eine warnende Denkschrift, die er an Bosch, Krupp, Göring und die Generäle Beck, Halder und von Fritsch schickte. Darin schrieb er: »Nach dem Material, daß mir zur Verfügung steht, ist der Eintritt in einen Großkrieg für Deutschland nicht zu verantworten, weil er nicht zu gewinnen ist und weil daher der Gefahr eines uns erneut schwächenden Friedens ins Auge gesehen werden muß.« Seit 1941 hat Goerdeler geheime Gegenmodelle zur Hitlerschen Politik entworfen, die er mit dem in den Ruhestand versetzten Generaloberst Ludwig Beck abgestimmt hat.

Dieser Ludwig Beck betritt nun als letzter die Yorck-Wohnung in der Hortensienstraße. Er ist 62 Jahre alt, war bereits im Ersten Weltkrieg Generalstabsoffizier und in den Jahren 1935 bis 1938 Chef des Generalstabs des deutschen Heeres. Ursprünglich mit dem Dritten Reich sympathisierend, hatte Beck während der Blomberg-Fritsch-Krise im Februar 1938 seine Haltung zum NS-System revidiert und anläßlich der Sudetenkrise, am 16. Juli 1938, eine abmahnende Denkschrift verfaßt, in der er vorschlug, »den Obersten Befehlshaber der Wehrmacht zu veranlassen, die von ihm befohlenen Kriegsvorbereitungen einzustellen und die Absicht der gewaltsamen Lösung der tschechischen Frage so lange zurückzustellen, bis sich die militärischen Voraussetzungen dafür grundlegend geändert haben«. Da Hitler sehr übelgenommen hatte, war Beck im Herbst 1938 von seinem Posten zurückgetreten. Er ist jetzt Pensionär.

Schulenburg, der Spiritus rector dieses Oppositionellentreffens, ist sich durchaus des Risikos bewußt. Denn vom ersten Augenblick an gibt es atmosphärische Spannungen zwischen Goerdeler und den Kreisauern, die dem Deutschnationalen mißtrauen und die eigentlich nur theoretische Reformmodelle für ein Nachkriegsdeutschland erörtern wollen. Goerdeler, ganz in der Position des Staatsmannes, reißt jedoch die Regie der Tagung sofort an sich und diskutiert über Deutschlands Außenpolitik:

»Deutschland muß seine entscheidenden Lebensinteressen nicht mit Krieg, sondern mit einer Politik internationaler Verständigung durchsetzen! Welches sind die deutschen Lebensforderungen, auf denen wir unbedingt zu beharren haben? Erstens: es darf nie wieder einen polnischen Korridor zwischen Ostpreußen und dem Reich geben. Zweitens: Deutschland braucht Kolonialbesitz. Drittens: Wir brauchen von den Amerikanern die billige Hergabe von Gold, um die deutsche Währung wieder weltfähig zu machen. Natürlich müssen wir dafür Gegenleistungen erbringen. Darunter verstehe ich international vereinbarte Rüstungsbegrenzungen, eine solide Finanzgebarung im Innern des Reiches sowie eine schrittweise Wiederannäherung Deutschlands an die Weltwirtschaft.«

Goerdeler blickt sich im Raum um. Beck, Schulenburg und Yorck folgen ihm aufmerksam. Auf den Gesichtern Moltkes und seiner Kreisauer zeigt sich Unbehagen und Distanz. Unbeeindruckt fährt Goerdeler in seinen Ausführungen fort:

»Die entscheidende Gefahr für die innere wie äußere Stabilität des Reiches und damit auch für eine deutsche Außenpolitik, die zu einem friedlichen Interessenausgleich mit den alliierten Gegnern kommen will, bleibt die sich aus dem Totalitätsanspruch der NSDAP und aus dem Terrorsystem ergebende Recht- und Sittenlosigkeit. Sie gerät in immer stärkere Spannung zu den seelischen Bedürfnissen des freien Menschen und schafft eine Verbitterung, die den einzelnen immer unwilliger macht, für den Staat Opfer zu bringen. Diese inneren Spannungen müssen allmählich revolutionär werden, sie müssen die Armee und ihre Kampfkraft entwerten. Nach außen begründen sie den Grundsatz der Skrupellosigkeit in der Wahl der Mittel, womit sich die übrige Welt niemals abfinden wird. Ganz abgesehen davon, daß das innere Terrorsystem im Volk keine seelische Schwungkraft mehr erzeugt.«

Die letzten Sätze finden den Beifall der Kreisauer. Schulenburg gießt jedoch Wasser in den schäumenden Wein:

»Also, eine defätistische Revolution im Reich wird es niemals geben. Darauf warten die alliierten Mächte vergebens. Jedermann weiß doch heute in Deutschland, was uns von denen blüht, wenn wir den Krieg verlieren!...«

Goerdeler nickt, läßt sich aber durch diesen Einwurf nicht ablenken. Er beharrt auf seinem Thema.

»Wir haben es erlebt: Schon in den letzten zwei, drei Jahren vor dem 1. September 1939 herrschte international ein Zustand, von dem man nicht genau wußte, ob man ihn noch als ›Frieden‹ oder schon als ›Krieg‹ bezeichnen sollte. Das darf es in Zukunft nicht geben. Jeder Staat muß die allgemeinen Modalitäten beachten, die von dem Grundsatz getragen werden, ›Verständigung‹ zu erreichen. Friedlicher Wettbewerb mit anderen Völkern, der ja sein muß, ist nur dann möglich, wenn im Frieden bestimmte internationale, durch Anstand und Recht vorgeschriebene Spielregeln eingehalten werden.«

Diese Feststellung findet Moltkes Zustimmung. Es bleibt aber doch etwas Diffuses im Raum; die Kreisauer und Goerdeler sprechen nicht dieselbe Sprache. So kommt es auch nicht zu konkreten Absprachen einer gemeinsamen Konspiration, auf die Schulenburg hinarbeitet. Generaloberst Beck, in einer Art selbstgewählter Schiedsrichterrolle, versucht abschließend eine gemeinsame Plattform zu formulieren:

»Klar ist, daß dringend etwas geschehen muß, den Krieg zu beenden! Weder Hitler noch die Partei sind dazu in der Lage, mit den Feindmächten Verhandlungen über einen Verständigungsfrieden zu führen. Das kann nur die Wehrmacht... Ich denke, wir sind uns über die Notwendigkeit einig, möglichst schnell einen Staatsstreich herbeizuführen. Ich muß aber erst einmal sehen, wie stark die tatsächlich vorhandenen Kräfte dafür sind.«

12. JANUAR 1943

Vier Tage später, am 12. Januar 1943, treten drei sowjetische Armeen an der Donfront zur Großoffensive an und vernichten in wenigen Tagen die 2. ungarische und 8. italienische Armee. Damit ist die deutsche Abwehrfront in Rußland in einer Breite von mehreren 100 Kilometern aufgerissen. Reserven, um die Riesenlücke zu schließen, sind kaum vorhanden. Es erweist sich als ein nicht mehr gutzumachender Fehler der deutschen Führung, daß sie endlose Strecken der Front im Süden Rußlands den verbündeten Armeen (einer ungarischen, einer italienischen und zwei rumänischen Armeen) überlassen hat, deren Widerstandskraft offensichtlich gering einzuschätzen ist. Die sowjetischen Panzerkeile stoßen in Windeseile auf Rostow vor. Die gesamten deutschen Streitkräfte im Süden der Sowjetunion – die 1. Panzerarmee und die 17. Armee – sind von Einkesselung bedroht. Die bereits eingeschlossene 6. Armee an der Wolga scheint zum Sterben verurteilt.

In atemloser Spannung blickt die Welt auf diese Armee und auf Stalingrad, jene fabulöse Stadt an der Wolga, um deren Besitz Deutsche und Russen bereits seit vier Monaten kämpfen. Seit dem 22. November 1942 ist dort die 6. deutsche Armee mit 230 000 deutschen Soldaten von sechs sowjetischen Angriffsarmeen eingeschlossen. Der Entsatzversuch eines deutschen Panzerkorps in den Tagen vom 12. bis 23. Dezember, der bis auf 50 Kilometer an den Südrand des Stalingrader Kessels herankam, ist steckengeblieben. Heiligabend haben die deutschen Verteidiger jede Hoffnung auf Befreiung aufgeben müssen, ist ihr schmaler Verpflegungssatz von täglich 300 Gramm Brot auf die Hälfte herabgesetzt worden.

Am 10. Januar 1943, nach 50tägiger Belagerung des Kessels, treten sechs sowjetische Armeen zum Endsturm auf Stalingrad an.[8] Die materielle und personelle Überlegenheit der Sowjets ist niederschmetternd: Während die Deutschen im ganzen Kessel noch über 60 einsatzbereite Panzer verfügen, setzen die Sowjets 15 Panzerregimenter mit über 600 Panzern vom Typ T 34 zum Angriff ein. Während die 6. Armee noch über 1800 Geschütze verfügt, konzentriert die sowjetische Führung allein auf dem zwölf Kilometer breiten Angriffsstreifen der 65. sowjetischen Stoßarmee das Feuer von mehr als 7000 Geschützen und schweren Granatwerfern. Die deutschen Verteidiger sind bereits halb verhungert. Am 10. Januar besteht ihr täglicher Verpflegungssatz aus 75 Gramm Brot, 200 Gramm Pferdefleisch (einschließlich Knochen), 12 Gramm Fett und 11 Gramm Zucker. Die Temperatur beträgt 25 Grad unter dem Gefrierpunkt, bei dichtem Schneetreiben und eisigem Steppenwind. Unter solchen Bedingungen kämpfen etwa 180 000 deutsche und 20 000 rumänische Soldaten, nachdem in den 50 Tagen zuvor 10 000 Mann gefallen und annähernd 40 000 Verwundete ausgeflogen worden waren. Dennoch kommt die sowjetische Übermacht nur schrittweise, unter schwersten Verlusten voran. In den ersten drei Tagen des sowjetischen Angriffs schießen die Deutschen rund 150 sowjetische Panzer ab. Nach einer Woche bittersten Ringens haben die Sowjets erst knapp 7000 Gefangene gemacht, davon die Hälfte Rumänen. Bis zum Abend des 16. Januar gelingt es den sowjetischen Truppen lediglich, die westliche Hälfte des Kessels einzunehmen. Der sowjetische Artillerie-Marschall Woronow ist sprachlos über den »hartnäckigen Widerstand« des deutschen Gegners. Er stellt sich die Frage: »Wo nimmt er nur seine Kräfte her? Seine Verpflegungsschwierigkeiten müssen sich doch endlich auswirken?« Am 17. Januar kämpfen die Deutschen immer noch in geschlossener Abwehrfront. Wenn es ihnen gelingen sollte, den Kampf bis zum 25. Januar hinzuziehen, haben sie enorme sowjetische Angriffskräfte gebunden, haben sie die 1. Panzerarmee und die 17. Armee, die sich im Augenblick aus dem Kaukasus zurückziehen, vor Einkesselung und Vernichtung gerettet.

Während die ganze Welt das tödliche Ringen bei Stalingrad verfolgt, wird der deutschen Bevölkerung im Reichsgebiet der Endkampf an der Wolga offiziell verschwiegen. Seit dem Jahreswechsel sind jedoch überall Gerüchte im Umlauf, die nichts Gutes verheißen und die sich auf Mitteilungen oder Erzählungen von Verwundeten stützen, die aus dem Kessel ausgeflogen wurden.

14. JANUAR 1943

Im Hauptquartier des deutschen Oberkommandos des Heeres (OKH), das sich in der Nähe des Führerhauptquartiers in Ostpreußen befindet, erhält der Oberstleutnant i. G. (im Generalstab) Claus Schenk Graf von Stauffenberg die Nachricht, daß ihn sein ehemaliger Ordonnanzoffizier bei der 6. Panzerdivision, Werner Reerink, mit dem er 1940 im Frankreichfeldzug zusammen war, gegen Abend besuchen wird. Reerink ist ebenfalls Oberstleutnant i. G. und befindet sich auf dem Weg zur 16. Infanteriedivision (mot./motorisiert) bei Rostow.

Stauffenberg, 35 Jahre alt, 1,85 groß, blendend aussehend, gilt nach dem Urteil des berühmten Panzerführers Generaloberst Heinz Guderian als »das beste Pferd im Stall des deutschen Generalstabs«. Seit dem Sommer 1940 gehört er zur Organisationsabteilung im OKH und kennt – besser als jeder andere – sämtliche Zahlen, Daten, Fakten der deutschen Ausrüstung und Mannschaftsstärke. Stauffenberg, ein glühender deutscher Patriot, hat von 1933 bis 1940 die großdeutsche Politik Adolf Hitlers, die sich auf das nationale Selbstbestimmungsrecht stützte und dem Versailler Diktat von 1919 den Kampf ansagte, mit großer Sympathie verfolgt. Im Januar 1942 ist er stutzig geworden, als er erkennen mußte, daß das deutsche Ostheer bereits unter einem Fehlbedarf von etwa 100 000 Mann litt. Im Sommer und Herbst 1942 hat er sich auf mehreren Konferenzen mit scharfen, beinahe selbstmörderischen Worten gegen die Hitlersche Unterdrückungspolitik gegenüber Russen, Ukrainern, Litauern, Letten und Esten ausgesprochen. Seit dem September 1942 ist er der Ansicht, daß die deutsche Kriegführung ihren »Kulminationspunkt« überschritten hat, daß sich das Kräfteverhältnis nun gegen Deutschland umkehrt und daß das Reich in tödlicher Gefahr ist.

Als sich Werner Reerink abends bei Stauffenberg meldet, steht ihm der Oberstleutnant mit todernstem Gesicht gegenüber.[9] Er fordert Reerink zu einem Spaziergang im Freien, durch den tiefverschneiten Mauerwald auf. Man könne sich dabei besser unterhalten als in den Barackenbüros, deren Wände Ohren hätten. Reerink bemerkt, daß der Oberstleutnant »völlig niedergeschlagen« ist. So hat er den strahlenden, kraftvollen Stauffenberg noch nie gesehen. Man spricht über das Schicksal der 6. Armee in Stalingrad, deren Endkampf vor fünf Tagen begonnen hat und die nun in der eisigen Schneewüste an der Wolga ihrem unabwendbaren Schicksal entgegengeht. Erregt wirft Stauffenberg seine Zigarette in den Schnee.

»Mit Unterstützung von Goebbels, der sich sehr einsichtig zeigte – er war der einzige Mann der Partei, der auf dem Standpunkt stand, daß man Stalingrad und die Gesamtsituation betreffend dem deutschen Volke klaren Wein einschenken müsse –, war es fast schon so weit, daß der Führer der 6. Armee den Ausbruchsbefehl erteilte. Am nächsten Morgen aber kam Göring und erklärte: ›Mein Führer, ich garantiere die Versorgung der Stalingradarmee durch meine Luftwaffe.‹ Gar nichts konnte er garantieren! Die Luftwaffe ist infolge der katastrophalen Witterungsbedingungen überhaupt nicht in der Lage, ihren Versorgungsauftrag gegenüber der 6. Armee zu erfüllen... Görings Verhalten ist glatter Verrat an der Truppe! Man kann nur von einem unverantwortlichen und verbrecherischen Handeln sprechen.«

Die beiden Männer gehen schweigend weiter durch den Mauerwald. Plötzlich bleibt Stauffenberg stehen und sieht Reerink in die Augen. Dann bricht es stoßartig aus ihm heraus:

»Es kann nicht so weitergehen. – Es wird höchste Zeit. – Es muß aber etwas Neues kommen! – Wir dürfen nicht restaurieren. – Man kann die Geschichte nicht zurückdrehen. – Ich war nicht umsonst Soldat im Volke.«

18. JANUAR 1943

In den geheimen Lageberichten des Sicherheitsdienstes, genannt »Meldungen aus dem Reich«, heißt es über die Stimmungslage der deutschen Bevölkerung[10]:

»Die Berichte des OKW [Oberkommandos der Wehrmacht] haben

eine wachsende Anteilnahme am Kampfgeschehen besonders an der Ostfront hervorgerufen und waren für viele Volksgenossen eine Bestätigung des von ihnen befürchteten Ernstes der Lage an einzelnen Stellen dieser Front. Die anhaltenden schweren Abwehrkämpfe dieses Winters haben auch vielfach zu Vergleichen mit der Lage an der Ostfront im vergangenen Winter geführt. Vielfach wird darauf hingewiesen, daß im vergangenen Jahr die Schwierigkeiten im wesentlichen auf die große Kälte und den frühen Einbruch des Winters zurückzuführen seien, auf die die deutsche Wehrmacht nicht genügend vorbereitet gewesen sei. In diesem Winter sei es jedoch weniger die Kälte als die bolschewistische Kampfkraft, die der deutschen Ostfront zu schaffen mache. Im allgemeinen ist jedoch trotz starker Besorgnis und Beunruhigung über die Lage an der Ostfront der Glaube und die Hoffnung bei dem größten Teil der Bevölkerung nach wie vor vorhanden, daß es der deutschen Führung und unseren Soldaten auch in diesem Winter gelingen werde, die Ostfront in ihrem wesentlichen Frontverlauf zu halten...«

21. JANUAR 1943

In der Berliner Bendlerstraße, dem Heimatsitz des Oberkommandos des Heeres, empfängt der Hauptmann der Reserve Hermann Kaiser, der Kriegstagebuchführer beim Befehlshaber des Ersatzheeres ist, eine wichtige Nachricht vom Stab der Heeresgruppe Mitte, die in Zentralrußland kämpft.[11] Er notiert sich, daß der Regimegegner Oberst i. G. Henning von Tresckow in den ersten Januartagen beim Oberbefehlshaber der Heeresgruppe, Generalfeldmarschall Hans Günther von Kluge, hinsichtlich eines möglichen Staatsstreiches gegen Hitler sondiert hat. Kluge habe eine persönliche Beteiligung strikt abgelehnt, aber versichert, daß er einer solchen Aktion, wenn sie begonnen habe, persönlich nicht im Wege stehen werde.

Nachdem Kaiser die Nachricht in verschlüsselter Sprache in sein Tagebuch eingetragen hat, macht er sich unverzüglich auf den Weg, um seinen Freund und Mentor Dr. Goerdeler zu informieren.

Am selben Tag heißt es in den geheimen SD-»Meldungen aus dem Reich« über die Stimmungslage der deutschen Bevölkerung[12]:

»Die Lage an der Ostfront wird von der Bevölkerung als ernst und besorgniserregend angesehen. Aus den Wehrmachtsberichten, den zum Teil sehr pessimistischen Erzählungen und Feldpostbriefen der Frontsoldaten und auf Grund der umlaufenden, teils auf Feindnachrichten basierenden Gerüchte, glauben viele Volksgenossen darauf schließen zu müssen, daß zur Zeit ein Tiefstand in diesem Kriege erreicht sei. Die augenblicklich im Gange befindlichen großen Winterschlachten an der Ostfront überträfen an Wucht, Einsatz und Blutopfern erheblich die Kämpfe des vorigen Winters. Besonders bedrückt sind die Angehörigen der in den Kampfabschnitten eingesetzten Soldaten. Diese bangen vor den täglichen Wehrmachtsberichten, welche mit ihren teilweise ganz neuartigen Formulierungen die Größe der Verluste ahnen lassen, sind aber dankbar für die offenere Berichterstattung. Die Aufgabe des Stützpunktes Welikije Luki wird immer noch rege besprochen... Ähnlich verhält es sich mit Stalingrad, welches von vielen Volksgenossen bereits als verloren angesehen wird. Abgesehen von der seinerzeit stark herausgestellten strategischen Bedeutung dieses Platzes wurde seine Eroberung von vielen Volksgenossen als Prestigefrage angesehen, teilweise glaubte man sogar, hiervon den entscheidenden Wendepunkt des Krieges erwarten zu können. Die Bemerkung im Wehrmachtsbericht vom 20. Januar 1943 über die harten Entbehrungen der Verteidiger des Raumes von Stalingrad wird von der Bevölkerung so ausgelegt, daß die dort eingeschlossenen deutschen Truppen jetzt auch nicht mehr auf dem Luftwege in ausreichendem Maße versorgt werden können, und das hat die Besorgnisse noch erheblich verstärkt...«

23. JANUAR 1943

Auf Schulenburgs Drängen kommt es in Berlin zu einem neuerlichen Treffen von Regimegegnern, bei denen Goerdeler und Moltke, die offensichtlich nicht »miteinander können«, ausgespart werden.[13] An diesem Treffen nehmen neben Schulenburg der ehemalige preußische Finanzminister, Dr. Johannes Popitz, 58 Jahre alt, und der ehemalige deutsche Botschafter in Rom, Ulrich von Hassell, 61 Jahre alt, sowie zwei weitere Personen, die Legationsräte im Auswärtigen Amt Adam von Trott zu Solz und Werner von Haeften, teil.

Schulenburg berichtet über das Treffen vom 8. Januar in Lichterfelde, das seiner Meinung nach in seinen praktischen Ergebnissen ziemlich unbefriedigend ausgefallen war. Er schildert die unverkennbaren Animositäten zwischen den Kreisauern, die von konkreten Staatsstreichplänen wenig wissen wollten, und Dr. Goerdeler, der die Ansichten der Moltke-Gruppe in »väterlich-nachsichtiger Art« Generaloberst Beck gegenüber kritisiert habe. Hassell, ein entschiedener Deutschnationaler, Bismarck-Verehrer und Preuße, verteidigt Goerdeler und erklärt, daß auch er gegen den »wenig sympathischen, angelsächsisch-pazifistischen« Moltke erhebliche Vorbehalte habe.

Das Treffen erbringt wenig Konkretes, wenn man davon absieht, daß Schulenburgs leidenschaftliches Bekenntnis, es dürfe kein Zurück zum Kaiserreich oder zur Weimarer Republik geben, keinen Widerspruch findet.

In den frühen Morgenstunden haben die Sowjets die 6. Armee im Kessel von Stalingrad erneut zur Übergabe aufgefordert. In der Tat hat die eingeschlossene deutsche Armee in zweimonatigem Abwehrkampf ihren Auftrag voll erfüllt: Die aus dem Kaukasus zurückgehende 1. Panzerarmee hat soeben den Anschluß an die Heeresgruppe von Manstein erreicht und sich damit der Umfassung entzogen. Hitler funkt nachmittags in den Kessel von Stalingrad: »Verbiete Kapitulation. Die Armee hält ihre Position bis zum letzten Soldaten und bis zur letzten Patrone und leistet durch ihr heldenhaftes Ausharren einen unvergeßlichen Beitrag zum Ausbau der Abwehrfront und zur Rettung des Abendlandes.«

24. JANUAR 1943

In Casablanca endet eine zehntägige Konferenz, die am 14. Januar begonnen hat. US-Präsident Franklin D. Roosevelt und der britische Premierminister Winston Churchill haben zusammen mit ihren militärischen Führungsstäben die Kriegslage beraten. Der Grundsatz »Germany first«, also die Absicht, Deutschland vor Japan niederzuschlagen, wird erneut bekräftigt. Außerdem werden die weiteren alliierten Operationen im Mittelmeerraum festgelegt, und es wird beschlossen, nach der Eroberung Tunesiens auf Sizilien zu landen. Das alles ist streng geheim. Eine Weltsensation ist es jedoch, als öffentlich bekannt wird, daß die Westalliierten Deutschland gegenüber die Forderung nach »Bedingungsloser Kapitulation« (»Unconditional Surrender«)[14] erheben. Es ist das erste Mal in der Geschichte der europäischen Staaten seit den Zeiten der Barbarei, daß dem Kriegsgegner solche entehrende Forderung gestellt wird. Roosevelt erklärt in Casablanca:

»Ich glaube, unser aller Sinnen und Trachten zielte längst auf etwas, das jedoch weder vom Premierminister noch mir jemals zu Papier gebracht worden ist, und das ist die Entscheidung, daß der Weltfriede nur durch die totale Eliminierung der deutschen und japanischen Kriegsmacht herbeigeführt werden kann... Die Eliminierung der deutschen, japanischen und italienischen Kriegsmacht ist gleichbedeutend mit der bedingungslosen Kapitulation Deutschlands, Italiens und Japans.«

Roosevelt und Churchill haben also einen »längst« gefaßten Plan ihrer demokratischen Öffentlichkeit verheimlicht, die jetzt – wie die ganze übrige Welt – vor vollendete Tatsachen gestellt wird. Und was »totale Eliminierung« der feindlichen Kriegsmacht in Wahrheit heißt, dazu erklärt Churchill in aller Offenheit: »... unconditional surrender gibt uns das Recht, die Zukunft Deutschlands zu bestimmen... Wir verstehen unter diesem Begriff alle Rechte über Leben, Besitz und Handlungen der Deutschen.« Damit ist klar, daß sich die Casablanca-Formel nicht nur gegen Hitler, sondern gegen das ganze deutsche Volk richtet.

25. JANUAR 1943

Die geheimen SD-»Meldungen aus dem Reich« berichten über die Stimmungslage der deutschen Bevölkerung[15]:

»Die Wehrmachtsberichte der letzten Tage und die plötzliche Umstellung der Führungsmittel auf einen in diesem Ernst bisher unbekannten Ton haben in dem Teil der Bevölkerung, welcher schon bisher zu einer bedenklichen Betrachtung der Lage neigte, viele, zum Teil auch durch den augenblicklichen wieder sehr starken ›Nachrichtenschleichhandel‹ genährte Befürchtungen bestätigt. Auf diejenigen Volksgenossen aber, welche den militärischen Vorgängen in letzter Zeit weniger Aufmerksamkeit entgegenbrachten beziehungsweise die Fronten im großen und ganzen als gesichert angesehen hatten, wirkten die jüngsten Verlautbarungen schockartig. Die Mehrheit der Bevölkerung glaubt aber nicht, daß die derzeitige ernste Situation sich zu einer Katastrophe entwickeln könne. Man rechnet zwar mit der Aufgabe Stalingrads und dem Verlust der dort kämpfenden Divisionen sowie mit weiteren Rückschlägen an allen Abschnitten der Ostfront, ferner mit einem möglichen Rückzug der verbündeten Truppen aus Afrika und daraus folgenden unabsehbaren Konsequenzen auf die Haltung des italienischen Bundesgenossen. Andererseits setzen aber die meisten Volksgenossen alle Hoffnung auf eine gewaltige Frühjahrsoffensive im Osten, in deren Verlauf die jetzt aufgegebenen oder noch verloren gehenden Positionen zurückerobert und die Sowjetmacht, welche doch mindestens ernährungsmäßig bald am Ende ihrer Kräfte sein müsse, endgültig bezwungen werden könnte. In der Auskämmung der Heimat von allen wehrfähigen Männern, die nach manchen Stimmen schon längst hätte erfolgen müssen, sieht man die ersten Vorbereitungen zu einem gigantischen Endkampf, welcher das Jahr 1943 zum Entscheidungsjahr des Krieges gegen die Sowjetunion machen würde...«

Am gleichen Tag trifft sich Dr. Goerdeler mit den beiden wichtigsten Regimegegnern aus dem Kreis der Wehrmacht in Berlin: mit General Olbricht und Oberst von Tresckow.[16]

General der Infanterie Friedrich Olbricht, 54 Jahre alt, von Geburt Sachse, ist ein geistig beweglicher, sehr belesener Offizier, der unter anderem seit Mitte der zwanziger Jahre die nationalrevolutionäre Zeitschrift *Widerstand* von Ernst Niekisch abonniert hatte. Er lebte ganz in den Seecktschen Traditionen der Erhaltung der Einheit des Reiches und eines guten außenpolitischen Verhältnisses zu Rußland. Hitler lehnte er vom ersten Tage seines Auftretens ab. Als es dem NS-Diktator gelang, Österreich und das Sudetenland friedlich dem Reich anzugliedern, erklärte Olbricht Ende Oktober 1938: »Er hat es geschafft, ich hätte es nie gedacht! Wie steht jetzt Beck da, und alle, die dagegen waren! Eine wirre Welt. Ich habe Hitler gehaßt, vom ersten Augenblick an, als er in meinen Gesichtskreis trat. Ich werde meine Ansicht auch nicht ändern. Und doch muß ich sagen: Stirbt er jetzt, so gehört, an den äußeren Erfolgen gemessen, sein Name zu den größten unserer Geschichte.« 1939, im Polenfeldzug, war ihm als Divisionskommandeur das Ritterkreuz verliehen worden. Zwei Jahre später, im Juni 1941, hatte er mit Entsetzen auf den Zweifrontenkrieg reagiert und seine oppositionelle Einstellung zum NS-Regime verschärft. Jetzt steht General Olbricht an der Spitze des Allgemeinen Heeresamtes (AHA) in Berlin.

Oberst im Generalstab Henning von Tresckow, 41 Jahre alt, entstammt einer altpreußischen Offiziersfamilie.[17] Dutzende seiner Vorfahren hatten dem preußischen Staat als hochdekorierte Offiziere gedient oder waren in den Reihen der preußischen Armee gefallen. Den Ersten Weltkrieg hatte er als jüngster Leutnant des deutschen Heeres beendet, und als er 1924 zu einer Weltreise aufgebrochen war, hatte er vor der Abfahrt, am Ufer der mondbeglänzten Havel stehend, zu einem Freund gesagt: »Potsdam wird stärker sein als alles, was die Welt zu zeigen hat.« Tresckow war »Soldat mit Leib und Seele, hing mit allen Fasern seines Herzens an den ruhmreichen Überlieferungen Brandenburg-Preußens«[18]. So war es nur natürlich, daß er seine militärische Karriere im hochfeudalen Potsdamer Infanterieregiment Nr. 9 begonnen hatte, das die Traditionen der preußischen Garde weitertrug.

Zunächst, in den Jahren 1929 bis 1937, hatte Tresckow mit dem NS-Regime sympathisiert. Er erhoffte sich eine enge Verbindung altpreußischer Tugenden mit den neuen Ideen des nationalen Sozialismus, die Adolf Hitler verkündete. Und 1940, nach dem siegreichen Frankreichfeldzug, war er begeistert, hatte gehofft, daß ein »guter Friede« folgen werde. Doch kurz vor Angriffsbeginn auf die Sowjetunion hatte Tresckow bei Generalfeldmarschall Fedor von Bock, dem damaligen Oberbefehlshaber der Heeresgruppe Mitte, gegen den Kommissarbefehl protestiert. Als er wenige Wochen später erfuhr, daß ein lettisches SD-Einsatzkommando 7000 Juden in Borissow massakriert hatte, war er bei Feldmarschall Bock Sturm gelaufen, die Mitglieder sämtlicher SD-Einsatzgruppen vor ein Kriegsgericht zu stellen und zu erschießen.

Ungeachtet seiner politischen und moralischen Oppositionshaltung hat Tresckow lange an einer optimistischen militärischen Beurteilung festgehalten. Als Goerdeler im September 1942 die Heeresgruppe Mitte besuchte, sagte er zu ihm: »Die Heeresgruppe ist durchaus imstande, im Sommer 1943 bis Kasan vorzudringen.« Und noch Ende November, als Tresckow nach Berlin kam, als ihn Olbricht und Goerdeler sorgenvoll nach der gerade eingekesselten 6. Armee bei Stalingrad befragten, antwortete er, Stalingrad bereite gewisse Probleme, aber insgesamt sei die Ostfront so optimistisch, daß man nichts zu unternehmen brauche. Doch in den folgenden Tagen waren ihm in intensiven Gesprächen mit Goerdeler und Olbricht die Augen für die hoffnungslose Lage Deutschlands in einem Mehrfrontenkrieg aufgegangen. Seitdem war er innerhalb der Regimegegner der Mann, der – neben Schulenburg – am energischsten zum Widerstand trieb.

Dr. Goerdeler berichtet eingangs der Besprechung von der Notiz hinsichtlich Generalfeldmarschalls von Kluge, die ihm Hauptmann Kaiser überbracht hat, und fragt Tresckow, der bei der Heeresgruppe Mitte als 1. Generalstabsoffizier (Ia) tätig ist, ob die Mitteilung den Tatsachen entspräche, daß Kluge persönlich »kneife«.

»Leider, leider entspricht sie voll und ganz den Tatsachen! Ich selbst habe sie durchgegeben. Denn ich selbst war es, der mit Kluge gesprochen hat.«

Tresckow, ein kühler, beherrschter Mann, der nur selten Emotionen zeigt, schürzt verächtlich die Lippen:

»Es ist schon ein Kreuz mit unseren Feldmarschällen! Alle handeln nach der Devise ›Wasch mir den Pelz und mach mich nicht naß‹...

Am 16. November war ich bei Feldmarschall von Manstein. Ich berichtete ihm von dem Skandal der Luftwaffen-Felddivisionen Hermann Görings, mit denen er dem Heer etwa 170000 Mann wertvollen Ersatz entzogen hat. Ich steckte ihm auch die Begründung des Herrn Reichsmarschalls, daß er seine nationalsozialistisch erzogenen Soldaten nicht dem Heer geben könne, das noch Pastoren habe und von wilhelminischen Offizieren geführt werde. Keine Reaktion bei Manstein; keine...

Es ist eben immer dasselbe! Vierzehn Tage später besuchte ich Dr. Silex, den Chefredakteur der *Deutschen Allgemeinen Wochenzeitung.* Er war wie immer sehr freundlich, sehr entgegenkommend, und ich sagte ohne Umschweife zu ihm: ›Der Krieg ist verloren! Hitler ist verrückt geworden und muß beseitigt werden!‹ Silex nickte dazu und sagte, daß uns seine Zeitung zur Verfügung stände, wenn der Umsturz gelungen wäre...«

Goerdeler und Olbricht lachen sarkastisch. Olbricht fragt Tresckow, was er darauf zu Silex gesagt habe. Dieser fährt fort:

»›Schlapp‹, habe ich zu ihm gesagt, ›genauso schlapp wie unsere Marschälle! Keiner will mitmachen, bevor nicht der Erfolg feststeht.‹ Das habe ich zu ihm gesagt...

Aber morgen! Morgen ist Graf Stauffenberg bei Manstein. Und Stauffenberg denkt genauso wie wir. Ich habe dafür gesorgt, daß der Oberleutnant [Alexander] Stahlberg als Ordonnanzoffizier zu Manstein gekommen ist. Seit zwei Monaten ist er dort, und er ist von mir genau instruiert worden. Er wird dafür sorgen, daß Stauffenberg ungestört mit Manstein sprechen kann.«

Während Goerdeler skeptisch zuhört, zeigt sich General Olbricht elektrisiert:

»Das ist ausgezeichnet! Von Graf Stauffenberg hört man ja Wunderdinge als Generalstabsoffizier. Der Mann gehört unbedingt in unseren Kreis...

Solche Männer wie Manstein und Kluge, die operativ das Gras wachsen hören, müssen sich darüber klar sein, daß der Krieg nicht mehr zu gewinnen ist. Sie wissen natürlich auch, daß Hitler und seine Parteileute niemals bereit sein werden, über einen Kompromißfrieden zu verhandeln...

Es ist schon so, wie Generaloberst Beck gesagt hat: Nur die Wehrmacht ist fähig, Verhandlungen mit der Feindseite zu führen.«

26. JANUAR 1943

Oberstleutnant i. G. Graf Stauffenberg trifft frühmorgens in Taganrog am Asowschen Meer ein, um im Auftrag der Organisationsabteilung des OKH das Hauptquartier der Heeresgruppe Don zu besuchen und Fragen des Ersatzes für die Armeen dieser Heeresgruppe zu erörtern.[19] Er spricht zuerst mit dem 1. Generalstabsoffizier der Heeresgruppe, Oberst i. G. Theodor Busse, und beurteilt die Kriegslage »sehr pessimistisch«, wie Busse später erklären wird. Claus Stauffenberg erinnert an den preußischen Kriegsphilosophen Carl von Clausewitz und dessen Theorie des Kulminationspunktes im Kriege. Clausewitz habe gelehrt, daß jede strategische Offensive, wenn sie nicht unmittelbar zum Frieden führt, unvermeidlich einen Punkt erreicht, an dem Stärke in Schwäche umschlägt, und daß ein solcher Umschlag gravierendere Folgen für den Kriegsverlauf haben muß als die vorangegangene erfolgreiche Offensive. Diese »Überschreitung des Kulminationspunktes« sieht Stauffenberg ebenso in Rußland wie in Nordafrika.

Um 18.25 Uhr meldet sich der Oberstleutnant laut Kriegstagebuch der Heeresgruppe bei Generalfeldmarschall Erich von Manstein. Beide Männer kennen sich nicht persönlich. Manstein, 55 Jahre alt, gilt als operative Wunderwaffe des deutschen Heeres. Er hat den glänzenden »Sichelschnitt«-Plan erdacht, dem Hitler zustimmte und mit dessen Hilfe Frankreich 1940 in sechs Wochen bezwungen wurde. Soeben, im Sommer 1942, hat er die für uneinnehmbar geltende Festung Sewastopol mit seinen Soldaten erobert und 100 000 Gefangene gemacht. Nun ist er dabei, die Katastrophe am Südflügel der deutschen Ostfront zu bannen und eine neue Abwehrfront in der östlichen Ukraine zu errichten. Auf ihn starrt die Wehrmacht. Sein Nimbus eines »operativen Genies« mobilisiert Erwartungen, und auch für Stauffenberg ist der Feldmarschall ein Hoffnungsträger.

Das Gespräch dauert eine Dreiviertelstunde, bis 19.10 Uhr. Mansteins Ordonnanzoffizier, Oberleutnant Alexander Stahlberg, hört durch die halb angelehnte Tür mit. Stauffenberg referiert kurz über die Ersatzlage der Heeresgruppe, aber dann geht er sofort in medias res, schneidet mit einer geradezu verzweifelten Kühnheit das Thema einer Änderung der deutschen Kriegsspitzengliederung an. Mit rücksichtslosen Worten macht er seinem Herzen über die Fehler der obersten militärischen Führung Luft.

STAUFFENBERG: »So frage ich mich, ob aus einer verlorenen Schlacht – jetzt hier bei Stalingrad – die höhere Führung und insbesondere die höchste Führung wohl die notwendigen Konsequenzen für die Zukunft ziehen wird...?«

MANSTEIN (unterbricht ihn): »Selbstverständlich zieht man seine Konsequenzen und versucht, Fehler in Zukunft auszumerzen.«

STAUFFENBERG: »Das eben glaube ich nicht, Herr Feldmarschall! Unsere Führung führt nach Gesichtspunkten, die nicht rein militärischer, zwecknotwendiger Natur sind. So ist Stalingrad für mich nicht eine verlorene Schlacht, sondern hier offenbart sich für mich ein Führungssystem, das, wenn es sich nicht ändert, ohne jeden Zweifel zum Desaster des ganzen Krieges führen wird...«

MANSTEIN: »Sie wollen mir weismachen, daß der Krieg verloren ist, Stauffenberg? Das nehme ich Ihnen nicht ab.«

STAUFFENBERG (mit Nachdruck): »Ich sehe nur noch eine Chance: Man muß eine Möglichkeit finden, aktiv in die Kriegsspitzengliederung einzugreifen! Nur so kann eine echte militärische, fundierte Führung wieder an verantwortlicher Stelle etabliert werden.«

MANSTEIN (mit Autorität): »Also, mein lieber Stauffenberg, über eine Reform unserer Kriegsspitzengliederung denke ich schon seit einem Jahr nach. Die Wehrmachts- und die Heeresführung müssen natürlich vereint, der Unfug getrennter OKH- und OKW-Kriegsschauplätze muß umgehend beseitigt werden. Der Führer braucht unbedingt neben sich einen ersten Berater, dem er volles Vertrauen schenkt und der für die gesamte Kriegführung zuständig sein muß. Wenn der Feldherr auch noch zugleich die Aufgaben seiner Unterführer übernimmt und wenn er zugleich mit allen Sorgen der Politik und Staatsführung belastet ist, dann muß auch das größte Genie letzten Endes vor einer unlösbaren Aufgabe stehen. Ich halte es für unerläßlich, daß der Führer seinen Unterführern das Vertrauen schenkt, das sie verdienen, daß er ihnen die Freiheit läßt, die sie brauchen, um richtig führen zu können. Ebenso halte ich es für unerläßlich, daß er für die gemeinsame Kriegführung auf allen Kriegsschauplätzen nur einen einzigen Berater hat.«

Feldmarschall von Manstein tritt an Stauffenberg heran und legt ihm kameradschaftlich die Hände auf die Schultern.

MANSTEIN: »Das alles habe ich übrigens vor drei Tagen dem General [Kurt] Zeitzler geschrieben und ihm den Brief ins Führerhauptquartier geschickt. Sie sehen, es wird nachgedacht! Im übrigen möchte ich Ihnen raten, mit Ihren Äußerungen etwas vorsichtiger zu sein; nicht jeder Oberbefehlshaber würde sich ihre Kritik wohl so ruhig anhören wie ich...

Sie sind verzweifelt, mein lieber Stauffenberg, und das verstehe ich. Sie müssen dringend raus aus der ungesunden pessimistischen OKH-Atmosphäre, die einen krank macht. Bemühen Sie sich doch um eine Generalstabsstelle an der Front.«

30. JANUAR 1943

Am zehnten Jahrestag der Machtergreifung Adolf Hitlers nähert sich das dramatische Ringen in den Ruinen Stalingrads seinem Ende. Nach 15tägigem Sturmangriff haben die Sowjets am Morgen des 26. Januar den Stadtrand von Stalingrad erreicht und am folgenden Tag den Kessel in zwei Teile aufgespalten. Die deutsche Öffentlichkeit ist darüber en detail nicht unterrichtet. Wilde Gerüchte sprechen jedoch vom »Endkampf der 6. Armee«. So sind in der Heimat wie an der Front sämtliche Rundfunkgeräte eingeschaltet, als Reichsmarschall Hermann Göring um 13.00 Uhr im Ehrensaal des Reichsluftfahrtministeriums über alle deutschen Sender spricht.[20] Er erinnert an das antike Beispiel des Heldenkampfes der 300 Spartaner unter König Leonidas am Thermopylenpaß und erklärt in Abwandlung eines berühmten Hexameters: »Es wird einmal über die Geschichte unserer Tage heißen: Kommst Du nach Deutschland / so berichte dorten / Du habest uns in Stalingrad kämpfen sehen / wie das Gesetz es befahl.« Am Ende seiner Rede sucht Göring den Zuhörern Mut zu machen:

»Es gibt auch eine Logik in der Weltgeschichte. Glaubt ihr denn, meine Kameraden, daß das Schicksal, daß der Allmächtige einen unbekannten Mann, einen Mann ohne Namen und Vermögen, einen einfachen Kämpfer des Weltkriegs emporsteigen, durch ungezählte Wirren gehen und immer größer werden läßt – und auf einmal soll das alles sinnlos sein? Wenn die Vorsehung dem deutschen Volk einen solchen Mann von dieser Größe gesandt hat wie den Führer – und unsere Ahnen hatten für solche großen Führergestalten den richtigen Namen: Du gottgesandter Mann! – und wenn es ihm gelang, aus dem einst zersplitterten und ohnmächtig darniederliegenden deutschen Volk die stärkste Nation der Welt zu gestalten, dann sind das Garantien, die uns berechtigen, an den Sieg zu glauben. Und jetzt wende ich mich an alle Soldaten, vom Feldmarschall bis zum Rekruten: Die Lage kann nie so schlimm bei uns werden, daß wir nicht die Kraft besitzen, sie zu meistern.«

Die Zuhörer können diesen Worten immerhin das Eingeständnis entnehmen, daß die Lage »schlimm« ist. Um so größer ist die allgemeine Spannung, als Reichsminister Goebbels um 16.00 Uhr die Rede Adolf Hitlers zum zehnten Jahrestag der Machtübernahme im Berliner Sportpalast verliest. Sie beginnt mit einem ausführlichen Rückblick auf die Friedenszeit des Dritten Reiches, von 1933 bis 1939.[21]

»Ich habe in diesen langen Jahren der Welt immer wieder praktische Angebote für eine vernünftige Begrenzung der Rüstungen, für eine loyale Zusammenarbeit gemacht. Spätere Geschichtsforscher werden einst feststellen, daß aber noch niemals den friedlichen Vorschlägen eines Mannes mit mehr Haß begegnet wurde als den meinen! Die Interessenten der kapitalistischen und bolschewistischen Völkerausplünderung begannen das neue Deutschland in eben dem Maß zu hassen, in dem es anfing, ein Vorbild zu werden für die friedliche Lösung vorhandener Gegensätze, sozialer Probleme oder wirtschaftlicher Schwierigkeiten...

Dieser Feindschaft zum Trotz gelang es, Jahr für Jahr immer größere Fortschritte zu erzielen, auch auf dem Wege der friedlichen Revision des Versailler Diktats und der Wiederherstellung deutscher Lebensrechte. Erst nach Ablehnung aller meiner Vorschläge für eine gemeinsame Rüstungsbeschränkung habe ich den Aufbau der neuen deutschen Wehrmacht befohlen. Heute, am zehnten Jahrestag der Machtübernahme, erkennen wir aber erst ganz, was aus Deutschland und was aus Europa geworden wäre, wenn am 30. Januar 1933 die Vorsehung durch den Reichspräsidenten Generalfeldmarschall von Hindenburg dem Nationalsozialismus die Macht *nicht* übertragen hätte! Denn das Deutschland der Systemzeit wäre nicht geblieben, wie es war, sondern seine politische und wirtschaftliche Verelendung und militärische Hilflosigkeit hätten zwangsläufig zu immer größerer Ohnmacht der Umwelt gegenüber geführt.

In diesem Zeitraum hat aber schon seit zehn Jahren vorher der Bolschewismus eine planmäßige Aufrüstung von wahrhaft gigantischem Ausmaß betrieben. Was wäre aus dem deutschen Volk und aus Europa geworden, wenn am 22. Juni 1941 nicht in letzter Minute die neue deutsche Wehrmacht ihren Schild vor den Kontinent gehalten hätte?! Wer will glauben, daß die lächerlichen Garantien oder ebenso belanglosen papierenen Erklärungen angelsächsischer Staatsmänner die Welt gerettet hätten vor dem Überfall durch eine Macht, die, wie es heute amerikanische Korrespondenten ruhig aussprechen, seit zwanzig Jahren nur ein Ziel hat, so wie einst zur Zeit der Völkerwanderung oder der Mongolenstürme Europa zu überfallen, seine Kultur zu vernichten, vor allem aber seine Menschen auszurotten, um Sklavenarbeiter für die sibirischen Tundren zu gewinnen...

In diesem gewaltigsten Kampf aller Zeiten dürfen wir nicht erwarten, daß die Vorsehung den Sieg verschenkt. Es wird jeder einzelne und jedes Volk gewogen, und was zu leicht befunden wird, muß fallen!... Angesichts der Erkenntnis, daß es in diesem Krieg nicht Sieger und Besiegte, sondern nur Überlebende und Vernichtete geben kann, wird daher der nationalsozialistische Staat den Kampf mit jenem Fanatismus weiterführen, den die Bewegung vom ersten Augenblick an besaß, als sie begann, die Macht in Deutschland zu erobern. Ich habe es deshalb bereits am 30. Januar 1942 ausgesprochen, daß Siege jeder Schwächliche zu ertragen vermag, während sich das Schicksal mit seinen Schlägen erst am Starken erprobt!...

Der Heldenkampf unserer Soldaten an der Wolga soll für jeden eine Mahnung sein, das Äußerste zu tun für den Kampf um Deutschlands Freiheit und unseres Volkes Zukunft und damit im weiteren Sinn für die Erhaltung unseres ganzen Kontinents...«

Während der Kampf der 6. Armee in Stalingrad zu Ende geht, wickelt der Oberstleutnant i. G. Graf Stauffenberg seinen Dienst in der Organisationsabteilung des OKH in Ostpreußen ab. Der Chef des Generalstabs, General Kurt Zeitzler, hat ihm mitgeteilt, daß er Stauffenbergs Wunsch, zu einer Fronteinheit versetzt zu werden, erfüllen werde. Der Oberstleutnant soll sich nach Berlin begeben und ein paar Tage Urlaub machen; dort wird er seine neue Dienststellung erfahren.

Am 31. Januar kommt es zu einem Gedankenaustausch mit dem Major der Reserve, Carl Freiherr von Thüngen, einem alten Kameraden vom Bamberger Reiterregiment 17, der ebenfalls im OKH Dienst tut.[22] Als Thüngen eintritt, lacht ihn Stauffenberg, der gerade telefoniert, an: »Du glaubst wohl, ich konspiriere hier?!« Doch dann wird er ernst und berichtet von seinem Gespräch mit Manstein und mit Feldmarschall Kluge, den er auf der Rückreise von Taganrog nach Ostpreußen ebenfalls aufgesucht hat. Voller Verachtung sagt er: »Die Kerle haben ja die Hosen voll oder Stroh im Kopf! Die wollen nicht...« Dann entwickelt er Thüngen ausführlich die operativen Fehlentscheidungen der deutschen Führung in den letzten sechs Monaten, die zur Überschreitung des »Kulminationspunktes« geführt hätten: Erstens die Teilung der Heeresgruppe Süd am

6. Juli 1942 in zwei Heeresgruppen (A und B), obwohl die Angriffskräfte nur 50 deutsche Divisionen, also knapp ein Drittel der Ostfront-Stärke, umfaßten, davon lediglich 8 Panzer- und 6 motorisierte Divisionen, die nur zu 80 Prozent aufgefüllt waren. Zweitens die »Weisung Nr. 45« vom 23. Juli 1942, die diesen äußerst schwachen Kräften die weit auseinander liegenden strategischen Ziele Stalingrad und Baku anwies und damit eine exzentrische Operation anordnete, welche die deutsche Südfront geradezu zwangsläufig zerreißen mußte.

Stauffenberg faßt sein deprimierendes Urteil in dem Satz zusammen: »Der Führer kann nicht mehr von sich selber los, und die militärische Führung fügt sich blindlings jedem seiner Gebote.«

3. FEBRUAR 1943

An diesem Tag gibt das Oberkommando der Wehrmacht das Ende der Kämpfe in Stalingrad bekannt. Nach zehn Wochen blutigen Ringens sind die eingekesselten deutschen Verteidiger der Übermacht von sechs sowjetischen Armeen erlegen. Etwa 40 000 Mann konnten ausgeflogen werden, 80 000 blieben auf dem Schlachtfeld, rund 110 000 deutsche Soldaten gingen in die Gefangenschaft.

Die Wehrmacht hat 20 Divisionen verloren, etwa 40 Prozent ihres Südflügels, darunter 3 Panzer- und 3 motorisierte Divisionen, Eliteverbände, die in ihrem Kampfwert kaum zu ersetzen sind. Die Zahl der einsatzbereiten deutschen Divisionen im Osten sinkt damit auf zirka 120 ab, mit einer Gefechtsstärke von etwa 1,2 Millionen Mann, während die sowjetische Gefechtsstärke das Vierfache ausmacht. Die Anzahl der einsatzbereiten deutschen Panzer beträgt Ende Januar 1943 an der gesamten Riesenfront im Osten 470, davon 250 im Südteil.[23] Die verbündeten Streitkräfte – eine ungarische, eine italienische und zwei rumänische Armeen – sind nicht mehr vorhanden, sie sind fast vollständig vernichtet worden.

Am selben Tag trifft sich Oberstleutnant Graf Stauffenberg mit seiner Frau Nina in Berlin. Auf dem Weg zum »Kempinski« am Kurfürstendamm erzählt er ihr kurz von seinem Gespräch mit Manstein in Taganrog und schließt mit den Worten: »Das ist nicht die Antwort eines Feldmarschalls!«[24]

Man trifft sich zum gemeinsamen Mittagessen mit Oberst i. G. Bürker, der wenige Tage zuvor von der 10. Panzerdivision in Tunesien gekommen war, in der Stauffenberg – wie er inzwischen von Zeitzler erfahren hat – in acht Tagen seinen Dienst als 1. Generalstabsoffizier (Ia) antreten soll. Frau Bremme, eine Bekannte der Stauffenbergs aus Wuppertal, erlebt, daß die beiden Generalstabsoffiziere »laut und sehr kritisch« über die Kriegslage sprechen, »vor allem Stauffenberg«.

Danach trifft sich der Oberstleutnant mit dem verwundeten Major Roland von Hösslin, einem Ritterkreuzträger und ehemaligen Kameraden aus der Zeit beim Bamberger Reiterregiment, dem er verzweifelt gesteht, daß seine Abkommandierung nach Tunesien eine »Flucht an die Front«, daß der Krieg für Deutschland »militärisch verloren« sei.

Nicht anders äußert er sich gegenüber Oberstleutnant i. G. Peter Sauerbruch, einem alten Freund, der mit Gelbsucht in der Lazarett-Station der II. Medizinischen Klinik der Berliner Charité liegt. Stauffenberg spricht vernichtend über die beklemmenden Zustände im OKH und charakterisiert die Unfähigkeit der Oberbefehlshaber von Heeresgruppen und Armeen. Sauerbruch gewinnt den Eindruck, daß sein Freund sehr bedrückt ist. Stauffenberg sagt abschließend, die Lage auf dem afrikanischen Kriegsschauplatz werde innerhalb von drei, vier Monaten zu einem zweiten Stalingrad führen.

Am gleichen Tag besucht Henning von Tresckow die Bendlerstraße und spricht mit dem Chef des AHA, General Friedrich Olbricht, erneut über Fragen des Widerstandes.[25] Olbricht läßt Hauptmann Kaiser kommen, der von Goerdeler die Botschaft ausrichtet, es müsse ohne Verzug »gehandelt« werden, der Augenblick der Niederlage von Stalingrad, der ein Schock für die Parteiführung sei, dürfe nicht versäumt werden. Tresckow stimmt dem zu, erklärt aber, von den Feldmarschällen sei eine »Initialzündung« nicht zu erwarten.

In der Münchner Universität werden die Schriftzüge »Nieder mit Hitler« und »Freiheit« angemalt.[26]

Die Regimegegner kommen im Monat Februar nicht voran. Man tritt auf der Stelle, schafft es nicht, sich zu einer schlagkräftigen Opposition zu formieren. Es ist zwar im Verlaufe des Januar gelungen, vielfältige Kontakte nach den verschiedensten Seiten zu entwickeln. Aber in den beiden entscheidenden Fragen gibt es keine Übereinstimmung: Soll bei dem gewünschten Umsturz physische Gewalt gegen Hitler angewandt werden? Und wer soll an die Spitze der Verschwörung treten?

Die Mitglieder des Kreisauer Kreises, insbesondere Graf Moltke, sind eigentlich gegen jede Widerstandsaktion. Der Krieg müsse ausbrennen, argumentieren sie, und währenddessen müsse man Konzepte für das neue Deutschland nach Kriegsende erarbeiten. Gewalt für den Umsturz lehnen sie prinzipiell ab. Auch Generaloberst Beck verwirft jeglichen Gedanken an ein Attentat. Ähnlich denkt Dr. Goerdeler, der zwar die Notwendigkeit eines gewaltsamen militärischen Vorgehens bejaht, aber einem Mordanschlag auf den NS-Diktator mit Reserve gegenübersteht.

Auf der Suche nach einer repräsentativen wie entschlossenen Spitzenfigur des deutschen Widerstandes kommen Goerdeler und sein Adlatus, Hauptmann Kaiser, zu einer ziemlich frustrierenden Bilanz.[27] Wer hat das Format zum Staatsstreichführer? General Olbricht ist ein entschlossener Oppositioneller, gilt aber allgemein als Offizier, der nur auf Befehl handelt, dem man kaum eigene Initiative zutraut. Generaloberst Beck hält Goerdeler, bei aller persönlichen Übereinstimmung, für einen Zauderer. Manstein, den Tresckow favorisiert, ist Goerdeler wegen seiner eisigen Herrenmentalität zutiefst unsympathisch. Er spielt mit dem Gedanken, den Befehlshaber des Ersatzheeres (BdE), Generaloberst Friedrich Fromm, für die Pläne der Regimegegner zu gewinnen. Kaiser, der in der Bendlerstraße arbeitet und sich beim BdE wie beim AHA auskennt, rät ihm dringend ab: Fromm werde persönlich nichts unternehmen, bis der Umsturz perfekt sei. Kaiser witzelt: »Olbricht will handeln, wenn er Befehl erhält; Fromm will befehlen, wenn gehandelt ist.« Goerdeler und Kaiser beklagen lebhaft, daß Graf Stauffenberg seit dem 11. Februar als Ia der 10. Panzerdivision in Tunesien eingesetzt ist; damit sei eine energische, vorwärtstreibende Kraft für die Regimegegner ausgefallen.

Fritz-Dietlof von der Schulenburg bleibt unermüdlich tätig, den Kreis der Unzufriedenen zu erweitern. Am 25. Februar tritt er an den Leutnant Ludwig von Hammerstein, einen Sohn des Generalobersten und früheren Chefs der Heeresleitung, mit der Frage heran, ob er bereit sei, bei einem bewaffneten Umsturz mitzuwirken.[28] Am selben Tag kommt es zu einem gravierenden Gespräch zwischen Tresckow und Oberst i. G. Helmuth Stieff von der Organisationsabteilung des OKH.[29]

Stieff, 42 Jahre alt, gehört seit 1938 dem Generalstab an. Im November 1939, nach dem Polenfeldzug, schrieb er in einem Brief über die Ausschreitungen des SD im polnischen Generalgouvernement: »Diese Minderheit, die durch Morden, Plündern und Sengen den deutschen Namen besudelt, wird das Unglück des ganzen deutschen Volkes werden, wenn wir ihr nicht bald das Handwerk legen.« Zwei Jahre später, am 19. November 1941, erklärte er nach Unterrichtung über den Terror der SD-Einsatzgruppen in den besetzten Teilen der Sowjetunion: »Es ist schamlos, daß um einiger Halunken willen ein so braves Volk ins Unglück gestürzt wird! Es ist alles noch viel schlimmer geworden als vor zwei Jahren in Polen.«

Helmuth Stieff darf also als ein entschiedener Gegner des NS-Regimes betrachtet werden, und so hat Tresckow auch keinerlei Bedenken, ihn ohne Umschweife zu fragen, ob er bereit sei, an einem Attentat auf Hitler mitzuwirken. Tresckow ist irritiert, als Stieff einer klaren Antwort ausweicht und sich für ein paar Tage Bedenkzeit erbittet; er müsse die Frage in Ruhe mit seiner Frau erörtern. Oberst Tresckow nimmt das indigniert zur Kenntnis; ihm brennt die Zeit auf den Nägeln. Er erinnert sich nur zu gut des

3. Februars, als Hauptmann Kaiser ihm im Namen Goerdelers ausrichten ließ, der Zeitpunkt zum Handeln sei gekommen, Partei und Öffentlichkeit ständen unter dem Schock der Niederlage bei Stalingrad.

Inzwischen beginnt die Erinnerung an die Katastrophe an der Wolga aber langsam zu verblassen. Diskussionen in der Wehrmacht, die an allen Fronten im schweren Abwehrkampf steht, kommen gar nicht auf, nachdem Hitler am 6. Februar gegenüber Feldmarschall von Manstein erklärt hat: »Für Stalingrad trage ich allein die Verantwortung!«[30] Für die Bevölkerung treten neue Ereignisse in den Vordergrund des Interesses. Am 11. Februar gibt das Deutsche Nachrichtenbüro eine Anordnung bekannt, die den Einsatz höherer Schüler als Luftwaffenhelfer vom 16. Lebensjahr an betrifft.[31] Ein Großereignis ist die aufpeitschende Rede, die Reichsminister Goebbels am 18. Februar im Berliner Sportpalast hält und die von allen Sendern des Großdeutschen Rundfunks übertragen wird. Dr. Goebbels sagt unter anderem[32]:

»Stalingrad war und ist der große Alarmruf des Schicksals an die deutsche Nation! Ein Volk, das die Stärke besitzt, ein solches Unglück zu ertragen und auch zu überwinden, ja daraus noch zusätzliche Kraft zu schöpfen, ist unbesiegbar... Wir müssen uns zu dem Entschluß durchringen, nun ganze Sache zu machen, das heißt, den Krieg um das Leben unseres Volkes auch mit dem Leben des ganzen Volkes zu bestreiten. Der totale Krieg ist also das Gebot der Stunde!... Die Nation ist zu allem bereit. Der Führer hat befohlen, wir werden ihm folgen. Wenn wir je treu und unverbrüchlich an den Sieg geglaubt haben, dann in dieser Stunde der nationalen Besinnung und der inneren Aufrichtung. Wir sehen ihn greifbar nahe vor uns liegen; wir müssen nur zufassen! Wir müssen nur die Entschlußkraft aufbringen, alles andere seinem Dienst unterzuordnen. Das ist das Gebot der Stunde...«

Als Goebbels seine Rede mit den Worten Theodor Körners aus dem Jahre 1813 »Nun, Volk, steh auf! Und, Sturm, brich los!« beendet, ist die Zustimmung der Menschen nicht nur im Sportpalast einhellig. Die Ansprache löst ein stürmisches Echo im ganzen Reichsgebiet aus. Die Heimat, die durch den westalliierten Bombenterror längst Frontgebiet geworden ist, beginnt eine neue Haltung zu entwickeln, eine Art Bunker- und Belagerungsmentalität. Da die Kriegführung der Gegner ohnehin »total« ist, wünscht die Bevölkerung auch eine totale Kriegführung auf deutscher Seite, deren Lasten und Risiken gleichmäßig auf alle Schichten der Gesellschaft verteilt werden sollen. Die Menschen erwarten gewiß keine Wunder von ihrer Führung, aber allerorten – in sämtlichen Regionen des Reiches, in allen Schichten der Bevölkerung – ist deutlich der Erwartungsdruck zu spüren, daß die Goebbels'schen Forderungen in zwei, drei Monaten in die Tat umgesetzt werden, daß es dann niemanden mehr gibt, der sich dem totalen Kriegseinsatz entziehen kann.

Das zweite Großereignis hat sich bereits Ende Januar vollzogen, spricht sich aber erst jetzt in seiner Bedeutung und in seinen Konsequenzen herum: Roosevelts und Churchills Forderungen nach »bedingungsloser Kapitulation« auf der Konferenz von Casablanca. Vier Wochen nach Beendigung dieser Konferenz kennt die gesamte Bevölkerung des Großdeutschen Reiches die demütigende Unterwerfungsforderung der Westalliierten. Vor allem sind die Soldaten des Heeres, der Waffen-SS, der Luftwaffe und der Kriegsmarine durch Instruktionsstunden über die Casablanca-Formel unterrichtet worden. Eine stärkere propagandistische Unterstützung hätte sich das NS-Regime nicht ausdenken können. Selbst der Kriegsunwilligste begreift nun, daß es den Alliierten nicht nur um die Beseitigung Hitlers und des Nationalsozialismus geht. Am 1. März legen die USA den Entwurf eines vorläufigen Friedensvertrages mit Deutschland vor, in dessen Artikel 3 es heißt[33]:

»Die Grenzen Deutschlands sind diejenigen vom 30. Januar 1933. Deutschland verzichtet auf alle Ansprüche auf Gebiete, die seit diesem Zeitpunkt erworben wurden; ohne Ausnahme kehren diese in ihre früheren Staatsverbände zurück.« Konkret bedeutet dies, daß das Saarland, Österreich, das Sudetengebiet, Danzig und das Memelland, deren Bewohner als Deutsche nach dem Selbstbestimmungsrecht zum Reich kamen, abgetreten werden sollen.

Die Alliierten behalten sich außerdem vor, Deutschland ganz oder teilweise mit ihren Truppen zu besetzen.

6. MÄRZ 1943

An diesem Tag beginnt eine große deutsche Gegenoffensive in der Ukraine.[34] Infolge des totalen Zusammenbruchs der ungarischen und italienischen Verbände waren die Armeen der sowjetischen Heeresgruppen »Woroneschfront« und »Südwestfront« weit vorgestoßen und von Norden nach Südwesten eingeschwenkt, so daß sich die Gefahr einer riesenhaften Einkesselung der gesamten deutschen Heeresgruppe Süd ostwärts des Dnjepr abzeichnete. Am 14. Februar waren Rostow und Woroschilowgrad verlorengegangen, am 16. Februar hatten die Deutschen sogar Charkow räumen müssen.

Nun tritt die 4. deutsche Panzerarmee aus dem Raum westlich Charkow zum Gegenstoß gegen die 3. Panzerarmee und die 69. Armee der sowjetischen »Woroneschfront« an. Den Angriff führen vor allem das II. SS-Panzerkorps mit den Divisionen »Leibstandarte«, »Das Reich« und »Totenkopf« sowie die Panzergrenadierdivision »Großdeutschland«. Die Operation steht unter Leitung des Generalfeldmarschalls von Manstein.

In Nordafrika greift Generalfeldmarschall Erwin Rommel mit fünf deutschen Divisionen und Teilen von drei italienischen Divisionen aus der Marethstellung die 8. britische Armee an.

Der ehemalige sozialdemokratische Reichstagsabgeordnete Dr. Kurt Schumacher wird aus dem Konzentrationslager Dachau entlassen; er hat seinen Wohnsitz in Hannover zu nehmen. Im Reichsprotektorat Böhmen und Mähren werden dieselben Maßnahmen für den totalen Kriegseinsatz eingeführt wie im Reichsgebiet. Auch in Estland, Lettland und Litauen erfolgt ein Aufruf zum totalen Kriegseinsatz; die Männer werden aufgefordert, sich bei ihren heimatlichen Legionen zum Kampf gegen den Bolschewismus zu melden.[35] In der Reichshauptstadt hat am 1. März die

Deportation der in der Rüstungswirtschaft eingesetzten Juden begonnen.

Im Führerhauptquartier wird bekannt, daß von den 7918 Offizieren, welche die 6. Armee vor ihrer Einschließung in Stalingrad besaß, 5383 Offiziere als vermißt angesehen werden müssen. Generaloberst Heinz Guderian, Deutschlands populärster Panzerführer, der zur Jahreswende 1941/42 einer Intrige des Feldmarschalls von Kluge zum Opfer fiel und nach Hause geschickt wurde, wird reaktiviert und von Hitler zum Generalinspekteur der Panzerwaffe ernannt, nachdem sich beide am 25. und 26. Februar in Winniza (Ukraine) ausgesprochen hatten.[36]

15. MÄRZ 1943

Die geheime SD-»Meldung aus dem Reich« über die Stimmungslage der deutschen Bevölkerung lautet[37]:

»Die Feststellung im Wehrmachtsbericht vom 12. März 1943, daß die Hoffnungen der Bolschewisten auf eine Wiedergewinnung der Ukraine zunichte gemacht sind, sowie die Nachrichten von den Kämpfen um Charkow bis zur Wiedereinnahme haben bei vielen Volksgenossen die letzten Zweifel an der Stabilisierung der Ostfront und der wiedergewonnenen deutschen Initiative beseitigt. Es habe sich jetzt weitgehend die Auffassung durchgesetzt, daß die gemeldeten Frontverkürzungen wirklich auf einer umfassenden strategischen Planung beruhen und daher keinen Anlaß zur Besorgnis bilden können. Deshalb sei auch die Aufgabe von Wjasma von der Bevölkerung ohne Erregung zur Kenntnis genommen worden. Es werde bereits erörtert, wie groß die Zahl der Divisionen sein möge, welche durch diese Operationen freigemacht und bei der kommenden Offensive an anderer Stelle eingesetzt werden könnten.

Die Ansichten über die weitere Entwicklung des Krieges im Osten seien jedoch, nach sehr zahlreich erfaßten Einzelstimmen zu schließen, durchweg noch abwartend und vielfach bedenklich. Zwar seien die Volksgenossen allgemein davon überzeugt, daß die angekündigte Offensive große Erfolge zeitigen werde. Andererseits glaubt man aber, daß im nächsten Winter ›die Lage wieder auf des Messers Schneide stehen wird, wenn wir nicht früher mit den Russen fertig werden‹. Eine bezeichnende Äußerung, die in ähnlicher Form aus allen Reichsteilen gemeldet wird, lautet: ›Wird es nicht immer ein Pendeln zwischen Erfolgen im Sommer und Rückschlägen im Winter bleiben, bei denen wir und die Russen sich schließlich erschöpfen und die Engländer und Amerikaner am Ende mit Leichtigkeit Sieger über beide bleiben?‹«

16. MÄRZ 1943

Die SS-Panzergrenadierdivision »Leibstandarte Adolf Hitler« hat Walki und Charkow in schweren Straßenkämpfen zurückerobert.[38] Die Division »Großdeutschland« und das II. SS-Panzerkorps schicken sich zum Sturm auf Belgorod an. In fünfwöchigen Kämpfen haben die Sowjets 1410 Panzer, 3372 Geschütze, 20000 Gefangene, 45000 Gefallene und mehr als 100000 Verwundete verloren.[39] Die 3. Panzerarmee und die 69. Armee der Sowjets sind zerschlagen. Die Einkreisungsgefahr für die deutsche Heeresgruppe Süd ist beseitigt und die Ostfront wieder stabilisiert.

Fritz-Dietlof von der Schulenburg tritt in seinem Bemühen um Ausweitung der Opposition an jüngere Offiziere seines Regiments, des Infanterieregiments Nr. 9 in Potsdam, heran, um sie für den Widerstand gegen das NS-Regime zu gewinnen.[40] Das Regiment soll als Eingreiftruppe in der Reichshauptstadt für den Tag des Umsturzes zur Verfügung stehen.

28. MÄRZ 1943

An diesem Sonntag besucht Dr. Goerdeler Generaloberst Beck. Die beiden führenden Persönlichkeiten unter den deutschen Regimegegnern pflegen regelmäßige Aussprachen miteinander, in denen sie die Lage des Reiches und den Kriegsverlauf erörtern. Diesmal kommt dem Zusammentreffen grundsätzliche Bedeutung zu, denn Goerdeler hat zwei Tage zuvor, am 26. März, eine geheime Denkschrift verfaßt, die zur geistigen Plattform der künftigen Opposition in Deutschland werden soll und die er nun Beck vorträgt, um dessen Einverständnis zu gewinnen. Klar ist, daß der Krieg so schnell wie möglich zu beenden ist und daß mit der Feindseite Verhandlungen aufzunehmen sind. Dabei gilt es, eine Wiederholung des »Versailler Diktats« von 1919 zu verhindern und das Prinzip der nationalen Selbstbestimmung für das ganze deutsche Volk festzuschreiben. Das künftige Deutschland ohne Hitler soll folgende Gestalt erhalten: »Reichsgrenze von 1914 im Osten; Erhaltung Österreichs und der Sudeten beim Reich; Autonomie Elsaß-Lothringens; Gewinnung Tirols bis Bozen.«[41] Generaloberst Beck stimmt zu.

29. MÄRZ 1943

Die geheime SD-»Meldung aus dem Reich« über die Stimmungslage der deutschen Bevölkerung lautet[42]:

»Die aus den OKW-Berichten erkennbare anhaltende Stabilisierung der militärischen Lage an der Ostfront wird von der Bevölkerung aufmerksam verfolgt. Im allgemeinen ist die Ansicht vorherrschend, daß die eigentliche Frühjahrsoffensive erst später erfolge und es sich bei den jetzigen Operationen um ›Stellungskorrekturen‹ und die Sicherung günstiger Ausgangspunkte für kommende Angriffe handele.

Mehr und mehr beschäftigen sich die Volksgenossen mit der Lage in Tunesien, von der vielfach angenommen wird, daß sie für die Achsentruppen nicht günstig sei. Man fürchtet, daß die anglo-amerikanischen Streitkräfte eine große Offensive begonnen haben, die infolge ihrer Überlegenheit an Menschen und Material die deutsch-italienischen Truppen in eine ungünstige Lage versetzen könnte. Die Gefahr eines Verlustes des Brückenkopfes in Tunesien erscheint vielen Volksgenossen nahe gerückt und beunruhigt weite Teile der Bevölkerung um so mehr, als mit einem Verlust von Tunesien gleichzeitig die Möglichkeit einer englisch-amerikanischen Invasion in Italien und damit die Errichtung einer ›zweiten Front in Europa‹ vom Süden her gesehen wird. Die Besorgnisse sind auch deshalb so groß, weil das Zutrauen in die Kampfkraft der italienischen Truppen nur gering ist und befürchtet wird, daß sie einem starken englisch-amerikanischen Druck nicht standhalten werden und somit auch die deutschen Streitkräfte in Gefahr bringen könnten...«

ANFANG APRIL 1943

Der nächste Monat beginnt mit Paukenschlägen der Geheimen Staatspolizei (Gestapo), die eine ernste Warnung an die Regimegegner darstellen.

Am 2. April 1943, nachts um 2.30 Uhr, wird Fritz-Dietlof von der Schulenburg, der bei Rechtsanwalt Rüdiger Graf von der Goltz zu Besuch ist, überraschend verhaftet.[43] Schulenburg glaubt, daß man seinen Widerstandsgesprächen im Offizierskorps des Infanterieregiments Nr. 9 auf die Spur gekommen ist. Im Verhör stellt sich jedoch heraus, daß irgend jemand behauptete, er, Schulenburg, habe in Gesellschaft über bevorstehende geheime Einsätze des Sonderregiments »Brandenburg« geplaudert. Schulenburg kann das Geschwätz leicht widerlegen und macht einen »Mordskrach« mit den Gestapo-Beamten. Als ehemaliger Polizei-Vizepräsident und alter SS-Führer weiß er genau, wie er mit ihnen sprechen muß. »Im übrigen habe ich mich voll Empörung auf meine alte Parteizugehörigkeit berufen«, erzählt er lachend, als er am Vormittag, gleich wieder entlassen, bei von der Goltz eintrifft.

Drei Tage später, am 5. April 1943, zerschlägt die Gestapo das Oppositionsnest, das sich um Generalmajor Hans Oster im Amt Ausland/Abwehr des OKW gebildet hat.[44] Generalmajor Oster wird zwangspensioniert und unter Überwachung gestellt, seine Mitarbeiter Dr. Hans von Dohnanyi, Dietrich Bonhoeffer und Josef Müller werden verhaftet.

Wenige Tage später wird in der Reichshauptstadt bekannt, daß

Oberstleutnant Graf Stauffenberg, der junge Hoffnungsträger der militärischen Fronde, in Nordafrika ausgefallen ist. Alliierte Jagdbomber haben ihn am 7. April so schwer zusammengeschossen, daß ihm in Sfax die rechte Hand, zwei Finger der linken Hand und das linke Auge amputiert werden mußten. Es ist noch nicht sicher, ob er überlebt. Für jede Art von militärischem Kommando wie für irgendeine Widerstandstätigkeit scheint Graf Stauffenberg verloren.

Das alles sind deprimierende Ereignisse, die den Schwung der Regimegegner lähmen. Zwar, die Gruppe um Goerdeler, Beck, Olbricht, Schulenburg, Tresckow befindet sich noch in keiner unmittelbaren Gefahr. Aber es ist doch unverkennbar, daß die Atmosphäre angespannter, daß man beim SD und bei der Gestapo äußerst mißtrauisch wird, daß man selbst Offiziere und Dienststellen der Wehrmacht immer stärker unter Beobachtung nimmt. Das NS-Regime ist nach der Niederlage von Stalingrad und angesichts der ungünstigen Entwicklung in Nordafrika sorgsam darauf bedacht, jedwede oppositionelle und defätistische Entwicklung im Keim zu ersticken. Die Parole, auf welche die Allgemeinheit verpflichtet wird, lautet: totaler Krieg.

In den ersten fünf Tagen des Monats April hat die westalliierte Luftwaffe drei schwere Terrorangriffe auf Städte in Holland, Belgien und Frankreich gerichtet. Es gibt 900 Schwerverletzte und 2538 Tote, darunter mehr als 300 Kinder.[45]

Am 11. April findet die Konfirmation der beiden Söhne von Henning von Tresckow in der Potsdamer Garnisonkirche statt.[46] Für den Generalstabsoffizier, der sich als bewußter Preuße versteht, ist das ein ernster Tag. In der Tischrede sagt er seinen Söhnen:

»Vergeßt niemals, daß Ihr auf preußischem Boden aufgewachsen und heute an der heiligsten Stätte des alten Preußentums eingesegnet seid. Das birgt eine große Verpflichtung in sich: die Verpflichtung zur Wahrheit, zur innerlichen und äußerlichen Disziplin, zur Pflichterfüllung bis zum Letzten. Vom wahren Preußentum ist der Begriff der Freiheit niemals zu trennen. Wahres Preußentum heißt Synthese zwischen

Bindung und Freiheit, zwischen Stolz auf das Eigene und Verständnis für Anderes. Nur in der Synthese liegt die Aufgabe des Preußentums, liegt der preußische Traum.«

12. APRIL 1943

Adolf Hitler empfängt in Schloß Kleßheim bei Salzburg den rumänischen Staatschef Marschall Mihail Antonescu zu einer zweitägigen Aussprache. Nachdem vier verbündete Armeen mit zirka 700000 Mann (Italiener, Ungarn und Rumänen) in der großen Winterschlacht am Don kaum Widerstand leisteten, wodurch die Abwehrfront gegen die Sowjets in einer Breite von 850 Kilometern aufgerissen wurde, liegt dem deutschen Führer daran, seinen Verbündeten in persönlichen Gesprächen politische und moralische Korsettstangen einzuziehen[47]:

»Es ist meine feste Überzeugung, daß für den Ausgang des jetzigen Krieges nur zwei Möglichkeiten bestehen: entweder ein klarer Sieg oder eine restlose Vernichtung... Innerhalb kürzester Frist werde ich damit beginnen, die Verbände der Russen erneut zu zerschlagen. Es besteht die unbedingte Notwendigkeit, Maßnahmen für einen Kampf bis zur letzten Konsequenz zu treffen. Und es darf kein Zweifel an der fanatischen Entschlußkraft bestehen! Man darf nicht annehmen, daß durch halbe Entscheidungen etwas gewonnen werden kann. Nur ein klarer Sieg stellt eine Lösung dar, und etwas anderes zu versuchen, ist ein Verbrechen an denjenigen, die im Glauben an einen vollen Sieg ihr Leben gelassen haben...«

15. APRIL 1943

Fritz-Dietlof von der Schulenburg zeigt sich gänzlich unbeeindruckt durch die kurze Verhaftung am 2. April. In seinem Bemühen, die Oppositionsbasis zu verbreitern, ist er entschlossen, auch hohe SS-Führer anzusprechen. So trifft er sich in Kopenhagen mit dem Reichsbevollmächtigten für Dänemark, SS-Obergruppenführer Dr. Werner Best.[48]

Dr. Best, einer der gewandtesten »SS-Intellektuellen«, hat ursprünglich mit Heydrich zusammen die Gestapo aufgebaut, sich aber schon 1940 aus dem SS-Sicherheitshauptamt abgesetzt. Seit 1942 ist er Reichsbevollmächtigter für Dänemark. Schulenburg hat mit großer Aufmerksamkeit einen Aufsatz Bests studiert, den er unter dem Titel *Herrenschicht oder Führungsvolk?* 1942 veröffentlichte und in welchem der Verfasser unter dem Vorwand, die Führungspraktiken des römischen Weltreiches zu analysieren, eine sublime Kritik am Herrschaftsgebaren des NS-Regimes artikulierte. Schulenburg hatte sich voller Zustimmung die folgenden Bestschen Formulierungen angestrichen:

»Im Verhältnis des Führungsvolkes zu den übrigen Völkern der Großraumordnung ist zu beachten, daß Führung niemals ohne oder gegen den Willen der Geführten ausgeübt werden kann. Glaubt man aber, die Volkspersönlichkeit der geführten Völker aufheben und dennoch ihre menschliche Substanz dem eigenen Volk als eine Herrenschicht unmittelbar dienstbar machen zu können, so treten Folgen ein, die hier am Beispiel des römischen Imperiums und an anderen Beispielen aufgezeigt worden sind. Das Leben läßt sich nicht zwingen und nicht betrügen! Wer seine Gesetze verläßt, entgeht den Folgen nicht...«

Diese kaum verklausulierte, subtile Kritik an den Herrschafts- und Führungspraktiken des NS-Regimes anderen Völkern gegenüber, formuliert von einem hohen SS-Führer, hat Schulenburg zu seinem Besuch in Kopenhagen stimuliert. Beide, Schulenburg und Best, führen ein sehr »offenes Gespräch« miteinander, das jedoch zu keinerlei Konsequenzen führt, da Best sich letztlich bedeckt hält. Immerhin sagt er zu, eine Verbindung zu Dr. Franz Riedweg, dem Chef der »Germanischen Leitstelle« der SS und Schwiegersohn des pensionierten Generalfeldmarschalls Werner von Blomberg, herzustellen.

Am selben Tag kommt es in Washington zu einer folgenschweren Aussprache zwischen US-Präsident Franklin D. Roosevelt und dem britischen Außenminister Anthony Eden. Beide vereinbaren, daß im Falle des alliierten Sieges Ostpreußen vom Reich abgetrennt und die deutsche Bevölkerung Ostpreußens ausgesiedelt werden soll.

Damit wird die spätere Zerstückelung Deutschlands und die Vertreibung von 15 Millionen Deutschen anvisiert.

16. APRIL 1943

Adolf Hitler empfängt auf Schloß Kleßheim bei Salzburg in Gegenwart des Reichsaußenministers Joachim von Ribbentrop den ungarischen Reichsverweser, Admiral Nikolaus von Horthy. Der deutsche Führer ist entschlossen, den Verbündeten, die in seinen Augen an der Ostfront kläglich versagt und damit alle seine Operationspläne zuschanden gemacht habe, eine kräftige »Abreibung« zu verpassen. Dieser Krieg, sagt er, dürfe nur mit einem Sieg enden, und nach dem Sieg werde eine neue Blüte in ganz Europa entstehen. Aber dem Sieg müsse nicht nur in einem »Abfangen des bolschewistischen Stoßes« bestehen, sondern auch in der Schaffung von »Vorräumen«, die nie mehr preisgegeben werden dürften[49]:

»Der Bolschewismus stellt eine dauernde Infektionsgefahr dar. Das hat sich während der Winterkrise in Rußland bei den Verbündeten Deutschlands gezeigt. Ohne die betreffenden Verbündeten nennen zu wollen, muß ich doch sagen, daß bei den verbündeten Truppen katastrophale Zustände eingerissen sind. Mit dem Gesang der Internationale sind sie zum Teil in völliger Auflösung nach rückwärts geflutet. Die kommunistische Ansteckung hat bei ihnen in erschreckendem Ausmaß um sich gegriffen. Bei deutschen Truppen ist so etwas nie vorgekommen! Die Schulung des deutschen Volkes hat es gegen die kommunistische Ansteckung immun gemacht.

Im letzten Jahr haben wir im Osten mit Hilfe von 700000 verbündeten Soldaten große Operationen geplant. Es sollte über den Kaukasus bis nach Mesopotamien hineingestoßen und auf der anderen Seite die Wolga abgeschnitten werden. Das alles ist fehlgeschlagen, und zwar nicht etwa, weil die Verbündeten waffen- und munitionsmäßig ungenügend ausgerüstet waren. Dieser Auffassung muß ich energisch widersprechen. Die Schwierigkeiten sind bei den Verbündeten eingetreten, weil sie weder seelisch noch geistig dem Kampf gegen den Bolschewismus gewachsen waren. So kam es, daß sie in haltloser Flucht durch die Bolschewisten zurückgetrieben wurden und daß deutsche Arbeitskolonnen, Transportkompanien und sogar Bäckereiabteilungen die Russen dann wochenlang aufhalten mußten und dazu auch tatsächlich imstande waren, weil die deutschen Truppen geistig ganz anders auf den Kampf gegen den Bolschewismus eingestellt sind. Unter diesen Umständen will ich die Verbündeten nicht mehr an der russischen Front kämpfen lassen, weil sie ihre Soldaten geistig leider nicht auf diesen Kampf vorbereitet haben. Es hat unter den verbündeten Truppen geradezu niederschmetternde Szenen gegeben, während bei den deutschen Verbänden keinerlei derartige geistige Deroute eingetreten ist.«

Hitler beendet seine Philippika an Horthy, indem er ihm vor Augen hält, daß es während des Jahres 1942 an der gesamten Ostfront nur einen einzigen deutschen Überläufer zu den Sowjets gegeben hat.

Die deutsche Mannschaftsersatzlage entwickelt sich Ende April 1943 besorgniserregend. Bereits im Januar 1942 war an der Ostfront ein Fehlbestand von zirka 100 000 Mann festgestellt worden. Bis Ende April 1942 war dieses Defizit auf 318 000 Mann angewachsen. In den folgenden zwölf Monaten hatte Generaloberst Friedrich Fromm, der Befehlshaber des Ersatzheeres, rund eine Million Mann der Ostfront zugeführt, womit die Ausfälle gedeckt werden konnten. Jetzt sind praktisch kaum noch nennenswerte Reserven vorhanden.[50]

Die große ungelöste Frage, mit der sich die deutschen Führungsstellen fast täglich beschäftigen, lautet, wie die Sowjets es zustande bringen, immer wieder ihre riesigen Ausfälle zu ersetzen. Die gewaltigen Personaleinbußen von etwa zwei Millionen Gefangenen im Sommerfeldzug 1941 hatten ihre Einsatzstärke in der Tat empfindlich getroffen. Ende Dezember 1941 erreichte sie den absoluten Tiefstand, als die Sowjets nur noch 4,2 Millionen Mann gegen die Deutschen zur Hand hatten. Ende 1942, nach einem Totalausfall von etwa sechs Millionen Mann (zirka 3,5 Millionen an Gefallenen und Schwerverwundeten, rund 2,5 Millionen an Gefangenen) waren sie aber schon wieder in der Lage, über sechs Millionen Mann an der deutschen Front einzusetzen.[51] Gewiß waren die Verluste der sowjetischen Streitkräfte enorm. Sie betrugen während des gesamten Krieges das Vierfache der deutschen Ausfälle. Aber – was Hitler und das OKH niemals bei ihren Rechnungen berücksichtigten – die Zahl der sowjetischen Leichtverwundeten, die nach Ausheilung wieder an die Front zurückströmten, lag etwa um das Fünffache höher als bei den Deutschen. Auf deutscher Seite mußte man im Jahresschnitt mit einem Totalausfall von zirka 750 000 Mann an Gefallenen und Schwerverwundeten rechnen; in derselben Zeit kehrten etwa 500 000 Leichtverwundete in den Einsatz zurück. Der sowjetische Totalausfall an Gefallenen und Schwerverwundeten betrug pro Jahr etwa 2,5 Millionen Mann; dafür meldeten sich aber auch 2,5 Millionen Mann an Leichtverwundeten jährlich zum Einsatz zurück. Auf diese Weise war es möglich, daß die Sowjets ab November 1942 ihre Einsatzstärke an der deutschen Front ständig auf demselben Niveau, bei zirka sechs Millionen Mann, halten konnten.

Von nun an jedenfalls muß das deutsche Ostheer zahlenmäßig kontinuierlich schwächer werden, und man kann unschwer voraussehen, daß es im Frühjahr 1944 nicht mehr in der Lage sein wird, dem weit überlegenen Gegner, der schon jetzt im Verhältnis von 10:3 kämpft, erfolgreich Widerstand zu leisten.

Am 15. April haben die Deutschen bei Katyn, 20 Kilometer westlich von Smolensk, Massengräber von über 4000 polnischen Offizieren entdeckt, die dort im Frühjahr 1940 von den Sowjets ermordet wurden. Drei Tage später trifft im Wald von Katyn eine Abordnung der in Deutschland kriegsgefangenen polnischen Offiziere ein, »um sich von dem Schicksal ihrer in die Hand der Sowjets gefallenen Kameraden zu überzeugen«[52]. Sie identifizieren die Toten und schätzen die Zahl der von den Bolschewisten ermordeten polnischen Offiziere auf mindestens 15 000.

Am 19. April, am Vorabend des Führer-Geburtstages, spricht Goebbels um 18.00 Uhr in der Berliner Philharmonie[53]:

»Das deutsche Volk begeht diesmal den Geburtstag des Führers in einer besonders ernsten Haltung und Stimmung. Der Krieg hat in seinem vierten Jahr sein bisher härtestes Stadium erreicht, und sein Ende ist vorerst noch nirgendwo zu entdecken... Die gewissenlosen Kreise, die diesen Krieg mutwillig, zynisch und frivol vom Zaun gebrochen haben, wollen ganze Sache machen. Was schert sie das Leid und Unglück der Völker, ihre eigenen Völker mit eingerechnet...

Aus ihrer volksfremden, um nicht zu sagen volksfeindlichen Gesinnung, entspringt ihr brutaler Zynismus, und darauf beruht auch ihr infernalischer Haß gegen die nationalsozialistische Volksbewegung, gegen das nationalsozialistische deutsche Volk und Reich und vor allem gegen den Führer selbst...

Als Volk von 90 Millionen legen wir heute erneut unser Bekenntnis zu ihm ab. Wir glauben an den großen deutschen Sieg, weil wir an ihn glauben! Aus der tiefsten Tiefe unserer Herzen steigen unsere heißen Wünsche für ihn auf. Gott gebe ihm Gesundheit, Kraft und die Gnade des Entschlusses.«

Während an der Ostfront seit Ende März – abgesehen von örtlichen Kampfhandlungen – Ruhe herrscht, beide Seiten tief erschöpft nach Atem ringen, gestaltet sich die Lage der deutsch-italienischen Panzerarmee in Tunesien Anfang Mai 1943 dramatisch. Im Laufe des April sind rund 11 000 deutsche Soldaten in den tunesischen Brückenkopf überführt worden, davon 8500 auf dem Luftweg, 2500 über See. Die Luftwaffe hat infolge der alliierten Luftüberlegenheit 90 Transportflugzeuge verloren. Bei der italienischen Marine gingen verloren: 14 Frachter, 1 Tanker, 2 Zerstörer und 12 kleine Fahrzeuge mit zirka 16 000 Tonnen Nachschubgütern, 17 Geschützen, 3 Panzern, 170 Kraftfahrzeugen, 41 Krädern und 275 deutschen Soldaten. Durchgekommen sind 18 500 Tonnen Nachschubgüter, 26 Geschütze, 46 Panzer, 268 Kraftfahrzeuge und 13 Kräder.[54]

Die deutsch-italienischen Streitkräfte verfügen jetzt in Tunesien noch über 76 Panzer: 48 Panzer III, 17 Panzer IV, 4 »Tiger« und 7 italienische leichte Tanks. Die Versorgungslage der praktisch abgeschnittenen Verbände ist katastrophal. Angesichts der geradezu erdrückenden alliierten Überlegenheit bahnt sich hier ein »Stalingrad Nr. zwei« an. Die Widerstandsmöglichkeit der Achsentruppen kann man auf fünf bis höchstens zehn Tage veranschlagen.

Die Stimmung in der Heimat ist umgeschlagen. In den ersten drei Kriegsjahren herrschte unbedingte Siegeszuversicht. Dann, in der Zeit von November 1942 bis April 1943, dominierte Ungewißheit, ja Überraschung, ging man durch ein Wechselbad von Skepsis und Hoffnungen. Jetzt erst ist allen klar geworden, daß der Krieg ein dramatisches Ringen mit ungewissem Ausgang ist, daß das Schicksal auf des Messers Schneide, ja, daß die Existenz des Reiches in Frage steht.

Der schwerverwundete Oberstleutnant i. G. Stauffenberg ist inzwischen mit dem letzten Lazarettschiff nach Livorno überführt worden und von dort nach München. Er liegt in der Abteilung II des Reserve-Lazaretts München 1 in der Lazarettstraße. Am Karfreitag, dem 23. April, besuchte Nina Gräfin von Stauffenberg zum erstenmal ihren Mann. Nun, Anfang Mai, ergießt sich ein Strom von Besuchern in Stauffenbergs Krankenzimmer. Alle sind erstaunt über den leidenschaftlichen Lebenswillen des schwerverstümmelten Oberstleutnants. Am 26. April hatte Stauffenberg eine sehr unangenehme Mittelohroperation überstanden, kurz darauf eine komplizierte Kniegelenksoperation. Jetzt hat er das Schlimmste hinter sich, aber die Splitter unter der Kopfhaut und im Arm eitern nur langsam heraus. Stauffenberg lehnt schmerzlindernde Mittel und Schlaftabletten konsequent ab. Er will auch keine Hilfe beim Anziehen; die Schnürsenkel bindet er mit seinen drei Fingern und den Zähnen.

Die schwere Verwundung liegt erst knapp vier Wochen zurück, aber Stauffenberg strahlt bereits wieder seine altbekannte Vitalität aus. An Frau von Blomberg läßt er schreiben, sein eigenes Schicksal sei, gemessen an dem, was er im Lazarett sehe, wirklich nicht so bedauernswert, er werde gut damit fertig. Dr. Partsch, ein früherer Freund aus dem George-Kreis, findet ihn noch tatendurstiger und ehrgeiziger als vor seiner Verwundung. Stauffenberg informiert sich täglich über die militärische Lage und geißelt seinen Besuchern gegenüber mit schärfsten Worten die Hitlersche Kriegführung, ohne Rücksicht darauf, daß ein verwundeter Oberleutnant, der mit ihm im selben Zimmer liegt, die ketzerischen Reden mithört.

Die Gedanken des Oberstleutnants kreisen Tag und Nacht um Deutschland. Zu einem Bekannten sagt er: »Nachdem die Generäle bisher nichts erreicht haben, müssen sich nun die Obristen einschalten!« Immer wieder bricht es aus ihm heraus: »Wir müssen Deutschland retten!«[55], und »Wir sind als Generalstäbler alle mitverantwortlich!« Rastlos arbeiten in ihm politische und militärische Überlegungen. Die Besucher haben den Eindruck, vor ihnen liege ein schwerverstümmelter Mann, der doch von einem inneren Feuer glühe und der – geradezu visionär – die eigentliche Aufgabe seines Lebens vor sich sehe. Zu seiner Frau sagt Stauffenberg: »Weißt du, ich habe das Gefühl, daß ich jetzt etwas tun muß, um das Reich zu retten.«[56]

Der Chef des Generalstabs des Heeres, General Zeitzler, besucht den Oberstleutnant und überbringt ihm das Goldene Verwundetenabzeichen. Stauffenberg bedrängt ihn sofort um ein neues Frontkommando, wird aber von Kurt Zeitzler vertröstet, der ihm erst einmal gute Genesung wünscht. Daraufhin diktiert Stauffenberg seiner Frau einen Brief an General Olbricht, in dem er erklärt, er hoffe in einem Vierteljahr spätestens voll zur Verfügung zu stehen und dann im Allgemeinen Heeresamt arbeiten zu können.

Ende April 1943 verschafft sich der Chef des Heerespersonalamtes im Führerhauptquartier, Generalmajor Rudolf Schmundt, einen Überblick über die Verwendung des Offizierskorps im Feld- und Ersatzheer[57]:

A. Feldheer		
Fechtende Truppe	69 632 Offiziere	
Sicherungstruppe	10 186 Offiziere	91 562 Offiziere
Versorgungstruppe	11 002 Offiziere	
Sonstige	742 Offiziere	
B. Ersatzheer		
in Truppenverwendung	57 489 Offiziere	
in Wehrersatz-Dienststellen	14 338 Offiziere	85 974 Offiziere
in Lazaretten	9 076 Offiziere	
in sonstigen Dienststellen	5 071 Offiziere	
insgesamt:		177 536 Offiziere

6. MAI 1943

Die geheime SD-»Meldung aus dem Reich« über die Stimmungslage der deutschen Bevölkerung lautet[58]:

»Nach Meldungen aus allen Reichsteilen glauben die Volksgenossen, daß sich augenblicklich an den Fronten nichts Entscheidendes ereigne, daß hierin aber ›über Nacht‹ eine Änderung eintreten könne. Obwohl viel über eine deutsche Großoffensive an der Ostfront, einen möglichen Zusammenbruch der Front in Tunesien, über die zu erwartende Invasion der Engländer und Amerikaner auf dem Kontinent und über die feindlichen Luftangriffe gesprochen werde, seien die Volksgenossen nicht nervös, sondern ruhig. Indessen komme diese Ruhe bei größeren Teilen der Bevölkerung nicht so sehr aus einer zuversichtlichen Beurteilung der Zukunftsaussichten, sondern wurzele in einer gewissen Ausweglosigkeit und Überdrüssigkeit. Die sehr starke Beanspruchung der Bevölkerung in den letzten Jahren habe viele abgestumpft, so daß sie nicht mehr so recht ›mitzugehen‹ vermöchten. Manche Volksgenossen wagten es auch nicht mehr, die militärisch-politische Lage eingehend durchzudenken, weil sie glaubten, bei solchen Erörterungen könne man den Mut verlieren. Tatsächlich sei bei einem nicht geringen Teil der Bevölkerung trotz äußerlicher Gelassenheit und tadellosem Verhalten, insbesondere rastloser und opferbereiter Pflichterfüllung in der Arbeit, eine pessimistische Grundtendenz unverkennbar. ›Die Stimmung der Volksgenossen ist zur Zeit ruhig. Es fehlt jedoch an der nötigen Überzeugung und dem Glauben an den Endsieg‹, heißt es in einer Meldung... Bei alledem sei sich aber die Bevölkerung völlig darüber im klaren, daß durchgehalten werden müsse und daß ein November 1918 sich nicht wiederholen dürfe...«

10. MAI 1943

Oberst Henning von Tresckow besucht auf der Durchreise in Berlin General Olbricht in der Bendlerstraße.[59] Beide Offiziere sind sich darüber klar, daß die Zeit gegen Deutschland arbeitet und daß dringend etwas geschehen muß. Tresckow meint, daß die Regimegegner nach neuen Ansätzen suchen müßten. Ein Umsturzversuch könne nur von der Wehrmacht, müsse insbesondere vom Ersatzheer ausgehen. Es herrscht zwischen beiden Männern Einverständnis darüber, daß der Staatsstreich von Berlin, von der Bendlerstraße ausgehen müsse.

Ebenfalls in Berlin trifft sich Fritz-Dietlof von der Schulenburg mit dem General der Waffen-SS Felix Steiner.[60] Schulenburg kennt den 47jährigen Steiner schon aus seiner Zeit in Ostpreußen, hat 1932 im ostpreußischen Infanterieregiment Nr. 1 in Steiners Kompanie eine Übung absolviert. 1934 ist Steiner als Major der Reichswehr zur SS-Verfügungstruppe übergetreten und während des Krieges zu einem der profiliertesten Kommandeure der Waffen-SS avanciert. Vom November 1940 bis zum Februar 1943 war er Kommandeur der 5. SS-Panzergrenadierdivision »Wiking« und wurde mit dem Eichenlaub zum Ritterkreuz ausgezeichnet. Soeben ist er zum Kommandierenden General des III. SS-Panzerkorps ernannt worden, das im Norden der Ostfront kämpft.

Man sitzt im Hinterzimmer eines Cafés zusammen. Beide Männer kennen sich, gehören der SS an und sprechen als Soldaten völlig ungeniert miteinander. Schulenburg schildert in drastischen

Worten seine Beobachtungen über den Zerfall der Moral an manchen leitenden Stellen des NS-Staates. Er führt Korruptionsfälle an, »die zum Himmel stinken«. General Steiner zuckt die Schultern und sagt, das habe es schon im Ersten Weltkrieg gegeben, der Krieg zersetze eben die Moral. Schulenburg gibt sich damit nicht zufrieden.

SCHULENBURG: »Wir verlieren den Krieg, weil wir im Sumpf ersticken. Und wir machen uns mitschuldig, wenn wir nichts dagegen tun. Hitler ist der Hauptschuldige. Er läßt die Dinge treiben, obwohl er darüber Bescheid weiß. Deshalb muß er weg!«

STEINER: »Wie?«

SCHULENBURG (leidenschaftlich): »Wenn nicht anders, dann mit Gewalt!«

General Steiner weist auf die überaus ernste Lage an der Front hin, die zur Zeit schon in allen Fugen kracht. Im Westen könne jederzeit die Invasion beginnen, denn das Drama in Tunesien sei praktisch beendet, und nach Sizilien sei es für die Alliierten angesichts ihrer totalen Luftherrschaft nur ein Katzensprung. Ein Systemwechsel in Deutschland sei nur möglich, wenn die Wehrmacht geschlossen dahinter stünde. Davon könne aber bei der derzeitigen personellen Situation in den höchsten Führungsstellen keine Rede sein.

SCHULENBURG (achselzuckend): »Ich glaube, ich werde wieder an die Front gehen. Die Dinge hier in der Heimat kann ich nicht mit ansehen.«

Am Abend wird durch einen »Erlaß des Führers über die Regierungsgesetzgebung« das Ermächtigungsgesetz vom 24. März 1933, das an diesem Tag formell abläuft, auf unbestimmte Zeit verlängert. Hitler behält sich vor, die ihm »übertragenen Befugnisse auch weiterhin auszuüben«[61].

13./14. MAI 1943

Das Oberkommando der Wehrmacht gibt bekannt:

»Der Heldenkampf der deutschen und italienischen Afrika-Verbände hat sein ehrenvolles Ende gefunden.« Die Reste der Heeresgruppe Afrika unter Generaloberst von Arnim mit der 5. Panzerarmee, dem Deutschen Afrikakorps und der 1. Italienischen Armee – insgesamt 130 000 deutsche und 120 000 italienische Soldaten – gehen in Gefangenschaft. Der Reichsrundfunk erklärt, daß die Afrikakämpfer Deutschlands und Italiens »die ihnen gestellte Aufgabe in vollem Umfang erfüllt hätten«[62].

Die USA und Großbritannien verständigen sich auf eine Strategie der kombinierten Bomberoffensive gegen Deutschland von der britischen Insel aus.[63] Die Deutschen sollen »around the clock« bombardiert werden: bei Nacht durch die Briten, am Tage durch die Amerikaner.

Am 16. Mai bricht der jüdische Aufstand im Warschauer Ghetto, der am 19. April mit einzelnen Häuserkämpfen begonnen hatte, endgültig zusammen. Verbände des Heeres und der Polizei haben die letzten Widerstandsnester niedergekämpft.[64] Die jüdischen Opfer des Kampfes belaufen sich auf etwa 48 000 bis 50 000 Menschen.

28. MAI 1943

Henning von Tresckow berichtet General Olbricht, daß er ausführlich mit Generalleutnant Heusinger, dem Chef der Operationsabteilung des Heeres, gesprochen habe. Man sei sich sehr schnell »einig« gewesen. Außerdem liefen im OKH Bestrebungen, Hitler zu veranlassen, Kluge anstelle Keitels zum Chef des OKW zu machen. Ihm, Tresckow, wäre es lieber, wenn Feldmarschall von Manstein an diese Stelle käme.

Henning von Tresckow macht sich Hoffnungen, selbst Chef der Operationsabteilung im OKH zu werden.[65] Er glaubt, diesen Plan mit Hilfe seines Freundes Generalmajor Schmundt, dem Chefadjutanten Hitlers, verwirklichen zu können. Da er sich mit Adolf Ernst Heusinger »einig« weiß, macht er ihm brieflich den Vorschlag, acht Wochen Urlaub zu nehmen und ihn, Tresckow, als seinen Stellvertreter vorzuschlagen. Tresckow sieht nur noch zwei Möglichkeiten, den Krieg ohne Niederlage zu beenden: entweder Hitler zu beeinflussen und umzustimmen oder ihn zu beseitigen.

Heusinger lehnt Tresckows Vorschlag ab.

Einer amtlichen Darstellung zufolge sind im Reichsgebiet durch den alliierten Luftkrieg bislang 191 Schulen, 108 Krankenhäuser und 133 Kirchen zerstört sowie 920 Schulen, 231 Krankenhäuser und 494 Kirchen schwer beschädigt worden.[66]

Die Entschlußbildung innerhalb der Regimegegner ist immer noch nicht einheitlich. Übereinstimmung herrscht darüber, daß die sogenannte Kriegsspitzengliederung der Wehrmacht sofort geändert werden muß. Die Geister scheiden sich jedoch an der Attentatsfrage. Während Moltke und die Kreisauer strikt jede Art von Gewaltanwendung ablehnen, Beck und Goerdeler bereit sind, im äußersten Notfall auch ein Attentat zu tolerieren, ist Oberst von Tresckow seit der Jahreswende 1942/43 überzeugt, daß – wenn Hitler nicht schleunigst zur Vernunft kommt – ein Mordanschlag unvermeidlich ist.

Olbricht und Schulenburg suchen noch nach einem anderen Weg. Am 5. Juni diskutieren sie ausführlich einen Katalog von Forderungen an den Diktator, die ihm unterbreitet werden sollen.[67] Wenn sich der Chef des Generalstabs des Heeres, General Zeitzler, und die Oberbefehlshaber der Heeresgruppen dafür stark machen, müßte es möglicherweise zu einer Änderung der Kriegsspitzengliederung, vor allem zu einer Zusammenlegung von Heeres- und Wehrmachtsgeneralstab kommen, denn durch diese beiden miteinander rivalisierenden Führungsinstitutionen hält Hitler das Offizierskorps mit Erfolg auseinander. Schulenburg macht Olbricht gegenüber kein Hehl daraus, daß dies der letzte legale Änderungsversuch sein müsse; komme er nicht zustande, bleibe in seinen Augen nur noch physische Gewalt.

Zwei Tage später, am 7. Juni, ist der Kriegsverwaltungsrat im Amt Ausland des OKW, Helmuth von Moltke, in Paris.[68] Er redet mit dem Militärbefehlshaber in Frankreich, General Karl-Heinrich von Stülpnagel, und mit Gotthard Freiherr von Falkenhausen vom Wirtschaftsstab des Militärbefehlshabers, die beide zu den Regimegegnern zu zählen sind. Moltke spricht sich erneut gegen ein Attentat aus. Der Diktator und seine Partei müßten bis zum bitteren Ende die Verantwortung tragen, nur so lasse sich die NS-Ideologie in Deutschland überwinden.

Zwei Tage später, am 9. Juni, kommt auch Schulenburg nach Paris.[69] Er befindet sich im Stab des Generals von Unruh, der die Militärdienststellen im besetzten Frankreich nach Frontdienstfähigen durchkämmen soll. Schulenburg erfährt, daß er bis Ende Juli in Paris bleiben wird, und nimmt sofort Kontakt zu Stülpnagel und Falkenhausen auf.

Am selben Tag notiert Hauptmann Kaiser in Berlin, daß Oberst von Tresckow schon mehrmals mit Helmuth Stieff über das Attentat gesprochen habe.[70] Bereits im Februar habe Tresckow Stieff auf den Kopf zugesagt, es sei »die historische Pflicht der Generalstabsoffiziere, durch Beseitigung Hitlers den Verlust des Krieges im Interesse des deutschen Volkes zu verhindern«. Kaiser ist der Meinung, Stieff habe die beste Absicht, habe auch den Willen und den Entschluß zur »Aktion«. Bedenklich stimmt allerdings, daß Stieff sich erneut Bedenkzeit erbittet, bis Anfang August.

In München schreibt Stauffenberg an ebendemselben Tag eigenhändig, mit seinen drei verbliebenen Fingern, an seinen Freund Oberst Wilhelm Bürklin[71]: »Herzlichen Dank für Deinen Brief und Deine guten Wünsche. Es geht mir schon sehr viel besser. Eine Mittelohrvereiterung (wie bei Dir) macht noch recht zu schaffen. Ich habe aber auch diese wenig erfreuliche Operation sowie eine Kniegelenkoperation gut überstanden... Verzeih den längeren Stop in diesem Brief. Ein dummer Fieberanfall hat mich aber etwas zurückgeworfen. So wird man eben in unserer Lage [Bürklin ist ebenfalls verwundet; d. Verf.] immer mit Komplikationen und Rückschlägen rechnen müssen.«

Stauffenberg darf sich Hoffnung machen, Ende Juni aus dem Lazarett entlassen zu werden. Er birst förmlich vor Energie und Tatendrang.

Auf einer Pfingsttagung des Kreisauer Kreises, am 13. Juni, referiert der 33jährige Legationsrat Adam von Trott zu Solz vom Auswärtigen Amt über die politische Lage.[72] Seiner Auffassung nach gibt es keinerlei Aussicht, mit den Westmächten ins Gespräch zu kommen, doch manches Anzeichen spräche dafür, daß man mit Moskau reden könne. Er schlägt vor, die Kontakte zu den Bolschewisten über die sowjetische Gesandte in Stockholm, Frau Alexandra Michailowna Kollontai, aufzunehmen.

Adam von Trott zu Solz, 1909 als Sohn des damaligen preußischen Kultusministers geboren, ist ein hochgebildeter, belesener Mann, der ebenso die Schriften von Goethe, Schiller, Hölderlin wie die von Marx, Engels, Lassalle, Nietzsche, Spengler kennt. Von 1936 bis 1938 bereiste er die USA und China und kehrte um die Jahreswende 1938/39 als überzeugter Gegner des NS-Regimes nach Deutschland zurück. Am 3. September 1939 erklärte er: »Der Krieg löst kein Problem!« 1940 trat er, nach nochmaligem sechsmonatigem Abstecher in die USA, in die Kulturabteilung des Auswärtigen Amtes ein.

Trott zu Solz stellt seinen Vortrag unter das Zeichen der Raumfrage. Er beruft sich auf die »Besinnung und Kraft« der Heimat, sieht eine tödliche Bedrohung Deutschlands und Europas durch »raumfremde Mächte«. Die Mittellage Deutschlands und Europas zwischen Ost und West ist es, die ihn bewegt. Es sei Deutschlands »unentbehrlicher Beitrag« für Europa und die Welt, so meint er, sich »gegen den Übergriff fremder Mächte und Gesinnungen« zu verteidigen. Trott denkt in großen Räumen und Zusammenhängen.

13. JUNI 1943

Am Pfingstsonntag monologisiert Adolf Hitler an der Mittagstafel im Führerhauptquartier über das Thema Raum und Romantik[73]:

»Unser Volk hat nun einmal ein ausgeprägtes Gefühl für Romantik, das dem Amerikaner restlos abgeht, weil er nie über das Häusermeer seiner Wolkenkratzer hinausschaut. Unser Gefühl für Romantik entspringt dem starken Naturgefühl, das wir Deutsche haben.

Wer Ludwig Richter, Carl Maria von Weber und die anderen Romantiker richtig verstehen will, der muß in die Fränkische Schweiz gehen. Dort erschließt sich einem das Verständnis für echte Romantik in der Malerei und in der Musik. Natürlich gehört dazu auch ein Vorrat von Märchen und Sagen, an denen wir ja so reich sind.

Die einzige Romantik, die der Nordamerikaner hat, ist die Indianerromantik. Und es ist interessant, daß der beste Schilderer dieser Romantik ausgerechnet ein Deutscher war. [Hitler meint damit Karl May; d. Verf.]

Aber eines haben die Amerikaner, was uns abgeht: das Gefühl für die Weite und Leere des Raumes! Daher unsere Sehnsucht nach Ausdehnung unseres Raumes. Einmal kommt dieses Gefühl zum Durchbruch und läßt sich dann nicht mehr zurückdrängen. Man muß sich das einmal klarmachen, daß das gerade bei den Niederländern, die den am dichtesten besiedelten germanischen Raum haben, zu ihrem unwiderstehlichen Drang nach außen geführt hat, schon vor Jahrhunderten.

Was würden wir sein, wenn wir nicht wenigstens die Illusion der Weite unseres Raumes hätten? Ich habe es immer im Spessart als ein Geschenk empfunden, daß man dort zwei Stunden und mehr fahren kann, ohne einen Menschen zu sehen. Denken Sie an die Autobahn! Dort haben wir Ähnliches. Sie erschließt den Menschen, auch im dichtbesiedelten Raum, wieder die Weite der Landschaft...«

14. JUNI 1943

Am Pfingstmontag findet eine Diskussion des Kreisauer Kreises über Trotts außenpolitischen Vortrag vom Vortag statt.[74] Es herrscht weitgehende Unklarheit darüber, wie man die Intentionen der Kriegsgegner einzuschätzen hat. Die militärische Lage scheint für ein Patt, für ein Unentschieden zu sprechen. Noch steht Mussolinis faschistisches Italien fest an der Seite Deutschlands, und was die Ostfront angeht, so ist die Situation seit zweieinhalb

Monaten wieder stabilisiert, der Schock von Stalingrad scheint überwunden. Noch stellt das Reich mit seiner Wehrmacht einen ernstzunehmenden Faktor dar. Aber wie lange noch? In vier Wochen kann die Lage schon ganz anders aussehen. Wenn man das Großdeutsche Reich erhalten will, das das ganze deutsche Volk, das Berlin wie Wien, Königsberg wie Klagenfurt umfaßt, wenn man – und das wollen alle Regimegegner – leidenschaftlich die deutsche Einheit retten will, dann muß man nach Trotts Auffassung unverzüglich in Verhandlungen eintreten, am aussichtsreichsten erst einmal mit der russischen Seite.

Am selben Tag monologisiert Adolf Hitler abends im Führerhauptquartier über die Einheit Deutschlands[75]:

»Metternich wird vielfach sehr zu Unrecht völlig falsch beurteilt. Er hat versucht, einen Kadaver wieder zum Leben zu erwecken. Als österreichischer Staatskanzler und vom Standpunkt des Hauses Habsburg aus konnte er gar nicht anders handeln. Er diente dem Hause Habsburg und wollte es wieder zur früheren Größe führen, daher sein Bestreben, das alte Reich um jeden Preis wieder zu erwecken. Daß er sich dabei vielfach in den Mitteln vergriffen hat, kann man nicht bestreiten. Aber man muß seine Tätigkeit aus der Zeit heraus verstehen. Den Weg, den Bismarck später ging, konnte 1830 bis 1840 niemand ahnen...

Metternich hat schließlich das gleiche Ziel verfolgt wie Bismarck. Er wollte es durch die Wiederherstellung Habsburgs erreichen, Bismarck durch die Vorschiebung Preußens. Eine parlamentarische Lösung haben beide abgelehnt. Bismarck hat das Ziel erreicht, während Metternich gestrauchelt ist. Man darf ihn aber dabei nicht wie einen Verbrecher abtun.

Ohne den revolutionären Schritt des Krieges von 1866 wäre auch Bismarck die Lösung nicht geglückt. Hätte er auf seinem Weg diesen Erfolg nicht erzielt, so hätte man sicher seine Kreuzigung gefordert. Als Metternich am Ruder war, war einfach die Zeit noch nicht reif für eine endgültige Lösung der Einigungsfrage. Man kann ja doch auch Bismarck keinen Vorwurf machen, daß er damals nicht das Großdeutsche Reich gegründet hat! Im Kampf gegen Napoleon war Metternich genauso fanatisch eingestellt wie jeder andere deutsche Patriot...«

17. JUNI 1943

Die geheime SD-»Meldung aus dem Reich« über die Stimmungslage der deutschen Bevölkerung lautet[76]:

»Wie allgemein festgestellt ist, haben die Pfingstfeiertage, die von den Volksgenossen als willkommene Erholung benutzt wurden, das Interesse an den Kriegsereignissen und die dauernde Beschäftigung mit Fragen nach der weiteren Entwicklung zurücktreten lassen. Man suchte in der Presse mehr nach Unterhaltungsstoff und hörte im Rundfunk lieber Übertragungen, die der inneren Sammlung und Entspannung dienten, als solche Sendungen, die Themen der politischen und militärischen Ereignisse zum Gegenstand hatten...

Im Grunde bleibe es bei der bedrückenden Feststellung, daß wir zur Zeit zu wirksamen Angriffsmaßnahmen und zu einer durchschlagenden Abwehr der Aktionen des Gegners, vor allem im Luftkrieg, nicht imstande seien. Es falle schwer, die Geduld aufzubringen, bis sich die totalen Kriegsmaßnahmen praktisch auswirken, damit sich das Blatt wieder einmal wendet, und sich mit der Ankündigung von Vergeltungsmaßnahmen vertrösten zu lassen. Man sei es eben aus den ersten Kriegsjahren gewohnt gewesen, daß nach der ›früheren Praxis‹ unserer Propaganda auf die Ankündigung einer Maßnahme ›blitzschnell‹ auch die Durchführung folge...«

In Montenegro endet nach vierwöchigen Kämpfen die Operation »Schwarz« gegen die Tito-Partisanen.[77] Während in Serbien seit zwei Jahren Ruhe herrscht, hat sich in dem gebirgigen Gelände Bosniens und Montenegros eine nationalkommunistische Partisanenarmee von zirka 120000 Mann formiert, der nur schwache deutsche Verbände gegenüberstehen. Der Einkreisungsoperation »Schwarz« fallen zwar 12000 Partisanen zum Opfer, doch starke Tito-Gruppen können der Einschließung entrinnen und sich in den Raum um Travnik und Bihać durchkämpfen, da auf dem Territorium des kroatischen Staates bislang keine deutschen Truppen operieren. Hitler beschließt, auf der Balkanhalbinsel durchzugreifen, und faßt den Plan, ab 1. August eine neue deutsche Armee im Westbalkan aufzustellen und den Österreicher Dr. Lothar Rendulic als Befehlshaber einzusetzen.[78]

Am Abend des 17. Juni monologisiert der Diktator über das Verhältnis der beiden deutschen Hauptstädte Berlin und Wien.[79] Er wendet sich vor allem an den anwesenden Gauleiter und Reichsstatthalter von Wien, Baldur von Schirach:

»Ich glaube, daß es nirgends ein solches Arbeitstempo gibt wie in Berlin. In keiner anderen Stadt hätte man die Reichskanzlei in neun Monaten bauen können. Der Berliner ist eben ein unglaublich fleißiger Arbeiter! Das gibt es weder in München noch in Wien...

Wenn man von dem Thema Wien und Musik spricht und Wien die musikalischste Stadt der Welt nennt, darf man eines nicht übersehen: In der Zeit, in der unsere großen Musiker lebten, war Wien die Kaiserstadt. Das zog die Leute an. Wien war der Magnet, der die meisten Chancen hat. Dort hat sich eben alles konzentriert. Und wie hat man die Musiker schlecht behandelt! Es ist nicht wahr, daß Beethoven in Wien zeitlebens Triumphe gefeiert hat, auch Haydn nicht. Mozarts *Don Giovanni* hat man durchfallen lassen. Und warum war Mozart nach Wien gekommen? Er hoffte, durch den Kaiser eine Lebensstellung zu bekommen, die er nie erreicht hat...

Ich bin durchaus nicht gegen Wien eingestellt, das ist völlig falsch. Auch in Berlin kritisiere ich alles, was mir nicht gefällt. Aber meine Aufgabe ist eine viel größere, sie heißt nicht Wien oder Berlin. Meine historische Erkenntnis sagt mir, daß die augenblicklichen Verhältnisse sich einmal ändern können, und ich muß auch heute schon daran denken, was wird, wenn ich einmal nicht mehr da bin. Es ist eine Gefahr, wenn im ostmärkischen Kulturraum einmal Wien allein bestimmend bleiben sollte. Daher trete ich schon jetzt gegen eine Entwicklung auf, und ich schaffe andere Kulturzentren, um dieser Gefahr rechtzeitig zu begegnen. Wien hat sonst eine zu große *kulturelle* Anziehungskraft. Das würde zu einer Steigerung der *politischen* Anziehungskraft führen, und das darf eben nicht sein. Das habe ich aus der Geschichte gelernt! In München besteht diese Gefahr nicht, denn der kulturelle Einfluß Münchens geht über die weißblauen Grenzpfähle nicht hinaus. Ich fühle mich dafür verantwortlich, daß sich hier keine Entwicklung vorbereitet, die später zum Unheil führen kann...

Ich kann auch keine Konkurrenz zwischen Wien und Berlin zulassen. Berlin ist nun einmal die Reichshauptstadt und wird es bleiben. Ich hatte früher einmal die Absicht, die Hauptstadt des Reiches ganz woanders hinzubauen, an der Müritz. Aber Speer hat mir davon abgeraten; dort war der Boden zum Bauen genauso schlecht wie der Berliner Baugrund. Ich werde aber auch dafür sorgen, daß Berlin sich als die Hauptstadt des Reiches einmal in allem ausprägt.

Das alles hat mit einer Vorliebe für irgendeine Stadt gar nichts zu tun. Ich kann doch nicht sagen, ich liebe die Wiener mehr oder die Berliner. Ich fühle mich im ganzen Reich zu Hause und habe für die Menschen aller Gaue die gleiche Liebe, solange sich niemand gegen die Reichsinteressen, die ich zu wahren habe, wendet...

Treitschke hat einmal gesagt, Deutschland hat Städte, aber keine Hauptstadt. Aber es wird und muß jetzt eine bekommen! Ich werde dafür sorgen, daß an die Hauptstadt des Reiches keine andere deutsche Stadt herankommt...«

Am 25. Juni 1943 legt das Führerhauptquartier den Angriffsbeginn eines neuen deutschen Offensivunternehmens im Osten auf den 5. Juli fest. Unter dem Decknamen »Zitadelle« sollen zwei deutsche Armeen aus den Räumen Belgorod und Orel gegen den sowjetischen Frontbogen um Kursk vorgehen.[80]

Ende Juni 1943 befinden sich 2 652 106 alliierte Kriegsgefangene in deutscher Hand. Darunter sind 1 279 231 Soldaten des sowjetischen Heeres.[81] Da die Deutschen in den beiden Jahren Ostkrieg zirka 2,6 Millionen sowjetische Gefangene gemacht haben, von denen etwa 750 000 als sogenannte Hiwis (»Hilfswillige«) in den Trossen und Etappen deutscher Divisionen tätig sind, ergibt sich ein unaufgeklärter Fehlbestand von rund 550 000 Kriegsgefangenen, die in deutscher Gefangenschaft umgekommen sein müssen. Die völkerrechtliche und moralische Verantwortung dafür trifft das deutsche OKW.

In Paris treffen sich Fritz-Dietlof von der Schulenburg und der

46jährige Oberstleutnant der Reserve, Dr. Caesar von Hofacker, ein Vetter Stauffenbergs.[82] Gemeinsam radeln sie durch den Bois de Boulogne. Sie sind sich im Handumdrehen über die verzweifelte Lage Deutschlands einig.

Hofacker hat – wie Schulenburg – lange mit dem Nationalsozialismus sympathisiert. Bereits 1922/23 war er einer der Mitbegründer der Göttinger SA. Im September 1930 hatte er erklärt, er sei parteipolitisch »der schärfste Gegner« der Demokratie, und am 5. März 1933 forderte er als Wahlredner, das Volk solle die Regierung ermächtigen, »in Zukunft mit dem ewigen Wählen endgültig Schluß zu machen, den Reichstag durch die Diktatur, das Wort durch die Tat zu ersetzen«.

Hofacker, bis Kriegsausbruch bei den »Vereinigten Stahlwerken« beschäftigt, ist seit 1940 im Stab des Militärbefehlshabers Frankreich zuständig für das Referat Eisen und Stahl. Nach dem Sieg über Frankreich und den Überfällen der britischen Seestreitkräfte auf die in den Häfen liegende französische Flotte hat er immer wieder ein Zusammengehen mit Frankreich befürwortet und sich in seiner Kritik an der Frankreichpolitik der NS-Regierung zunehmend radikalisiert.

Anfang Januar 1943 schrieb er seiner Frau aus Paris, daß er gezwungen sei, sich »zum Handlanger einer falschen Politik zu erniedrigen – nur um noch Schlimmeres zu verhüten«. In seinem Abscheu vor der NS-Besatzungspolitik hatte er hinzugefügt: »Wieviel konfliktloser, wenn auch körperlich schwerer, ist es draußen an der Front. Und trotzdem *muß* man weiterkämpfen. Nach beiden Seiten, der französischen *und* der deutschen. Denn es geht ja um Deutschland! Um mehr, um Europa.«

Jetzt zeigt Hofacker seinem Gesprächspartner Schulenburg, der ihm schon seit gemeinsamen Studentenjahren bekannt ist, ein 20seitiges, »streng vertrauliches« Memorandum, das Hofacker am 6. Januar 1943 ausgearbeitet hat. Darin charakterisiert er die deutsche Frankreichpolitik als »zwiespältig-doppelzüngig«, als »in keiner funktionellen Beziehung zu den Erfordernissen der Kriegführung« stehend. Nach Hofackers Auffassung gibt es für Deutschland keine

Alternative zu einer »bündnisähnlichen Politik« mit Frankreich. Das von allen Seiten eingeschlossene Reich müsse den Konnex mit einem ritterlich behandelten Frankreich suchen.

Schulenburg stimmt im Prinzip überein, stellt aber skeptisch die Frage, ob es dafür nicht schon zu spät sei.[83]

SCHULENBURG: »Meine persönlichen Eindrücke von der deutschen Besatzungsherrschaft hier in Paris sind geradezu niederschmetternd. Das Bild ergibt eine bunte Fülle von Dienststellen, die sich gegenseitig bekriegen und sich dick aufgebläht haben. Ein Heer von Menschen, die alle angeblich mit kriegsentscheidenden Dingen beschäftigt und unentbehrlich sind und die doch ein Leben führen, das mit der Härte dieses Krieges keine Berührung mehr hat und auch die Maßstäbe für Ehre und Sauberkeit nicht mehr besitzt. Es ist ein Augiasstall! In dem Augenblick, in dem man hineinfaßt, wird sich alles dagegen stemmen.«

Hofacker bestätigt jedes Wort Schulenburgs aus seiner dreijährigen Erfahrung in Paris.

SCHULENBURG fährt fort: »Ja, es ist schon merkwürdig: Wir sind mit den Franzosen irgendwie nicht fertig geworden! Das Gros unserer Männer hier in Paris ist dem französischen Geist erlegen, ist formlos und matt geworden. Über den meisten liegt ein Hauch von Resignation und Müdigkeit. Wir vertragen die französische weiche Luft und Art zu leben nicht. Die Gesamtbilanz der drei Jahre ist negativ, weil man sich weder zur Klarheit einer schroffen noch zu einer versöhnlichen Politik hat durchringen können... Die Franzosen fühlen sich im Grunde genommen heute schon als Sieger! Im Anfang waren sie von den deutschen Siegen und von unserer Armee auch innerlich überwältigt. Dann merkten sie, daß im deutschen Lager in Paris nicht eingleisig, sondern auf vier bis fünf Gleisen gefahren wurde, und spielten nun die einzelnen Stellen gegeneinander aus...«

Hofacker spricht von seinem Eindruck, daß die Masse der Franzosen in den ersten zwölf Monaten deutscher Besatzung, vom Sommer 1940 bis Sommer 1941, nicht antideutsch, sondern antibritisch eingestellt war. Jetzt aber werde jeder, der sich mit Deutschen abgebe, von der französischen Bevölkerung gemieden oder geschnitten.

SCHULENBURG stimmt ihm bei: »Ja, wir haben nicht nur politisch, sondern auch moralisch unseren Kredit verspielt, den wir 1940 in reichem Maße besaßen! Das einzige, was noch geblieben ist, ist eine gewisse Furcht vor uns, die aber auch nicht mehr genügt, um Sabotageakte auszuschließen... Unser Volk muß vom Schicksal erbarmungslos hart geschlagen werden, damit die Scheinwerte zerbrechen und der echte Kern wieder wachsen kann. An der Front, in den unerbittlichen Kämpfen, und in den Großstädten, über die der Luftkrieg apokalyptisch hinwegbraust, glühen schon die letzten Schlacken aus. Aber wir sind noch nicht am Ende dieser Not. Das ganze Volk wird noch hindurch müssen! Ich glaube nicht, daß es zerbrechen oder auseinandergerissen wird. Aber erst dann kann es wieder gesunden...«

Schulenburg und Hofacker verstehen sich auf Anhieb. Beide kommen aus der Gedankenschule der »Konservativen Revolution«; Schriftsteller wie Oswald Spengler, Moeller van den Bruck, Ernst Jünger, Ernst Niekisch, Reinhold Schneider sind ihre Lehrmeister in Politik gewesen. Ihre Weltanschauung ist durch den Hauptaspekt gekennzeichnet, die Werte der Vergangenheit – Nation, Staat, Geschichte, Vaterland – mit den modernen Tendenzen einer egalitären Volksgemeinschaft zu verschmelzen, zu amalgamieren. Die liberalen Gleichheitsideale des Westens sind ihnen genauso verhaßt wie die marxistischen Gleichmachungspostulate des Ostens. Sie sehen sich philosophisch nicht als Kinder der Französischen Revolution, sondern als Erben des deutschen Idealismus und der antiimperialistischen Befreiungskriege von 1813/15. Wenn sie entschlossen sind, den Hitlerschen Partei- und Staatsapparat zu stürzen, so nicht, um die Fronten zu öffnen und den Kriegsgegnern den Weg in das Innere Deutschlands zu öffnen – diese Intention verfolgen nur die Kreisauer –, sondern um die Fronten neu zu befestigen, um zu ehrenvollen Friedensverhandlungen mit den Alliierten zu gelangen. Schulenburg und Hofacker sind leidenschaftliche deutsche Patrioten. Sie zweifeln jetzt, im Sommer 1943, keinen Augenblick mehr daran, daß der beabsichtigte Staatsstreich, wenn er Erfolg haben soll, den Tod des Diktators bedingt.

Dieser Entschluß, den Obersten Befehlshaber zu töten, ist selbst bei dem aktivistischen Fritz-Dietlof von der Schulenburg nur sehr langsam, unter inneren Qualen herangereift. Im Gespräch mit Hofacker ringt sich die Einsicht durch, daß es anders gar nicht geht, daß die Person Adolf Hitler nach außen wie vor allem auch nach innen jedem Neuanfang im Wege steht. Dabei existiert in dieser zentralen Frage Ende Juni 1943 noch keineswegs Einigkeit unter den Regimegegnern. Die Kreisauer lehnen nach wie vor jedes gewaltsame Vorgehen gegen das Regime ab. Generaloberst Beck ist seit Februar, nach langem inneren Zögern, bereit, ein Attentat zu tolerieren. Dr. Goerdelers Haltung zu dieser Frage ist schwankend und zwiespältig. Helmuth Stieff hat sich immer noch nicht endgültig entschieden, ob er zum Attentat bereit ist oder nicht. Tresckow, Hofacker und jetzt auch Schulenburg sehen keinen anderen Weg mehr.

Die unorganisierte Opposition, die im ersten Halbjahr 1943 so vielfältige Kontakte und Verstrebungen, vor allem innerhalb der Wehrmacht geknüpft, die ihr personelles Netz erstaunlich ausgeweitet hat, hat es doch versäumt, sich als Konspiration, als handlungsfähige Verschwörerformation zu organisieren und Klarheit in der zentralen Frage, was mit Hitler geschehen solle, zu schaffen. Der tiefste Grund für diese folgenschweren Unterlassungen liegt in der Problematik der »Zweifronten«-Auseinandersetzung der Regimegegner: Auf der einen Seite erstreben sie den Sturz des Hitler-Regimes, um Deutschland zu retten; auf der anderen Seite wollen sie ja auch die Rettung Deutschlands vor den vernichtenden Kriegszielen der Alliierten gewährleisten. Ihr Patriotismus bringt sie immer wieder in inneren Zwiespalt. Die gedankliche Auseinandersetzung mit *zwei* feindlichen Kräften lähmt ihre Entschlußkraft.

Wenn die Angehörigen der Anti-NS-Opposition das Reich, also Deutschlands Einheit und Unabhängigkeit, bewahren wollen, so stützen sie sich *moralisch* auf das Selbstbestimmungsrecht des deutschen Volkes; und in diesem Punkte ist ihre Position unanfechtbar. Aber auch *real- und machtpolitisch* sehen sie sich weit von jedem »Illusionismus« entfernt. Schließlich ist die strategische Entscheidung im Osten noch nicht gefallen (das wird erst in der Panzerschlacht bei Kursk geschehen) – schließlich ist die Hauptmacht der Westalliierten noch nicht in Frankreich gelandet – schließlich steht die Wehrmacht immer noch von der Atlantikküste bis Leningrad und bis zum Don. Gewiß, Stalingrad und Nordafrika waren zwei schwere Schlappen, sind dramatische Warnsignale. Aber niemand kann sich vorstellen, daß die Angelsachsen gestatten oder gar daran mitwirken werden, daß die Hälfte Deutschlands und die Hälfte aller europäischen Staaten Stalinanheimfällt, von dem zu der Zeit allgemein bekannt ist, daß er mindestens 13 Millionen Menschen auf dem Gewissen hat. Die deutsche Opposition sieht sich da keineswegs isoliert. Alle Staatsmänner und Politiker von Finnland über Schweden, die Slowakei, die Schweiz bis nach Spanien und Portugal sind davon überzeugt, daß die westliche Politik eine neue »balance of power« in Europa errichten will, und dazu erscheint die Existenz des Deutschen Reiches als unverzichtbar.

ENDE JUNI 1943

Der Chefadjutant des Führers, Generalmajor Rudolf Schmundt, vermerkt in seinem Tätigkeitsbericht[84]:

»Nach Abschluß der Kämpfe in Stalingrad steigerten die Sowjets von Monat zu Monat ihre Propaganda, die sie in geschickter Weise mit den Gefangenen machten. Insbesondere versuchten sie mit allen Mitteln, Namen von in Gefangenschaft Geratenen in die breite Öffentlichkeit zu geben durch Funk und Flugblätter. Im deutschen Volke entsteht eine verständliche Erregung, da die amtlichen Stellen keine befriedigende Auskunft über das Schicksal der einzelnen Gefangenen geben können.

Abwicklungsstab Stalingrad legt einen Bericht darüber vor, der als Unterlage für einen Führervortrag dient, an dem General Schmundt, Reichsleiter Bormann und Reichsminister Dr. Goebbels teilnehmen sollen. Dem Führer soll ein Vorschlag unterbreitet werden, in welcher Weise die Anfragen aus der Bevölkerung zu beantworten sind.

Der Führer hat jede Veröffentlichung abgelehnt.

Es wird auf Einzelanfragen schriftlich ein vorgedrucktes Schreiben herausgegeben, in dem bestätigt wird, daß der Name in russischer Veröffentlichung genannt worden ist, aber keine Sicherheit besteht, daß der Gefangene noch am Leben sich befindet, da eine Verbindung zur Sowjetunion über das Rote Kreuz nicht besteht.«

Oberstleutnant Stauffenberg steht kurz vor seiner Entlassung aus dem Lazarett. Immer wieder hören Besucher, daß er – halb im Wachen, halb im Träumen – den Satz hervorstößt: »Wir müssen Deutschland retten!« Daß der junge Oberstleutnant unter »wir« nicht nur eine Allgemeinfloskel versteht, macht er mehrfach im Gespräch mit Hauptmann i. G. Kuhn deutlich. Am 27. Juni erklärt er ihm: »Die Generale werden nicht handeln; *wir* müssen das tun.«[85] Zu seinem Freund Peter Sauerbruch sagt er drei Tage später: »Ich könnte den Frauen und Kindern der Gefallenen nicht in die Augen sehen, wenn ich nicht alles täte, dieses sinnlose Menschenopfer zu verhindern.«[86]

II. DIE OPPOSITION FORMIERT SICH

JULI BIS DEZEMBER 1943

In der Jahresmitte 1943 liegt das Reich unter dem gnadenlosen Bombenterror der Westalliierten. Seit dem 11. Juni haben die Westalliierten mit ihrer in Casablanca beschlossenen »Kombinierten Bomber-Offensive« gegen Deutschland begonnen: tagsüber Präzisionsangriffe der US-Luftwaffe, nächtens Flächenbombardements der Briten.[1] Schon jetzt ist klar, daß es sich dabei um eine Terror-Kriegführung handelt, die sich vornehmlich gegen den Durchhaltewillen der deutschen Zivilbevölkerung richtet. Denn die Rüstungsproduktion des Reiches steigt und steigt. Eine gezielte Bomberoffensive gegen die deutschen Hydrierwerke und gegen die deutsch-rumänischen Erdölraffinerien würde dagegen den Krieg innerhalb von zwölf Monaten beenden, würde der deutschen Rüstungs- und Kriegsmaschinerie den Sprit nehmen.

Am 5. Juli 1943 beginnt an der Ostfront – im Raum Belgorod, Kursk, Orel – die größte Panzerschlacht der Weltgeschichte. Hitler setzt alles auf eine Karte und wirft seine letzten gepanzerten Reserven in eine räumlich begrenzte Offensive.[2]

Zwei deutsche Armeen greifen mit 30 Divisionen an; darunter 19 Panzer- und Panzergrenadierdivisionen, die Elite der Deutschen Wehrmacht. Insgesamt sind zirka 750000 deutsche Soldaten mit rund 10000 Geschützen und Granatwerfern, ungefähr 2200 Panzern und Sturmgeschützen und etwa 1800 Kampfflugzeugen an der Schlacht beteiligt. Das deutsche Angriffsunternehmen ist jedoch dem Sowjetischen Oberkommando über London frühzeitig verraten worden. So steht der Gegner mit etwa 100 Divisionen in einer tiefgegliederten Abwehrfront zum Kampf bereit. 1500000 Rotarmisten verfügen über 20000 Geschütze und schwere Granatwerfer, zirka 3300 Panzer und Sturmgeschütze sowie 2700 Kampfflugzeuge.

Die deutschen Soldaten greifen einen zur Verteidigung eingerichteten Gegner an, der ihnen bei der Infanterie und den Geschützen mit 2 : 1, bei den Panzern und Flugzeugen mit 3 : 2 gegenübersteht. Sie stürmen gegen 5000 Kilometer ausgehobene Schützen- und Verbindungsgräben sowie gegen 400000 eingebaute Minen und Sprengladungen an. Dabei stellt das überwältigende sowjetische Aufgebot an Material und Menschen nur einen Bruchteil der sowjetischen Kampfkraft dar. Laut Marschall Schukow verfügen die Sowjets im Juli 1943 an den anderen Abschnitten der Front über 4,9 Millionen Mann, 79000 Geschütze und schwere Granatwerfer, 6300 Panzer und Sturmgeschütze sowie 5600 Kampfflugzeuge. Das deutsche Ostheer, das über keinerlei Reserven verfügt, ist den Sowjets materiell und zahlenmäßig nicht annähernd gewachsen.

Während sich die deutschen Divisionen am 5. und 6. Juli 1943 bei Kursk und Belgorod auf die Sowjets werfen, besucht Fritz-Dietlof von der Schulenburg den Chef der »Germanischen Leitstelle« der Waffen-SS, Obersturmbannführer Dr. Franz Riedweg. Er fragt ihn, mit welchen Generälen der Waffen-SS man »offen« über die politische und militärische Lage sprechen könne. Riedweg nennt ihm vor allem die Kommandierenden Generäle Hausser und Steiner. Schulenburg, der ja bereits mit Felix Steiner gesprochen hat, steht unter dem Eindruck, daß ein kritisches Gespräch über Kriegführung und Kriegsspitzengliederung mit hohen Führern der Waffen-SS leichter möglich ist als mit so manchem General des Heeres. Die Waffen-SS betrachtet sich faktisch als Teil des Heeres und wird zweifellos den Befehlen der Feldmarschälle Folge leisten, auch und gerade gegen die NS-Bonzokratie. Sie fühlt sich jedoch persönlich an Adolf Hitler gebunden. Wahrscheinlich würden die Generäle der Waffen-SS einer Entmachtung des Diktators zustimmen, niemals jedoch einem Attentat.

Inzwischen verschlechtert sich die allgemeine Lage. Am 10. Juli landen die Alliierten auf Sizilien.[3] Die deutsche Führung muß nun jederzeit mit dem Abfall Italiens rechnen. Hitler bricht die Schlacht bei Kursk ab und gibt den Befehl, das II. SS-Panzerkorps mit den Elitedivisionen »Leibstandarte«, »Das Reich« und »Totenkopf« aus der Angriffsfront zu ziehen.[4] Die sowjetischen Verluste in der zwölftägigen Schlacht sind verheerend: rund 36000 Gefangene, etwa 65000 Gefallene und Verwundete. Demgegenüber sind die deutschen Verluste mit zirka 3000 Gefallenen und 18000 Verwundeten gering. Aber die Offensivkraft des deutschen Ostheeres

Die heutige Ansicht des Hauses Tristanstraße Nr. 8 in Berlin-Wannsee. Hier wohnten Claus und Berthold Stauffenberg in den letzten zehn Monaten vor dem 20. Juli 1944. (Fotos: Wolfram Venohr)

ist erschöpft. Von nun an geht die strategische Initiative auf dem östlichen Kriegsschauplatz endgültig auf die Sowjets über.

20. JULI 1943

Oberst Henning von Tresckow, der nach zweijähriger Tätigkeit als Ia der Heeresgruppe Mitte für einige Zeit zur »Führerreserve« versetzt worden ist, besucht General Olbricht in dessen Wohnung, im Wildpfad, am Rande des Berliner Grunewaldsees. Beide Männer stehen unter dem Eindruck der alliierten Landung auf Sizilien und der abgebrochenen deutschen Sommeroffensive bei Kursk. Eigentlich, so wissen beide, müßte sofort ein Waffenstillstand an allen Fronten folgen, wenn die inzwischen eingetretene deutsche militärische Schwäche nicht aller Welt offenbar werden soll. Es gibt ja keine nennenswerten Reserven mehr. Olbricht und Tresckow sind sich durchaus dessen bewußt, daß die Fronde der Regimegegner seit längerem auf der Stelle tritt, daß es bisher nicht gelungen ist, eine schlagkräftige Opposition zu formieren.

OLBRICHT: »Dennoch, *eine* gute Nachricht habe ich für Sie, lieber Tresckow. Wir dürfen wohl fest damit rechnen, daß Oberstleutnant Graf Stauffenberg in etwa acht Wochen wieder voll einsatzfähig ist und daß er dann mein Chef des Stabes wird.«

TRESCKOW: »Ich habe Stauffenberg seit einem halben Jahr nicht mehr gesehen. Im Januar, als er von Manstein kam, besuchte er kurz die Heeresgruppe Mitte. Er war wütend und sagte, unsere Feldmarschälle hätten alle die Hosen voll...

Wie sieht er denn aus? Die angloamerikanischen Tiefflieger sollen ihn ja in Tunesien böse zugerichtet haben...«

OLBRICHT: »Ich habe zwei Briefe von ihm bekommen, und dann habe ich Berichte von Besuchern, die im Lazarett bei ihm waren. Es soll bewegend gewesen sein, ihn so schwer verstümmelt wiederzusehen. Stauffenberg war in meinen Augen immer der bestaussehende junge Offizier des deutschen Heeres. Jetzt trägt er eine schwarze Klappe über dem linken, kaputtgeschossenen Auge; er hat die rechte

Hand bis über das Gelenk verloren und außerdem noch zwei Finger der linken Hand...«

TRESCKOW (unterbricht): »Aber dann ist er ja in keiner Weise mehr dienstfähig!«

OLBRICHT: »Sollte man eigentlich denken. Aber alle Berichte stimmen darin überein, daß er seine schweren Verstümmelungen mit großer Gelassenheit trägt. Er platze förmlich vor Energie, er sei ganz Tatkraft und Entschluß.«

TRESCKOW: »Wo ist er jetzt?«

OLBRICHT: »Ich glaube, in Lautlingen, auf seinem Gut in der Schwäbischen Alb. Oder zu Hause bei seiner Frau, in Bamberg. Er ist jedenfalls seit drei Wochen aus dem Münchner Lazarett entlassen.«

TRESCKOW: »Das ist gut. Aber bis Ende September ist es noch lang. Meine Versetzung in die Führerreserve wird nicht ewig dauern. Ich will auch so schnell wie möglich an die Front...

Hoffentlich treffe ich hier in Berlin noch mit Stauffenberg zusammen. Wir haben ja keine Zeit zu verlieren! Und wenn wir nicht hier im Allgemeinen Heeresamt eine tatkräftige Opposition organisieren, dann wird wohl gar nichts geschehen, dann zerrinnt uns die Zeit zwischen den Fingern.«

Das Reich, das kein Schutzdach hat, erbebt unter den Terrorangriffen der westalliierten Luftwaffe. Am 25. Juli beginnen die Angloamerikaner mit der Operation »Gomorrha« gegen Hamburg.[5] Der Deckname ist bezeichnend für ihre Absichten: Gomorrha lautete der Name einer vorzeitlichen Stadt in Palästina, die laut 1. Buch Moses 19,24ff. infolge einer Naturkatastrophe völlig vernichtet wurde, so daß sie mit Mann und Maus in den Fluten des Toten Meeres ertrank.

In den Tagen vom 25. bis 30. Juli 1943 greifen die Alliierten mit insgesamt 2381 Bombern Hamburg an und werfen 6889 Tonnen Bombenlast auf die Stadt. Nachts bombardieren die Briten, am Tage greifen amerikanische B-17-Bomber an, um die Löscharbeiten an den Flächenbränden zu behindern. Das Ergebnis ist verheerend. Die Sommerhitze und niedrige Luftfeuchtigkeit rufen Feuerstürme hervor, in denen Hamburg verglüht. 49000 Zivilisten kommen in diesem Inferno von fünf Tagen um. Total zerstört werden: 277 300 Wohnungen, 580 Industriebetriebe, 2632 gewerbliche Betriebe, 80 Anlagen der Wehrmacht, 277 Schulen, 58 Kirchen, 24 Krankenhäuser. Der militärische Effekt des »Gomorrha«-Unternehmens ist gleich Null. Obwohl mehr als ein Drittel aller Hamburger Wohngebäude in Schutt und Asche liegt, übersteigt der industrielle Produktionsausstoß der Stadt bereits nach vierzehn Tagen den vor dem Luftangriff.

Während Hamburg im Norden verglüht, bricht im Süden die deutsch-italienische »Achse« auseinander.[6] Am 25. Juli 1943 bietet Benito Mussolini dem italienischen König seinen Rücktritt als Regierungschef an. Sechs Tage zuvor haben 270 alliierte Bomber zum erstenmal Rom angegriffen. Die römische Zivilbevölkerung hat 166 Tote und 1659 Verletzte zu beklagen. Der König nimmt das Rücktrittsgesuch des Duce an, läßt ihn verhaften und mit unbekanntem Ziel abtransportieren. Das faschistische System in Italien, das 20 Jahre überdauerte, bricht innerhalb von 24 Stunden zusammen; die Straßen Roms, die Fußböden der Restaurants und Cafés sind im Handumdrehen mit abgerissenen faschistischen Parteiabzeichen übersät. Der König beruft Marschall Pietro Badoglio zum neuen Regierungschef, der verkündet, Italien werde den Krieg an der Seite Deutschlands fortsetzen.

Am nächsten Tag, dem 26. Juli, empfängt Hitler den Oberbefehlshaber der Heeresgruppe Mitte, Generalfeldmarschall von Kluge, im Führerhauptquartier.[7] Kluge schildert dem Führer die erdrückende sowjetische Überlegenheit an Panzern und Artillerie. Der Krieg im Osten hat offensichtlich in den letzten sechs Monaten sein Gesicht grundlegend verändert. Mit herkömmlichen Infanteriedivisionen, aus denen das deutsche Ostheer zu mehr als 80 Prozent besteht, ist absolut nichts mehr auszurichten. Nur gepanzerte Verbände, also Panzer- und Panzergrenadierdivisionen, sind der sowjetischen Materialaustattung noch gewachsen. Hitler nimmt zur Kenntnis, läßt sich aber in seiner Operationsführung nicht beeinflussen. Nach dem Abbruch der Kursker Offensive ist er – wenn auch widerwillig – bereit, auf die strategische Initiative im Osten zu verzichten. Er sieht die Entscheidung im Westen, in Italien und vor allem in Frankreich, wo man jedweder westalliierten Invasionsabsicht mit Macht entgegentreten müsse. Er glaubt Badoglios Worten nicht einen Augenblick, sondern bereitet sich darauf vor, im Falle eines offenen Abfalls Italiens zuzuschlagen.

Am 28. Juli 1943 trägt der Chef des Heerespersonalamtes und Chefadjutant der Wehrmacht beim Führer, Generalmajor Rudolf Schmundt, in seinen Tätigkeitsbericht folgende Zahlen ein[8]:

Unwiederbringliche Verluste der drei Wehrmachtteile Heer (inklusive Waffen-SS), Luftwaffe und Kriegsmarine:

Heer	1 084 000 Mann
Luftwaffe	61 000 Mann
Kriegsmarine	24 000 Mann
insgesamt	1 169 000 Mann

Die Offiziersverluste der drei Wehrmachtteile betragen:

Heer (inklusive Waffen-SS)	59 000 Offiziere
Luftwaffe	9 733 Offiziere
Kriegsmarine	1 600 Offiziere
insgesamt	70 330 Offiziere

(Am 1. September 1939 trat die Wehrmacht mit zirka 90 000 Offizieren in den Krieg ein.)

Drei Tage danach, am 29. Juli, kommt Tresckow von einem Abstecher zur Heeresgruppe Mitte nach Berlin zurück.[9] Er hat unter vier Augen mit Generalfeldmarschall von Kluge gesprochen und ist äußerst euphorisch. Kluge, in größter Sorge wegen der katastrophalen Ersatzlage, hat einen Staatsstreich durch das Heer nicht mehr gänzlich ausgeschlossen. Tresckow hat ihm vorgeschlagen, am Tage X dem Befehlshaber des Ersatzheeres, Generaloberst Fromm, den Befehl zu erteilen, die Schlüsselstellungen der Reichsregierung in Berlin militärisch zu besetzen.

Oberst Tresckow glaubt, daß sich jetzt endlich etwas bewegen wird. Am 31. Juli sagt er zu Hauptmann Kaiser in der Bendlerstraße, es sei »alles fertig«. Wenn Kluge wider Erwarten zurückzucken sollte, so ist Tresckow doch fest entschlossen, die Oppositionsbildung in der Bendlerstraße zügig voranzutreiben. General Olbricht stimmt ihm zu, erklärt sich auch bereit, mit Tresckow zusammen Generaloberst Fromm zu verhaften, falls Kluge versagen sollte, verweist aber erneut auf Stauffenberg, dem als zukünftigem Stabschef des AHA eine Schlüsselrolle zufalle und den er in den nächsten Tagen zu sich bitten wolle.

Den ganzen Tag sitzen Olbricht und Tresckow zusammen. Sie haben in den vergangenen drei Wochen gemeinsam den Alarmplan für innere Unruhen unter dem Decknamen »Walküre« bearbeitet.[10] Dieser Plan, der bereits seit Mai 1942 existiert, sieht für den Fall von Aufständen im Reichsgebiet, beispielsweise von Fremdarbeitern, besondere militärische Maßnahmen vor, die der Befehlshaber des Ersatzheeres selbständig zu ergreifen hat und für deren Ausführung ihm Ersatz- und Ausbildungseinheiten, Schulen, Lehrgänge und Lehrtruppen zur Verfügung stehen. Tresckow ist auf die Idee gekommen, den »Walküre«-Plan ganz legal für den beabsichtigten Staatsstreich zu benutzen, so daß eine Alarmauslösung jederzeit im gesamten Reichsgebiet möglich ist, ohne daß man den Deckmantel einer Tarnung benötigt. Wird der Alarm ausgelöst, so müssen binnen sechs Stunden überall einsatzbereite Kompanien aufgestellt werden. Das ist »Walküre 1. Stufe«. Neuartig, durch Tresckow und Olbricht hineinredigiert, ist »Walküre 2. Stufe«, wonach aus den alarmierten Einsatz-Kompanien schnellstmöglich Kampfgruppen (verstärkte Bataillone) zu bilden sind, womit der »Walküre«-Befehlshaber schlagartig über starke Einsatzverbände verfügt. Das alles ist jetzt klar, und Olbricht unterschreibt den neuformulierten »Walküre«-Alarmplan anstelle von Generaloberst Fromm. Sonderkuriere werden den neuen »Walküre«-Befehl in den nächsten Tagen an die Stellvertretenden Generalkommandos und an die Wehrkreiskommandos überbringen.

2. AUGUST 1943

Fritz-Dietlof von der Schulenburg, der zwei Tage zuvor aus Paris angekommen ist, sucht um 9.30 Uhr Hauptmann Kaiser in der Bendlerstraße auf.[11] Kaiser informiert ihn, »daß Entschluß zum Handeln gefaßt; mehr nicht«. Um 11.00 Uhr trifft sich Dr. Goerdeler, der aus Königsberg angereist ist, mit Tresckow und Olbricht. Er wird über die neue »Walküre«-Planung und über Tresckows Gespräch mit Kluge informiert. Oberst Tresckow macht den Vorschlag, Generaloberst Guderian, der im Volk so populär wie Rommel ist, mit Feldmarschall Kluge, mit dem er seit Dezember 1941 persönlich verfeindet ist, auszusöhnen. Dann könne der beste Mann, Guderian, Oberbefehlshaber des Heeres werden, während Manstein oder Kluge den Oberbefehl über die gesamte Wehrmacht übernehmen solle. Tresckow erklärt im Verlauf des Gesprächs, wenn jetzt nicht etwas geschähe, stünden die Bolschewisten in zwölf Monaten an der Grenze Ostpreußens. Dr. Goerdeler ist tief erschüttert. Gemeinsam mit Tresckow verfaßt er einen Brief an Kluge, um ihn zu »schnellem Entschluß« aufzufordern. Olbricht, der einen Augenblick abberufen war, bringt die Nachricht, daß die Wehrmacht in Italien einmarschiert.

Zur selben Zeit überschreitet die Aufklärungsabteilung der 1. SS-Panzergrenadierdivision »Leibstandarte Adolf Hitler« die Brennergrenze.[12] Die Kampfgruppen der Division werden in den folgenden Tagen von den deutschen Südtirolern jubelnd begrüßt, während sich die italienischen Behörden und Truppenteile, die ja offiziell noch Verbündete der Deutschen sind, reserviert verhalten. Die deutsche Führung bereitet sich ganz offensichtlich auf einen möglichen Abfall Italiens vor.

An diesem Tag heißt es in den SD-»Meldungen aus dem Reich« über die Stimmung der Bevölkerung[13]:

»Der Regierungswechsel in Italien wird in allen Bevölkerungskreisen nach wie vor stark erörtert. Allgemein sind die Volksgenossen geneigt, die Lage in Italien ruhiger zu beurteilen, nachdem sie die erste Erklärung des Marschalls Badoglio, daß der Krieg weitergehe, auf Grund der Meldungen in den Wehrmachtsberichten bestätigt fanden. Die Erörterungen der Volksgenossen über die weitere Entwicklung in Italien haben durch die am 30. Juli im Rundfunk verbreitete Meldung über die Auflösung der faschistischen Organisationen neuerdings einen Auftrieb erfahren...

In der Parteigenossenschaft ist man über die erfolgte Auflösung faschistischer Organisationen zum Teil äußerst empört und betrachtet diese als einen ›Dolchstoß‹. Hierbei gehen lediglich die Ansichten über die Ursachen, die zur Auflösung geführt haben, auseinander. Einerseits sieht man den Papst, andererseits reaktionäre Kreise, besonders um den Kronprinzen Umberto, als treibende Kräfte an. Dabei fragt man sich häufig, wieso es überhaupt zum Rücktritt Mussolinis kommen konnte, zumal man gerade in der Parteigenossenschaft zumindest ab 1935 der Überzeugung war, daß der Faschismus in Italien fest verankert und vor allem die Person des Duce der Garant dafür sei, daß Italien treu zur Achse stehe. Eine besondere Gefahr sieht man jetzt auch darin, daß nach der Beseitigung faschistischer Organisationen kein Gegenpol gegen kommunistische Umtriebe in Italien mehr vorhanden sei, da die jetzige Regierungskoalition der ›Königs- und Papstpartei‹ keineswegs eine intensive Bekämpfung des Kommunismus gewährleiste. Vereinzelt wird aber auch die Auffassung vertreten, daß die jetzige Auflösung faschistischer Organisationen möglicherweise nur vorübergehend sei, denn der Faschismus müsse auf irgendeine Weise wieder zur Geltung gebracht werden...

Eine stärkere Reaktion hat die Auflösung der faschistischen Organisationen bei gegnerisch eingestellten Elementen und dem politisch labileren Teil der Bevölkerung gehabt. Hier ist man immer wieder geneigt, Vergleiche zwischen dem Faschismus und dem Nationalsozialismus zu ziehen... Der Gedanke, daß die im Reich für unerschütterlich gehaltene Regierungsform sich auch in Deutschland plötzlich ändern könnte, ist sehr weit verbreitet. Dabei wird verstärkt auf Einzelfälle korruptiven Verhaltens von Parteigenossen in führenden Stellungen der Partei, des Staates oder der Wirtschaft hingewiesen und häufig in Bausch und Bogen von einem ›korrupten System‹ gesprochen, das dadurch seine Grundlagen selbst am stärksten erschüttert habe. Gleichzeitig haben die schon seit längerer Zeit verbreiteten Gerüchte um eine angebliche Flucht des Reichsmarschalls, des Reichsaußenministers oder des Reichsleiters von Schirach wieder zugenommen. Auch die vermehrte Verbreitung schon früher erfaßter gehässiger Witze, wie zum Beispiel des Witzes, daß der Führer sich zurückgezogen habe und an einem neuen Buch, betitelt *Mein Irrtum* schreibe, oder, daß der Führer und Reichsminister Dr. Goebbels in einem U-Boot gekentert und ertrunken seien und dabei nicht die beiden, sondern das deutsche Volk gerettet worden wäre, wird verschiedentlich gemeldet...

Die Terrorangriffe britisch-amerikanischer Bomberverbände auf Hamburg haben bei der Bevölkerung des gesamten Reichsgebiets eine ausgesprochene Schockwirkung ausgelöst. Die von den umquartierten Volksgenossen verbreiteten Erzählungen über die Auswirkung der Schäden im Hamburg haben die allenthalben vorhandene Furcht weiter verstärkt. Die seit dem Angriff auf Wuppertal verbreiteten Gerüchte über Tausende von Todesopfern sind neu aufgelebt, insbesondere seitdem Hamburger die Todesopfer der verschiedenen Angriffe auf ihre Stadt mit zirka 100000 beziffern... Von einsichtigen Volksgenossen wird vielfach die Ansicht vertreten, daß dieses Ausmaß der Schäden in Hamburg, das zum größten Teil dem ›Erdboden gleichgemacht‹ sei, dem Führer und der Reichsregierung sicher nicht bis ins einzelne bekannt sein müsse, denn sonst seien viel weitergehende Hilfsaktionen eingeleitet worden... Derartige Äußerungen haben auch dazu geführt, daß verschiedentlich der Reichsmarschall kritisiert wird, da er dafür verantwortlich zu machen sei, daß die deutsche Luftwaffe augenblicklich in die Defensive gedrängt sei. Den Meldungen zufolge geht die Kritik einzelner Volksgenossen sogar schon so weit, daß man dem Reichsmarschall einen neuen Namen gebe: statt Hermann Göring wird er neuerdings mit ›Hermann Brenninkmeier‹ bezeichnet, da diese Firma in vielen Städten des Reiches Niederlagen unterhalte und die deutsche Luftwaffe ebenfalls ständig Niederlagen erleide... Trotzdem haben die meisten Volksgenossen die feste Hoffnung, daß Deutschland letzten Endes doch noch die Kräfte aufbringen werde, den Krieg siegreich zu beenden...«

6. AUGUST 1943

Oberst Tresckow begibt sich zusammen mit Stieff, der sich auf einer Dienstreise für einen Tag in Berlin aufhält, zu Generaloberst Beck.[14] Stieff erklärt, er sei nun, nach sorgfältiger Gewissensprüfung, bereit, persönlich ein Attentat auf den Diktator auszuführen. Beck nimmt zur Kenntnis, äußert sich aber nicht dazu. Helmuth Stieff wiederholt seine Bereitschaft zur Ausführung des Attentats in einem anschließenden Gespräch mit General Olbricht und Tresckow in der Bendlerstraße. Olbricht begrüßt diese Erklärung und gibt Stieff ein persönliches Handschreiben an Generalfeldmarschall von Kluge mit.

Nach Stieffs Abgang bleiben Tresckow und Olbricht in der festen Überzeugung zurück, daß es in Kürze zum Umsturz kommt. Die nervliche Hochspannung der letzten zehn Tage fällt langsam von ihnen ab. Die Aussicht, einen der Heeresgruppen-Befehlshaber, Generalfeldmarschall von Kluge, auf ihrer Seite zu haben, und die Bereitschaft Stieffs, der häufig persönlichen Zutritt zum Diktator im Führerhauptquartier hat, das Attentat durchzuführen, scheinen ihnen ebenso erfolgversprechend wie die geglückte Umstrukturierung des »Walküre«-Alarmplans. Beide Männer stimmen in der Auffassung überein, daß es im September definitiv zum Staatsstreich kommen wird. Olbricht weist darauf hin, daß dann auch schon der genesene Graf Stauffenberg aller Wahrscheinlichkeit nach in der Bendlerstraße zur Verfügung stehen werde.

Am selben Tag begibt sich Stauffenberg gemeinsam mit seiner Frau Nina von Bamberg nach Lautlingen, auf das Familiengut, zur endgültigen Ausheilung. Die Ärzte haben ihm gesagt, daß er in zwei Monaten, wenn der Heilungsprozeß glatt ginge, wieder zum Dienst antreten könne.

Am Tag zuvor, am 5. August, ist die Berliner Journalistin Ursula von Kardorff auf dem Gut Neuhardenberg, im Oderbruch, 90 Kilometer nordostwärts von Berlin, eingetroffen.[15] Eingeladen hat sie der 51jährige Gutsbesitzer, Oberstleutnant der Reserve Carl-Hans Graf von Hardenberg, der bis zum Sommer 1942 Adjutant des Generalfeldmarschalls Fedor von Bock war und seitdem zur Disposition des Potsdamer Infanterieregiments Nr. 9 steht. Graf Hardenberg, ein entschiedener Monarchist und Anhänger des Hauses Hohenzollern, steht seit langem in Opposition zum NS-Regime. Sein Schloß wird in den nächsten Monaten zu einem der wichtigsten Treffpunkte der Konspirateure. Frau von Kardorff arbeitet zeitweilig als Hardenbergs Sekretärin und nimmt beobachtend an einigen Oppositionsgesprächen teil.

8. AUGUST 1943

Oberst i. G. Freiherr von Gersdorff vom Stab der Heeresgruppe Mitte meldet sich in Saporoshe, im Hauptquartier der Heeresgruppe Süd, bei Generalfeldmarschall von Manstein.[16] Er hat den Auftrag von Feldmarschall Kluge, bei Manstein hinsichtlich eines Staatsstreiches vorzufühlen und die Ansichten der beiden Marschälle aufeinander abzustimmen. Manstein hört zu und doziert dann:

»An eine Friedensmöglichkeit ist zur Zeit nicht zu denken, mein lieber Gersdorff, weil die Gegner den Sieg in erreichbarer Nähe glauben. Sollte sich aber doch eine Verständigungsmöglichkeit ergeben, und sei es auch mit Rußland, so sollte man unbedingt zugreifen! Durch ein Gespräch mit Rußland, unter Vermittlung Japans, könnte man vielleicht die Briten wenigstens so weit zum Einlenken bringen, daß sie mit der gegenwärtigen deutschen Führung verhandeln und die blödsinnige Zumutung, nur mit einer anderen Regierung verhandeln zu wollen, endlich aufgeben. Die Hauptsache bleibt immer, einen der Gegner aus dem Spiel zu bringen! Jede Verhandlung aber, die von anderer Seite als dem Führer ausgeht, ist von Übel, da sie den Gegnern eine Spaltung bei uns zeigt. Die Wehrmacht kann und darf damit nichts zu tun haben.«

Manstein geht im Zimmer auf und ab. Er ist ein hochintelligenter Mann und spürt instinktiv, daß Kluge sich so lange wie möglich bedeckt halten und daß er ihn, Manstein, vorschieben, daß er ihn veranlassen will, vorzupreschen und die Kastanien aus dem Feuer zu holen.

MANSTEIN fährt fort: »Ein Wechsel in der Führung wegen sogenannter innerer Schwierigkeiten kommt überhaupt nicht in Betracht. Wie man die Sache auch ansieht, feststeht, daß der Führer der einzige Mann ist, der das Vertrauen des Volkes und der Wehrmacht besitzt. An ihn glauben sie! Das Heer hat mit politischen Dingen grundsätzlich nichts zu tun. Es hat seinen Fahneneid und die Gehorsamspflicht und wird auch stets der Teil sein, der immer treu bleibt. Jeder Gedanke, daß sich militärische Führer in die Fragen der Politik einmischen, würde bedeuten, daß sie damit die Basis der militärischen Unterordnung verlassen, was sich stets gegen sie selbst kehren wird.«

Manstein denkt an die Erfahrungen nach 1918, als man den Militärs, insbesondere General Ludendorff, vorwarf, sich während des Ersten Weltkrieges in die Politik gemischt zu haben. Einen neuen Militarismus-Vorwurf will er der Wehrmacht unbedingt ersparen:

»Gewiß ist die jetzige militärische Lage auch ein Ausfluß von Führungsfehlern. Eine Abgabe des Oberbefehls durch den Führer ist aber völlig ausgeschlossen. Dagegen ist eine vernünftige Neuorganisation der Führung wirklich dringend. Sie muß durch entsprechende Vorstellungen beim Führer erreicht werden. Die beste Lösung wäre die Etablierung eines Wehrmacht-Generalstabschefs. Dabei muß allerdings gesichert sein, daß der Führer auf diesen Berater auch wirklich hört und nicht alles selbst bestimmen will! Seine Aufgabe als Führer und Feldherr liegt höher: in der politischen Führung des Volkes, die zur Zeit gänzlich fehlt; in der außenpolitischen Führung des Krieges, wozu auch die besetzten Gebiete gehören; in der Rüstung und in der Wirtschaft. Militärisch aber nur in den grundlegenden militärpolitischen Entscheidungen.«

Es ist klar, daß Manstein sich selbst als den geeigneten Mann für den Posten eines Wehrmachts-Generalstabschefs sieht. Seiner Ansicht nach ist es falsch, auf den Westen, auf eine drohende Invasion der Westalliierten zu starren; der Schwerpunkt der deutschen Landkriegführung müsse eindeutig im Osten liegen. »Man kann nicht mehr darüber hinwegsehen«, erklärt er, »daß die seit langem überbeanspruchte Truppe jetzt versagt und daß der Russe sich keineswegs verblutet.« Der Feldmarschall weiß, daß die herkömmlichen deutschen Infanteriedivisionen dem gepanzerten Bewegungskrieg nicht mehr gewachsen sind und daß diese Infanteriedivisionen – nach dem Scheitern der Kursker Offensive – zum erstenmal Nerven im Kampf zeigen. Der Russe spüre das, wolle die operative Entscheidung erzwingen und könne nur durch die Zuführung namhafter Reserven gebremst werden:

»Wird der Russe geschlagen oder wenigstens zum Stehen und Ausbluten gebracht, dann werden wir mit den Westmächten in Europa immer fertig werden. Siegt der Russe, dann geht der Krieg verloren.«

Manstein verabschiedet Gersdorff, indem er den Ball an Kluge zurückspielt: Der möge doch die Vorschläge für eine bessere Kriegsspitzengliederung dem Führer selbst vortragen, denn er, Manstein, werde von der ausländischen Propaganda als jemand hingestellt, der unbedingt an die Spitze kommen wolle.

Inzwischen schwirren Gerüchte durch die Oppositionskreise in Berlin. Moltke sagt am 9. August zu Dr. Lukaschek, einem Sympathisanten des Kreisauer Kreises, Hitler, Göring und Himmler würden in Kürze durch eine Panzerdivision in der »Wolfsschanze« ausgehoben und vor ein Gericht gestellt werden.[17] Doch schon zwei Tage später sieht alles viel düsterer aus. Der ehemalige Botschafter von Hassell informiert Duckwitz, den Schiffahrts-Sachverständigen an der deutschen Gesandtschaft in Kopenhagen, der sich in Berlin auf der Durchreise befindet, wegen Personalveränderungen an der Spitze der Wehrmacht könne der geplante Umsturz vorläufig nicht stattfinden.[18]

Es vergehen Tage quälenden Wartens. Endlich, am 13. August, übergibt Stieff Feldmarschall Kluge den persönlichen Brief General Olbrichts.[19] Über die Reaktion Kluges hört man von Stieff Widersprüchliches: Einerseits erklärt er, auf den Feldmarschall könne man »jedenfalls zählen«, andererseits stellt er fest, daß Kluge es entschieden ablehnt, Hitler »vor einen Zwang« zu stellen

Die Verwirrung in den Oppositionskreisen ist grenzenlos. Seit drei, vier Wochen hat man beinahe täglich erwartet, »daß etwas geschieht«, daß das militärische Dreiergespann Kluge-Beck-Olbricht zur Staatsstreichaktion schreitet, und nun stellt sich alles als Irrtum, Illusion, als Wolkenkuckucksheim heraus. Die Chance, noch im Sommer 1943 aktiv zu werden, ist für die Opposition vertan.

15. AUGUST 1943

Dr. Goerdeler trifft sich mit Hauptmann Kaiser. Er hat Mitte Juli eine große Ausarbeitung zu Papier gebracht, in der er seine grundsätzliche Abrechnung mit dem NS-Regime formulierte. Er hatte gehofft, Anfang September, nach vollzogenem militärischem Staatsstreich, diese Arbeit als Chef einer neuen Reichsregierung über den Großdeutschen Rundfunk verlesen, sie als Proklamation an das deutsche Volk richten zu können. Jetzt liest er die wesentlichen Passagen Hauptmann Kaiser vor[20]:

»Es ist genug, daß Maß ist voll! Die Vaterlandsliebe des deutschen Volkes und seine edlen Gefühle sind schmählich mißbraucht. Das deutsche Volk ging von der selbstverständlich erscheinenden Vorstellung aus, daß nur eine lautere Regierung für lautere Zwecke es zu den Opfern aufrufen könne, die es nun Jahr um Jahr gebracht hat. In dieser Überzeugung und erzogen zu Gehorsam, hat es immer wieder alle Leiden ertragen. Weit mehr als eine Million deutscher Männer liegen auf den Schlachtfeldern. Hunderttausende sind zu Krüppeln geworden, ganze Städte sind in Trümmerhaufen verwandelt, ihre Bewohner unter Verlust ihrer Wohnstätten und ihrer Heime in alle Winde zerstreut.

Und wenn wir nach vier Jahren Krieg uns Rechenschaft ablegen, dann müssen wir erkennen, daß eine kleine Schar von Glücksrittern und Verbrechern uns in das Elend gestürzt hat.

Es wird später an der Zeit sein, sich darüber klar zu werden, was 1932 und späterhin geschehen ist, welche Kräfte damals mitgewirkt haben, eine ruhige und aussichtsvolle Entwicklung zu unterbrechen. Hemmungslose Demagogie hat dem deutschen Volk vorgegaukelt, es sei nach einem verlorenen Krieg möglich, das Volk durch Wunderkuren zu Gesundung und Glück zu führen. Nein, der Erste Weltkrieg hat allen

Völkern so schwere Opfer auferlegt, daß er selbst den sogenannten Siegern kein Heil mehr bringen konnte. Sie tragen gewiß durch die Unsinnigkeit des Diktats von Versailles, das nicht einen fruchtbaren neuen Frieden einleitete, sondern den Krieg mit anderen Mitteln fortsetzte, sie tragen durch manches andere Verhalten gegenüber unseren früheren Machthabern ihr gerüttelt und geschüttelt Maß von Verantwortung für das Geschehen; doch darüber wollen wir jetzt nicht richten. Sondern wir wollen nach einem Jahrzehnt leichtfertiger Volksverführung und schamloser Mißachtung von Recht und Anstand wieder uns besinnen auf die ewigen Gesetze, die allein das Glück unseres Volkes und der ganzen Menschheit verbürgen.

Mögen Hitler und Genossen, von leidenschaftlicher Vaterlandsliebe getragen, 1921 ihren Weg angetreten haben. Aber die Macht haben sie sich weder mit anständigen Mitteln erworben noch zum Wohle des Volkes gebraucht. Im Gegenteil, ihre Macht hat sie mehr und mehr in einen Zustand des Größenwahns versetzt. Was haben sie aus dem guten Ruf unseres Vaterlandes gemacht, den unsere Vorväter selbst über Zusammenbrüche und Niederlagen hinweg gerettet haben! Das Recht, um dessen Geltung Deutschland in der ganzen Welt berühmt war, haben sie vernichtet; es war Vermessenheit, als Hitler sich im April 1942 zum obersten Richter des deutschen Volkes erklärte. Wir müssen in die schlimmsten Entartungszeiten des Altertums zurückgehen, um solchen Wahnwitz auf dem Thron der Staatsführung zu sehen. Und wohin hat es geführt? Zum Untergang! An Hitlers Händen klebt seit dem 30. Juni 1934 das Blut ungezählter, unschuldig gemordeter Menschen. Ob es Geisteskranke sind, die auf seinen ausdrücklichen Befehl getötet wurden, ob Juden, die man in grausamster Weise beseitigte, ob politische Gegner, die man im Konzentrationslager noch vorher quälte, ob pflichtbewußte Generäle oder brave Soldaten, die der Stimme des Gewissens folgten, er hat dies alles wissend nicht nur geduldet, sondern befohlen.

Was ist das für ein Zustand, daß man heute, wenn man nur die genügende politische Macht hat, jedem Deutschen Ehre und Besitz nehmen kann, ohne daß dieser die Möglichkeit hat, sich dagegen zu wehren?! Was ist das für ein erbärmlicher und unwürdiger, aus Feigheit geborener Zustand, daß der freie Deutsche sich angstvoll umblickt, ehe er ein offenes, seiner innersten Überzeugung entsprechendes Wort zu sagen wagt. In welche Erbärmlichkeit und Unaufrichtigkeit sind wir versunken!... Im ganzen Volke raunt man seit Jahren: ›Seht den Gauleiter, seht jenen Kreisleiter, wie er sich bereichert.‹ Ist es denn tragbar, daß jetzt im Kriege hohe und höchste Amts- und Würdenträger auf das schamloseste in Deutschland und in den besetzten Gebieten fremdes Gut an sich bringen und in Wohlleben schwimmen, während in Millionen deutscher Familien die Not eingezogen ist, während Hunderttausende aus ihren zerstörten Wohnstätten in Baracken und Schulen übersiedeln müssen, während uns die Sorge um die rechte Ernährung und Gesundheit unserer Kinder packt? Sollen dafür unsere Söhne, Männer und Brüder, unsere Verlobten und Freunde weiter ihr Leben draußen unter unsäglichen Schwierigkeiten opfern und ihre Gesundheit für immer darangeben?!...

Es ist der ungeheuerliche Zustand eingetreten, daß die Führung des Staates sich Sachverständigen verschließt und jede Erfahrung, jede in zahlreichen Gehirnen aufgespeicherte Sachkunde zurückweist, weil sie sich in dem ungehemmten Genuß ihres Machtrausches und verderblicher Illusion nicht stören lassen will. Wir werden später sehen, wie es um unsere Verwaltung, um unsere Finanzen und um die Wirtschaft schon vor dem Kriege stand. Heute ist Krieg, und wir können nicht alles offenbaren, ohne dem Vaterland zu schaden. Feststellen wollen wir nur, daß auf dem Gebiete der Wirtschaft und Verwaltung ein trostloses Durcheinander und eine völlige Verantwortungslosigkeit herrschen. Niemand wagt mehr ohne Ermächtigung oder Befehl zu handeln. Die verrücktesten Weisungen werden befolgt, wenn sie nur vom Führer kommen, selbst dann, wenn feststeht, daß sie undurchführbar sind. Auch dieser Zustand kann gerade im Kriege nicht länger geduldet werden! Er müßte ebenso wie die unfähige militärische Führung zum sicheren Zusammenbruch führen. Den aber will kein Deutscher, wo immer er auch stehen mag, welcher Organisation er sich auch verpflichtet haben mag. Und deswegen war es höchste Zeit, nunmehr mit einem unerträglichen Zustand Schluß zu machen.

Zweierlei soll Euch heute schon gesagt sein:

1. Durch Männer untadeliger und bester Sachkunde, deren Namen bekanntgegeben werden, soll sofort auf allen Gebieten festgestellt werden, in welchem Zustand wir die Verantwortung für das Geschick unseres Vaterlandes übernahmen. Was ist vorhanden? Was fehlt? Was ist versäumt? Was ist zu tun? Und Gebiet um Gebiet, je nachdem die allgemeine Lage es gestattet, wird das Ergebnis bekanntgegeben und entschlossen ausgewertet werden.

2. Sofort werden wir durch Einsetzung schnell arbeitender Standgerichte dafür sorgen, daß Korruption und Willkür und Unanständigkeit aus deutschen Landen wieder verschwinden. Diese Gerichte werden öffentlich arbeiten. Sie werden nicht nur mit Berufsrichtern besetzt sein, denn wir werden uns erst klar werden müssen, welchen Berufsrichtern das Volk noch Vertrauen entgegenbringen kann. Keiner verkennt, daß die Richter wie alle anderen in eine schwierige Lage versetzt waren durch eine vollendete Tyrannei und Willkür. Aber es sind auch Fälle bekannt, in denen Richter über jede Notwendigkeit hinaus versagt und das Recht verraten haben. Wir werden wieder ein unabhängiges Richtertum und eine unabhängige, nur dem Gesetz unterworfene Rechtsprechung sicherstellen. Es ist zunächst notwendig, lautere Berufsrichter gemeinsam mit charaktervollen, verständigen Laienrichtern zusammenwirken zu lassen.

Der dies alles sagt, ist und wird bleiben: ein Preuße; von tiefem Schmerz und von steigender Empörung erfüllt, die edlen Traditionen Preußens so mißbraucht zu sehen, wie es durch Hitler und seine Verbrechergenossen geschehen ist. Sie haben es dahin gebracht, dieses Preußen auch im Ausland in Verruf zu bringen. Wo ist denn in der Geschichte Preußens ein dunkler Fleck? Oder ist es besonders kriegslustig gewesen? Kriege hat doch wohl jede europäische Macht geführt! War der Krieg Englands in Südafrika nur ein Verteidigungskrieg? Waren es die französischen Kriege unter Ludwig XIV. und Napoleon? Es fragt sich nur, ob Flecken der Unmenschlichkeit und der Unehrenhaftigkeit die Bücher der Geschichte besudeln. In der preußischen Geschichte sind sie nicht zu finden. Recht, Zucht und Ordnung, Anstand, wahres Menschentum erfüllen sie, und nichts anderes. Aber die Schuld für die

Verleumdung Preußens und für eine jedem anständigen Preußen unerträgliche Mißdeutung tragen nicht nur die übel beratenen und oberflächlich handelnden Menschen draußen, sondern auch Hitler und seine Genossen, die weder Preußen sind noch jemals etwas von wahrem Preußentum begriffen haben. Zur Ehrenrettung meiner preußischen Heimat muß ich dies sagen; und nicht, weil der Wunsch besteht, die deutsche Geschichte nach rückwärts entwickeln zu wollen. (Für die deutsche Geschichte im ganzen gilt im übrigen das gleiche, was ich für Preußen gesagt habe.)

Im Gegenteil: Wir werden einen gehörigen Schritt nach vorwärts tun. Wir wollen ein einiges Deutschland, und wir werden es uns nicht von der Welt nehmen lassen! Ich bin auch überzeugt, daß kein einsichtiger Staatsmann draußen daran denkt, es uns nehmen zu wollen. Aber wir wollen dieses Deutschland wieder organisch gliedern in möglichst selbständige Gebiete mit einem äußersten Maß größter Selbstverwaltung, das mit den Reichsinteressen vereinbar ist. Ich brauche nicht zu betonen, daß Österreich wieder seinen alten Namen führen und sein altes Gebiet umfassen wird und daß wir geradezu wünschen, daß es in größtmöglicher Selbständigkeit und Freiheit seinen Platz selbst bestimmt. Es hat durch seine ruhmreiche Geschichte Anspruch darauf. Und heute sehen wir klarer, daß die Aufgabenteilung zwischen Preußen und Österreich manches Gute in sich barg. Jeder Staat hat seine Aufgabe mit bester Kraft erfüllt. Österreich und Preußen, beide von deutschen Menschen gegründet und fortentwickelt, haben dem deutschen Namen Achtung verschafft und sich bemüht, auch mit anderen Völkern einen Ausgleich zu finden. Wo kann man in der Geschichte unserem deutschen Volk nachsagen, daß es von Eroberung zu Eroberung geschritten sei? Es war Hitler vorbehalten, unser Volk in diesen Verruf zu bringen und Haß gegen uns aufzuspeichern...«

Goerdeler läßt erschöpft seine Denkschrift sinken. Er muß eine Pause im Vorlesen machen; das Schicksal Deutschlands und seines unglücklichen Volkes erschüttert ihn. Kaiser, der fast atemlos zugehört hat, ist von den Worten und Bekenntnissen Goerdelers tief beeindruckt.

Am 17. August räumen die Deutschen und die (noch verbündeten) Italiener vor dem übermächtigen Druck der Alliierten Sizilien.[21] Am darauffolgenden Tag besetzen Einheiten der Panzergrenadierdivision »Leibstandarte Adolf Hitler« die über den Po führenden großen Brücken bei Borgoforte, das eisenbahntechnische Hauptverbindungsglied zwischen Berlin und Rom.[22] Die Spannung in Italien steigt auf den Höhepunkt. Hitler erwartet fast stündlich den Abfall Italiens. Er läßt sich auch nicht beeindrucken, als Feldmarschall von Manstein ihm am 27. August im Hauptquartier die Sorgen und Nöte der deutschen Ostfront vorträgt.[23] Der Diktator beharrt darauf, überall die Stellungen unnachgiebig zu verteidigen, »bis der Feind von der Nutzlosigkeit seiner Angriffe überzeugt« sei.

Oberst von Tresckow, der am 28. August von Stieff noch einmal ausführlich über das Scheitern der Mission bei Feldmarschall Kluge unterrichtet wird, läßt sich nicht entmutigen. Seine Meinung hinsichtlich der politischen Einsichtsfähigkeit wie der persönlichen Zivilcourage hoher Militärs ist angesichts der Erfahrungen in den letzten beiden Jahren sowieso nicht hoch gewesen. Er beschließt, unverzüglich andere Wege des Widerstands zu beschreiten. Nach Rücksprache mit Olbricht sucht er den ehemaligen Botschafter des Deutschen Reiches in Moskau, den Grafen Friedrich Werner von der Schulenburg, in dessen Berliner Wohnung auf.[24]

Schulenburg empfängt ihn – auf Empfehlung von Beck und Olbricht hin – sehr freundlich. Ohne lange Vorrede sucht Tresckow dem Grafen den Plan einer kurzfristigen Verständigung mit der Sowjetunion in Form eines Kompromiß- oder Verhandlungsfriedens nahezubringen. Wenn Schulenburg mit dem Vorschlag einverstanden sein sollte, dann werde er, Tresckow, eine Stelle an der Front der Heeresgruppe Mitte ausfindig machen, über die der Botschafter a. D. nach vorheriger Funkverständigung mit den Sowjets die Front überqueren und die ersten Kontaktgespräche mit den zuständigen Sowjetvertretern aufnehmen könne.

Tresckow macht kein Hehl daraus, daß ihnen die Zeit unter den Nägeln brennt. Soeben ist Charkow, die zweitgrößte Stadt der

Ukraine, von sowjetischen Truppen zurückerobert worden. In vier Wochen können die Vorhuten der Roten Armee die Ufer des Dnjepr erreichen. Wenn es ihnen dann vier Wochen später auch noch gelingt, die deutsche Verteidigung bei Kiew zu durchstoßen, dann können sich die bolschewistischen Armeen wie Sturzbäche nach Polen und Rumänien ergießen, dann wird Stalin bestimmt keine Neigung mehr zeigen, sich mit der deutschen Seite auf Verhandlungen einzulassen. Deshalb bedrängt Tresckow den früheren Botschafter, der Stalin persönlich kennt und der einen guten Namen in Moskau hat. Der Oberst möchte, daß spätestens am 15. oder 20. Oktober Waffenstillstand an der deutsch-sowjetischen Front eintritt.

Tresckow erinnert den Grafen daran, daß die Bolschewisten am 13. Juli in Krasnograd bei Moskau ein »Nationalkomitee Freies Deutschland« aus deutschen Kriegsgefangenen gebildet haben, das die alten Farben des Kaiserreiches »Schwarz-Weiß-Rot« zum Symbol gewählt hat.[25] Natürlich sei das nur eine Propagandafinte des Kreml, vornehmlich dazu gedacht, die innere Widerstandskraft des deutschen Ostheeres zu erschüttern. Andererseits beweise es, daß Stalin sich Gedanken mache, was die zukünftige »deutsche Frage« angehe, daß ein verdecktes Tauziehen des Ostens und Westens um Deutschland bereits im Gange sei. Es sei deshalb hohe Zeit, sich in das Spiel zugunsten des Reiches einzumischen.

Graf Schulenburg stimmt Tresckow im Prinzip zu, weicht aber seinem hartnäckigen Drängen aus, indem er darauf verweist, daß eine solche einseitige Aktion in Richtung Osten zuvor mit Goerdeler und Beck, den beiden Oppositionsautoritäten, abgestimmt werden müsse. Am übernächsten Tag ist Tresckow bei Goerdeler und berichtet ihm haarklein von seinem Gespräch mit Graf Schulenburg.[26] Dr. Goerdeler reagiert ziemlich frostig. Sein Konzept läuft ja gerade umgekehrt darauf hinaus, zu einem Arrangement mit den Westmächten gegen die Bolschewisten zu kommen.

Tresckow verläßt ihn tief verstimmt. Zwei Monate hektischer Aktivität haben zu nichts geführt. Eine straff gegliederte Anti-Hitler-Opposition hat sich immer noch nicht formiert; die Attentatsproblematik steht nach wie vor ungelöst im Raum; und eine klare innen- wie außenpolitische Konzeption für die Zeit nach dem Umsturz fehlt.

Tresckow und Olbricht kennen natürlich das geheime Zahlenmaterial der Bendlerstraße und des AHA. Nach vier Kriegsjahren (vom 1. September 1939 bis 31. Mai 1943) betragen die personellen Verluste der deutschen Wehrmacht:

zirka 1 200 000 Mann an Gefallenen;
zirka 300 000 Mann an Gefangenen;
zirka 1 000 000 Mann an Schwerverwundeten;
zirka 1 800 000 Mann an Leichtverwundeten.

Das heißt, der Totalverlust an Männern, die nicht mehr eingesetzt werden können, beträgt 2,5 Millionen. Und das in einem Augenblick, in dem der mächtigste Gegner, die Vereinigten Staaten, erst mit voller Kraft in den Kampf eintritt. Es läßt sich leicht ausrechnen, daß die Kampfkraft der Wehrmacht in weiteren zwölf Monaten am Ende sein wird.

1.–3. SEPTEMBER 1943

Während die Regimegegner in Berlin hofften, in einem Coup d'état, überraschend und handstreichartig, die Machtverhältnisse in Deutschland zu ändern, hat Claus von Stauffenberg gemeinsam mit seinem zwei Jahre älteren Bruder Berthold, der als Marineoberstabsrichter und Völkerrechtsexperte in der Seekriegsleitung tätig ist, die Rekonvaleszenten-Phase in Lautlingen genutzt, die Vision des künftigen Deutschland zu konkretisieren.[27] In ihren August-Diskussionen ist es nicht um ein Attentat oder einen Militärputsch gegangen, woran Tresckow und Olbricht zur selben Zeit in Berlin arbeiteten. Worauf die beiden Stauffenberg-Brüder abzielten, war vielmehr die philosophische Grundsteinlegung eines neuen, eines geistig und sittlich veredelten »Dritten Reiches«. Der real existierende Nationalsozialismus hatte sich in ihren Augen in den Kriegsjahren moralisch immer mehr diskreditiert. In den acht Monaten vom

31. Dezember 1942 bis zum 31. August 1943 hatte sich die Zahl der KZ-Häftlinge verdreifacht: von 75000 auf 225000 (in Auschwitz zirka 75000, in Sachsenhausen etwa 25000, in Dachau und Buchenwald je 17000, etc.).[28] Die Allmacht der NS-Diktatur kannte fast keine Grenzen mehr.

Claus und Berthold Stauffenberg lebten und webten in den Gedankengängen der »Konservativen Revolution«; nicht anders als ihr Vetter Hofacker und als Fritz-Dietlof von der Schulenburg. Dem Egalitären, dem Gleichheitsprinzip, setzten sie bewußt das Elitäre, das Auswahlprinzip entgegen. Den egalitären Verkündigungen der parlamentarischen Demokratie mißtrauten sie wie den proletarischen Gleichheitsparolen der Bolschewisten. Überall sahen sie privilegierte politische Klassen an der Macht, die ihre Herrschaft hinter Propagandafassaden massenhafter Gleichheit tarnten. Die Elite des zukünftigen Reiches, die ihnen vorschwebte, sollte nicht auf den veralteten Vorrechten von Blut oder Besitz (Adel oder Bourgeoisie) gegründet werden, sondern hatte sich in einem revolutionären Prozeß als neue Verantwortungs-Elite zu konstituieren. Claus von Stauffenberg faßte das in die bezeichnenden Worte[29]: »Wir beginnen dann eben eine große Fahrt; die wird teilweise rasendes Tempo annehmen und wieder mit anderen Perioden wechseln. Was dann alles wird, kann niemand wissen. Es kommt darauf an, daß dann die richtigen Persönlichkeiten von Können und Charakter an der richtigen Stelle stehen.« Auf Persönlichkeiten, nicht auf die Massen soll sich also die erstrebte nationale Revolution stützen. Und diese Revolution soll konservativ im Inhalt, revolutionär in den Formen sein.

Nun sitzen sich die beiden Stauffenberg-Brüder im Lautlinger Schloßgarten gegenüber. Sie haben es sich bequem gemacht. Claus trägt eine kurze bayerische Lederhose zum weißen Sporthemd. Mit den drei Fingern der linken Hand betupft er immer wieder, wenn er nicht gerade seine geliebten Zigaretten raucht, die linke leere Augenhöhle unter der schwarzen Kappe. Er liest seinem Bruder – stockend, mit nachdenklichen Pausen – die schriftlich erarbeiteten Grundsätze einer »Deutschen Erhebung« vor, die sich aus ihren Diskussionen herauskristallisiert haben[30]:

Darin machen die Stauffenberg-Brüder entschieden gegen den platten Materialismus und Atheismus Front, der allenthalben den Zeitgeist zu dominieren sucht, und stellen fest, daß die »menschliche Existenz auch im Staat ohne Göttliches nicht gedeihen kann, und daß man niemanden, der diese Bindung noch in den christlichen Kirchen findet, darin stören oder beeinträchtigen darf«.

Der nivellierenden Fortschrittsideologie setzen sie ein dezidiert konservatives Lebensgefühl entgegen, indem sie erklären, daß man »gewachsene Lebensformen und Lebenssitten nicht durch auf Vorteil berechnete Konstruktionen ersetzen kann, weil bestimmte Dinge des Wachstums bedürfen«.

Die Problematik der Gleichheit suchen sie durch Postulate der Gerechtigkeit zu kalmieren, indem sie die Frage aufwerfen, wie gewährleistet werden könne, »unter Menschen eines Volkes ein freies Verhältnis zu den mit Notwendigkeit sich immer wieder ergebenden Unterschieden an Stellung, Besitz und Ansehen zu begründen«.

Das prekäre Verhältnis von Wirtschaftsführern und Arbeitnehmern in der modernen Industriegesellschaft sei zu solidarisieren und zu humanisieren, ja, es sei eine neue Arbeitsethik zu schaffen, die gewährleistet, daß »das Verhältnis von Unternehmern und Ausführenden in ihrer gemeinsamen Arbeit, in ihrer gemeinsamen Verantwortung gegenüber dem Ganzen und gegenüber der Menschlichkeit des Menschen begründet wird«.

Die furchtbare Gefahr einer heraufkommenden seelenlosen Konsumgesellschaft müsse erkannt und bekämpft werden, weshalb es gelte, moralische Schranken zu errichten und sich Gedanken zu machen über »das Verhältnis von Technik, Industrie und Wirtschaft zum Staat: daß sie bei all ihrer Bedeutung eine dienende Rolle spielen müssen, nicht eine wissentlich und systematisch Bedürfnisse erweckende und damit die Menschen beherrschende«.

Vor allem ist es ihrer Meinung nach notwendig, ein neues Deutschland zu errichten, das nicht wieder – wie zu Zeiten der Weimarer Republik – die Beute herrschsüchtiger, kurzsichtiger Parteiapparate wird. Deshalb gelte es herauszufinden, wie man

»geeignete Kräfte aus allen Schichten zu Regierenden gewinnen könne; ob und wie es möglich ist, eine Volksvertretung in Deutschland vielleicht auf eine ganz andere Weise als durch politische Parteien bisheriger Art zu begründen, etwa aus den politischen Realitäten von Gemeinden, Berufsgruppen und Interessengemeinschaften«.

Nach drei Tagen abschließender intensiver Gespräche ist den beiden Stauffenberg-Brüdern klar, daß es nicht nur darauf ankommt, die NS-Diktatur zu beseitigen, sondern daß es gilt, das entstehende Vakuum schnell mit neuen Wertvorstellungen auszufüllen, auf deren Verbindlichkeit sich die Oppositionskreise *vor* einer Aktion verständigen müssen.

Claus von Stauffenberg wird denn auch hinfort, bis zum 20. Juli 1944, von der »Deutschen Erhebung« sprechen, die es auszulösen gilt. Als Soldat und Generalstabsoffizier drängt es ihn von der Theorie zur Praxis, von der Diskussion zur Tat. Als am 8. September 1943 bekannt wird, daß Italien kapituliert hat[31], beschließt er spontan, seine Erholungszeit vorzeitig abzubrechen und am nächsten Tag nach München zu fahren, um sich eine künstliche Sauerbruch-Hand anmessen zu lassen. Als ihn dort am 9. September ein Anruf General Olbrichts erreicht, der ihn dringend bittet, nach Berlin zu kommen, folgt Stauffenberg, indem er Untersuchung und Operation kurzentschlossen absagt, sofort diesem Ruf.[32]

10. SEPTEMBER 1943

Oberstleutnant Graf Stauffenberg trifft am frühen Nachmittag, auf dem Weg über Bamberg, in Berlin ein.[33] Er begibt sich unverzüglich in die Tristanstraße Nr. 8, wo er schon von seinem Bruder Berthold erwartet wird. Das Haus, eine Villa aus dem Jahre 1905 mit anheimelnden Holzverzierungen und -brüstungen, liegt idyllisch, wenige Schritte vom Großen Wannsee entfernt. Nur drei Minuten sind es bis zum Bahnhof Wannsee, von dem die S-Bahn ins Zentrum der Reichshauptstadt fährt, und nur wenige Minuten mit dem Auto nach Potsdam, zu den Tresckows. Hier wird Stauffenberg die nächsten zehn Monate, bis zum 20. Juli 1944, wohnen. Oft wird ihn sein Weg zum Grab Heinrich von Kleists führen, das ganz in der Nähe am Kleinen Wannsee liegt. Er wird dann des preußischen Dichters und Patrioten gedenken, der die *Hermannsschlacht* und den *Prinzen von Homburg* schrieb, und sein Blick wird auf der Grabinschrift ruhen: »O, Unsterblichkeit, nun bist du ganz mein.«

Bald sitzen sich die Brüder im Herrenzimmer gegenüber. Claus Stauffenberg trägt die feldgraue Uniform des deutschen Heeres, mit E.K.I, den silbergeflochtenen Schulterstücken eines Oberstleutnants und den roten Generalstabsstreifen an den langen Hosen, Berthold seine dunkelblaue Marineuniform. Berthold schenkt Rotwein ein, Claus zündet sich eine Zigarette an.

CLAUS: »Es ist gleich 20.00 Uhr, Berthold. Wir müssen die Führerrede über den Abfall Italiens einschalten.«

Berthold schaltet das Rundfunkgerät ein. Hitlers Stimme erklingt.[34]

HITLER: »Meine deutschen Volksgenossen und Volksgenossinnen! Befreit von der schweren Last der seit langer Zeit auf uns drückenden Erwartung, sehe ich nunmehr den Augenblick gekommen, um wieder zum deutschen Volk sprechen zu können, ohne vor mir selbst oder der Öffentlichkeit zu Lügen Zuflucht nehmen zu müssen. Der eingetretene Zusammenbruch Italiens war längst vorauszusehen, nicht infolge des Fehlens geeigneter italienischer Möglichkeiten zu einer wirkungsvolleren Verteidigung oder des Ausbleibens der erforderlichen deutschen Hilfe, als vielmehr infolge des Versagens oder besser des Nichtwollens derjenigen Elemente, die nunmehr als Abschluß ihrer planmäßigen Sabotage die Kapitulation veranlaßten. Denn nur was diese Männer schon seit Jahren anstrebten, wurde jetzt vollzogen: der Übergang der italienischen Staatsführung von dem mit Italien verbündeten Deutschen Reich zu den gemeinsamen Feinden...

Daß sich die italienische Staatsführung entschlossen hat, das Bündnis zu brechen und aus dem Kriege auszuscheiden und damit Italien selbst erst recht zum Kriegsschauplatz zu machen, mag sie mit was immer für Gründen motivieren. Sie kann dies als eine Notwendigkeit hinstellen, sie wird aber niemals eine Entschuldigung finden für die Tatsache, daß dies geschehen ist, ohne den Verbündeten vorher wenigstens zu verständigen. Nicht nur das: Am gleichen Tage, an dem Marschall Badoglio den Waffenstillstandsvertrag unterzeichnet hatte, bat er den deutschen Geschäftsträger in Rom zu sich und versicherte ihm, daß er, Marschall Badoglio, Deutschland niemals verraten würde, daß wir Vertrauen zu ihm haben müßten, und daß er es beweisen werde durch seine Taten, daß er dieses Vertrauens würdig sei, daß Italien vor allem niemals zu kapitulieren gedenke. Noch am Tage der Kapitulation rief der König den deutschen Geschäftsträger und versicherte ihm ebenfalls ganz besonders, daß Italien niemals kapitulieren werde, sondern mit Deutschland auf Gedeih und Verderb verbunden, treu an unserer Seite zu stehen gedenke. Ja, noch eine Stunde nach Bekanntgabe des Verrats erklärte der italienische Generalstabschef Roatta diese Meldung gegenüber unserem Militärbevollmächtigten als gemeine Lüge und englische Propagandaente. Im gleichen Augenblick versicherte der Vertreter des italienischen Außenministeriums, diese Nachricht sei ein typisch britischer Schwindel, um fünfzehn Minuten später zuzugeben, daß die Angelegenheit doch stimme und Italien tatsächlich aus dem Krieg ausgetreten sei...«

Die beiden Stauffenberg-Brüder hören der Ansprache regungslos zu. Claus raucht eine Zigarette nach der anderen.

HITLER: »Der Ausfall Italiens bedeutet militärisch nur wenig. Denn der Kampf in diesem Lande wurde seit Monaten in erster Linie durch deutsche Kräfte gestützt und getragen. Wir werden diesen Kampf nunmehr frei von allen belastenden Hemmungen fortsetzen. Der Versuch des internationalen Plutokratenkomplotts, den deutschen Widerstand wie in Italien zu zerreden, ist kindisch. Sie verwechseln das deutsche Volk in dem Fall mit einem anderen. Die Hoffnung, in ihm heute Verräter wie in Italien zu finden, fußt auf der vollkommenen Unkenntnis des Wesens des nationalsozialistischen Staates. Ihr Glaube, in Deutschland auch einen 25. Juli* herbeiführen zu können, beruht auf dem grundlegenden Irrtum, in dem sie sich sowohl über meine persönliche Stellung

* Rücktritt von Benito Mussolini

befinden als auch über die Haltung meiner politischen Mitkämpfer, meiner Feldmarschälle, Admirale und Generale...

Mehr als jemals zuvor tritt diesem Vorhaben gegenüber gerade die deutsche Führung als eine fanatisch geschlossene Gemeinschaft entgegen. Jede Not wird uns in unserer Entschlossenheit festigen!... Ich erwarte nun gerade in dieser Zeit, daß die Nation mit verbissenem Trotz auf sämtlichen Gebieten dieses gewaltigen Kampfes erst recht ihre Pflicht erfüllt. Sie hat jeden Grund, auf sich selbst zu vertrauen... Mag jeder einzelne Deutsche, ganz gleich, wo er steht, sich dessen bewußt sein, daß von ihm selbst, von seinem Einsatz und seiner Opferbereitschaft die Erhaltung unseres Volkes, das Schicksal und die Zukunft vieler Generationen abhängen...«

Claus von Stauffenberg ist beim letzten Satz wie elektrisiert aufgesprungen. Er eilt durch den Raum und schaltet das Rundfunkgerät ab.

CLAUS: »Hast du das gehört, Berthold? Er sagt es ja selbst! Jeder einzelne von uns ist für das Schicksal, ist für die Erhaltung des deutschen Volkes verantwortlich...«

Berthold Stauffenberg tritt an den Bücherschrank heran und nimmt Hitlers *Mein Kampf* heraus.[35]

BERTHOLD: »Und was hat der Führer vor 20 Jahren in *Mein Kampf*, damals in Landsberg, in der Festungshaft geschrieben? Hier, Seite 693. Ich habe es mir rot angestrichen: ›*Eine Diplomatie hat dafür zu sorgen, daß ein Volk nicht heroisch zugrunde geht, sondern praktisch erhalten wird. Jeder Weg, der hierzu führt, ist dann zweckmäßig, und sein Nichtbegehen muß als pflichtvergessenes Verbrechen bezeichnet werden.*‹«

Claus liest noch einmal die angestrichene Stelle in *Mein Kampf*.

CLAUS: »Ja, damit hat er sein eigenes Verhalten seit dem Herbst vorigen Jahres als Verbrechen gekennzeichnet. Andererseits, wer nichts für die Erhaltung seines Volkes tut, wird ebenfalls zum Verbrecher! Und in einer Diktatur heißt das, daß jedes Mittel recht ist, um Widerstand zu leisten... (lächelnd) Berthold, erinnerst du dich noch an unsere Schüleraufführungen, damals in Stuttgart, vor 20 Jahren? Ich mußte in Schillers *Wilhelm Tell* den Stauffacher spielen. Im zweiten Aufzug trat ich vor und deklamierte:

(nach kurzer Konzentration)
›Nein, eine Grenze hat Tyrannenmacht!
Wenn der Gedrückte nirgends Recht kann finden,
Wenn unerträglich wird die Last, greift er
Hinauf getrosten Mutes in den Himmel
Und holt herunter seine ew'gen Rechte...
Zum letzten Mittel, wenn kein andres mehr
Verfangen will, ist ihm das Schwert gegeben.
Der Güter höchstes dürfen wir verteid'gen
Gegen Gewalt. Wir stehen für unser Land!
Wir stehn für unsre Weiber, unsre Kinder...‹«

CLAUS (sehr ernst): »Wir beide, Berthold, wissen, daß der Krieg nicht mehr gewonnen werden kann. Man müßte ein Lump sein, wenn einem Gehorsam und Pflichterfüllung mehr bedeuten würden als die Errettung des deutschen Volkes vor der Katastrophe.«

BERTHOLD: »Das heißt, es muß Frieden geschlossen werden...«

CLAUS (unterbricht): »Ja. Aber dafür ist eine Ablösung des NS-Systems die unbedingte Voraussetzung.«

BERTHOLD (nach kurzem Zögern): »Und die ist nur möglich über den Tod des Führers...«

CLAUS: »Genau darüber will ich mit Henning von Tresckow sprechen. Er ist überzeugter Preuße und Protestant. Die Marschälle haben ja alle die Hosen voll! Tresckow, der kennt keine Furcht...«

Am 12. September 1943 landet die 1. Kompanie des Fallschirmjäger-Lehrbataillons unter Führung des Oberleutnants von Berlepsch mit Lastenseglern überraschend auf dem Gran-Sasso-Massiv der Abruzzen. Sie befreit den Duce Benito Mussolini, der im Berghotel »Campo Imperatore« interniert war und der nun sofort nach Wien geflogen wird, wo er vom Hotel »Imperial« aus mit Hitler telefoniert.[36]

Einen Tag später, am 13. September, kommt es im sowjetischen Kriegsgefangenenlager Lunjowo zur Gründung eines »Bundes deutscher Offiziere«[37]. Prominentestes Mitglied ist der hochdekorierte, bei Stalingrad gefangengenommene General der Artillerie Walther von Seydlitz-Kurzbach, den die Sowjets erst zum Beitritt gewinnen konnten, nachdem ein Abgesandter Stalins, der sowjetische NKWD-General Melnikow, zugesichert hatte, daß nach Kriegsende Deutschland in den Grenzen vom 1. Januar 1939 – also inklusive Österreich und dem Sudetenland – bestehen bleibt.

Das Oberkommando der Wehrmacht (OKW) gibt bekannt: »Die Entwaffnung des italienischen Badoglio-Heeres ist im wesentlichen abgeschlossen.«[38] Insgesamt hat die Wehrmacht in Norditalien innerhalb von vier Tagen 82 Generale, zirka 15000 Offiziere und etwa 400000 Mann der italienischen Streitkräfte entwaffnet und interniert.[39]

Am selben Tag lautet die SD-»Meldung aus dem Reich« über die Stimmungslage der deutschen Bevölkerung[40]:

»Die Meldungen aus allen Teilen des Reiches bestätigen den ersten Eindruck, den die Führerrede und die deutsche Aktion in Italien hervorgerufen hatten: Das Vertrauen des Volkes in seine eigene Kraft, das vorübergehend erschüttert war, ist wiedergekehrt; das Vertrauen zum Führer ist erneut gestärkt worden.

Als nachteilig stellte sich die kurzfristige Ankündigung der Führerrede heraus. Bauern, die auf den Feldern oder in den Ställen arbeiteten, versäumten die erste Übertragung der Führerrede, da sie die Ankündigung nicht anhörten. In den Städten machte sich die Bevölkerung gegenseitig auf die Ankündigung aufmerksam. Viele Volksgenossen, die beabsichtigt hatten, Vergnügungsstätten zu besuchen und die sich bereits Eintrittskarten besorgt hatten, verzichteten auf den Besuch, um die Führerrede zu hören. Zur Zeit der Führerrede waren die Straßen fast menschenleer.

Die Kürze der Rede wird teilweise beklagt oder doch erstaunt vermerkt. Andererseits wird aber von vielen hervorgehoben, daß gerade die Kürze die Schlagkraft und die konzentrierte Wucht der Ausführungen erhöht habe. Der Führer habe in kurzen und knappen Worten alles gesagt, was zu sagen sei. Der weitaus größte Teil der Bevölkerung habe in der Rede die Antwort auf die brennendsten Fragen gefunden.

Die Rede wurde von der Bevölkerung nicht nur wegen ihres Inhalts mit Spannung erwartet, sondern auch, weil man aus ihr auf die Konstitution und die Stimmung des Führers Rückschlüsse ziehen zu können glaubte. Als man die ruhige und sichere Stimme des Führers hörte, der seine Ausführungen in unerschütterlicher Siegeszuversicht machte, übertrug sich diese Ruhe auf viele Volksgenossen. Man erklärte, daß, ›solange der Führer die Nerven behalte‹, bei uns ›alles in Butter‹ sei...

Die Ausführung, daß der Ausfall Italiens wenig bedeute, wurde, besonders von Soldaten, mit Zustimmung kommentiert... Die Ausführungen des Führers darüber, daß in Deutschland Vorkommnisse wie in Italien unmöglich seien, da er sich auf seine Marschälle, Admirale und Generale verlassen könne, wurden mit Stolz aufgenommen, wie überhaupt die Rede den nationalen Stolz des deutschen Volkes gestärkt hat...«

Zwei Tage später treffen die beiden Heeresgruppen-Befehlshaber, die Generalfeldmarschälle von Manstein und von Kluge, im Führerhauptquartier »Wolfsschanze« ein. Nach langem Hin und Her genehmigt Hitler endlich den Rückzug der beiden Heeresgruppen Mitte und Süd in die »Panther-Stellung« (von Witebsk über Orscha-Desna-Dnjepr-Saporoshe bis Melitopol). Doch die Genehmigung kommt zu spät: Die 4. Panzerarmee des Generalobersten Hoth wird operativ durchbrochen und muß in einzelnen Gruppen hinter den Dnjepr zurückgehen.

15. SEPTEMBER 1943

Benito Mussolini tritt an die Spitze einer faschistischen Gegenregierung, die unter deutscher Oberaufsicht die Verwaltung Nord- und Mittelitaliens übernimmt. Vorläufiger Regierungssitz wird Rocca della Caminate, eine Burg bei Forli.[41]

In einer gemeinsamen Erklärung geben die Deutsche Reichsregierung und die Kaiserlich Japanische Regierung bekannt: »Der Treubruch der Regierung des Marschalls Badoglio berührt in keiner Weise den Dreimächtepakt, der nach wie vor uneingeschränkt in Kraft bleibt.« Berlin und Tokio bekunden ihre Entschlossenheit, den Krieg gemeinsam fortzusetzen.[42]

Am selben Tag gehen Stauffenberg und Tresckow, beide in Uniform, auf einem Waldweg am Berliner Grunewaldsee entlang.[43]

TRESCKOW: »Keine Frage, Stauffenberg, die militärische Lage Deutschlands ist katastrophal! Es muß sofort etwas geschehen, denn die Ostfront geht sonst 1944 einer Katastrophe entgegen... Es nützt alles nichts: Der Krieg ist definitiv verloren! Ich sage seit einem Dreivierteljahr immer wieder, der Führer ist verrückt geworden und muß beseitigt werden.«

Die beiden feldgrauen Offiziere, mit den roten Generalstabsstreifen an den langen Hosen, bilden äußerlich einen erheblichen Kontrast. Tresckows Dienstanzug ist vom Scheitel bis zu den Sohlen von peinlicher Akkuratesse. Stauffenberg, der die Mütze unterm Arm trägt, wirkt mit seinen offenen Uniformtaschen ausgesprochen salopp; eine schwarze Haarsträhne fällt ihm lax in die Stirn.

TRESCKOW: »Ich war auch lange für das Dritte Reich. 1929 habe ich versucht, das Offizierskorps meines Regiments in Potsdam für den Nationalsozialismus zu gewinnen. Als ehemaliger Bankkaufmann hatte ich Verständnis für die ›antikapitalistische Sehnsucht‹, für die ›Brechung der Zinsknechtschaft‹, die von der NSDAP proklamiert wurde. Am 21. März 1933, am ›Tag von Potsdam‹, habe ich gehofft, es könne zu einer Verbindung altpreußischer Tugenden mit den neuen Ideen des nationalen Sozialismus kommen. Im Sinne der NS-Volksgemeinschaft habe ich mich 1934 für eine enge Zusammenarbeit zwischen Heer und Hitlerjugend engagiert. Nach dem Sieg über Frankreich 1940 war ich begeistert und glaubte, es würde ein großmütiger Frieden folgen und alles würde gut werden.«

Tresckow bleibt stehen und sieht Stauffenberg, der sich mit einem Wattebausch seine leere Augenhöhle betupft, nachdenklich an.

TRESCKOW: »Anfang Juni 1941 habe ich in Posen den Kommissarbefehl zu sehen bekommen, den General Warlimont formuliert hat, soviel ich weiß. Ein paar Wochen später hörte ich von einem Massaker in Borissow, wo 7000 Juden von einer SD-Einsatztruppe umgebracht wurden. Immer wieder habe ich interveniert! Vergeblich. Seitdem weiß ich, was ich von der Zivilcourage unserer Feldmarschälle zu halten habe. Alles schlapp! Keiner will gegen Hitler mitmachen, solange nicht der Erfolg garantiert ist.«

Sie bleiben stehen und blicken über den See. Gegenüber liegt das Jagdschloß Grunewald.

TRESCKOW: »Jagdschloß Grunewald! Das atmet hier alles brandenburgisch-preußische Geschichte. Das ist meine Welt. (Er lacht auf.) Ich kann mich noch erinnern: Vor 20 Jahren sollte ich eine Weltreise antreten. Am Abend vorher stand ich in Potsdam an der Havel und sagte zu Dr. Hesse, meinem Reisebegleiter: ›Potsdam wird stärker sein als alles, was die Welt zu zeigen hat.‹ Hesse hat mich daran noch nach dem Frankreichfeldzug erinnert. (Pause.) Aber wie lange wird es noch Potsdam, wie lange wird es noch Preußen und Deutschland geben?«

Die beiden Offiziere setzen sich auf eine Bank.

TRESCKOW: »Wenn wir eine Konspiration zustande bringen wollen, dann dürfen wir uns nicht täuschen: Wir müssen ganz elitär und einsam von oben handeln. Eben als Generalstabsoffiziere... Die Masse? Die Masse braucht doch nur den Anstoß! Zumal sie gelernt hat, Ordre zu parieren... Es gilt der altbewährte Grundsatz: Wer das Gesetz des Handelns durch die Tat an sich reißt, der bestimmt auch den weiteren Kurs der Ereignisse!... (Pause) Wir sollten zurückgehen; in wenigen Schritten sind wir bei Olbricht, im Wildpfad.«

Die beiden Offiziere erheben sich.

TRESCKOW (im Gehen): »Olbricht und ich sind, glaube ich, auf eine gute Idee gekommen: Wir benutzen den Alarmplan ›Walküre‹. Der liegt in den Panzerschränken der Bendlerstraße und ist für den Fall innerer Unruhen im Reichsgebiet gedacht, gegen einen Aufstandsversuch von drei Millionen Kriegsgefangenen und die Masse der Fremdarbeiter. Den benutzen wir als Tarnung, als Deckmantel für unsere Umsturzpläne! Unter seinem Schutz können wir den militärischen Ausnahmezustand verhängen, ohne daß uns einer auf die Sprünge kommt...«

16. SEPTEMBER 1943

Die geheime SD-»Meldung aus dem Reich« berichtet über die Stimmungslage der deutschen Bevölkerung[44]:

»Die letzten zehn Tage haben durch die Häufung wichtiger Ereignisse die Stimmung der Bevölkerung neu belebt und eine fühlbare Auflockerung gebracht. Viele Volksgenossen sind aus ihrer Lethargie herausgerissen und zeigen eine schon lange nicht mehr gesehene Zuversicht. Die Art und Weise, wie die zunächst als kritisch angesehene Situation von der deutschen Führung gemeistert wurde, ist als Zeichen für die deutsche Wendigkeit und Stärke und die ungeschwächte Schlagkraft der deutschen Wehrmacht angesehen worden. Letzteres hat die schon lange anhaltende Beunruhigung, Deutschland hätte die Initiative an die Feindmächte abtreten müssen, völlig verdrängt. Daß Deutschland im gegebenen Moment und, wie zu Anfang des Krieges, blitzartig handeln kann, ist der Bevölkerung die beruhigendste Erkenntnis der letzten Zeit geworden.

Innenpolitische Gegner sind mit ihren Äußerungen erheblich zurückhaltender geworden, auch die Reaktion gutwilliger Kreise der Bevölkerung auf negative Äußerungen ist wieder lebhafter. So wurde zum Beispiel in Nürnberg eine Frau in einem Laden, die zu der Führerrede äußerte ›Ich vermisse an der Führerrede die Äußerung, wann der Krieg aus ist; es ist doch jetzt genug‹, von den anderen anwesenden Frauen beinahe geschlagen. Arbeiter distanzieren sich von unverbesserlichen Schwarzsehern: ›Mensch, rede nicht mehr mit Ihm; das ist ja ein Charakterschwein, der zählt ja nicht mehr.‹

Trotz der insgesamt gemeldeten Auflockerung wird die militärische Gesamtlage fast allgemein als ernst angesehen. Man beurteilt die Lage jetzt so, daß Deutschland in Europa praktisch allein dastehe, daß jetzt zwei Fronten vorhanden seien, nämlich im Osten und im Süden. Der Luftkrieg könne sogar als dritte Front angesehen werden.

Der Wille zum Durchhalten wurde ganz wesentlich durch die den Italienern gestellten Kapitulationsbedingungen [der Alliierten] gestärkt. Für den Fall einer deutschen Niederlage, so erklärt man, würden die Bedingungen eher noch härter sein. Die Friedensparolen sind unter diesen Aussichten auch in Süddeutschland stark zurückgegangen. Dort hatte man vielfach damit argumentiert, daß die Anglo-Amerikaner Süddeutschland besetzen und dadurch den Bolschewismus abhalten und es so vor den schlimmen Folgen des Krieges bewahren würden. Da nun die Behandlung der Italiener durch die Anglo-Amerikaner ›anscheinend doch nicht so human‹ ausfalle, wie man sich das teilweise vorgestellt hatte, hat die Beweisführung dieser Kreise einen starken Stoß erhalten...«

Am Freitag, dem 17. September 1943, meldet sich Stauffenberg bei General Olbricht in der Bendlerstraße, um die Dienststellung des Chefs des Stabes im Allgemeinen Heeresamt (AHA) zu übernehmen. Beide gehen zu Generaloberst Fromm, dem Chef der Heeresrüstung und Befehlshaber des Ersatzheeres (BdE), dem das AHA untersteht. Anschließend setzt sich Stauffenberg mit seinem Vorgänger, Oberst i. G. Reinhardt, zusammen, der ihn in den nächsten 14 Tagen einarbeiten soll. Am 1. Oktober soll Stauffenberg offiziell sein neues Amt antreten.

In den beiden letzten Septemberwochen sind Stauffenberg und Tresckow fast täglich zusammen, sei es in Potsdam oder in Berlin.[45] Es gilt nun, den umgedrehten »Walküre«-Plan als *legalen* Deckmantel für die *illegale* Mobilisation aller bewaffneten Kräfte gegen das NS-Regime zu nutzen. Eine Fülle von Organisationsschemata, ein Konvolut von Befehlen und Weisungen muß erarbeitet werden. Da der Umsturz nicht als Basisrevolution gedacht ist – wofür es keinerlei konkrete Voraussetzungen gibt –, sondern im strengen Rahmen der militärischen Disziplin, ja des soldatischen Gehorsams erfolgen muß, ist der Erfolg nur garantiert, wenn jedes Detail von oben angeordnet und befohlen wird, wenn jede Kommandostelle der Wehrmacht im Augenblick des Staatsstreichs die entsprechenden Marsch- und Einsatzbefehle zur Hand hat. Es handelt sich also um eine typische Organisationsarbeit, die von den beiden hochqualifizierten Generalstabsoffizieren Tresckow und Stauffenberg in kurzer Frist gemeistert wird.

Beide werden von dem Major i. G. Hans Ulrich von Oertzen unterstützt, der zum Stab des Stellvertretenden Generalkommandos am Fehrbelliner Platz, Hohenzollerndamm 144, gehört. Seine spezielle Aufgabe ist es, für Stauffenberg eine komplette Liste aller wichtigen Objekte und Behörden in der Reichshauptstadt zu erstellen – insbesondere Waffendepots, Kasernen, Ministerien, Nachrichtenanlagen, Rundfunkstationen etc. –, die bei Auslösung des Staatsstreichs unverzüglich besetzt werden müssen. Da inzwischen bekannt wird, daß Oberst Tresckow am 1. Oktober wieder an die Front geht, um dort ein Grenadierregiment zu übernehmen, ist Stauffenberg sehr froh, daß sich ihm in der Person des Oberleutnants der Reserve Werner von Haeften schon jetzt ein Ordonnanzoffizier attachiert, der voll in die Verschwörung eingeweiht werden und der seinem schwerverwundeten Chef zur Hand gehen kann.

Von entscheidender Bedeutung ist die schriftliche Formulierung der militärischen Befehle für den Tag des Umsturzes. Hier gilt die höchste Geheimhaltung; ein Schnipsel Papier, der in falsche Hände gerät, kann das ganze Unternehmen gefährden. Bisher hat Erika von Tresckow, die Frau des Obersten, die diversen geheimen Entwürfe in ihrer Potsdamer Wohnung auf der Schreibmaschine geschrieben. Nun schalten sich noch Ehrengard Gräfin von der Schulenburg und Margarete von Owen in die Arbeit ein.[46]

Der erste entscheidende Befehl, der unmittelbar nach der »Walküre«-Auslösung an alle maßgeblichen Dienststellen der Wehrmacht per Fernschreiber durchgegeben werden muß und später auch im Großdeutschen Rundfunk verlesen werden soll, lautet in seiner Ausarbeitung[47]:

»I.

Der Führer Adolf Hitler ist tot!

Eine gewissenlose Clique frontfremder Parteiführer hat es unter Ausnutzung dieser Lage versucht, der schwerringenden Front in den Rücken zu fallen und die Macht zu eigennützigen Zwecken an sich zu reißen.

II.

In dieser Stunde höchster Gefahr hat die Reichsregierung zur Aufrechterhaltung von Recht und Ordnung den militärischen Ausnahmezustand verhängt und mir zugleich mit dem Oberbefehl über die Wehrmacht die vollziehende Gewalt übertragen.

III.

Hierzu befehle ich:

1. Ich übertrage die vollziehende Gewalt – mit dem Recht der Delegation auf die territorialen Befehlshaber –
   im Heimatkriegsgebiet auf den Befehlshaber des Ersatzheeres unter gleichzeitiger Ernennung zum Oberbefehlshaber im Heimatkriegsgebiet –
   in den besetzten Westgebieten auf den Oberbefehlshaber West –
   in Italien auf den Oberbefehlshaber Südwest –
   in den besetzten Ostgebieten auf die Oberbefehlshaber der Heeresgruppen und den Wehrmachtsbefehlshaber Ostland für ihren jeweiligen Befehlsbereich –
   in Dänemark und Norwegen auf die Wehrmachtsbefehlshaber.
2. Den Inhabern der vollziehenden Gewalt sind unterstellt:
   a) sämtliche in ihrem Befehlsbereich befindlichen Dienststellen und Einheiten der Wehrmacht einschließlich der Waffen-SS, des RAD und der OT;
   b) alle öffentlichen Behörden (des Reiches, der Länder und der Gemeinden), insbesondere die gesamte Ordnungs-, Sicherheits- und Verwaltungspolizei;
   c) alle Amtsträger und Gliederungen der NSDAP und der ihr angeschlossenen Verbände;
   d) die Verkehrs- und Versorgungsbetriebe.
3. Die gesamte Waffen-SS ist mit sofortiger Wirkung ins Heer eingegliedert.
4. Die Inhaber der vollziehenden Gewalt sind für die Aufrechterhaltung der Ordnung und öffentlichen Sicherheit verantwortlich. Sie haben insbesondere zu sorgen für:
   a) die Sicherung der Nachrichtenanlagen,
   b) die Ausschaltung des SD.

Jeder Widerstand gegen die militärische Vollzugsgewalt ist rücksichtslos zu brechen.

In dieser Stunde höchster Gefahr für das Vaterland ist Geschlossenheit der Wehrmacht und Aufrechterhaltung voller Disziplin oberstes Gebot. Ich mache es daher allen Befehlshabern des Heeres, der Kriegsmarine und der Luftwaffe zur Pflicht, die Inhaber der vollziehenden Gewalt bei Durchführung ihrer schwierigen Aufgabe mit allen zu Gebote stehenden Mitteln zu unterstützen und die Befolgung ihrer Weisungen durch die untergeordneten Dienststellen sicherzustellen. Der deutsche Soldat steht vor einer geschichtlichen Aufgabe. Von seiner Tatkraft und Haltung wird es abhängen, ob Deutschland gerettet wird.

Der Oberbefehlshaber der Wehrmacht
(Person und Name stehen noch nicht fest.)

26. SEPTEMBER 1943

Reichspropagandaminister Dr. Goebbels veröffentlicht in der Wochenzeitung *Das Reich* eine Art Katechismus, dessen Inhalt er als »Kriegsartikel für das deutsche Volk« bezeichnet[48]:

»Alles kann in diesem Krieg möglich sein, nur nicht, daß wir jemals kapitulieren und uns unter die Gewalt des Feindes beugen. Wer davon spricht oder auch nur daran denkt, begeht damit einen feigen Verrat am Lebensrecht seines Volkes und muß mit Schimpf und Schande aus der kämpfenden und arbeitenden deutschen Gemeinschaft ausgestoßen werden.«

Am selben Tag besucht Stauffenberg den Oberst i. G. Bürker, den Chef der Organisationsabteilung des Wehrmachtsführungsstabes, in seiner Dienststelle am Tirpitz-Ufer.[49] Bürker begrüßt ihn kameradschaftlich.

BÜRKER: »Man hat Sie also wieder zusammengeflickt! Und obwohl ein Auge und eine Hand weg sind, ist der Herr schon wieder emsig tätig, nicht wahr?«

Oberst Bürker will damit auf den Busch klopfen. Er hat von Major i. G. Klamroth von der Organisationsabteilung des OKH gehört, es existiere eine Gruppe von Generalstabsoffizieren, die Umsturzpläne diskutieren, und zu ihnen gehöre auch Stauffenberg.

BÜRKER: »Ich sage dasselbe, was ich schon im Winter 41/42 jedem gesagt habe, der es hören wollte: Der chronische Mangel an Mannschaftsersatz, an Benzin und Munition kann nur in eine Katastrophe führen.«

STAUFFENBERG: »Und die Folgerung daraus?«

BÜRKER: »Sagen Sie mir, lieber Stauffenberg, wer steckt hinter den Umsturzplänen, von denen ich gerüchtweise gehört habe?«

STAUFFENBERG (nach kurzem Zögern): »Generaloberst Beck.«

BÜRKER (zieht die Augenbrauen hoch): »Beck? Wer noch?«

Stauffenberg schweigt. Er weiß nicht, wie er Bürker politisch einordnen soll.

BÜRKER: »Also, Beck – das wissen Sie doch – ist ausgesprochen entscheidungsschwach! Und außerdem ist mindestens ein Feldmarschall mit dem Kommandostab einer Heeresgruppe nötig, um einen Staatsstreich mit durchschlagenden Maßnahmen zu unterstützen... Nein, mein Lieber, der geplante Umsturz hat keinerlei Aussicht auf Erfolg. Das wird ein ganz gewöhnlicher Offiziersputsch...«

STAUFFENBERG (ernst): »Das fürchte ich manchmal auch.«

BÜRKER: »Und im übrigen: Seit der gescheiterten Sommeroffensive bei Kursk macht ein Umsturz keinen Sinn mehr. Es ist einfach zu spät. Auch eine andere Regierung könnte keine Wende herbeiführen, könnte die Katastrophe nicht mehr aufhalten.«

STAUFFENBERG (schroff): »Es ist nie zu spät!«

28. SEPTEMBER 1943

Stauffenberg geht noch einmal zum Tirpitz-Ufer. Er möchte Bürker, dessen Qualifikation er hoch einschätzt, für die Verschwörung gewinnen. Aber das Gespräch ist kurz.

BÜRKER: »Wissen Sie, Stauffenberg, mein Herz gehört Ihren Plänen! Aber mein Verstand sagt mir, daß die Sache schiefgehen wird...«

Zur selben Stunde, da sich Stauffenberg und Bürker am Tirpitz-Ufer unterhalten, findet ein hochkarätiges Treffen in Olbrichts Wohnung, im »Wildpfad« am Grunewaldsee, statt.[50] Generalfeldmarschall von Kluge, der Oberbefehlshaber der Heeresgruppe Mitte, ist tief besorgt nach Berlin gekommen, um sich mit Beck und Goerdeler auszusprechen. Der Feldmarschall ist von großem Pessimismus erfüllt, was die militärische Lage angeht. Soeben hat seine Heeresgruppe die Städte Smolensk und Roslawl vor der Übermacht der Sowjets räumen müssen, und in der Ukraine, bei Dnjepropetrowsk, haben sowjetische Vorhuten bereits einen Brückenkopf auf dem Westufer des Dnjepr gebildet.

KLUGE: »Es ist einfach so, daß die militärischen Kräfte Deutschlands nicht ausreichen, um die riesige Ostfront in Rußland und gleichzeitig noch weitere Abwehrfronten im Süden, in Italien, und bald wohl auch im Westen, in Frankreich, erfolgreich verteidigen zu können... Ja, im Augenblick ist sogar sicher, daß nicht einmal die Front am Dnjepr gehalten werden kann. Der Krieg ist verloren, wenn man nicht zu großen Entschließungen kommt! Die können nur darin bestehen, die Fronten zu verkürzen und zu entlasten, indem man auf natürliche, leicht zu verteidigende Stellungen zurückgeht, und zwar so rechtzeitig, daß kein Material verlorengeht und die neuen Stellungen ordnungsgemäß vorbereitet werden können... Nach meiner Überzeugung ist der Führer jedoch nicht bereit, solche Entschließungen zu fassen. Er denkt nicht daran, den militärischen Sachverständigen die Möglichkeit weiträumiger, vorausschauender Rückzüge einzuräumen... Tja, meine Herren, da fragt man sich natürlich, welchen politischen Ausweg es aus dieser Lage gibt...«

Dr. Goerdeler plädiert daraufhin für eine deutsch-englische Verständigung. Er drückt seine feste Überzeugung aus, daß die Briten niemals einer Zerschlagung oder Entmachtung des Deutschen Reiches zustimmen, daß sie es niemals zulassen würden, große Teile Europas schutzlos den Bolschewisten auszuliefern.

KLUGE: »Ich weiß nicht, ich bin da sehr skeptisch. Werden die Briten Deutschland, wenn es den Krieg verliert, nicht doch wieder wie 1918, wie im Diktat von Versailles behandeln?«

Goerdeler bestreitet das heftig. Er erklärt, er habe »die Engländer, ihre Interessen, ihre Politik und ihre Methoden durch ihre Geschichte hindurch« sehr eingehend studiert, die britische Politik sei seit Jahrhunderten auf die Balance of power, auf das Gleichgewicht der Kräfte in Europa fixiert. Das sei nach wie vor so, wie er aus seinen Kontakten mit zahlreichen führenden Politikern Großbritanniens versichern könne.

Während Beck und Olbricht dem Gespräch schweigend zuhören, bleibt Kluges Stimmung bis zum Schluß pessimistisch. Er verabschiedet sich von seinen Gesprächspartnern mit der Aufforderung, dafür Sorge zu tragen, »daß die Angelsachsen sich später richtig verhalten«.

An diesem Tag, an dem die Oppositionsspitze in Berlin sorgenvoll mit Feldmarschall Kluge diskutiert, haben sich in der Ukraine die 4. Panzerarmee und die 8. Armee vor dem Druck der Sowjets auf die Strombarriere des Dnjepr zurückgezogen. Im Führerhauptquartier bereitet man sich auf eine Reihe von Eventualitäten vor: Hitler erläßt die Weisung Nr. 50 für eine mögliche Rückführung der 20. Gebirgsarmee nach Nordnorwegen im Falle eines Ausscheidens Finnlands aus dem Krieg, und im Wehrmachtsführungsstab des OKW macht man sich erste Gedanken über eine blitzartige Besetzung Ungarns durch die Wehrmacht bei einem ungarischen Ausscheren aus dem Bündnis mit Deutschland.

1. OKTOBER 1943

An diesem Morgen nimmt Oberstleutnant Graf Stauffenberg offiziell seine Dienstgeschäfte in der Bendlerstraße auf. Er ist nun nicht nur der Stabschef des Allgemeinen Heeresamtes, sondern zugleich der illegale Stabschef einer sich herausbildenden heimlichen Verschwörung, denn Oberst von Tresckow begibt sich an diesem Tag zu seinem neuen Kommando an die Front, fällt also für die weitere Organisationsarbeit im Untergrund aus.

Einer der ersten Besucher ist Oberst Bürker. Als Stauffenberg seinen ernsten Blick bemerkt, deutet er auf das Bild seiner Kinder, das er auf den Schreibtisch stellt: »Für die tue ich das.«[51]

Etwas später ist Claus Stauffenberg dabei, ein Führerbild, das bisher hinter dem Schreibtischsessel hing, so umzuhängen, daß es ihm genau gegenüber plaziert und damit ständig vor Augen ist, als sein Bruder Berthold in Begleitung eines Korvettenkapitäns der Kriegsmarine den Raum betritt.

BERTHOLD (lächelnd): »Ist das eine Beschäftigung für den neuen Chef des Stabes, Bilder umzuhängen?«

CLAUS (ernst): »Ich will ihn immer vor Augen und nicht in meinem Rücken haben…«

Er gibt Berthold die linke Hand, der ihn mit dem Marineoffizier bekannt macht.

BERTHOLD: »Das ist Korvettenkapitän Alfred Kranzfelder, von dem ich dir ja schon erzählt habe. Er arbeitet mit mir zusammen in der Seekriegsleitung und ist absolut vertrauenswürdig.«

Die beiden Besucher ziehen sich zwei Stühle heran und setzen sich vor den Schreibtisch, hinter dem sich Stauffenberg niedergelassen hat, den Blick unverwandt auf das Führerbild gerichtet.

CLAUS: »Täuschen wir uns nicht: Der Vater dieses Mannes war kein Kleinbürger. Der Vater dieses Mannes ist der Krieg!«

Alle starren einen Augenblick auf das Hitlerbild.

CLAUS: »Heute ist mein erster Tag als Stabschef. Und das ist ein guter Tag! Denn nun sind General Olbricht und ich nicht mehr allein, sondern mit euch beiden haben wir auch vier Augen und vier Ohren in der Seekriegsleitung…«

KRANZFELDER: »Sechs! Sechs Augen und sechs Ohren, Graf Stauffenberg. Denn auf Korvettenkapitän Jessen ist ebenfalls Verlaß.«

CLAUS: »Um so besser! Es muß mit der Zeit ein dichtes Konspirationsnetz entstehen. Aber Zeit haben wir eigentlich gar nicht! Denn wenn es so weitergeht, bricht die Ostfront zusammen, bevor es gelingt, den östlichen und den westlichen Feind politisch gegeneinander auszuspielen… In ein paar Tagen habe ich eine Besprechung mit General Fellgiebel, dem Nachrichtenchef. Auch Oberst Stieff, der vor einem Jahr mein Vorgesetzter in der Organisationsabteilung war, ist dabei. Ich werde ihnen gehörig einheizen… Aber das Wichtigste ist natürlich: Wir müssen einen der Feldmarschälle auf unsere Seite ziehen.«

Ein paar Stunden später begibt sich General Olbricht, nach

vorheriger Rücksprache mit Beck, zu Generalfeldmarschall Erwin von Witzleben.[52] Witzleben ist 1942 in die Führerreserve versetzt worden; er hadert seitdem mit seinem Schicksal und mit Hitler. Olbricht überzeugt sich, daß sich die Ehefrau des Marschalls, die eine überzeugte Nationalsozialistin ist, nicht im Haus befindet, bevor er sich bemüht, Witzleben für die Opposition zu gewinnen. Der hört sich Olbrichts Ausführungen interessiert an und erklärt, wenn es so weit sei, daß energisch gehandelt würde, könnten Beck und Olbricht mit ihm rechnen. Das ist zwar nicht allzuviel, doch vorerst genügt es Olbricht. Man hat nun für den Tag des Staatsstreiches einen Generalfeldmarschall in petto, den man mit dem Oberbefehl über die Wehrmacht betrauen kann, ohne daß sich die an der Front kommandierenden Marschälle wie Manstein, Kluge, Rundstedt, Rommel oder Kesselring brüskiert fühlen müssen.

Am folgenden Tag, dem 2. Oktober, trifft der ehemalige Botschafter in Moskau, Friedrich Werner Graf von der Schulenburg, zu Besuch in Neuhardenberg ein.[53] Frau von Kardorff notiert in ihrem Tagebuch:

»Nach Tisch in der Sonne auf der Terrasse gesessen mit Schulenburg und Hardenberg. Ich wüßte keinen friedvolleren Ort als diese Terrasse mit den Platanen und dem weiten Blick, der sich über den Koppeln im Wald verliert. Schulenburg erzählt von den Russen. Sprach bewundernd von Stalin; er hält ihn für den einzigen wirklichen Realisten, einen Mann, der genau so weit geht, wie er es verantworten kann, und nicht wie Hitler, der der Maßlosigkeit verfällt...«

Über Auftreten und Erscheinungsbild des Grafen Friedrich Werner von der Schulenburg notiert sie:

»Hager, hochgewachsen, ungeachtet seiner 70 Jahre von einer Eleganz, wie sie heute nur noch bei der alten Generation zu finden ist, geistvoll und augenscheinlich den Genüssen des Lebens zugetan. Das Dritte Reich hat keine Größen aufzuweisen, die einen solchen Weltmann ersetzen könnten.«

3. OKTOBER 1943

In der Bendlerstraße besucht Fritz-Dietlof von der Schulenburg den frischgebackenen Stabschef des AHA, und es kommt damit zu der folgenreichsten Begegnung innerhalb der Oppositionskreise.[54] Schulenburg kennt Stauffenberg über dessen Vetter Yorck von Wartenburg schon seit der Vorkriegszeit; aber doch eher flüchtig. Jetzt entwickelt sich quasi auf Anhieb ein enges Freundschaftsverhältnis. Schulenburg ist enthusiasmiert von dem feurigen Elan, den Stauffenberg versprüht. Er hat sich bisher frustriert gefühlt bei den ästhetisch-theoretischen Diskussionen mit Moltke, den altbacken-konservativen Monologen Goerdelers. In dem jungen, sieben Jahre jüngeren Generalstabsoffizier begegnet ihm nun ein Aktivist, ein Mann, in dessen Naturell sich Geist und Tat miteinander verbinden.

Beide Männer stimmen schon nach kurzer Diskussion in der Beurteilung der politischen und militärischen Lage Deutschlands überein. Wichtiger ist noch, daß Schulenburg und Stauffenberg – gemeinsam aufgewachsen in den Gedankengängen und Überzeugungen der »Konservativen Revolution« – auch in tiefgreifenden Weltanschauungsfragen konform gehen. Die Nationalsozialisten, so lautet ihr Befund, seien dabei, ihre »ursprünglichen Ideale« zu verraten, Adolf Hitler habe sich vom deutschen Nationalisten zum kontinentalen Imperialisten entwickelt. Die terroristische Behandlung der sowjetischen Kriegsgefangenen wie auch der Zivilbevölkerung im Osten sei der schlagende Beweis dafür.

Die Konsequenz, die sie aus ihrer Analyse ziehen, lautet:

a) im Innern ist die NS-Diktatur Adolf Hitlers gewaltsam zu stürzen, der Führer selbst auf irgendeine Weise, die noch näherer Definition bedarf, zu beseitigen,

b) nach außen ist das Reich kompromißlos zu verteidigen, bis feststeht, »daß man keinen entehrenden Frieden« schließen muß.

Schulenburg profitiert in der Unterhaltung vom militärischen Fachwissen Stauffenbergs, der insbesondere die deutsche Ersatz- und Ressourcenlage schonungslos durchleuchtet. Der Oberstleutnant wiederum darf sich zu dem neuen Kontakt beglückwünschen, denn Schulenburg bietet ihm an, Verbindungsfäden zum linken Spektrum der innerdeutschen Opposition zu ziehen, Stauffenberg mit führenden Vertretern der ehemaligen SPD und der früheren Gewerkschaften zusammenzubringen. Damit eröffnet sich dem Widerstand eine neue, eine gesamtnationale Dimension. Die Gefahr, die Stauffenberg im Gespräch mit Oberst Bürker eingestanden hat, es könne auf einen simplen Offiziersputsch hinauslaufen, scheint nun gebannt. Der Oberstleutnant sieht sich seiner nationalrevolutionären Vision einer »deutschen Erhebung« näher kommen.

5. OKTOBER 1943

An diesem Abend treffen sich vier hohe Offiziere in der Privatwohnung Friedrich Olbrichts im »Wildpfad«[55]. Die Beleuchtung ist eingeschaltet; alle Fenster sind sorgfältig gegen Fliegergefahr verdunkelt. Im Hintergrund des Zimmers verhandeln Olbricht und der General der Nachrichtentruppen Erich Fellgiebel miteinander, während Stauffenberg und Oberst Stieff, die gemeinsam von der Bendlerstraße hierher gekommen sind, in der Mitte des Raumes an einem Tisch Platz nehmen.

STIEFF (freundlich): »Wie gesagt, in Ihren Händen laufen nun alle Fäden der Heeresorganisation zusammen. Sie sind jetzt ein sehr wichtiger Mann, Stauffenberg.«

STAUFFENBERG (schroff): »Danke. Aber wichtig ist was anderes, Oberst Stieff. Es muß endlich etwas geschehen! (Er läßt seine Worte wirken und fährt dann fort.) Um es kurz zu machen: Ich suche jemanden, der ständigen Zugang zum Führer hat und der geeignet ist, bald ein Attentat durchzuführen...«

Stauffenberg sieht Stieff bedeutungsvoll an, der überrascht und verwirrt die Augen niederschlägt. Die beiden Generäle kommen aus dem Hintergrund des Zimmers und setzen sich ebenfalls an den Tisch.

OLBRICHT: »Nochmals zur Klarstellung, mein lieber Stauffenberg: General Fellgiebel ist nicht nur Chef der Wehrmachts-Nachrichtenverbindungen im Führerhauptquartier, beim OKW, sondern zugleich auch Chef des Heeres-Nachrichtenwesens beim OKH. Sämtliche Nachrichtenstränge der Wehrmacht wie des Heeres laufen in seiner Hand zusammen. Er ist unser Mann! Wir können ganz offen sprechen...«

Stauffenberg ist offensichtlich nicht in der Stimmung, Konversation zu machen. Die Anwesenden bemerken mit Verwunderung, daß der schwerkriegsversehrte Oberstleutnant immer mehr Statur annimmt, daß er die Fäden an sich zieht und fast schon im Stil eines Vorgesetzten spricht, obwohl er doch hier den niedrigsten Dienstgrad hat. Stauffenberg wendet sich abrupt an Fellgiebel und geht sofort aufs Ganze.

STAUFFENBERG: »Wir planen den gewaltsamen Umsturz, Herr General! Ich möchte Sie bitten, am Tag X zwei entscheidende Funktionen zu übernehmen: Einmal kommt es darauf an, daß Sie das Funktionieren aller Nachrichtenverbindungen für die Staatsstreich-Zentrale in der Berliner Bendlerstraße sicherstellen. Zweitens müssen sämtliche Nachrichtenwege, die aus dem Führerhauptquartier herausführen, total blockiert werden... Mit Oberst Stieff habe ich übrigens auch gerade über den Tag X gesprochen...«

Da Fellgiebel und Stieff nichts entgegnen, entsteht nach Stauffenbergs verbalem Überfall eine etwas peinliche Stille, die der Gastgeber schließlich beendet, indem er Cognac-Gläser einschenkt.

OLBRICHT: »Ja, meine Herren, die Zeit drängt!«

Er erhebt sein Glas. Alle folgen seinem Beispiel. Aber bevor sie trinken können, ertönt Stauffenbergs Stimme.

STAUFFENBERG: »Ein Zusammentreffen der Russen, Briten und Amerikaner in Berlin, eine Verwüstung Deutschlands muß verhindert werden!«

Alle trinken schweigend aus. Fellgiebel steht auf und verabschiedet sich von Stauffenberg und Stieff. General Olbricht geleitet ihn aus dem Zimmer. Stauffenberg und Stieff setzen sich wieder.

STAUFFENBERG: »Ende des Monats muß ich dienstlich nach Ostpreußen, zum OKH. Ich möchte dann ein englisches Sprengstoffpaket mitbringen, das Henning Tresckow von der ›Abwehr‹ besorgt und das mit chemischen Säurezündern versehen ist, die man auf eine beliebige Laufzeit einstellen kann.

Tresckow hat, wie er mir erzählte, schon einmal mit Ihnen über die Beseitigung des Führers gesprochen... (Stieff nickt.) Oberst Stieff, Sie kommen persönlich an Hitler heran! Und deshalb möchte ich Sie bitten, das Attentat durchzuführen.«

Stieff, durch diese unverblümte Aufforderung sichtlich schokkiert, versucht sich zu fassen.

STIEFF: »Im Prinzip bin ich durchaus bereit, Stauffenberg, durchaus. Ich habe das bereits vor zwei Monaten Henning Tresckow zugesagt... (Pause.) Ich muß aber die Bedingung stellen, daß der Oberst im Generalstab Joachim Meichssner als Mittäter herangezogen wird. Fragen Sie Olbricht, Stauffenberg: Meichssner hat jahrelang hier im Allgemeinen Heeresamt unter General Olbricht gearbeitet. Jetzt ist er Leiter der Abteilung II, Organisation, beim Wehrmachtsführungsstab unter General Jodl. Er ist in unserem Sinne durchaus zuverlässig und ein hervorragender Organisationsfachmann.«

Stauffenberg ist wenig davon begeistert, daß ein Weiterer in die Attentatsplanung eingeweiht werden soll. Er denkt einen Augenblick nach.

STAUFFENBERG: »Na schön, wenn es denn sein muß und wenn Sie sich für ihn verbürgen...«

Stieff, der Stauffenbergs Mißstimmung bemerkt hat, fällt schnell ein.

STIEFF: »Absolut! Bringen Sie mir ruhig Ende des Monats Ihre ›gefährliche Fracht‹... Wissen Sie, den Sprengstoff, den werde ich in meiner Privatwohnung verstecken, die Zündschnüre dagegen in meinem Büro.«

STAUFFENBERG: »Bon. Ende Oktober bringe ich Ihnen das Sprengstoffpaket. Ende November oder Anfang Dezember muß die Bombe platzen!... Das sind knappe zwei Monate Zeit, die mir verbleiben, und bis dahin muß ich in sämtlichen Wehrkreisen ein Widerstandsnetz aufbauen. Denn was nützt das Attentat, wenn wir nicht sofort den Staatsstreich auslösen und die Macht im ganzen Reichsgebiet übernehmen können?!«

OKTOBER 1943

Am nächsten Tag, dem 6. Oktober, erläßt der neue AHA-Stabschef eine dienstliche Zusatzbestimmung zum Alarmplan »Walküre«, die von größter Bedeutung für das vorgesehene Staatsstreich-Unternehmen ist.[56] Auf der Basis der Kampfgruppengliederung, die Tresckow und Olbricht bereits aufgestellt haben, erläßt Stauffenberg in offener Form an sämtliche Heeresdienststellen im Heimatkriegsgebiet einen Befehl, wonach sich »die Einheiten des Feldheeres, die sich in Aufstellung, Auffrischung und Umgliederung« im Reichsgebiet befinden, ebenfalls gemäß den Bestimmungen des Alarmplans gegen innere Unruhen bereitzuhalten und auf das vereinbarte Stichwort hin den »Walküre«-Kampfgruppen des Ersatzheeres anzuschließen haben. Damit ist sichergestellt, daß die gesamte Masse des Ersatzheeres sowie des Feldheeres, die sich im Reichsgebiet befindet, am Tag X geschlossen zur Verfügung stehen und gemeinsam handeln wird.

Am 10. Oktober hat Stauffenberg eine Unterredung mit Eduard Brücklmeier, der als Legationsrat im Auswärtigen Amt tätig ist und den Schulenburg mit einer Empfehlung zu ihm geschickt hat.[57] Brücklmeier ist ein »Wanderer zwischen zwei Welten«, denn er unterhält ebenso intime Kontakte zu konservativen Offizieren wie zu linken Oppositionskreisen. Durch ihn erfährt Stauffenberg, daß Dr. Goerdeler, der nach wie vor als Haupt der zivilen Opposition gilt, auf Vorschlag des ehemaligen hessischen Innenministers und früheren stellvertretenden Vorsitzenden des »Allgemeinen Deutschen Gewerkschaftsbundes« bis 1933, Wilhelm Leuschner, den früheren SPD-Reichstagsabgeordneten und -Wehrexperten Dr. Julius Leber getroffen und in die zivile Verschwörung eingeweiht hat.

Für den Berufsoffizier Stauffenberg öffnet sich eine neue Welt, als er sich durch Brücklmeier über die Vitae der beiden wichtigsten Oppositionellen in der linken Szene unterrichten läßt:

Wilhelm Leuschner, geboren 1890, jetzt 53 Jahre alt, von Beruf ursprünglich Holzbildhauer, war seit 1924 SPD-Abgeordneter im hessischen Landtag, von 1928 bis 1932 hessischer Innenminister und seit 1932 stellvertretender Vorsitzender des »Allgemeinen Deutschen Gewerkschaftsbundes«. 1933 war er verhaftet worden und hatte zwei Jahre in Gestapohaft verbracht. 1935 entlassen, hat er in Berlin eine Firma übernommen, die einen neuartigen Bierflaschen-Verschluß produziert. Ende 1939 hat er über den aus dem Dienst geschiedenen »roten« Reichswehrchef Kurt Freiherr von Hammerstein-Equord Kontakt zu Beck und Goerdeler bekommen. Seit 1941 arbeitet er insgeheim an dem Plan einer Deutschen Einheitsgewerkschaft und an einem neuen gesellschaftspolitischen Modell für Deutschland, das, wie er sich ausdrückt, »nicht mehr mit den Rezepten von anno dazumal und auch nicht mehr mit einer Wiederholung der Demokratie nach 1918« auskommen soll.

Dr. Julius Leber, geboren 1891 im Elsaß, nun 52 Jahre alt, Sohn eines Tagelöhners, hat sich 1914 freiwillig gemeldet und ab 1915 als Offizier im Ersten Weltkrieg gekämpft. Seit 1921 Chefredakteur des SPD-Organs *Lübecker Volksbote*, war er von 1924 an als Reichstagsabgeordneter und Wehrexperte seiner Partei für die Interessen der Sozialdemokratie tätig. Am 23. März 1933 von der Gestapo verhaftet, hatte er vier Jahre, bis 1937, in den Konzentrationslagern Esterwegen und Sachsenhausen verbringen müssen. Seit seiner Entlassung ist er Mitinhaber der Kohlenhandlung Bruno Meyer Nachf. in Berlin-Schöneberg.

Stauffenberg ist für diese Informationen äußerst dankbar. Seit seinem Gespräch mit Schulenburg ist ihm bewußt, daß er solcher Kontakte bedarf, wenn es zu einem wirklichen Staatsstreich und nicht zu einem bloßen Militärputsch kommen soll. Und sein politischer Instinkt sagt ihm, daß Verbindungsfäden zur deutschen Linken unerläßlich sind, wenn die geplante Aktion nicht von vornherein mit dem Hautgout des Reaktionären behaftet sein soll.

Am 15. Oktober besucht Stauffenberg, vermittelt durch Brücklmeier, den 46jährigen ehemaligen Geschäftsführer des »Reichsausschusses der deutschen Jugendverbände« bis 1933, Hermann Maaß, der als Prokurist in der Firma Wilhelm Leuschners tätig ist, in seiner Wohnung in Potsdam-Babelsberg. Maaß gilt in linken Kreisen als ein Mann, der keine Probleme hat, sich auch mit Konservativen oder Berufsoffizieren zu unterhalten.

Zum erstenmal diskutiert der Oberstleutnant nun mit einem linken Funktionär. Maaß hält sich bedeckt und tastet den hochfeudalen Generalstabsoffizier mit vorsichtigen Fragen ab. Der gibt sich wie immer unkompliziert und burschikos, spricht innen- und gesellschaftspolitisch sehr offen, erklärt sich entschieden für eine »gesellschaftliche Neuordnung« im Deutschen Reich, verlangt aber, daß die »geschichtlichen Leistungen« des Adels nach dem Krieg zu berücksichtigen seien. Über seine oppositionelle Tätigkeit, geschweige denn über seine Attentatspläne sagt er kein Wort. Es genügt ihm dieser erste Kontakt. Er geht davon aus, daß ihm noch sechs Wochen Zeit bis zum Attentat verbleiben, die er zum Aufbau einer schlagkräftigen Konspiration nutzen will.

Am 19. Oktober 1943 beginnt in Moskau eine Konferenz der Außenminister der USA (Cordell Hull), der Sowjetunion (Wjatscheslaw Michailowitsch Molotow) und Großbritanniens (Anthony Eden).[58] Im Mittelpunkt der Beratungen steht die Nachkriegsplanung, und sofort zeigen sich die verheerenden Folgen der Casablanca-Formel von der »bedingungslosen Kapitulation«. US-Außenminister Hull schlägt vor, alle deutschen, japanischen und italienischen »Kriegsverbrecher« einfach zu exekutieren. Ostpreußen soll von Deutschland abgetrennt, Österreich als selbständiger Staat wiederhergestellt werden. Vom demokratischen Selbstbestimmungsrecht des deutschen Volkes ist keine Rede.

Am 24. Oktober hält Reichsführer SS Heinrich Himmler in Posen in einer geschlossenen Veranstaltung vor NS-Gauleitern eine Rede über den »entscheidenden deutsch-germanischen Anteil an der politischen Formung und der kulturellen und wirtschaftlichen Erschließung des Ostraums«[59]. Himmler benutzt die Gelegenheit, unter strikter Geheimhaltung vor einem kleinen Kreis höchster NS-Funktionäre Dinge auszusprechen, die für die deutsche Öffentlichkeit absolut tabu sind. Er bekräftigt seine Rassenideologie mit den Worten: »Eine echte deutsche Volkswerdung eines Landes gibt es nur aus dem Blut heraus! Das Herz und die Gefühle, die aus dem Blut geboren sind, können wir nur bei Menschen, die der Rasse und Abstammung nach zu unserem Blut gehören, ansprechen...« Dann lüftet er zum erstenmal einen Zipfel der Wahrheit, als er über die »Endlösungs«-Aktion spricht und sagt: »Ich meine damit die Judenevakuierung, die Ausrottung des jüdischen Volkes.« Himmler betont in seiner Ansprache: »Wir werden in der Öffentlichkeit nie darüber reden!« Er fügt ausdrücklich hinzu, die Endlösungsaktion sei »ein niemals genanntes und niemals zu nennendes« Unternehmen.

Stauffenberg nimmt am 25. Oktober für ein paar Stunden an einer Familienfeier in Berlin teil.[60] Dort trifft er seinen Vetter, den Oberstleutnant der Reserve Caesar von Hofacker, nimmt ihn beiseite und weiht ihn in seine Widerstandsabsichten ein. Er fordert Hofacker auf, ein entsprechendes konspiratives Netz in Paris aufzuziehen. Der dortige Militärbefehlshaber, General d. Inf. Karl-Heinrich von Stülpnagel, der im Juli in Berlin war und sich mit Beck und Olbricht ausgesprochen hat, soll mit Hofacker zusammen den Mittelpunkt der dortigen Opposition bilden, so daß Stauffenberg in die Lage versetzt wird, am Tag X die Aktionen in Berlin und Paris zu koordinieren. Der Vetter ist enthusiasmiert, ja sogar ein wenig verschnupft, weil Stauffenberg ihn nicht detaillierter in seine Absichten einweiht. Hofacker würde am liebsten unverzüglich in die Bendlerstraße übertreten und im Zentrum der Opposition mitwirken.

Stauffenberg seinerseits ist äußerst befriedigt, daß sich die Ansätze zu einer militärischen Verschwörung auf ein Fünfeck stützen können: an der Ostfront Tresckow – in Eberswalde, in der Seekriegsleitung, Berthold – in Potsdam, beim Infanterieregiment Nr. 9, Schulenburg – in Paris Hofacker – in der Berliner Zentrale er selbst, Stauffenberg, und General Olbricht. Das ergibt ein personelles Gerüst, auf dem sich die geplante Konspiration verankern läßt. Und das Erfreulichste in seiner Sicht: Alle Beteiligten stimmen nicht nur in der aktuellen Sache des Widerstands gegen die NS-Diktatur, sondern auch in tiefgründigen weltanschaulichen Fragen überein, alle sind Anhänger der »Konservativen Revolution«.

Ende Oktober unternimmt Oberstleutnant Stauffenberg seine geplante Dienstreise zum OKH in Ostpreußen.[61] Er übergibt den von Tresckow besorgten englischen Sprengstoff an Oberst Stieff, der ihn in seiner Privatwohnung versteckt, während er die Zündschnüre im Büro deponiert. Stauffenberg insistiert in der Frage des Attentattermins. Er bleibt unverändert bei seiner These, daß die deutsche Opposition angesichts des dramatischen sowjetischen Vormarschs in der Ukraine und des zunehmenden Bombenterrors der Westalliierten keine Zeit zu verlieren habe. Er verabschiedet sich von Stieff mit den Worten, er gehe bei seinen Vorbereitungen für den Staatsstreich davon aus, daß das Attentat unter allen Umständen in der letzten November-Dekade stattfindet.

Am 31. Oktober kommt es zu einem bezeichnenden Zwischenfall auf höchster Ebene.[62] Generalfeldmarschall von Manstein beschwert sich in seiner Eigenschaft als Oberbefehlshaber der Heeresgruppe Süd brieflich bei Generalmajor Schmundt darüber, daß zwei Tage zuvor Generaloberst Eberhard von Mackensen als Befehlshaber der 1. Panzerarmee, die Manstein unterstellt ist, in die Führerreserve versetzt und durch Generaloberst Hube ersetzt wurde. Manstein stellt gekränkt zur Erwägung, ihn sofort seines Postens zu entheben. Schmundt antwortet fernschriftlich, die Umbesetzung habe der Führer persönlich angeordnet. Damit ist der Fall erledigt. Er zeigt, daß ein Heeresgruppenführer sich nicht traut, bei Hitler direkt vorstellig zu werden und mit Rücktritt zu drohen, auch wenn er – wie in diesem Fall – eindeutig im Recht ist. (Manstein hätte natürlich vorher gehört werden müssen.) Und es genügt ganz offensichtlich die Mitteilung, der Führer habe etwas angeordnet, um jede Kritik zum Schweigen zu bringen.

1. NOVEMBER 1943

An diesem Tag, einem Montag, nimmt der Oberleutnant der Reserve Werner von Haeften offiziell seinen Dienst als Ordonnanzoffizier bei Stauffenberg auf.[63] Haeften, 34 Jahre alt, im Zivilberuf Syndikus, ist ein Neffe des zurückgetretenen Oberbefehlshabers des Heeres, Generalfeldmarschalls Walter von Brauchitsch, und extrem kritisch gegenüber dem NS-Regime eingestellt. Sein Chef weiht ihn unverzüglich in seine illegalen Absichten ein.

Am nächsten Tag erscheint in der Bendlerstraße der 49jährige General der Panzertruppen Hermann Balck, der auf der Durchreise von Italien zur Ostfront kurz in Berlin Station macht, um den neuen AHA-Stabschef zu besuchen.[64] Balck, als Troupier hochgeachtet und hochdekoriert (Ritterkreuz mit Eichenlaub und Schwertern), ist ein alter Bekannter Stauffenbergs. Beide standen von 1926 bis 1933 bei der süddeutschen Kavalleriebrigade und arbeiteten vom Juli 1941 bis Mai 1942 im OKH zusammen. Zwischen ihnen besteht ein Verhältnis gegenseitiger Sympathie und Hochachtung. Sie sprechen völlig offen miteinander.

BALCK: »Mein lieber Stauffenberg, ich freue mich, Sie wiederzusehen! Es hat Sie ja schwer in Tunesien erwischt, was?! Bonin, mein Chef des Stabes beim XIV. Panzerkorps in Italien, hat mir eingehend die Räumung des tunesischen Brückenkopfes geschildert. Ein Chaos; na ja... Aber Sie schauen glänzend aus! Wie lange ist das her, daß wir uns nicht gesehen haben?«

STAUFFENBERG: »Na, etwa eineinhalb Jahre, Herr General... Sie kommen direkt aus Italien?«

BALCK: »Ja, und bin jetzt auf dem Weg nach Osten, wo ich das XXXXVIII. Panzerkorps übernehme, einen starken Verband, der aus Elitedivisionen des Heeres und der Waffen-SS bestehen soll. Na, mal sehen! Jedenfalls sieht es alles andere als schön aus. Wenn es den Sowjets gelingen sollte, aus den Dnjepr-Brückenköpfen nördlich Kiew weiter nach Westen vorzustoßen, dann ist die gesamte Heeresgruppe Süd von Einkesselung bedroht... (Balck schlägt dem Oberstleutnant salopp auf die Schulter.) Mensch, Stauffenberg, räumen Sie hier in der Etappe mal ordentlich auf! Sie sind doch kein Mann der Second hand, sondern zum Höchsten bestimmt! Lassen Sie mal alle Puppen tanzen, hier in Ihrer neuen Stellung...«

Stauffenberg lächelt zuerst, wird dann aber schnell ernst und antwortet mit äußerster Schärfe, laut, heftig, ohne Rücksicht auf etwaige Zuhörer im Vorzimmer.

STAUFFENBERG: »Das werde ich tun, Herr General! Die Etappenhengste sollen an mir wenig Freude haben; die Front kann sich auf mich verlassen... Aber das Entscheidende ist ganz was andres! Die militärische Lage ist, wie Herr General selber wissen, katastrophal. Der Russe hat ja bereits den Dnjepr überschritten. Wenn Sie ihn nicht bei Kiew stoppen, dann kann man nur sagen: Gute Nacht, Deutschland. Unsere Kriegsspitzengliederung ist einfach miserabel! Ich habe das ja in Tunesien bei der 10. Panzerdivision erlebt: Wenn irgendein Kaffern-dorf geräumt werden sollte, mußte vorher im Führerhauptquartier angefragt werden. Das ist doch Wahnsinn. Der Führer muß als Oberster Befehlshaber der Wehrmacht abgesetzt werden! Und dann muß eine Militärdiktatur kommen, zur völligen Entfesselung des totalen Krieges. Wenn das nicht geschieht, können wir einpacken.«

Stauffenberg hat einen regelrechten Gefühlsausbruch inszeniert, aber jederzeit gewußt, was er einem Mann wie Balck sagen kann und was nicht. Beide blicken sich beim Rededuell fest in die Augen. Der General kontert genauso scharf und lautstark.

BALCK: »Da bin ich ganz entschieden anderer Meinung als Sie, Graf Stauffenberg. Wir sind auf Gedeih und Verderb an Adolf Hitler gebunden! Wenn der Führer nicht mehr da ist, fällt die Wehrmacht in die Hände Himmlers und das Reich in die Gewalt der Russen! Wollen Sie das?«

Stauffenberg schweigt verbissen.

BALCK (ruhig): »Wir kennen uns ja schon lange, Stauffenberg. Ich schätze Sie als einen klugen, namentlich historisch hochgebildeten Mann. Wir haben beide immer alles getan, daß der Krieg für Deutschland zu einem guten Ende kommt. Ich hoffe, es bleibt dabei!... Was die jetzige Lage angeht, sind wir eindeutig nicht derselben Meinung... Na, machen Sie's gut, Stauffenberg. Bleiben Sie Realist. Hüten Sie sich vor Mystik und Fanatismus...«

Beide drücken sich die Hand. Balck dreht sich abrupt um und verläßt den Raum. Stauffenberg atmet tief aus. Oberleutnant von Haeften tritt ein.

HAEFTEN: »Ich habe im Vorraum die Tür zugemacht. Sonst hätte das ganze Haus Ihren Disput mitgehört…«

Stauffenberg sucht sich vergeblich eine Zigarette anzuzünden. Haeften gibt ihm Feuer.

HAEFTEN: »Draußen ist der Legationsrat Trott zu Solz vom Auswärtigen Amt. Er hat den Schluß mitgehört, aber das schadet nichts. Er ist ein guter Bekannter meines Bruders, der ja ebenfalls im AA tätig ist. Die beiden sind politisch einer Meinung… Darf er reinkommen?«

Stauffenberg nickt, und durch die Tür tritt Adam von Trott zu Solz. Beide begrüßen sich und nehmen Platz. Haeften verläßt den Raum.

TROTT: »Ich freue mich sehr, Sie persönlich kennenlernen zu dürfen, Graf Stauffenberg. Alle Welt spricht von dem ›jungen feurigen Offizier‹, der jetzt in der Bendlerstraße das Kommando übernommen hat…«

STAUFFENBERG (unterbricht): »Das Kommando hat hier General Olbricht. Ich bin nur sein Stabschef. Und ich will nicht hoffen, daß ›alle Welt‹ von mir spricht! Das könnte ich am wenigsten gebrauchen. Aber bitte.«

TROTT: »Ich war auf Dienstreise in Stockholm. Es sieht böse aus! Ich habe mit englischen und schwedischen Diplomaten gesprochen, die ich seit langem kenne. Allen habe ich immer wieder gesagt, daß die entehrende Forderung nach ›bedingungsloser Kapitulation‹ zurückgezogen werden muß. Sonst hätte eine deutsche Opposition nicht die geringsten Chancen. Aber die Briten sind taub auf diesem Ohr! Dennoch glaube ich, daß auf englisch-amerikanischer Seite eine Bereitschaft zur Verständigung mit einem neuen Deutschland nicht ausgeschlossen ist. Das kann ja auch gar nicht anders sein! Schließlich wäre Europa verloren, wenn das Deutsche Reich nicht mehr besteht…«

Trott schweigt. Stauffenberg, der ihm mit höchstem Interesse zugehört hat, reicht ihm über den Tisch hinweg tiefernst die Hand.

STAUFFENBERG: »Sie sprechen mir aus der Seele! Bitte, lassen Sie mich öfter Ihren außenpolitischen Rat hören.«

Am nächsten Tag trifft sich Oberstleutnant Stauffenberg in der Großadmiral-Prinz-Heinrich-Straße mit Ulrich von Hassell, dem ehemaligen deutschen Botschafter in Rom.[65] Die Begegnung findet im Büro des Leiters der Passierscheinstelle des Generalquartiermeisters des Heeres, Hauptmann der Reserve Jens-Peter Jessen, statt, der zugleich illegaler Berater des ehemaligen preußischen Finanzministers Johannes Popitz ist, der ebenfalls zur Opposition gehört. Das Gespräch bringt Klarheit darüber, daß die führenden Köpfe des zivilen Widerstands, die sich mit Fragen der Außenpolitik befassen (Dr. Goerdeler, die früheren Botschafter von Hassell und Graf Schulenburg sowie Legationsrat Trott zu Solz), mit den maßgeblichen Männern der Offiziersfronde (Beck, Olbricht, Stauffenberg und Tresckow) darin übereinstimmen, nach geglücktem Staatsstreich unverzüglich Verhandlungen mit den Kriegsgegnern aufzunehmen. Stauffenberg stellt zur Debatte, ob nicht Franz von Papen, der ehemalige Vizekanzler und jetzige Botschafter in der Türkei, am besten geeignet wäre, Verhandlungen mit den Alliierten zu führen.

Am selben Abend diskutiert der Oberstleutnant in der Tristanstraße Nr. 8 mit seinem Bruder Berthold, mit Fritz-Dietlof von der Schulenburg und Hauptmann der Reserve Ulrich-Wilhelm Graf Schwerin von Schwanenfeld, der zum Stab der Division »Brandenburg« gehört, die Frage, wie sich die Umsturzregierung nach dem Tode Hitlers den Alliierten gegenüber zu verhalten habe. »Ich will keinen entehrenden Frieden«, ruft Stauffenberg aus und findet darin den Beifall der anderen. Man debattiert darüber, wie man Widerstand gegen eine schwache Umsturzregierung leisten kann, die sich von den Kriegsgegnern ein Diktat aufzwingen läßt. Die Diskussion offenbart, daß sich der deutsche Widerstand in der komplizierten Situation eines Zweifrontenkampfes befindet: gegen Hitler im Innern und gegen die Alliierten nach außen zur Rettung des Reiches.[66]

Am 3. November durchbricht eine sowjetische Heeresgruppe unter Armeegeneral Watutin die deutsche Abwehrfront am Dnjepr und erobert drei Tage später Kiew, die Hauptstadt der Ukraine.[67]

Einen Tag später, am 7. November, gelingt es der 3. Garde-Panzerarmee unter General Rybalko, die Stadt Fastow zu nehmen.[68] Der Eliteverband der Roten Armee befindet sich damit auf dem Sprung nach Shitomir, dem Dreh- und Angelpunkt der sowjetischen Offensive. Fällt Shitomir, so ist die deutsche Ostfront endgültig zerrissen, kann sich die sowjetische Sturmflut ungehindert nach Südwesten ergießen, in den Rücken der deutschen Heeresgruppe Süd.

Am Nachmittag dieses Tages besteigt Hitler einen Sonderzug, der ihn nach München bringt. Er will dort am 8. November im Löwenbräukeller zum 20. Jahrestag seines Putschversuches von 1923 eine große Ansprache halten. Der Reichsrundfunk soll die Rede am Abend ausstrahlen. Claus und Berthold Stauffenberg, Schulenburg und Haeften wollen sich die Übertragung gemeinsam in der Tristanstraße anhören.

8. NOVEMBER 1943

Adolf Hitler betritt am Nachmittag den Löwenbräukeller, um zu seinen alten Parteigenossen zu sprechen. Er weiß, daß die deutsche Öffentlichkeit seinen Worten mit ungeheurer Spannung entgegenfiebert. Seit einem halben Jahr, seit den Katastrophen von Stalingrad und Tunesien, ist die Stimmung in Deutschland umgeschlagen, ist der frenetische Jubel, den seine Reden zehn Jahre lang bei den Deutschen auslösten, verstummt. Seitdem kämpft und duldet die Nation mit zusammengebissenen Zähnen. Seine letzte Ansprache, die er vor zwei Monaten anläßlich der Kapitulation Italiens hielt, hat die Durchhaltemoral gefestigt. Doch inzwischen hat der feindliche Bombenterror noch zugenommen, und im Osten ist die Dnjepr-Linie verlorengegangen, auf deren Verteidigungsfähigkeit so viele gehofft haben. Daß er heute zu seinen alten Mitstreitern der NSDAP spricht ist vergleichsweise belanglos. Er benutzt den 20. Jahrestag seines Putschunternehmens vom November 1923, um sich an das deutsche Volk zu wenden[69]:

»Das Ringen, in dem wir uns seit dem Jahre 1939 befinden, ist zu gewaltig und einmalig, daß man es mit den Maßstäben kleiner Staatenstreitigkeiten messen könnte. Wir kämpfen nun im fünften Jahr dieses größten Krieges aller Zeiten. Als er begann, war der Feind knappe 150 Kilometer von Berlin entfernt. Im Westen bedrohten seine Forts den Rhein, das Saargebiet lag im Feuer seiner Artillerie, an der belgisch-holländischen Grenze lauerten die vertraglich verbündeten Trabanten Englands und Frankreichs, knapp 100 Kilometer von unseren größten Industriegebieten entfernt, während die demokratische Regierung Norwegens die Abmachungen bekräftigte, die sie eines Tages in das Lager unserer Feinde führen sollte. Der Balkan trug in sich die latenten Gefahren schlimmster Überraschungen. Italien war durch die Haltung des Königs und seiner Clique zum nichtkriegführenden Status gezwungen – und Deutschland damit ganz allein auf sich gestellt.

Und nun, meine Parteigenossen, hat dieser nationalsozialistische Staat in gewaltigen, geschichtlich einmaligen Schlägen diesen Einschließungsring zertrümmert und mit dem Heldentum seiner Soldaten die Fronten fast überall weit über 1000 Kilometer von des Reiches Grenze weggerückt. Unsere Gegner sind bescheiden geworden. Was sie heute als Siege bezeichnen, haben sie bei uns einst als gänzlich belanglose Operationen hingestellt. Allein, durch diese damaligen belanglosen Operationen ist das gewaltige Kampffeld geschaffen worden, auf dem sich das heutige Völkerringen im wesentlichen abspielt...

Dagegen wird und muß auch jede Propaganda unserer Feinde versagen. So wie im Weltkrieg hoffen sie nicht so sehr auf den Sieg der Waffen als auf die Wirkung ihrer Phrasen, ihrer Drohungen und ihrer Bluffs.

Erst glaubten sie an die Drohungen mit der Zeit, dem Hunger, dem Winter usw. Dann, daß der Bombenterror allein bereits genügen würde, um das deutsche Volk im Innern zu zermürben... Was die deutsche Heimat hier auszustehen hat, das ist uns allen bewußt, und was ich persönlich dabei empfinde, das können Sie sich vorstellen. Als dieser Krieg begann, hat sich der amerikanische Präsident heuchlerisch an mich gewandt mit dem Ersuchen, keinen Bombenkrieg zu führen. Wir haben das auch nicht getan. Aber dieses Ersuchen geschah nur zu dem Zweck, um unseren Feinden Zeit zu geben, ihrerseits diesen Krieg vorzubereiten und ihn dann bei gegebener Stunde anlaufen zu lassen... Das, was mich schmerzt, sind ausschließlich die Opfer in der Heimat, vor allem die Opfer unter den Frauen und Kindern. Was mir weh tut, das ist, daß diese Menschen ihr Hab und Gut verlieren. Demgegenüber sind die Schäden unserer Industrie weitaus belangloser. Sie verhindern nicht im geringsten das fortwährende Steigen unserer Rüstungsleistungen. Und darüber soll man sich klar sein: Unsere Städte bauen wir wieder auf, schöner als jemals zuvor, und zwar in kürzester Zeit! Wenn es einem Volke möglich ist, einen Kampf gegen eine ganze Welt zu führen, wenn es einem Volke möglich ist, in einem Jahr sechs oder acht oder auch zehn Millionen Kubikmeter Beton in Festungen einzubauen, wenn es einem Volke möglich ist, Tausende von Rüstungsbetrieben aus dem Boden zu stampfen, dann wird es einem solchen Volke auch möglich sein, zwei oder drei Millionen Wohnungen herzustellen... Die Amerikaner und Engländer planen zur Zeit den Wiederaufbau der Welt. Ich plane zur Zeit den Wiederaufbau Deutschlands! Ein Unterschied aber wird sein: Während der Wiederaufbau der Welt durch die Amerikaner und Engländer nicht stattfindet, wird der Wiederaufbau Deutschlands präzis und planmäßig durchgeführt werden... Die Meinung unserer Gegner, daß sie durch ihren Luftterror die Intensität des deutschen Kriegswillens vermindern können, beruht auf einem Trugschluß. Derjenige nämlich, der einmal seine Sachen eingebüßt hat, kann nur einen Wunsch haben: daß der Krieg niemals verlorengeht! Denn nur der siegreiche Krieg kann ihm einst wieder zu seinen Sachen verhelfen. So sind Hunderttausende von Ausgebombten die Avantgarde der Rache...

Eine amerikanische Zeitschrift hat vor kurzem geschrieben, das Schlimmste am Nationalsozialismus seien die Frauen. Der Nationalsozialismus habe ohne Zweifel für die deutschen Frauen mehr getan als die anderen Völker. Er habe sie sozial gehoben, sei dazu übergegangen, sie in gewaltigen Organisationen zusammenzufassen. Er schicke Frauen der gebildeten Stände in die Fabriken hinein, damit Arbeiterinnen in Urlaub gehen könnten usw. Und sie schließt, das könnten die Demokratien nicht nachmachen. Und weil sie das nicht nachmachen könnten, müßten sie darum in Zukunft die nationalsozialistischen Frauen ausrotten; denn sie seien fanatisch und unbelehrbar. Das ist auch richtig. Ich weiß, daß ich die ganzen Jahre hindurch gerade in den Frauen des Volkes meine fanatischsten Anhänger besitze. Das muß in Zukunft erst recht so sein! Die Frauen müssen zusammen mit den Männern unserer Bewegung auch in schweren Zeiten den Halt geben...

Es mag dieser Krieg dauern, solange er will, niemals wird Deutschland kapitulieren. Niemals werden wir den Fehler des Jahres 1918 wiederholen, nämlich eine Viertelstunde vor Zwölf die Waffen niederzulegen. Darauf kann man sich verlassen: Derjenige, der die Waffen als allerletzter niederlegt, das wird Deutschland sein! Und zwar fünf Minuten *nach* Zwölf...

Ich weiß nicht, ob es im deutschen Volk Menschen gibt, die sich von einem Sieg der Alliierten irgend etwas erhoffen. Es können das nur Menschen sein, die ausschließlich an sich selbst denken, Verbrecher, die bereit wären, Henkersdienste an ihrem eigenen Volk zu leisten. Jeder andere aber, der mit seinem Volk verbunden ist, weiß ganz genau, was der Sieg unserer Gegner bedeuten würde. Es gibt daher in Deutschland auch keine Schichten, die diesen Sieg erhoffen. Es gibt höchstens einzelne Verbrecher, die vielleicht glauben, damit ihr eigenes Schicksal besser gestalten zu können. Aber darüber soll man sich keinem Zweifel und keiner Täuschung hingeben: Mit diesen Verbrechern werden wir fertig! Das, was im Jahre 1918 passiert ist, wird sich in Deutschland ein zweites Mal nicht wiederholen. In einer Zeit, in der so schwere Opfer von Hunderttausenden bravster Soldaten gefordert werden, in einer solchen Zeit werden wir nicht davor zurückschrecken, Menschen, die diese Opfer nicht zu geben bereit sind, zur Raison zu bringen. Wenn an der Front Zehntausende bester Menschen, unsere liebsten Volksgenossen, fallen, dann werden wir wirklich nicht davor zurückschrecken, einige hundert Verbrecher zu Hause ohne weiteres dem Tode zu übergeben...«

Schulenburg, General Olbricht, Claus von Stauffenberg und ihre Freunde nehmen die Hitlerrede als das, was sie ist: als massive Drohung nach außen wie nach innen. Nach dieser Ansprache steht endgültig fest, daß der Diktator niemals in Verhandlungen mit den Kriegsgegnern einwilligen wird. Mag Deutschland sich in eine rauchende Schutthalde verwandeln, mögen die Alliierten gleich einer Sintflut von allen Seiten über das Reich herstürzen, Hitler wird niemals an einen Kompromißfrieden, geschweige denn an eine Kapitulation des Reiches denken. Und zugleich ist nach dieser Rede klar, daß jeder, der opponieren, der Widerstand leisten wird, seinen Kopf verliert. Der Diktator hat eine tödliche Warnung ausgesprochen.

Schulenburg und Stauffenberg sind längst über alle moralischen Skrupel hinweg. Wenn Hitler die Existenz des deutschen Volkes bedenkenlos aufs Spiel setzt, so hat der Fahneneid, den man ihm geschworen hat, keinerlei bindende Kraft mehr. Was zählt Hitler, wenn es um Deutschland geht! Das gilt auch für die religiösen Bedenken, die einem Tyrannenmord im Wege stehen könnten. Oberstleutnant Stauffenberg geht unverändert davon aus, daß in drei Wochen, daß Ende November beziehungsweise Anfang Dezember das Attentat im Führerhauptquartier erfolgen wird.

Es gilt also, die verbleibende Zeit nach Kräften zu nutzen. Im Vordergrund muß dabei das Bemühen stehen, die Impulse, die im Falle eines Staatsstreichs vom Widerstandszentrum der Bendlerstraße ausgehen sollen, auf ein weitmaschiges Netz auszudehnen, sie in die Wehrkreise der Wehrmacht zu übertragen, die das gesamte Reichsgebiet und das Reichsprotektorat Böhmen und Mähren überziehen. Stauffenberg hat sich dafür ein neuartiges System der »Verbindungsoffiziere« ausgedacht. Darunter versteht er Generalstabsoffiziere oder gebildete Reserveoffiziere, die von ihm persönlich ausgesucht und in die geheimen Ziele der militärischen Fronde eingeweiht sind. Jedem von ihnen wird ein bestimmter Wehrkreis zugeteilt, und die Aufgabe aller ist es dann am Tage X, auf ein verabredetes Stichwort hin an Ort und Stelle, bei den Wehrkreisbefehlshabern, für die strikte Befolgung der Weisungen aus der Bendlerstraße Sorge zu tragen.

Der Oberstleutnant ist sich dessen bewußt, daß das System der Verbindungsoffiziere der Tarnung bedarf. General Olbricht ist in alles eingeweiht; aber natürlich muß man auf mißtrauische Nachfragen des BdE, Generaloberst Fromm, gefaßt sein und jederzeit eine unverdächtige Erklärung zur Hand haben. Stauffenberg löst das Problem offensiv, indem er in seinen dienstlichen Konferenzen immer wieder auf die Verbindungsoffiziere des AHA zu sprechen kommt und zu ihrer Rechtfertigung eine unangreifbare Formel verwendet[70]:

»Das AHA strebt durch die Einsetzung von Verbindungsoffizieren einen lebendigen Kontakt mit den Wehrkreisen an, um unnötige und langwierige Schreibereien überflüssig zu machen und um zu vermeiden, daß die Befehlshaber beziehungsweise Chefs der Stäbe der einzelnen Wehrkreise zu häufig nach Berlin zitiert werden müssen. Diese Verbindungsoffiziere werden gleichzeitig in ›kritischen Situationen‹ von besonderem Wert sein.«

Mitte November, nach sechswöchiger angestrengter Tätigkeit, kann Stauffenberg die erfreuliche Bilanz ziehen, daß mehr als die Hälfte der Wehrkreise bereits mit solchen »Verbindungsoffizieren« besetzt ist:

Wehrkreis I	(Königsberg)	Oberleutnant der Reserve Heinrich Graf von Lehndorff
Wehrkreis II	(Stettin)	Major im Generalstab Hans-Jürgen Graf von Blumenthal
Wehrkreis III	(Berlin)	Oberstleutnant im Generalstab Claus von Stauffenberg
Wehrkreis IV	(Dresden)	Generalmajor z. V. Hans Oster
Wehrkreis IX	(Kassel)	Oberstleutnant z. V. Ulrich Freiherr von Sell
Wehrkreis XI	(Hannover)	Oberst Siegfried Wagner
Wehrkreis XII	(Wiesbaden)	Hauptmann der Reserve Hermann Kaiser
Wehrkreis XVII	(Wien)	Oberst Rudolf Graf von Marogna-Redwitz
Wehrkreis XX	(Danzig)	Oberstleutnant im Generalstab Hasso von Boehmer
Wehrkreis XXI	(Posen)	Major der Reserve Georg Conrad Kissling

Reichsprotektorat (Prag)	Oberstleutnant z. V. Nikolaus Graf Uexküll

Für die Militärfronde in der Bendlerstraße ist Eile in jeder Hinsicht geboten, denn die militärische Lage im Süden der Ostfront, in der Ukraine, scheint einer Katastrophe zuzustreben. Bereits am 12. November ist Shitomir, die bedeutendste Stadt westlich von Kiew, an die Sowjets verlorengegangen. Seitdem ist die Verbindung zwischen den Heeresgruppen Mitte und Süd abgerissen.[71] Der südlichen deutschen Heeresgruppe droht ein Riesen-Cannae.

Am 15. November 1943 tritt das XXXXVIII. Panzerkorps unter General Balck, dem Bekannten Stauffenbergs, mit der 1., 7., 19. Panzerdivision, den beiden SS-Panzergrenadierdivisionen »Leibstandarte Adolf Hitler« und »Das Reich« sowie der 68. Infanteriedivision zum Gegenstoß gegen die 1. sowjetische Gardearmee unter Generaloberst Andrej Antonowitsch Gretschko an.[72] Innerhalb einer Woche wird Shitomir zurückerobert; der sowjetische Gegner verliert 21 000 Gefallene, 34 000 Verwundete, 5000 Gefangene, über 600 Panzer und mehr als 1500 Geschütze. Damit ist die operative Gefahr für den Südflügel der deutschen Ostfront vorerst gebannt.

Am selben Tag, an dem Balck westlich Kiews zum Angriff antritt, sagt Oberleutnant von Haeften in einem privaten Zusammensein zu seiner Bekannten Philippa von Bredow: »Den Führer? Den würde ich glatt umbringen!«[73] Die leichtsinnige Bemerkung spricht sich schnell im engsten Bekanntenkreis herum. Die Gefahr wird immer größer, daß Gestapo oder SD davon Wind bekommen, daß sich in der Bendlerstraße eine Verschwörung gegen das Regime zu formieren beginnt.

Fritz-Dietlof von der Schulenburg ist sich, als ehemaliger Polizei-Vizepräsident, der Risiken einer konspirativen Tätigkeit voll bewußt. Er drängt Stauffenberg, den Kreis der Mitwisser so klein wie möglich zu halten. Gemeinsam legen sie beide eine »Taktik der vier Kreise« fest:

Mit dem großen Kreis der Sympathisanten, der möglichst die

Zahl von 150 oder 180 Köpfen nicht übersteigen soll, ist lediglich über den Ernst der politischen Lage, die katastrophale Verschärfung der Frontsituation und über die Notwendigkeit eines militärischen Ausnahmezustandes zu sprechen. Das Thema des Staatsstreichs oder gar eines Attentats ist für diesen Kreis gänzlich tabu. Zu dieser Gruppe gehören insbesondere auch die Ehefrauen, Kinder und sonstigen Familienangehörigen der Frondeure.

Ein weitaus engerer Kreis ist von der Absicht eines gewaltsamen Umsturzes zu unterrichten, ohne daß von einer Ausschaltung des Führers gesprochen werden soll.

Nur 15, höchstens 18 Leute sollen in die Attentatsplanung eingeweiht werden, ohne daß Termin und Art des Attentats konkret zur Sprache kommen dürfen.

Nur eine Handvoll Männer wird über die Sprengstoff-Frage informiert werden.[74]

16. NOVEMBER 1943

Stauffenberg fährt, begleitet von seinem Ordonnanzoffizier Werner von Haeften, zur Familie Yorck von Wartenburg in die Hortensienstraße 50. Sein Vetter hat ihn zu einer Besprechung mit Graf Moltke und den Kreisauern eingeladen. Dem Oberstleutnant aus der Bendlerstraße liegt daran, eine schlagkräftige Konspiration auf die Beine zu stellen, die nach allen Seiten »wasserdicht« ist und deren Mitglieder in den wesentlichen politischen Fragen einer Meinung sind.

Das Zusammentreffen mit Moltke, den Eugen Gerstenmaier begleitet, wird zu einer tiefen Enttäuschung für Stauffenberg.[75] Während die Ehefrauen draußen in der Küche Backpflaumenmus kochen, wobei ihnen Haeften und Gerstenmaier zuschauen, doziert Moltke in Gegenwart Stauffenbergs und Yorcks über die Auffassungen des Kreisauer Kreises. Mit versteinertem Gesicht hört der Stabschef der Militärfronde, daß dem Grafen Moltke das Schicksal Deutschlands ziemlich gleichgültig ist, daß er die Kriegsziele der

Alliierten und die Abtretung weiter deutscher Gebiete achselzuckend zur Kenntnis genommen hat und daß er sich bereit hält, den Westmächten dabei zu helfen, den Krieg zu gewinnen. In Stauffenberg, der Deutschland, der das Reich retten will, empört sich alles. Moltke, bar jeder Menschenkenntnis, bemerkt nichts von der Verzweiflung, von der eisigen Distanz seines Gesprächspartners. Er lehnt es unverändert ab, sich zur Frage eines gemeinsamen Staatsstreichs zu äußern, die der Oberstleutnant erneut aufwirft.

Als Stauffenberg sich von den Damen verabschiedet, ist er weiß wie die Wand. Er sagt kühl: »Wir fahren nach Hause.« Im Wagen bricht es aus ihm heraus: »Kann diesen Menschen nicht ertragen, diesen Helmuth Moltke!« Das Gespräch bedeutet einen erheblichen Rückschlag für Stauffenbergs Konspirationsplanung. Wenige Tage später wird er zu Major Kuhn mit Blick auf die Kreisauer sagen, »die Zeit des Teetrinkens und Debattierens« sei endgültig vorbei.

Am 18. November 1943 beginnt die alliierte Luftwaffe mit einer Serie schwerer Luftangriffe auf die Reichshauptstadt. In der Zeit bis zum 2. Dezember werden fünf große Angriffe stattfinden, bei denen 2212 Kampfflugzeuge (bei insgesamt 123 Verlusten) 8656 Tonnen Bombenlast auf Berlin abwerfen. Das Ergebnis werden fast 3000 Tote und 250000 Obdachlose sein.[76]

Am 20. November spricht Hitler in der »Jahrhundert-Halle« von Breslau zu 20000 Offiziersanwärtern.[77] Er erklärt, wenn Deutschland »diesen Kampf für sich selbst und für Europa« nicht siegreich bestünde, käme »die Barbarei der Steppe« über den gesamten Kontinent. Der Diktator fährt fort, es handele sich bei diesem Krieg um »ein gigantisches Ringen zwischen Völkern und Rassen, in dem die eine Weltanschauung siegt und die andere unbarmherzig vernichtet wird. Das heißt: Das Volk, das verliert, beendet sein Dasein.«

Seit dem 15. November ist Stauffenberg durch Fritz-Dietlof von der Schulenburg darüber informiert, daß sich die Anti-NS-Opposition im zivilen Bereich ebenfalls formiert.[78] So wie bei den Soldaten alles von der Bendlerstraße, insbesondere von Stauffenberg ausgeht, so werden die Aktivitäten im zivilen Bereich von Dr. Carl Friedrich Goerdeler vorangetrieben, der sich auf die allseits unbestrittene Autorität von Beck stützen kann. Goerdeler hat um sich einen engen Beraterkreis von drei führenden Gewerkschaftsvertretern aus der Zeit vor 1933 geschart: Wilhelm Leuschner, ehemals stellvertretender Vorsitzender des »Allgemeinen Deutschen Gewerkschaftsbundes«, Jakob Kaiser, ehemals Landesgeschäftsführer der christlichen Gewerkschaften in Rheinland und Westfalen, und Max Habermann, vormals Generalsekretär des »Deutschnationalen Handlungsgehilfen-Verbandes« (DHV). Goerdeler ist also um politische Ausgewogenheit bemüht, indem er sozialistische, christliche und nationale Gewerkschaftsführer um sich versammelt.

Schulenburg hat Goerdeler eingehend über Stauffenbergs System der »Verbindungsoffiziere« informiert, das auf der Struktur der Wehrkreise basiert. Goerdeler, Leuschner, Kaiser und Habermann ersinnen – in Parallelität zu Stauffenbergs System – eine Organisationsform der »Politischen Beauftragten«, ebenfalls strukturiert nach den Wehrkreisen der Streitkräfte. Sie wollen für jeden Wehrkreis einen sogenannten Hauptbeauftragten mit ein bis zwei Unterbeauftragten einsetzen, deren Aufgabe es sein wird, unmittelbar nach dem Umsturz unter dem Schutz der »vollziehenden Gewalt« der Wehrmacht dafür zu sorgen, daß im betreffenden Wehrkreis die Anordnungen und Weisungen der neuen Reichsregierung in allen Sektoren des zivilen Lebens in die Tat umgesetzt werden.

Stauffenberg erfährt um den 19. November herum durch Schulenburg und Beck, daß Dr. Goerdeler über eine fast komplette Liste seiner »Politischen Beauftragten« verfügt. Sofort verlangt er, daß Goerdeler ihm diese Liste zur Kenntnis bringt. Er geht nach wie vor davon aus, daß in den nächsten zehn, zwölf Tagen das Attentat auf Hitler erfolgt, und es liegt ihm entscheidend daran, eine enge Kooperation zwischen seinen politischen »Verbindungsoffizieren« und Goerdelers politischen »Beauftragten« vorzubereiten.

Die politische Oppositionsführung reagiert auf die Forderung des 36jährigen Oberstleutnants mit Empörung. Die Zivilisten sehen in den Soldaten ausführende Organe, haben noch nicht erkannt, daß sich Männer wie Tresckow und Stauffenberg als »politische Offiziere« begreifen, daß es ihnen um eine gesamtnationale Erhebung und nicht um einen bloßen Militärputsch geht. Jakob Kaiser führt außerdem Geheimhaltungsgründe gegen Stauffenbergs Begehren ins Feld; ihn bedrückt »die Größe der Gefahr für die Namensträger«. Beck und Olbricht mühen sich, den aufkeimenden Streit zu schlichten. Doch Stauffenberg läßt Dr. Goerdeler über Schulenburg mit aller Härte ausrichten: »Es wird nur gehandelt, wenn die Liste übergeben wird.« Er will zur Aktion, will zur nationalen Erneuerung kommen, und Goerdeler muß nachgeben, denn nur die Offiziere der Bendlerstraße sind in der Lage, den Staatsstreich militärisch auszulösen.

Die NS-Konzentrationslager erhalten von Himmler die Anweisung, »daß die für die Häftlinge befohlene Arbeitszeit von täglich 10 Stunden auch während der Wintermonate eingehalten werden muß«[79].

Westlich Kiew setzt das XXXXVIII. Elite-Panzerkorps des Generals Balck seine Gegenoffensive fort. In vier Tagen wird eine feindliche Kampfgruppe aufgerieben, werden 199 Panzer und 554 Geschütze vernichtet.[80]

22. NOVEMBER 1943

Der unermüdliche Fritz-Dietlof von der Schulenburg erscheint ganz überraschend in der Berliner Kohlenhandlung des ehemaligen SPD-Reichstagsabgeordneten Dr. Julius Leber im Eisvogelweg.[81] Er stellt sich als »Vertrauensmann Dr. Goerdelers« vor. Das anfängliche Mißtrauen Lebers gegen den früheren Polizei-Vizepräsidenten der NSDAP und hochfeudalen Aristokraten schwindet bald, als er sich über die sozialistischen Neigungen seines Besuchers klar wird. Bei der Erörterung der künftigen Gestalt Deutschlands stimmen beide in puncto »Sozialisierung der Schlüsselindustrien« und einer »staatlich geförderten Handelspolitik« völlig überein. Die offene, unverdeckte Art, in der sich Schulenburg gibt, und sein immenses Interesse an allen wirtschaftspolitischen Fragen erwecken in Leber menschliche wie politische Sympathien. Es sind dies ideale Vorbedingungen für eine enge konspirative Zusammenarbeit. Schulenburg nimmt dankbar Lebers Vorschlag an, ihn mit dem klugen Habermann vom DHV zusammenzubringen, und Leber seinerseits erklärt sich prinzipiell zu einem Treffen mit Oberstleutnant Stauffenberg bereit, von dem ihm Schulenburg unentwegt vorschwärmt.

Am selben Tag begibt sich Stauffenberg in die Privatwohnung Olbrichts. Er ist außer sich vor Empörung; in seiner burschikosen Art wirft er sich in einen Sessel und läßt seinem Zorn freien Lauf.[82]

STAUFFENBERG: »Stellen Sie sich das vor: Stieff ist vorgestern in Urlaub gefahren! Einfach so, ohne mich vorher zu konsultieren. Gerade jetzt! In wenigen Tagen sollte der Tag X steigen. Ich bin außer mir! Meine gesamte Attentatsplanung ist über den Haufen geworfen. Ich weiß nicht einmal, wo er den Sprengstoff gelassen hat, den ich ihm vor drei Wochen übergeben habe. Ein derart verantwortungsloses, unkameradschaftliches Verhalten...«

OLBRICHT (unterbricht): »Beruhigen Sie sich, Stauffenberg. Dr. Goerdeler... Ach, da ist er ja schon!«

Goerdeler betritt den Raum. Olbricht eilt auf ihn zu, begrüßt ihn und stellt ihm Stauffenberg vor, der sich aus seinem Sessel erhoben hat. Alle drei nehmen an einem runden Rauchtisch Platz.

OLBRICHT: »Ich freue mich sehr, daß Sie Zeit gefunden haben. Graf Stauffenberg ist, wie Sie ja wissen, seit einigen Wochen derjenige, der in Zusammenarbeit mit mir alle militärischen Vorbereitungen für den Tag X trifft...«

GOERDELER (fällt ins Wort): »Freut mich, freut mich sehr. Aber wann kommt dieser Tag X, bitteschön? Wir haben jetzt mehr als vier Jahre Krieg hinter uns! Und wenn wir uns Rechenschaft ablegen – ich habe das ja alles in meiner Denkschrift niedergelegt –, dann müssen wir erkennen, daß eine kleine Clique von politischen Glücksrittern und Verbrechern unser Land in das Elend stürzt... (nachdenkliche Pause.) Ich muß jeden Tag an das alte Preußen, an das Ethos dieses Rechtsstaates denken.«

STAUFFENBERG: »Wir haben seit fünf Jahren Großdeutschland, Dr. Goerdeler. Das ist etwas mehr als Preußen...«

GOERDELER (fällt schnell ein): »Sie haben völlig recht, Graf Stauffenberg. Und wir wollen auch nicht zurück zu alten Zuständen, wollen mitnichten die deutsche Geschichte nach rückwärts entwickeln. Im Gegenteil: Wir werden entschlossene Schritte nach vorne tun! Wir werden das neue Deutschland beispielsweise organisch gliedern, in Gebiete mit einem Maß an Selbstverwaltung, das mit den übergeordneten Reichsinteressen vereinbar ist. Preußen *und* Österreich werden zu diesem Reich gehören. Ja, meine Herren: Wir wollen ein *einiges* Deutschland! Und wir werden es uns von niemandem in der Welt nehmen lassen.«

Dr. Goerdeler reicht spontan den beiden Offizieren seine Hände. Olbricht und Stauffenberg schlagen ein.

GOERDELER (räuspert sich): »Herr Olbricht, Sie haben mich um die Liste der ›Politischen Beauftragten‹ in den Wehrkreisen gebeten. Ich muß schon sagen, wir waren sehr überrascht! Leuschner und Kaiser waren sogar strikt dagegen. Sie machen sich ernste Sorgen wegen der Geheimhaltung. Habermann und ich haben aber diese Bedenken ausgeräumt, haben darauf hingewiesen, daß gerade Generalstabsoffiziere in Fragen der Geheimhaltung Übung haben. (Goerdeler holt aus seiner Aktentasche eine Liste.) Hier ist sie also...«

Goerdeler übergibt Olbricht die Liste, der sie sofort an Stauffenberg weiterreicht.

GOERDELER: »Sie sehen daraus, daß ich in sämtlichen Wehrkreisen – mit Ausnahme von Posen und Prag – verläßliche Politische Beauftragte parat habe, die sofort am Tag X in Aktion treten, die militärischen Wehrkreisbefehlshaber richtig beraten und politisch führen werden.«

STAUFFENBERG: »Führen müssen natürlich erst einmal die Wehrkreisbefehlshaber, Dr. Goerdeler! Denn die Wehrmacht übernimmt ja am Tag X die vollziehende Gewalt... Die Wehrmacht ist die konservativste Einrichtung in unserem Staat, und zugleich ist sie tief im Volke verwurzelt.«

Dr. Goerdeler ist sichtlich irritiert. Stauffenberg ignoriert das und spricht sofort weiter.

STAUFFENBERG: »Im übrigen bin ich seit 1. Oktober dabei, in den Wehrkreisen ein System Politischer Verbindungsoffiziere aufzubauen. Fritzi Schulenburg hat Sie ja davon unterrichtet. Mir kommt es darauf an, daß meine Verbindungsoffiziere und Ihre Politischen Beauftragten am Tag X nahtlos zusammenarbeiten. Dazu muß ich alle Namen kennen... Im übrigen verspreche ich Ihnen, Dr. Goerdeler, daß ich die Namen auswendig lerne, und dann werde ich die Liste sofort verbrennen. Niemand außer mir bekommt sie zu Gesicht...«

Der Oberstleutnant erhebt sich und verabschiedet sich von beiden Herren.

Nach Stauffenbergs Abgang bleibt ein tief verstimmter Goerdeler zurück. Er ist es gewöhnt, daß sich alles seiner Autorität beugt. Der junge Oberstleutnant erscheint ihm als »Querkopf«, als »Heißsporn«, sein selbstbewußter Offizierston verletzt ihn.

In der folgenden Nacht, vom 22. zum 23. November, fliegen die Allierten den zweiten ihrer fünf Großangriffe auf Berlin.[83] Das Stadtzentrum der Reichshauptstadt wird schwer getroffen. Hitlers Reichskanzlei wird beschädigt, und auch der Gebäudekomplex in der Bendlerstraße wird erheblich mitgenommen. Olbricht und Stauffenberg sehen darin ein Menetekel, eine drastische Warnung, die Organisation der Verschwörung voranzutreiben.

Die Anti-NS-Opposition hat durch das erstaunliche Verhalten Oberst Stieffs einen schweren Rückschlag erhalten. Dabei ist den Offizieren in der Bendlerstraße nicht einmal bekannt, daß Oberst im Generalstab Meichssner, auf dessen Mitwirkung Stieff so großen Wert legte, inzwischen jede Attentatsbeteiligung strikt abgelehnt hat. Da Joachim Meichssner sich in depressiver Stimmung befindet und immer heftiger dem Alkohol zuspricht, ist die Geheimhaltung im Führerhauptquartier ernsthaft gefährdet.

Oberstleutnant Stauffenberg sieht sich genötigt, in der Attentatsfrage ganz von vorn zu beginnen. Nach der ersten schweren Enttäuschung über den unvermeidlichen Zeitverlust beruhigt er sich in dem Gedanken, daß die militärische Lage an den Fronten zur Zeit verhältnismäßig stabil ist.[84] Das XXXXVIII. Elite-Panzerkorps Balcks setzt den sowjetischen Verbänden westlich Kiew weiter schwer zu, schickt sich an, die Stadt Radomysl zurückzuerobern. Doch wichtiger als alle positiven und negativen Ereignisse an der Ostfront ist die Tatsache, daß in den nächsten fünf, sechs Monaten aus Witterungsgründen noch nicht mit der großen Invasion der westlichen Alliierten zu rechnen ist.

Für Stauffenberg ist diese Invasion die Entscheidung des Krieges. Wenn es der Wehrmacht gelingen sollte, die feindliche Landung abzuschmettern beziehungsweise die Invasionstruppen innerhalb von 24 Stunden ins Wasser zu werfen, dann ist nach den Vorstellungen des Oberstleutnants der letztmögliche Zeitpunkt gekommen, um am nächstfolgenden Tag den gewaltsamen Umsturz herbeizuführen und unverzüglich mit den Kriegsgegnern in Ost und West Verhandlungen aufzunehmen. Zehn oder zwölf Tage später müßte Waffenstillstand an allen Fronten folgen, um dem sinnlosen Gemetzel ein Ende zu machen.

So tritt die Attentatsfrage vorerst für Stauffenberg in den Hintergrund; seine Überlegungen konzentrieren sich auf das Staatsstreich-Geschehen, das dem Attentat unmittelbar folgen muß. Noch spielt er mit dem Gedanken an eine Militärdiktatur. Er weiß jedoch, daß dies nur eine Notlösung für kurze Zeit sein kann. Ihm schwebt vage eine »antifaschistische« Reichsregierung auf breiter politischer Grundlage vor, getragen von einem übergreifenden, alle Oppositionsgruppen umfassenden Staatsstreich-Bündnis. Er bittet Schulenburg, in ständigem Kontakt mit dem Sozialdemokraten Dr. Julius Leber zu bleiben und für die nächste Zeit ein Treffen vorzubereiten. Dann wendet er sich Goerdelers Liste der »Politischen Beauftragten« zu.

Diese Liste sieht folgendermaßen aus[85]:

Wehrkreis I	(Königsberg)	Heinrich Graf von Dohna-Tolksdorf (Gutsbesitzer)

Wehrkreis II	(Stettin)	Oberlandforstmeister von Willisen (Staatsbeamter); Unterbeauftragter: Ewald von Kleist-Schmenzin (Gutsbesitzer)
Wehrkreis III	(Berlin)	(brauchte nicht besetzt zu werden)
Wehrkreis IV	(Dresden)	Kaufmännischer Direktor Walter Kramer (Industrieller, ehemals DNVP)
Wehrkreis V	(Stuttgart)	Albrecht Fischer (Baurat a. D., Lobbyist der Elektroindustrie)
Wehrkreis VI	(Münster)	Hauptmann der Reserve Bernhard Letterhaus (ehemals Christliche Gewerkschaften und Zentrum)
Wehrkreis VII	(München)	Otto Geßler (Reichswehrminister a. D., ehemals Demokratische Partei)
Wehrkreis VIII	(Breslau)	Rechtsanwalt Dr. Hans Lukaschek (ehemals Zentrum); Unterbeauftragte: Fritz Voigt (Polizeipräsident a. D., ehemals SPD) und Rechtsanwalt Kaschny (ehemals Zentrum)
Wehrkreis IX	(Kassel)	Gustav Noske (Reichsminister a. D.; ehemals SPD); Unterbeauftragter: August Fröhlich (Staatsminister a. D., ehemals SPD)
Wehrkreis X	(Hamburg)	Gustav Dahrendorf (ehemals SPD-Bürgerschaftsabgeordneter); Unterbeauftragter: Theodor Tantzen (ehemals Demokratische Partei)

Wehrkreis XI	(Hannover)	Dr. Arthur Menge (selbständiger Unternehmer, Oberbürgermeister a. D., ehemals Deutsch-Hannoversche Partei) und Hermann Lüdemann (Ministerpräsident a. D., ehemals SPD)
Wehrkreis XII	(Wiesbaden)	Rechtsanwalt und Notar Ludwig Schwamb (Staatsrat a. D., ehemals SPD); Unterbeauftragter: Bartholomäus Koßmann (Staatsminister a. D., ehemals Zentrum)
Wehrkreis XIII	(Nürnberg)	Georg Böhme (ehemaliger Gewerkschaftsfunktionär)
Wehrkreis XVII	(Wien)	Karl Seitz (Bürgermeister a. D.; ehemals österreichische Sozialisten); Unterbeauftragter: Josef Reither (früherer österreichischer Bauernfunktionär)
Wehrkreis XVIII	(Salzburg)	Franz Rehrl (früherer Landeshauptmann von Salzburg); Unterbeauftragter: Anton Mörl-Pfalzen (früherer Sicherheitsdirektor von Tirol)
Wehrkreis XX	(Danzig)	Hermann von Lüninck (Gutsbesitzer, Oberpräsident a. D.)

Stauffenberg vergleicht die Namen miteinander, prüft die frühere Parteizugehörigkeit der Betreffenden. Am stärksten sind die Sozialisten (ehemals SPD und Gewerkschaften) und die Nationalkonservativen (ehemals DNVP und DHV) vertreten; sie halten sich in etwa die Waage. Halb so stark präsentiert sich jeweils der Anteil ehemaliger Liberaler und Zentrumsleute. Ihm scheint das ein gutes Verhältnis zu sein. Die Anti-NS-Opposition umfaßt ein breites politisches Spektrum.

Dann wendet er sich den einzelnen Wehrkreisen zu. In den

meisten ost- und mitteldeutschen Wehrkreisgebieten sind schon gute Ansätze für eine enge Kooperation der Verbindungsoffiziere und der Politischen Beauftragten mit den Wehrkreisbefehlshabern gegeben: Wehrkreis I (Königsberg) – Wehrkreis II (Stettin) – Wehrkreis III (Berlin) – Wehrkreis IV (Dresden) – Wehrkreis IX (Kassel) – Wehrkreis XI (Hannover) – Wehrkreis XII (Wiesbaden) – Wehrkreis XVII (Wien) – Wehrkreis XX (Danzig). Unbefriedigend sind noch die personalpolitischen Bedingungen in den beiden Wehrkreisen VIII (Breslau) und XXI (Posen). Aber das läßt sich im Ernstfall verkraften: Breslau und Posen können zur Not von Berlin, von der Bendlerstraße aus geführt werden. Kritisch erscheinen dagegen die konspirativen Gegebenheiten in den westdeutschen und süddeutschen Wehrkreisgebieten: Wehrkreis V (Stuttgart) – Wehrkreis VI (Münster) – Wehrkreis VII (München) – Wehrkreis X (Hamburg) – Wehrkreis XIII (Nürnberg) – Wehrkreis XVIII (Salzburg). Auch in Prag, im »Reichsprotektorat Böhmen und Mähren«, hat die Opposition bislang kaum Fuß gefaßt. Mit Paris, mit den besetzten Ländern Westeuropas, steht es besser. Um den Militärbefehlshaber General von Stülpnagel und um einen so engagierten Mann wie Oberstleutnant von Hofacker muß sich verhältnismäßig schnell eine Militärfronde konstruieren lassen.

Stauffenberg lernt alle Namen auswendig und verbrennt die Liste, wie er es Dr. Goerdeler versprochen hat.

25. NOVEMBER 1943

Henning von Tresckow, der am 10. Oktober die Führung des Grenadierregiments Nr. 442 in der 168. Infanteriedivision übernommen hat, die zur 8. Armee der Heeresgruppe Süd gehört, erfuhr schon sehr bald, daß er für ein höheres Kommando bestimmt war. Am 23. November wurde ihm mitgeteilt, daß er ab 1. Dezember 1943 als Chef des Generalstabs der 2. Armee vorgesehen sei. Tresckow beschließt, seinen Abschied von der Heeresgruppe Süd zu benutzen, um deren Oberbefehlshaber, Generalfeldmarschall Erich von Manstein, einen persönlichen Besuch abzustatten. Tresckow ist von den Marschällen, die Beck für Umsturzzwecke favorisiert, wenig angetan. Weder Feldmarschall Kluge, mit dem er eineinhalb Jahre im Stab der Heeresgruppe Mitte zusammengearbeitet hat, noch Feldmarschall Witzleben, den er seit der Blomberg-Fritsch-Krise des Jahres 1938 persönlich kennt, verfügen in seinen Augen über die operativen Fähigkeiten, die mehr denn je nötig sind. Er denkt an Generaloberst Guderian und vor allem an Generalfeldmarschall von Manstein. Sie möchte er für den geplanten Staatsstreich gewinnen.

Am 25. November wird Tresckow von Manstein zweimal empfangen; die zweite Besprechung abends findet im Schlafzimmer Mansteins statt.[86] Während der sonst so kühle Tresckow Manstein geradezu verehrt, ist das Urteil des Feldmarschalls über Tresckow weit distanzierter. Er findet ihn sehr klug, schätzt seine operative Begabung und sein organisatorisches Talent, hält ihn aber für einen Charakter, der zum »Pessimismus« neigt. Manstein, ein Intellektueller unter den Feldmarschällen, mag die »Zweifler« nicht. Er kann am besten mit erfahrenen Troupiers wie Hoth, Balck, Sepp Dietrich, deren offensives, praktisches Naturell ihm gefällt. Dennoch nimmt er sich Zeit für seinen Besucher, dessen Vertrauen ihn rührt und dessen Offenheit ihn beeindruckt.

TRESCKOW: »Noch einmal, Herr Feldmarschall, wir tragen Verantwortung für das Heer und für Deutschland! Wir müssen Prophylaxe betreiben. Wenn der Führer, der ja krank ist, ausfällt, dann kann man doch nicht Göring und Himmler an die Macht lassen...«

MANSTEIN: »Also, über die Änderungen unserer Kriegsspitzengliederung hat schon mal jemand mit mir gesprochen: Graf Stauffenberg vom OKH. Das mag jetzt zehn, zwölf Monate her sein... Daß unsere oberste militärische Führung seit einem guten Jahr falsch führt, darüber sind wir uns völlig einig. Aber, was die Konsequenzen angeht, mein lieber Tresckow, darüber sind unsere Auffassungen völlig verschieden. Die einzige Aussicht auf einen erträglichen Ausgang des Krieges liegt meiner Meinung nach im geschlossenen Weiterkämpfen unter dem Führer. So können wir vielleicht noch ein Remis erreichen!

Ein Umsturz würde zum Zusammenbruch der Kampfmoral führen und damit alles verderben. Ich sehe nur den Ausweg, daß es doch noch gelingt, den Führer im Guten dazu zu bewegen, wenigstens den Oberbefehl im Osten, am besten die militärische Führung überhaupt abzugeben. Das braucht ja nicht offiziell zu geschehen; aber de facto, und zwar durch Einsetzung eines verantwortlichen Generalstabschefs...«

28. NOVEMBER 1943

Drei Tage später, am 28. November 1943, kommt es in Teheran zu einem Treffen von Stalin, Roosevelt und Churchill.[87] Die westlichen Verbündeten informieren den Sowjet-Diktator, daß für den 1. Mai 1944 die westalliierte Invasion in Frankreich geplant ist. Dann kommt das Gespräch auf die Behandlung Deutschlands nach Kriegsende. Eine Zerstückelungsdebatte setzt ein. Roosevelt will Deutschland in fünf Stücke zerschlagen: neben einem schwachen, amputierten Preußen sollen Hannover, Sachsen, das deutsche Nordwest-Gebiet und ein aus Bayern, Baden, Württemberg gebildetes Süddeutschland selbständige Staaten werden. Churchill schlägt statt dessen die Zweiteilung vor: neben Preußen soll eine »Donauföderation« entstehen, die sich aus Bayern, Baden, Württemberg, der Pfalz und Österreich zusammensetzt. Stalin sympathisiert anscheinend mit Roosevelts Vorstellungen, sorgt aber dafür, daß es zu keinem endgültigen Beschluß kommt. Dagegen wird von den drei Verbündeten beschlossen, Polen auf Kosten Deutschlands nach Westen zu verschieben. Churchill schlägt die Oderlinie als polnische Westgrenze vor. Stalin stimmt zu und erhebt Anspruch auf Königsberg. Er meint, man solle 50000 deutsche Offiziere summarisch, ohne Gerichtsverfahren, erschießen, verlangt vier Millionen deutsche Soldaten auf unbestimmte Zeit für den Wiederaufbau der Sowjetunion und erhebt die Forderung nach Entindustrialisierung von Nachkriegs-Deutschland.

Am Abend dieses Tages treffen sich, nachdem es dunkel geworden ist, der Major im Generalstab Joachim Kuhn und der

Oberleutnant der Reserve Albrecht von Hagen auf dem Freigelände des OKH-Hauptquartiers in Ostpreußen.[88] Oberst Stieff hat am 19. November, bevor er in Urlaub fuhr, das Paket mit dem englischen Sprengstoff an Kuhn weitergegeben und ihn gebeten, bei erstbester Gelegenheit nach Berlin zu fahren, in die Bendlerstraße zu gehen und Stauffenberg den Sprengstoff wieder zurückzugeben. Dem Major ist es zu riskant, die gefährliche Fracht in die Reichshauptstadt zu transportieren, und so schleicht er nun zusammen mit Oberleutnant von Hagen in ein kleines Wäldchen in der Nähe, wo sie das Sprengstoffpaket unter einem hölzernen Wachturm vergraben. Das geschieht so dilettantisch, daß eine Streife der Geheimen Feldpolizei – Gruppe 631 – die nächtliche Vergrabung beobachten und zwei Tage später den Sprengstoff sicherstellen kann.

Die Meldung über den Vorfall geht an die »Abwehr« des Admirals Wilhelm von Canaris, wo sie ein Vorgesetzter des Oberleutnants von Hagen sehr schleppend behandelt.[89] Als Oberst Stieff aus seinem Urlaub zurückkehrt, wird er von Oberst Radke von der »Abwehr« über den mysteriösen Vorfall vernommen. Stieff kann jedoch jeden Verdacht von sich weisen. Der gefährliche Zwischenfall hat keine Folgen.

29. NOVEMBER 1943

In den geheimen SD-»Meldungen aus dem Reich« heißt es über die Stimmungslage der deutschen Bevölkerung[90]:

»Die allgemeine Stimmung steht weiterhin unter dem Druck der Ereignisse an der Ostfront. Die letzthin erfolgten Gegenstöße bei Kiew und die Wiedereinnahme von Shitomir wurden von den Volksgenossen mit Erleichterung verfolgt. Viele glaubten, daß der bolschewistische Massenansturm nunmehr zum Stehen gekommen sei und deutscherseits große Zangenbewegungen eingeleitet würden. Andere aber meinten, daß die Vorstöße deutscher Truppen örtlich begrenzt seien und von einer Stabilisierung der Abwehrfront noch nicht gesprochen werden könne...

In Briefen und Erzählungen der Ostfrontkämpfer wird weiterhin von riesiger Material- und Menschenüberlegenheit der Sowjets berichtet. Das Kräfteverhältnis sei bestenfalls bei 20 oder 30 : 100. Auch die Schilderung der Frontsoldaten über angebliches Versagen der rückwärtigen Dienste und ›tolle Zustände in der Etappe‹ beeinflussen die Stimmung der Heimat ungünstig...

Die jüngsten Terrorangriffe auf Berlin, Frankfurt/M., Bremen usw. haben auch außerhalb der betroffenen Gebiete Bestürzung unter den Volksgenossen ausgelöst. Vielfach wird die Ansicht vertreten, der Feind versuche, dem Vergeltungsschlag in letzter Stunde zuvorzukommen. Allgemein rechnet man daher auch mit einer Fortsetzung dieser schweren Angriffe in den nächsten Tagen und Wochen. Mit großer Ungeduld wartet vor allem die Bevölkerung in den Luftnotgebieten auf den Beginn der Vergeltung. Es werden wieder vermehrt Termine genannt: ›Noch im November‹, ›Zwischen Weihnachten und Neujahr‹; vielfach heißt es aber auch: ›Erst im Frühjahr‹. Die Berliner Bevölkerung zeigte auch bei den letzten beiden – bisher schwersten – Terrorangriffen die gleiche Gefaßtheit und Tatkraft wie bei früheren Bombardierungen...«

12. DEZEMBER 1943

Oberstleutnant Stauffenberg trifft mit einem alten Freund zusammen: Albrecht Ritter Mertz von Quirnheim.[91] Beide kennen sich von der Kriegsakademie, sind Jahrgangskameraden. Der 38jährige Oberstleutnant im Generalstab Mertz kommt soeben von der Front, wo er seit Sommer 1942 als Generalstabschef des XXIX. Armeekorps in der Ukraine eingesetzt ist, und befindet sich auf der Durchreise nach Köln, zu seiner Verlobten. Stauffenberg weiht ihn noch nicht in seine Widerstandspläne ein, aber er bedrängt ihn, sich nach Berlin zum AHA versetzen zu lassen: er, Stauffenberg, brauche dringend jemand, der zugleich sein Freund und ein hervorragender Generalstabsoffizier sei, und der ihn jederzeit ersetzen könne. Mertz meint, daß eine Versetzung nach Berlin erst in vier, fünf Monaten denkbar sei, verspricht aber, sich Anfang Januar, auf der Rückreise zur Front, noch einmal in der Bendlerstraße sehen zu lassen.

Am Nachmittag desselben Tages sitzen sich in der Bendlerstraße Stauffenberg und Haeften gegenüber.[92]

STAUFFENBERG: »Die Sache macht Fortschritte, Haeften. Ich bin dabei, eine regelrechte Konspiration aufzubauen, militärisch wie politisch. Aber das kostet Zeit. Die Attentatsfragen sollten wir jetzt, nachdem Stieff so kläglich versagt hat, erst einmal bis Ende Januar zurückstellen und uns ganz unserer illegalen Organisation widmen. Die beiden wichtigsten Wehrkreise, Berlin und Stettin, sind ja in guten Händen. Um Berlin-Brandenburg kümmern wir uns selbst, und für Stettin haben wir Graf Blumenthal; der ist absolut zuverlässig. Kopfschmerzen bereiten mir lediglich die Wehrkreise München und Breslau. Die müssen wir unbedingt besetzen! Wo ist Leonrod?«

HAEFTEN: »Er wartet schon eine Viertelstunde im Vorzimmer…«

STAUFFENBERG: »Dem können Sie unbedingt vertrauen, Haeften. Ich kenne ihn schon lange, seit meiner Bamberger Zeit im Reiterregiment 17. Also, herein mit ihm! Und bleiben Sie dabei. Von den Einzelheiten unserer Attentatsplanung kein Wort! Aber sonst werde ich mit ihm Deutsch reden.«

Während Haeften den Besuch holt, zündet sich Stauffenberg eine Zigarette an. Er begrüßt den eintretenden Major Ludwig Freiherrn von Leonrod sehr herzlich. Während Haeften und Leonrod Platz nehmen, geht Stauffenberg rauchend im Zimmer auf und ab. Er fällt verbal über seinen Besucher her.

STAUFFENBERG: »Lieber Leonrod, ich habe Sie aus München hergebeten, weil Gefahr im Verzuge ist. Gefahr für das Reich! Ich weiß nicht, was ihr da so in München beim Wehrkreis VII denkt, aber ich kann Ihnen sagen: Dieser Krieg geht unweigerlich verloren, wenn die Kriegführung nicht erheblich verschärft wird… Über die katastrophale Mannschaftsersatzlage muß ich mit Ihnen nicht reden. Bis Ende '42 konnten wir die blutigen Ausfälle decken. Da hatte das Heer ja auch erst 580 000 Gefallene und Vermißte. Seitdem decken wir die Verluste nur noch zur Hälfte. Aber wer interessiert sich schon dafür? Und wie, bitteschön, soll es weitergehen?... Da reden die Herrschaften im Rundfunk und auf Parteiveranstaltungen lauthals vom totalen Krieg. Ja, aber wo ist denn in Wirklichkeit der totale Krieg? Wir könnten Millionen Frauen in die Rüstungsbetriebe schicken und Millionen Männer für die Front freibekommen. Doch es geschieht nichts... Die Generalität kommt an den Führer nicht mehr heran. Der Führer ist fortgesetzt von den Leuten der Partei umgeben. Es läuft also alles darauf hinaus, die Partei auszuschalten! Das Führerkorps der Partei ist ja ohnehin gänzlich korrupt.«

Stauffenberg bleibt plötzlich vor Leonrod stehen und fixiert ihn.

STAUFFENBERG: »Der Führer selbst ist auch nicht mehr zu halten. Er muß daher beseitigt werden! In der gegenwärtigen Lage ist eine Militärdiktatur die einzige Rettung...«

Stauffenberg nimmt hinter seinem Schreibtisch Platz und drückt seine Zigarette aus. Er beobachtet die Wirkung seiner Überfalltaktik auf Leonrod, läßt seine Worte ein paar Augenblicke lang auf den Major einwirken.

STAUFFENBERG: »Ich spreche also vom Tag X, an dem die Wehrmacht die vollziehende Gewalt im Reich übernimmt. Dieser Augenblick ist mit der offiziellen Nachricht gegeben, daß der Führer tot ist. Für diesen Fall müssen in sämtlichen Wehrkreisen zuverlässige Offiziere bereitstehen... In den letzten zwei, drei Monaten ist es mir gelungen, zwei Drittel der Wehrkreise mit politisch vertrauenswürdigen Verbindungsoffizieren zu besetzen. Sie, lieber Leonrod, sollen unser Verbindungsoffizier in München werden...«

Major von Leonrod, durch Stauffenberg völlig überrumpelt, braucht ein paar Sekunden, um sich zu fassen.

LEONROD: »Ich muß darauf aufmerksam machen, daß ich als Soldat und Offizier an meinen Fahneneid gebunden bin...«

Stauffenberg repliziert sofort, wobei er aufsteht und zu Leonrod geht. Auch Leonrod und Haeften erheben sich.

STAUFFENBERG: »Der Fahneneid ist eine heilige Sache, Leonrod. Aber das Vaterland steht über dem Führer! Was zählt Hitler, wenn es um Deutschland geht? Und wenn sich das Vaterland in einer derartigen Notlage befindet, dann verliert der Eid auf eine Person seine Gültigkeit.«

Absolute Stille im Raum.

STAUFFENBERG: »Leonrod, Sie sind der geeignete Mann für München! Wenn Sie mir die Hand geben, weiß ich, daß wir auf Sie zählen können.«

Major Leonrod schlägt nach kurzem Zögern in Stauffenbergs ausgestreckte Linke ein. Dann nennt er noch einen weiteren oppositionellen Offizier im Stab des Befehlshabers des Wehrkreises München: den Hauptmann Max-Ulrich Graf von Drechsel.

Acht Tage später, am 20. Dezember, meldet sich bei Stauffenberg der Rittmeister der Reserve Friedrich Scholz-Babisch, der beim Wehrkreisbefehlshaber VIII (Breslau) Dienst tut und als oppositionell eingestellt gilt.[93] Wenn es dem Oberstleutnant gelingt, auch diesen Mann für sich zu gewinnen, dann darf er sich sagen, daß für sämtliche Wehrkreise Ost- und Mitteldeutschlands zuverlässige Verbindungsoffiziere bestellt sind.

Mit Scholz-Babisch, der ihm persönlich nicht bekannt ist, kann Stauffenberg nicht so rückhaltlos offen wie mit Leonrod sprechen. Von Staatsstreich oder gar Attentat darf hier kein Wort fallen. Die ganze Argumentation muß sich gegen die Partei richten. Der Oberstleutnant spricht im Stakkato.

STAUFFENBERG: »Der Krieg geht verloren, wenn unsere Kriegführung nicht erheblich verschärft wird. – Es wird immer vom totalen Krieg gesprochen. Aber wo ist der totale Krieg? – Unbedingt wichtig ist eine Vereinheitlichung der militärischen Führung. – Die Generalität kommt an den Führer nicht heran. Der Führer ist fortgesetzt von den Leuten der Partei umgeben. – Es läuft alles darauf hinaus, die Partei auszuschalten. Das Führerkorps der Partei ist ohnehin korrupt.«

Die Beweisführung wirkt. Daß Stauffenberg seine Argumente »mit großer Schnelligkeit« vortrug, daß er seine Worte »Schlag auf Schlag« anbrachte, reißt den Rittmeister aus Breslau mit. Scholz-Babisch erklärt sich bereit, der Konspiration beizutreten.

Haeften gratuliert anschließend seinem Chef. Die »schlesische

Lücke« in der illegalen Wehrkreisstruktur ist geschlossen. Mit Ausnahme der Wehrkreise VI (Münster) und X (Hamburg) ist ganz Deutschland nördlich der Mainlinie mit Verbindungsoffizieren besetzt.

Zwei Tage später sehen sich Dr. Goerdeler, General Olbricht und Stauffenberg bei Generaloberst Beck. Man versucht, eine Art Zwischenbilanz der Verschwörung zu ziehen. Goerdeler, ziemlich gereizt, wirft Stauffenberg vor, er spreche mit zu vielen Leuten zu offen über den geplanten Umsturz, und damit gefährde er die gesamte Opposition.[94] Stauffenberg verweist darauf, daß er eine illegale Organisation aufbaue und daß er dafür Konspirateure gewinnen müsse. Er verspricht aber, in Zukunft vorsichtiger zu sein. Goerdeler rät ihm, alle Attentatspläne aufzugeben. Er kann sich mit dieser Auffassung auf Beck stützen, dem die Attentatsfrage immer unbehaglich war. Stauffenberg widerspricht entschieden; das Attentat sei die unabdingbare Voraussetzung für den Erfolg eines Staatsstreichs. Er fügt hinzu, eher würde er es selbst ausführen, als eine andere Lösung in Erwägung zu ziehen.

24. DEZEMBER 1943

Als sich Oberstleutnant Graf Stauffenberg am frühen Nachmittag zusammen mit seinem Fahrer, Feldwebel Schweizer, auf die Reichsautobahn begibt, um Kurs auf Bamberg zu nehmen, kann er sich sagen, daß er ein paar Tage Ruhe verdient hat. Die meisten Verschwörer sind ohnehin im Weihnachtsurlaub: Berthold ist für vier Tage zur Familie nach Lautlingen gefahren, Fritz-Dietlof von der Schulenburg verbringt Weihnachten auf Gut Trebbow in Mecklenburg, Oberst Stieff hält sich für fünf Tage in Mittelsteine im schlesischen Kreis Glatz bei seinen Schwiegereltern auf.[95]

Stauffenberg hat auf der Fahrt nach Bamberg ausreichend Zeit, das Fazit einer dreimonatigen angespannten Verschwörertätigkeit zu ziehen.[96] Angesichts der Tatsache, daß alles unter strikter Geheimhaltung geschehen muß, daß jeder konspirative

Schritt unter Lebensgefahr erfolgt, kann die Fortentwicklung von der Opposition zur Konspiration als erfolgreich beurteilt werden. Eine Riesenenttäuschung ist allerdings das Mißlingen in der Attentatsplanung, das Versagen von Stieff. Auf Dr. Goerdeler und Generaloberst Beck ist wenig zu bauen, was das Attentat angeht. Stauffenberg beschließt, in dieser Frage hinfort eigene Wege zu gehen.

Überwiegend positiv ist dagegen der Aufbau der militärischen Konspiration zu bewerten. Dank Tresckow und Olbricht kann jederzeit der »Walküre«-Mechanismus in Gang gesetzt werden, wenn aus der Bendlerstraße das Signal erfolgt. Und was die Verbindungsoffiziere bei den Wehrkreisbefehlshabern angeht, so sind 13 von 17 Wehrkreisen mit zuverlässigen Offizieren besetzt. Offen sind lediglich noch die Wehrkreise V (Stuttgart), VI (Münster), X (Hamburg) und XVIII (Salzburg). Wichtiger und vordringlicher ist in Stauffenbergs Augen, daß die Umsturzzentralen besetzt, daß dort am Tag X die richtigen Leute am Werke sind.

Abgesehen von den illegalen Wehrkreisstrukturen lassen sich sechs Zentren der militärischen Konspiration unterscheiden:

1. das AHA in der Berliner Bendlerstraße mit dem General d. Inf. Olbricht, den beiden Generalstabs-Oberstleutnanten von Stauffenberg und Bernardis, dem Major i. G. von Oertzen, den beiden Hauptleuten Kaiser und Klausing sowie dem Oberleutnant von Haeften (Oberstleutnant i. G. Mertz von Quirnheim ist im Frühjahr als wertvolle Verstärkung zu erwarten);
2. der Generalstab des Heeres im OKH, und zwar sowohl in Ostpreußen als auch im Lager Zossen bei Berlin, mit den drei Generälen Wagner, Fellgiebel und Lindemann, dem Oberst i. G. Stieff und dem Major i. G. Kuhn;
3. die Seekriegsleitung der Marine (»Koralle«) mit dem Oberstabsrichter Berthold von Stauffenberg und den Korvettenkapitänen Kranzfelder und Jessen;
4. der Stab des Militärbefehlshabers in Frankreich mit dem General d. Inf. von Stülpnagel und Oberstleutnant von Hofacker;

5. das Infanterie-Ersatzbataillon Nr. 9 in Potsdam mit dem Oberleutnant d. Res. Graf von der Schulenburg und fünf jungen Subalternoffizieren in Hauptmanns- beziehungsweise Leutnantsrängen;
6. eine Gruppe verabschiedeter hoher Befehlshaber in Berlin mit Generalfeldmarschall von Witzleben sowie den Generalobersten Beck und Hoepner.

Insgesamt dürfen zur militärischen Konspiration etwa 45 Offiziere gerechnet werden, die hohe oder höchste Dienstränge bekleiden oder sich in einflußreichen Stabsstellen befinden. Soll der Staatsstreich gelingen, muß die Stützpunktkette weiter ausgebaut und die Zahl der militärischen Frondeure etwa verdoppelt werden. Jeder weitere Versuch, neue Mitglieder für die Verschwörung anzuwerben, erhöht allerdings das Risiko der Enttarnung beträchtlich. Der wachsende Druck Goerdelers, keine weiteren Mitwisser zu schaffen, macht die konspirative Organisationsarbeit nicht eben leichter.

Neben der Militärfronde existiert eine politische Opposition, der 40 bis 50 zivile Verschwörer angehören, von denen etwa die Hälfte als Politische Beauftragte in den verschiedenen Wehrkreisen stationiert ist, während sich die anderen in der Reichshauptstadt oder der näheren Umgebung aufhalten. An ihrer Spitze steht unbestritten Dr. Carl Friedrich Goerdeler. Er gilt als der künftige Reichskanzler der Umsturzregierung, so wie die militärischen Verschwörer in Generaloberst Ludwig Beck das künftige Staatsoberhaupt sehen.

Stauffenberg ist sich dessen bewußt, daß die beiden Oppositionsgruppen getrennt voneinander existieren, daß es zwischen ihnen – abgesehen von der Scharnierfunktion Becks – bislang kaum Verbindungen, keine Koordination gibt. Der Oberstleutnant hat in den letzten Wochen begriffen, daß dies der Krebsschaden in der bisherigen illegalen Organisationsarbeit ist. Es war einfach nicht genügend Zeit, Brücken zwischen den militärischen und zivilen Verschwörern zu schlagen. Es ist auch ungemein schwierig, dies in der Praxis zu verwirklichen: Die Militärfronde hat mit dem

AHA in der Bendlerstraße ein festes Führungszentrum, während Goerdeler, Leuschner, Kaiser, Habermann nicht über einen solchen Stützpunkt verfügen. Der wichtigste Mann, Dr. Goerdeler, ist darüber hinaus ständig auf Reisen, um seine Widerstandsfäden zu ziehen. Stauffenberg sieht die vordringlichste Aufgabe darin, die beiden bisherigen Konspirationskreise mit Beginn des Jahres 1944 zu einer *einzigen* effektiven Verschwörung zusammenzufassen.

Zu bedenken sind schließlich die militärische Lage und das Kräftepotential der deutschen Wehrmacht. Der Oberstleutnant hat alle einschlägigen Zahlen im Kopf. Wirft man einen Blick auf die Landkarte Europas, so scheint die Situation für die deutsche Seite Ende 1943 keineswegs katastrophal. Etwa 3 700 000 Quadratkilometer europäisches Territorium befinden sich in deutscher Hand: Neben 700 000 Quadratkilometern, die das Großdeutsche Reich umfaßt, sind 15 Staaten mit zirka drei Millionen Quadratkilometern unter der Kontrolle der Wehrmacht. Sieben Staaten mit 1 300 000 Quadratkilometern sind neutral, also außerhalb der Kampfhandlungen. Rund fünf Millionen Quadratkilometer, die Hälfte des Kontinents, sind in alliierter Hand: die britischen Inseln mit 250 000, der Großteil der europäischen Sowjetunion mit etwa 4 750 000 Quadratkilometern.

Doch dieses Bild, das bei oberflächlichem Blick für die deutsche Seite eher beruhigend wirkt, täuscht. Denn es fehlen die Kräfte, die »Festung Europa«, die etwa 37 Prozent des Kontinents umfaßt, zu verteidigen. Abgesehen von der geradezu erdrückenden materiellen Überlegenheit der Alliierten ist es vor allem die Mannschafts-Ersatzlage, die Stauffenberg quält. Als Stabschef des AHA kennt er sich in dieser Materie besser aus als jeder andere. Bis Ende 1942 war es der Wehrmacht geglückt, die blutigen Verluste auszugleichen. Seitdem gelingt es lediglich, die Ausfälle zur Hälfte zu decken. Stauffenberg weiß, daß die Effektivstärke des deutschen Ostheeres allmählich abnimmt. Bis zum November 1943 waren ständig 70 Prozent der deutschen Landstreitkräfte im Osten eingesetzt. Seitdem geht der Prozentsatz rapide zurück; es läßt sich vorausberechnen, daß im Mai nächsten Jahres nur noch 50 bis 55 Prozent des deutschen Heeres an der Ostfront stehen werden. Die Bereitstellung von Verbänden zur Abwehr der drohenden Invasion frißt sämtliche Reserven und Neuaufstellungen: Im Westen stehen 1,3 Millionen Mann, in Norwegen und Dänemark 450000 Mann zur Abwehr bereit.[97] Rechnet man noch die Verbände in Italien und auf dem Balkan dazu, so sind mehr als zwei Millionen Mann dem schweren Abwehrkampf im Osten entzogen.

Fritz-Dietlof von der Schulenburg, Tresckow, Olbricht und Stauffenberg machen sich über die militärische Entwicklung keinerlei Illusionen. Noch halten die Abwehrfronten; doch die deutschen Städte versinken in Schutt und Asche. Die Fronttruppe stemmt sich verbissen gegen die anstürmenden Feinde, erhält aber nur ungenügend Ersatz, verliert täglich an Kampfkraft. In wenigen Monaten wird es auch an der Ostfront so weit sein, daß dem Gegner die totale Luftherrschaft zufällt, und dann haben die deutschen Landser keine Chance mehr.

Die Mehrheit der Bevölkerung vertraut Hitler und hofft inbrünstig auf ein Wunder, auf die »Wunderwaffe« der Vergeltung. Die Partei, die NSDAP, ist praktisch aus dem Bewußtsein der Massen geschwunden; man sieht kaum noch braune oder schwarze Uniformen auf den Straßen. Die Liebe des Volkes gilt den Feldgrauen, den Soldaten der Wehrmacht, deren Befehlshaber in höchstem Ansehen stehen.

Das ist die Situation am Jahresende 1943. Die Zeit drängt, wenn es gilt, das Reich vor einer furchtbaren Katastrophe zu bewahren. Die Konspiration ist gefordert.

III. DIE KONSPIRATION TRITT AN

JANUAR BIS JULI 1944

Zu Beginn des Jahres 1944 ist die Situation des Reiches eine andere als zwölf Monate zuvor. Damals, um die Jahreswende 1942/43, stand Deutschland noch allmächtig da; die Rückschläge an der Wolga und in Nordafrika mochte man nach drei Jahren überwältigender Triumphe als Krisen lokaler Natur abtun. Jetzt ist im Osten ein Riesengebiet verloren, von der Wolga bis westlich des Dnjepr, Nordafrika ist aufgegeben, Italien abgefallen, der U-Bootkrieg gescheitert, eine zweite Front, die immer mehr Kräfte fordert, zieht sich quer durch die italienische Halbinsel, die Großstädte des Reiches liegen infolge des alliierten Luftbombardements in Trümmern.

Der Luftkrieg der westlichen Alliierten hat sich in den letzten zwölf Monaten zunehmend als Terrorstrategie zur Brechung der deutschen Widerstandsmoral entpuppt. Denn von einer Beeinträchtigung der deutschen Rüstungsproduktion durch Fliegerangriffe kann nicht gesprochen werden. Im Gegenteil, der Vergleich zwischen den Rüstungszahlen von 1942 und 1943 zeigt einen gewaltigen Anstieg im Produktionsausstoß von Waffen und Gerät[1]:

	1942	1943	Steigerung
Panzerkampfwagen	ca. 4250	ca. 6000	30 Prozent mehr
Lastkraftwagen	ca. 80000	ca. 112000	40 Prozent mehr
Kampfflugzeuge	ca. 16500	ca. 25000	50 Prozent mehr
Maschinengewehre	ca. 85000	ca. 170000	verdoppelt

Die Stimmung der deutschen Zivilbevölkerung kann mit »ernst« umschrieben werden. Alle Hoffnungen auf einen baldigen »Endsieg« haben sich verflüchtigt. Die Ungewißheit über den weiteren Kriegsverlauf lastet wie ein Alpdruck auf der Kollektivseele des deutschen Volkes. Dennoch ist es erstaunlich, mit welcher Kampfmoral die Deutschen die Hölle des pausenlosen Luftbombardements durchstehen. Im Jahre 1943 haben die westlichen Alliierten mehr als 200000 Tonnen Bomben auf Deutschland abgeworfen (im Jahr 1942 waren es 50000 Tonnen Bomben), davon zirka 65 Prozent im Flächenwurf auf Städte und nur 11,5 Prozent auf militärische Ziele wie U-Boot-Werften, Kugellagerfabriken, Flugzeugindustrie und verkehrsstrategische Ziele.[2] Im Reich gehen Flüsterparolen um, der Luftkrieg habe in den Jahren 1940 bis 1943 schon 160 000 Tote unter Zivilisten gefordert. Niemand ahnt, daß sich das Grauen noch vervielfachen wird, daß in den kommenden 16 Kriegsmonaten zirka 1 700 000 Tonnen Bomben auf Deutschland fallen, daß weitere 640 000 Menschen in den Trümmern sterben werden.

Der Rüstungsarbeiter, die Hausfrau, der Rentner können unter dem fortwährenden Geheul der Luftschutzsirenen nur von einem Tag auf den anderen denken, können sich nur auf das »tägliche Brot« konzentrieren.

Der SD berichtet dennoch am 3. Januar 1944 noch verhältnismäßig optimistisch[3]: »Die Weihnachtssonderzuteilungen und die übrigen zusätzlich zur Verfügung stehenden Lebensmittel hätten in allen Kreisen das Gefühl hervorgerufen, recht gut und teilweise nahezu friedensmäßig gelebt zu haben. Häufig seien Vergleiche zur letzten Kriegsweihnacht des Ersten Weltkrieges mit der Feststellung gezogen worden, daß wir heute ernährungsmäßig weitaus besser gestellt seien.« Doch schon drei Tage später präsentiert sich die Stimmungslage in den SD-Berichten sehr viel düsterer.

6. JANUAR 1944

In den geheimen SD-»Meldungen aus dem Reich« heißt es über die Stimmung der Bevölkerung[4]:

»Die vorliegenden Meldungen bringen übereinstimmend den *großen Ernst* zum Ausdruck, der aus allen Meinungsäußerungen der Bevölkerung zur Gesamtlage am Jahresbeginn spreche. Eine erhebliche Bedrücktheit zeige sich vor allem im Hinblick auf den fortgesetzten Luftterror, die schweren Kämpfe an der Ostfront und die im Westen drohende Invasion. Die trotzdem vielfach vorhandene Zuversicht stütze sich auf die Erkenntnis der Notwendigkeit unseres Sieges und auf das starke Vertrauen zur Wehrmacht und zum Führer. Wenn auch von

Der Bendlerblock – das geheime Hauptquartier der Konspiration.

Im Innenhof des Bendlerblocks fielen die Offiziere des Widerstands für Deutschland. (Foto: Wolfram Venohr)

einer unbedingten Siegesgewißheit im allgemeinen nicht gesprochen werden könne, so herrsche doch der Gedanke vor, daß wir ›die Zähne zusammenbeißen‹ und die Nerven behalten müßten. Daneben seien allerdings auch verschiedentliche Befürchtungen über unser weiteres Durchhaltevermögen laut geworden. Trotzdem zeige die Bevölkerung in haltungsmäßiger Hinsicht allgemein einen *unbedingten Durchhaltewillen*, der nach wie vor unerschüttert sei.

Die meisten Erwartungen gehen dahin, daß das Jahr 1944 eine kriegsentscheidende Wendung zu unseren Gunsten bringen müsse, und daß es das Jahr der Vergeltung und der Beendigung des Luftterrors werden würde. Stark ausgeprägt sei die *Friedenssehnsucht*, die im wesentlichen in dem Verlangen nach Beendigung des Blutvergießens und der Rückkehr der Soldaten zum Ausdruck komme, sonst aber keine Tendenzen für einen Kompromißfrieden oder einen Frieden um jeden Preis aufweise...«

Am 12. Januar morgens bricht Oberstleutnant Stauffenberg von Bamberg, wo er einige Tage mit der Familie verbracht hat, nach Berlin auf. Die Fahrt geht über Leipzig. Dort will er sich mit Dr. Goerdeler zu einer wichtigen Aussprache treffen.

Stauffenberg ist sich bewußt, daß bislang in der Attentatsproblematik für die Konspiration alles schiefgelaufen ist. Nachdem Stieff und Meichssner Ende November so eklatant versagt hatten, hatte er immer noch geglaubt, daß es »kurz vor Weihnachten«, nach Stieffs Rückkehr aus dem Urlaub, gelingen könnte, eine Ausrüstungsvorführung vor Hitler zu inszenieren, bei der sich Hauptmann von dem Bussche mit einer geballten Ladung im Rückengepäck samt Diktator in die Luft sprengen sollte. Doch auch daraus war nichts geworden. So muß die Attentatsfrage einstweilen ungelöst bleiben. Stauffenberg beschließt, erst einmal das politische Spektrum der angestrebten »deutschen Erhebung« zu verbreitern.

In Goerdelers Leipziger Wohnung findet eine mehrstündige Unterhaltung statt, die damit beginnt, daß Stauffenberg sich darum bemüht, Goerdelers Verstimmung über die politischen Aktivitäten der militärischen Verschwörer auszuräumen. Der Oberstleutnant macht seinem Gesprächspartner klar, daß er im Soldatentum, vor allem im Offizierskorps »den wesentlichsten Träger des Staates und die eigentliche Verkörperung der Nation« sieht. Stauffenberg macht entschieden Front gegen jedes engstirnige militaristische Denken, gegen ein militärisches Fachidiotentum, wie es in der Vergangenheit in Offizierskreisen dominierte. Er beharrt konsequent auf einem Standpunkt, den er schon seit 1939 vertreten hat[5]: »Wir können es uns nicht leisten, uns in den rein soldatischen, soll heißen rein fachlich beruflichen Bereich zurückzuziehen... Soldat sein, und insbesondere soldatischer Führer, Offizier sein heißt, Diener des Staates, Teil des Staates sein, mit all der darin inbegriffenen Gesamtverantwortung.«

Dann wendet sich das Gespräch außenpolitischen Fragen zu. Will man nach einem erfolgreichen Staatsstreich Verhandlungen mit den Feindmächten aufnehmen, dann muß man rechtzeitig vorher wissen, welchen Umfang und welche Grenzen man für Nachkriegsdeutschland erstrebt. Dr. Goerdeler hat dazu die Denkschrift *Der Weg* verfaßt, die er Stauffenberg vorliest. Die wesentlichen Passagen lauten[6]:

»Daß *Deutschland materiell wieder genügend stark werden muß, ergibt sich aus der Notwendigkeit, das Deutsche Reich zumindest gegen einen dauernden Druck der gewaltigen russischen Kraft zu sichern.* Daraus ergibt sich auch die Notwendigkeit, den *territorialen Bestand* Deutschlands, wie er sich durch die Geschichte als sinnvoll und notwendig herausgestellt hat, *zu erhalten.*

Alle Pläne, Deutschland aufzuteilen, müssen immer wieder Spannungen in Deutschland und damit in Europa erzeugen. Denn Deutschland liegt nun einmal in der Mitte des Kontinents. Als *deutsche Grenzen kommen in Betracht:*

im *Osten* etwa die Reichsgrenze von 1914 (also inklusive der preußischen Provinzen Posen und Westpreußen) –

im *Süden* die in der Konferenz von München 1938 anerkannte Grenze einschließlich Österreichs; auch muß Südtirol, ein rein deutsches Land, bis zur Grenze Bozen-Meran zu Deutschland zurückkehren. Die italienische Herrschaft hat dort nur Verbitterung und Rückschritt erzeugt –

im *Westen* ist die Elsaß-Lothringen-Frage sehr schwer zu lösen; es gibt keine Ruhe, wenn Elsaß-Lothringen in seinem alten Bestande zu Deutschland oder Frankreich geschlagen wird; es gibt zwei andere Möglichkeiten:

a) entweder *Elsaß-Lothringen* wird ein autonomes Land etwa in der Stellung der Schweiz, oder

b) durch eine neutrale Kommission wird die Sprachgrenze ermittelt, wie sie 1918 und 1938 war. Zwischen diesen beiden Linien muß die Grenze zwischen Frankreich und Deutschland liegen. Daß in diesem zweiten Falle Deutschland Elsaß-Lothringen weitgehende Selbstverwaltung zuweist, liegt ebensosehr in sachlichen Notwendigkeiten wie in unseren Überzeugungen und Zielen begründet –

im *Norden* muß in ähnlicher Weise wie im Westen die gerechte Grenze gegenüber Dänemark ermittelt werden.

Im übrigen werden in einem *europäischen Staatenbunde, auf den wir hinstreben müssen, innereuropäische Grenzen eine immer geringere Rolle spielen.*

Dieser territoriale Bestand des Deutschen Reiches setzt eine *Verständigung über Polen* voraus. Soweit sich jetzt übersehen läßt, ist der Bestand Polens davon abhängig, daß die deutsche Front im Osten die polnische Ostgrenze von 1938 hält. *Bricht sie zusammen, so ist Polen an Rußland verloren.* Wir verstehen Empörung und Haß des polnischen Volkes nach allem, was geschehen ist, sehr wohl. Wir würden ebenso fühlen. Aber auch hier gebietet die Verantwortung vor der Zukunft zu verhindern, daß diese Gefühle sich gewalttätig Bahn brechen. Sie müssen sich einer geordneten Bestrafung der Verbrecher und der *Wiedergutmachung* durch Zusammenarbeit unterordnen. Polen kann *Ersatz für Westpreußen und Posen durch eine Staatsunion mit Litauen* erhalten. Dadurch wird beiden Völkern geholfen und *Polen der Zugang zum Meer geschaffen.* Eine solche Union hat in früheren Jahrhunderten bestanden; sie ist an dynastischen Fragen gescheitert. Solche Spannungen sind heute nicht mehr vorhanden oder zu vermeiden. Außerdem besteht die Möglichkeit, Polen über die deutschen Häfen jede Verbindung zum Weltverkehr zu sichern. Die Zukunft wird solche Verbindungen nicht mehr von militärischen Fragen abhängig machen, denn sie steht und fällt für alle europäischen Völker mit dem dauernden europäischen Frieden.«

Stauffenberg hat an Goerdelers Vorstellungen nichts auszusetzen. Ein einheitliches starkes Deutschland ist in seinen Augen unverzichtbar für Frieden und Freiheit in Europa.

Die Mitglieder des deutschen Widerstands beurteilen alle Fragen der staatlichen Existenz des Reiches nach den Kategorien des Selbstbestimmungsrechts des deutschen Volkes, das 1919 durch das Versailler Diktat so brutal vergewaltigt worden war, wodurch wiederum der kometenhafte Aufstieg Adolf Hitlers eingeleitet wurde. Quasi als Antwort auf die alliierte Forderung nach »bedingungsloser Kapitulation« hat sich Fritz-Dietlof von der Schulenburg im Frühjahr 1943, gemeinsam mit Dr. Isenberg von der »Reichsstelle für Raumforschung« daran gemacht, eine territoriale Gliederung und Neugestaltung des Reiches zu erarbeiten, die ein halbes Jahr später unter der Devise »Der deutsche Einheitsstaat« in zwei ausführlichen schriftlichen Abhandlungen und neun Kartenblättern vorlag.[7] Danach sollen zum Reich weiterhin gehören: im Süden Österreich und das Sudetenland; im Osten die ehemals preußischen Provinzen Posen und Westpreußen; im Westen das Elsaß mit Straßburg. Geräumt und zurückgegeben werden sollen alle nichtdeutschen Gebiete: an Polen der Suwalki-Zipfel, das sogenannte Südostpreußen sowie die Gebiete um Kutno und Lodz – an Frankreich das französischsprachige Lothringen mit Metz – an Jugoslawien die sogenannte Südsteiermark – das »Reichsprotektorat Böhmen und Mähren« soll ein unabhängiger tschechischer Nationalstaat werden (siehe Karte auf Seite 191).

Schulenburg behandelt diese Arbeiten und Vorstellungen keineswegs als Geheimnis, obwohl Hitler persönlich alle Reichsreformpläne für die Dauer des Krieges streng untersagt hat. Seit Sommer 1943 verbreitet Schulenburg seine Gedanken zur Reichsreform im Auswärtigen Amt und gleichzeitig in den Kreisen der

Anti-NS-Opposition. Im zweiten Halbjahr 1943 und im ersten Halbjahr 1944 trägt er seine Ideen sogar mehrfach dem Finanzminister der Reichsregierung, Johann Ludwig Graf Schwerin von Krosigk, vor. Seit September 1943 kursiert im Auswärtigen Amt der Plan eines »Europäischen Staatenbundes«, der ganz im Sinne Schulenburgs abgefaßt ist. In einem Entwurf vom 9. September 1943 heißt es[8]:

»Das Besondere des europäischen Problems besteht darin, daß auf verhältnismäßig engem Raum eine Vielheit von Völkern in einer Kombination von Einheit und Unabhängigkeit zusammenleben soll. Ihre Einheit muß so fest sein, daß zwischen ihnen in Zukunft niemals wieder Krieg geführt werden wird und daß die Interessen Europas nach außen hin gemeinsam gewahrt werden können. In diesem Sinne [sollen] aber die europäischen Staaten ihre Freiheit und Unabhängigkeit behalten, damit sie in der Lage sind, ihren durchaus verschiedenen nationalen Aufgaben gerecht zu werden... Nicht auf der gezwungenen oder geforderten Unterordnung der einen europäischen Macht unter die andere, sondern auf ihrer Einigkeit beruht die Kraft und die Sicherheit Europas... Die Lösung der europäischen Staaten kann nur auf föderativer Basis herbeigeführt werden, indem die europäischen Staaten sich aus freiem... Entschluß zu einer Gemeinschaft souveräner Staaten zusammenschließen.«

Die deutsche Widerstandskonspiration hat jetzt, zu Beginn des Jahres 1944, völlig einheitliche Auffassungen, was die Frage der Außenpolitik, was insbesondere den Status Deutschlands und Europas angeht.

14. JANUAR 1944

Englands Premierminister Winston Churchill bezeichnet zum erstenmal öffentlich die Oder-Neiße-Linie als künftige polnische Westgrenze.[9] Die deutschen Widerstandskreise erfahren erst Tage später davon.

Fritz-Dietlof von der Schulenburg, der wieder seinen Dienst

ZU DEN »REICHSREFORM«-PLÄNEN SCHULENBURGS
(BEARBEITET VOM FRÜHJAHR BIS ZUM HERBST 1943)

beim Ersatzbataillon des Infanterieregiments Nr. 9 in Potsdam aufgenommen hat, übernimmt die Ausbildung von Offiziersanwärtern.[10] In seinen freien Stunden schmiedet er an einem geheimen Widerstandskern in der alten preußischen Residenzstadt. Er spricht vor dem Offizierskorps seines Regiments über Spenglers Schrift *Preußentum und Sozialismus* oder über die Reformen des Freiherrn vom Stein vor den Befreiungskriegen. Schulenburg nimmt dabei kein Blatt vor den Mund, wenn er Vergleiche zur Aktualität zieht. Immer wieder legt er an das Wirken der Parteifunktionäre strenge preußische Maßstäbe an, wie er es schon seit 1935 getan hat[11]:

»Daß die Politische Organisation [der NSDAP] in militärische Form gebracht wurde, war richtig; doch durfte dies immer nur Mittel zum Zweck sein, nie Selbstzweck werden. Daß das Verhältnis von Führern und Unterführern, von Unterführern zur Gefolgschaft von einer straffen Form gehalten wird, ist gut; doch kann die Politik in diesem Rahmen nicht nur durch bedingungslosen Befehl und widerspruchslosen Gehorsam geregelt werden, besonders da nicht, wo der Politische Leiter unmittelbar vor das Volk tritt... Die Verhältnisse im vielfältigen politischen Raum liegen anders und komplizierter als im gleichförmigen militärischen Raum. Dabei kann noch lange nicht jeder, der auf Führerschulen sportlich und militärisch gut abgeschnitten hat und militärische Einheiten gut führt, politisch gut führen. Denn dazu gehört politisches Urteil, sicherer Instinkt und Zivilcourage nach oben...«

In Schulenburgs Augen hat sich die NSDAP abwärts entwickelt und ihre ursprünglichen nationalrevolutionären Grundsätze preisgegeben, wenn es nun im Volk heißt »Der Führer ist gut, aber die Partei...« Über das Funktionärskorps lautet sein Urteil: »Der Mangel an scharfer Zucht und Auslese ist verheerend.«

Um Schulenburg schart sich eine Gruppe junger, dynamischer Offiziere, die es zur Tat drängt: die Hauptleute Klausing, von dem Bussche und Fritzsche, die Oberleutnante von Kleist und Widany, die Leutnante von Oppen und von Hammerstein. Der Bataillonsadjutant von Gottberg gehört ebenfalls zur Konspiration.

Schulenburg ist es auch, der den Kontakt zwischen Stauffenberg und seinem ehemaligen Vorgesetzten, dem Berliner Polizeipräsidenten Graf Helldorf vermittelt. Dieser Graf Helldorf, 48 Jahre alt, war ein »alter Kämpfer« der NSDAP und hatte ein bewegtes Leben hinter sich. Von 1914 bis 1918 hatte er als Husarenoffizier an der Front gestanden, war danach an fast allen Freikorpskämpfen beteiligt und schon 1926 der Hitlerpartei beigetreten. Seit 1931 SA-Gruppenführer in Berlin-Brandenburg, war er 1935 Polizeipräsident von Berlin und General der Polizei geworden. Seit der Jahreswende 1941/42 steht er innerlich in Opposition zum Regime.

Nun sitzt Helldorf, der in Schulenburgs Begleitung zur Bendlerstraße gekommen ist, dem Oberstleutnant Stauffenberg gegenüber, der ihn fragend ansieht.[12]

HELLDORF (lächelnd): »Sie wollen natürlich wissen, Stauffenberg, warum ich heute in einem anderen politischen Lager stehe. Illegal, meine ich natürlich...

(Helldorf wird ernst.)

Die Gründe für den Wandel meiner inneren Einstellung zu Führer und Partei liegen eigentlich schon Monate oder Jahre zurück. Es ist ein langer Entwicklungsweg, den ich als überzeugter Nationalsozialist durchzumachen hatte; oft unterbrochen durch neue Hoffnungen und Versuche, mir meinen alten Glauben zu erhalten. Aber alles umsonst! Meine inneren Kämpfe endeten stets in der Erkenntnis eines anscheinend unvermeidlichen Schicksals und in hoffnungsloser Verzweiflung über unsere völkische Zukunft.«

Schulenburg und Stauffenberg lauschen gespannt dieser »Beichte« eines alten, prominenten Nationalsozialisten.

HELLDORF fährt fort: »Ich gehöre nicht zu den Menschen, meine Herren, die bedingungslos glauben können. Und weil ich mich zu einem solchen bedingungslosen Glauben nicht zwingen konnte, geriet ich unter dem Eindruck der letzten Kriegsjahre in immer steigendem Maße in den Zustand der Hoffnungslosigkeit und Depression. Ich muß hier auch bekennen, daß ich nicht mehr – wie viele meiner Parteigenossen – bedingungslos dem Führer ergeben bin. Früher, ja, da sah ich im Führer den Mann, in dem sich alles für mich verkörperte, was ich für mein deutsches Volk und Vaterland erhoffte oder erwünschte...«

An dieser Stelle unterbricht Stauffenberg, nach einem Seitenblick auf Schulenburg, den Grafen Helldorf.

STAUFFENBERG: »Wann kam Ihr Glaube, Ihre Gefolgschaftstreue zu Hitler ins Wanken?«

HELLDORF: »Ende 1941; das war der Wendepunkt. Und nachdem ich einmal wankend geworden war, begann die Sorge um mein Vaterland die Oberhand zu gewinnen. Die Treuebindung an den Führer ließ immer mehr nach... Ja, und heute nun, angesichts der Katastrophe, erhoffe ich mir, auf welche Art auch immer, durch einen Wechsel in der Person des Staatsoberhauptes eine Abwendung der großen drohenden Gefahr...«

Alles schweigt einen Augenblick. Schulenburg und Stauffenberg sind sichtlich beeindruckt von der Offenheit des Polizeipräsidenten.

STAUFFENBERG: »Die vom Nationalsozialismus vertretenen Ideen sind ursprünglich großenteils richtig gewesen. Darin stimme ich Ihnen zu. Sie sind jedoch später in ihr Gegenteil verkehrt worden. Die heutige Führungsschicht der Partei herrscht im Zeichen von Korruption und Bonzentum über das Volk.«

HELLDORF nickt: »D'accord! Wir stimmen völlig überein. Und Sie können sich, wenn es so weit sein sollte, absolut auf mich verlassen, Stauffenberg. Die Ordnungspolizei der Reichshauptstadt wird sich dem Befehl der Wehrmacht unterstellen! Dafür garantiere ich als Polizeipräsident von Berlin... Übrigens, SS-General Nebe vom Reichssicherheitshauptamt wird dafür Sorge tragen, daß auch die gesamte Kriminalpolizei zu Ihrer Verfügung steht.«

STAUFFENBERG: »Das wäre ausgezeichnet! Im Augenblick des Staatsstreichs müssen sämtliche Reichsminister, Reichsstatthalter und Gauleiter, jedenfalls zuerst einmal, in Schutzhaft genommen werden. Und vergessen wir nicht: SD und Gestapo sind sofort auszuschalten...«

19. JANUAR 1944

Von bloßer Opposition gegen das NS-Regime kann nach den Zusagen von Wolf Heinrich Graf von Helldorf und Arthur Nebe keine

Rede mehr sein. Jetzt ist eine regelrechte Verschwörung gegen die Tyrannei am Werk, die ihre Wurzeln und Äste bis tief in das herrschende System erstreckt. Andererseits steigt auch die Gefahr der Indiskretion und Enttarnung. Am 19. Januar gibt es für die Konspiration eine drastische Warnung: Graf Moltke, das Oberhaupt des »Kreisauer Kreises«, wird von der Gestapo verhaftet.

Am selben Tag trifft sich Stauffenberg mit dem Hauptmann der Reserve Freiherrn Truchseß von Wetzhausen.[13] Es geht ja immer noch darum, die organisatorische Infrastruktur der militärischen Staatsstreichplanung zu vervollständigen, denn es fehlen nach wie vor einige Verbindungsoffiziere der Konspiration zu den Wehrkreiskommandos. Wetzhausen würde sich für den Wehrkreis XIII (Nürnberg) eignen. Stauffenberg versucht dieselbe Überfalltaktik, mit der er im Dezember – »Schlag auf Schlag« – so erfolgreich bei Rittmeister Scholz-Babisch vorgegangen ist. Wetzhausen wird später im Verhör aussagen, daß Stauffenberg »in einer knappen halben Stunde pausenlos« auf ihn, Wetzhausen, »eingeredet« habe, und zwar mit folgender Argumentationskette:

»Die Schwierigkeiten werden im fünften Kriegsjahr immer größer. – Das OKH legt Wert darauf, durch Verbindungsleute draußen auf dem laufenden gehalten zu werden. – Es ist möglich, daß es, mit oder ohne Willen des Führers, zu einer Machtprobe zwischen Wehrmacht und SS kommt. – Das Ergebnis wird zwangsläufig eine Militärdiktatur sein. Männer dafür sind da. – Dies wird insofern positiv sein, als mit dem Führer und dem Reichsführer SS doch keine Möglichkeit zum Frieden besteht.«

Stauffenbergs Stakkato verfehlt bei Wetzhausen das Ziel. Der Hauptmann macht Ausflüchte, verspricht zum Schluß lediglich, den Oberst Graf Wolfskehl für die konspirative Tätigkeit im Nürnberger Wehrkreis zu interessieren. Der Wehrkreis XIII bleibt unbesetzt.

20. JANUAR 1944

Endlich kommt es zu einem Zusammentreffen mit dem führenden Kopf der linken Widerstandskreise, Dr. Julius Leber. Noch kurz vor Weihnachten hat er dem Grafen Schulenburg, mit dem er sich befreundet hat, den Wunsch nach einer Zusammenkunft mit den Vertretern der Bendlerstraße aus Sicherheitsgründen abgeschlagen. Jetzt sitzen sich Leber, Schulenburg und Stauffenberg gegenüber.[14]

STAUFFENBERG: »Sie waren vor dem 30. Januar '33 sozialdemokratischer Reichstagsabgeordneter, Dr. Leber...

Ich würde gerne wissen, wie Sie zur Frage der Nation stehen. Wie sehen Sie die deutsche Geschichte?«

LEBER (lächelnd): »Ich weiß, worauf Sie hinauswollen, Graf Stauffenberg. Sie wollen mir auf den Klassenkampf-Zahn fühlen...

(Er wird ernst.) Graf Schulenburg und ich haben schon zweimal ausführlich darüber gesprochen. Für mich ist die Geschichte aller Völker ein permanenter Kampf um Freiheit und Bewußtseinswerdung. Was das *deutsche* Volk angeht, so beginnt dieser Kampf 1813 gegen den französischen Imperialismus. Damals wurde zum erstenmal die unvergängliche Hoffnung auf die Einigung aller Deutschen artikuliert. 1817 dann, beim Wartburgfest, legte die deutsche Jugend unter den Farben Schwarz-Rot-Gold den Schwur für Deutschlands Einheit und Freiheit ab. Das war auch die allgemeine Devise in der großdeutschen Revolution von 1848/49. Und die Revolution vom 9. November 1918, die ich als Frontoffizier selbst miterlebt habe? Was frühere Klassen einst erstrebt hatten, die Einheit und Freiheit des ganzen deutschen Vaterlandes, das war nun zur Aufgabe des deutschen Proletariats, der deutschen Arbeiterbewegung geworden.«

Schulenburg und Stauffenberg lauschen gebannt. Ihr Gesprächspartner, eine »soldatische Natur«, wie Theodor Heuss ihn nach dem Kriege kennzeichnen wird, beeindruckt sie durch seinen Ernst, durch seine Offenheit.

LEBER: »Aber was ist dann aus diesem 9. November 1918, was ist aus der SPD und aus der Weimarer Republik geworden? Wissen Sie, vor zehn Jahren habe ich in der Gestapohaft, heimlich für mich, eine Ausarbeitung unter dem Titel *Todesursachen der Weimarer Sozialdemokratie* geschrieben. Ich brauche heute kein Wort daran zu ändern. Meine Partei hat nach 1918 den Kontakt zur Basis, hat das Gespür für die grenzenlosen Wunschträume der Jugend verloren. Die Partei August Bebels, einst geboren und unerschütterlich getragen in den Instinkten und im Glauben der unbekannten und namenlosen Masse des deutschen Volkes, hat im Laufe der Zeit ihre Verbindungen mit dieser Urkraft und ihren Stimmungen und Strömungen preisgegeben. Sie wußte zuletzt nichts mehr von den Träumen und triebhaften Leidenschaften in der unendlichen Tiefe von Millionen, die viel mächtiger sind als alle Worte und Ideologien, als alle Symbole und Programmpunkte.«

Das sind selbstkritische Bekenntnisse eines alten SPD-Funktionärs, die auf Schulenburg und Stauffenberg sympathisch wirken. Dr. Leber entpuppt sich als Mann der Lassalleschen Richtung, der den marxistischen »Internationalismus« strikt ablehnt, der ganz offensichtlich ein leidenschaftlicher deutscher Patriot ist.

LEBER: »Die sträfliche Unterschätzung der tiefverwurzelten Gefühlsbindungen der Menschen und der Völker an Heimat und Vaterland – das war es doch, was ich schon 1931 dem Marxismus wie auch dem Liberalismus vorgeworfen habe. Meine Genossen haben um blutleere Doktrinen gestritten, die so inhaltlos waren wie vergoldete Weihnachtsnüsse. Für die sozialistische Bewegung wurde das zum größten Verhängnis, und damit auch für die Republik von Weimar. Wissen Sie, niemals spürte diese Republik einen Hauch von revolutionärer Kraft, Begeisterung und Erfüllung! Und daran sowie an den verheerenden Auswirkungen des Versailler Diktats ging die Weimarer Republik zugrunde. Hitler aber bemächtigte sich der Vaterlandsliebe der Menschen.«

SCHULENBURG: »Was vermißten Sie an der Weimarer Republik?«

LEBER: »Zwei Dinge, eine starke republikanische Wehrmacht und eine strenge, entschiedene Rechtsprechung ... (Er lächelt.) Schauen Sie, über das liberale Ideal einer ›führerlosen Demokratie‹ kann ich nur lachen. Gerade die Republik muß wehrhaft, muß entschieden national sein!«

STAUFFENBERG: »Aus Ihrer Ablehnung des Seecktschen Reichswehrkonzepts, daß die Armee sich strikt von der Politik fernzuhalten hat, haben Sie ja nie einen Hehl gemacht...«

LEBER: »Richtig. Der Soldat muß wissen, wofür er kämpft. Die Armee muß sich mit dem Staat verbunden fühlen. Was ich mir immer wünschte, ist eine demokratische und überzeugt republikanische Wehrmacht...«

Stauffenberg zeigt sich befriedigt. Schulenburg lenkt vom Militärischen zum Politischen zurück.

SCHULENBURG: »Wie sehen Sie denn die Stellung Deutschlands international?«

LEBER: »Ein Land wie Deutschland kann nur blühen, wenn Handel und Wandel mit aller Welt in Ordnung sind. Sonst ist alle Mühe vergebens. Denn Deutschland ist ein Industriestaat, so etwas wie eine gewaltige Zwischen- und Veredelungsfabrik der ganzen Welt. Deshalb ist auch seine Arbeiterschaft so wichtig. Sie ist die Hauptquelle des nationalen Wohlstandes...«

STAUFFENBERG: »Ich habe nichts gegen die deutsche Arbeiterschaft, wenn sie sich zum Staat bekennt, wenn sie sich als Teil des Volkes sieht. Ich bezeichne mich selbst als einen ›Offizier im Volke‹ und habe die Volksgemeinschaft immer bejaht. Das darf jedoch nicht ausschließen, daß die geschichtlichen Verdienste des Adels gewürdigt werden... Erstreben Sie, Dr. Leber, im Endziel einen sozialistischen Staat?«

LEBER: »Ja, im Endziel erstrebe ich eine nationale und sozialistische Republik in Deutschland. Das muß zwischen uns klar sein. (Er macht eine Pause.) Bitte, täuschen Sie sich nicht, meine Herren: Die Probleme von morgen sind primär sozialer Natur. Sie können nicht nur politisch oder militärisch gelöst werden; man muß sie auch wirtschaftlich, vor allem sozial lösen. Aber das kann nur eine Regierung, deren Stellung international sehr stark ist und die nicht die ganze Welt als Einheitsfront gegen sich hat. Deshalb muß die Hitlerregierung weg, und ein neues Deutschland muß her!... Aber das darf nicht nur als Angelegenheit einer elitären Minderheit, als Machtwechsel von oben geschehen. Es muß die Sache des Volkes sein. Eine neue deutsche Volksbewegung muß die gesamte Nation erfassen...«

Fritz-Dietlof von der Schulenburg kann mit diesem Tag zufrieden sein. Sein Freund, Claus Stauffenberg, zeigt sich tief beeindruckt von dem Gespräch. »Das ist eine soldatische Natur – das ist ein guter Mann«, lautet sein Urteil über den ehemaligen Reichstagsabgeordneten. Beiden Männern tun sich neue Horizonte auf. Die Besorgnis, die Konspiration könne in einem reaktionären Offiziersputsch enden, beginnt sich zu verflüchtigen. Wenn es mit Lebers maßgeblicher Hilfe gelingt, ein konservativ-sozialistisches Bündnis auf breiter Basis zum Sturz des NS-Regimes zu schmieden, ist das, was Stauffenberg die »Deutsche Erhebung« nennt, in greifbare Nähe gerückt. Unter solchen Auspizien sollte es dann auch möglich werden, die unsichtbare Schallmauer zur Volksmeinung zu durchbrechen, Übereinstimmung zwischen der Konspiration und der Bevölkerungsmehrheit zu erzielen.

27. JANUAR 1944

Die geheime SD-»Meldung aus dem Reich« stellt über die allgemeine Stimmung fest[15]:

»In der Bevölkerung ist zur Zeit eine gewisse Zurückhaltung zu beobachten, die sich hauptsächlich darin äußert, daß ein Großteil der Volksgenossen die militärischen und politischen Ereignisse in ihren Einzelheiten gleichgültiger verfolgt. Weite Kreise hätten sich nach den vorliegenden Meldungen daran gewöhnt, daß es im Osten täglich an einigen Stellen zurückgehe, daß in Italien der Gegner langsam an Boden gewinne und daß die anglo-amerikanische Luftwaffe sich nicht abhalten lasse, weiterhin in das Reichsgebiet einzufliegen. Diesen Vorgängen werde aber keine entscheidende Bedeutung mehr beigemessen. Auch die jüngsten Ereignisse, wie der Verlust von Nowgorod oder die Bildung eines Landekopfes bei Nettuno, hätten an dieser Einstellung wenig zu ändern vermocht. Die Bevölkerung lasse sich durch einzelne Fehlschläge nicht erschüttern, sondern verhalte sich im allgemeinen abwartend. Man nähme solche Schläge in der Hoffnung hin, daß im Frühjahr entscheidende Gegenmaßnahmen einsetzen würden

(Vergeltung, Gegenoffensive in Rußland, weitere Verstärkung der Luftabwehr, Vertreibung der Anglo-Amerikaner aus Italien usw.).

Soweit sich die Volksgenossen aus dieser augenblicklichen Grundstimmung heraus überhaupt mit Einzelereignissen beschäftigen, sind es in erster Linie die Kämpfe an der Ostfront. Die schweren Befürchtungen eines großen Teiles der Bevölkerung um den Bestand des Südteiles einschließlich der Krim sowie um die baltischen Länder halten weiterhin an. Vermehrt werden ungünstige politische Auswirkungen auf die Haltung Finnlands und Schwedens einerseits und Ungarns, Rumäniens, Bulgariens und der Türkei andererseits erwartet. Auch die Folgen eines Verlustes der Ukraine als Kornkammer Europas würden stark im negativen Sinne erörtert.

Der größere Teil der Bevölkerung stehe jedoch auf dem Standpunkt, daß die militärische Lage im Osten keineswegs hoffnungslos sei. Teilweise werde die Ausdehnung der Kämpfe auf den nördlichen Teil der Front als ein Zeichen dafür angesehen, daß die Bolschewisten ihre operativen Pläne im Süden nicht hätten verwirklichen können. Ostfronturlauber bestärken dabei durch ihre im allgemeinen zuversichtliche Stimmung weiterhin die Erwartung, daß es zu einem entscheidenden sowjetischen Durchbruch nicht kommen werde und sich die russischen Offensiven allmählich doch zu einem Kräfteverschleiß für den Feind auswirken müßten.

Auch hinsichtlich der zu erwartenden Invasion in Westeuropa herrscht eine zuversichtliche Einstellung vor. Meist argumentieren die Volksgenossen, daß die Anglo-Amerikaner wohl auf dem Kontinent Fuß fassen könnten, daß ihnen aber entscheidende Erfolge dank der vorbereiteten deutschen Gegenmaßnahmen nicht beschieden sein würden. Der Invasion wird nach verschiedenen Meldungen sogar mit Spannung entgegengesehen, weil in den Kombinationen der Volksgenossen über den weiteren Kriegsverlauf die Verkoppelung von Invasion und Vergeltung eine große Rolle spielt. Man erwarte von unseren neuen Waffen und Kampfmitteln einen entscheidenden Einfluß auf den weiteren Verlauf der Kriegshandlungen und knüpfe an eine Zerschlagung der feindlichen Landungstruppen die Hoffnung, daß dann wenigstens unsere Gegner im Westen endgültig ausgeschaltet würden.«

29. JANUAR 1944

Plötzlich wird die Attentatsfrage wieder aktuell. »Fritzi« Schulenburg nimmt an diesem Sonnabend den Oberleutnant Ewald Heinrich von Kleist in der Potsdamer Kaserne des Infanterieregiments Nr. 9 beiseite und fragt den jungen Offizier auf den Kopf zu, ob er bereit sei, den Diktator unter Einsatz seines eigenen Lebens zu töten.[16] Stieff werde dasselbe mit Sprengstoff versuchen. Als Kleist fragt, wozu er dann noch vonnöten sei, antwortet Schulenburg schulterzuckend, Stieff sei nervös.

Die entscheidende Frage ist und bleibt, wer kommt persönlich an Hitler heran. Helmuth Stieff beinahe täglich, aber es hat sich ja gezeigt, wie unzuverlässig er ist. Schulenburg hat am 27. Januar durch Stauffenberg erfahren, daß am 11. Februar eine Vorführung von neuen Ausrüstungsgegenständen vor Adolf Hitler stattfindet, die vom AHA organisiert werden soll. Deshalb hat Schulenburg mit Kleist gesprochen, der als junger Modell-Offizier die Vorführung übernehmen könnte. Nach Schulenburg spricht Stauffenberg sechs Stunden lang mit dem Oberleutnant. Kleist erbittet sich 24 Stunden Bedenkzeit und sagt dann, nach Rücksprache mit seinem Vater, endgültig zu.

In den frühen Morgenstunden dieses Tages wird die Reichshauptstadt erneut schwer aus der Luft angegriffen.[17] 600 feindliche Bomber, von denen 50 abgeschossen werden, werfen 2000 Tonnen Bombenlast ab. In den Wohnvierteln Berlins entstehen große Schäden. Die berühmte Alte Philharmonie wird zerstört.

30. JANUAR 1944

Am elften Jahrestag seiner Machtübernahme hält Adolf Hitler eine Rundfunkrede für das deutsche Volk. Der Kernsatz seiner Ansprache lautet[18]:

»In diesem Kampf kann es nur einen Sieger geben, und der wird entweder Deutschland oder Sowjet-Rußland sein. Der Sieg Deutschlands bedeutet die Erhaltung Europas, der Sieg Sowjet-Rußlands die Vernichtung!«

Am selben Tag spricht Henning von Tresckow mit Generalleutnant Edgar Röhricht über die Kriegslage.[19] Röhricht ist bestürzt über die kühle Analyse Tresckows, der schonungslos die Absichten der Alliierten seziert, die seiner Meinung nach auf die Vernichtung Deutschlands als einheitlichem, unabhängigem Nationalstaat hinauslaufen, wobei er insbesondere mit den Intentionen der Westmächte abrechnet. Als General Röhricht daraufhin erschrocken fragt: »Verständigung mit den Sowjets also?«, fixiert ihn Tresckow nachdenklich und antwortet:

»Wir sind in den letzten Generationen hoffnungslos verbürgerlicht, was weder an Namen noch an Herkunft gebunden ist... Wir sind herabgestiegen in die Ebene der genormten behäbigen Sicherheit... Die Würfel werden rollen,... allein um der eigenen Achtung willen!... Mag darüber zu Bruch gehen, was will.«

Henning von Tresckow rechnet also mit dem Schlimmsten, selbst damit, daß alles »zu Bruch« geht, ist aber »um der eigenen Achtung willen« bereit, selbst dramatische Veränderungen in der Gesellschaft zu akzeptieren.

Anfang Februar spitzt sich die militärische Lage an der Ostfront wieder zu, und zwar vor allem im Südabschnitt, in der Ukraine. In der Zeit vom 24. Dezember bis 1. Februar war die deutsche 4. Panzerarmee nur schrittweise vor der sowjetischen Übermacht zurückgegangen, von Shitomir bis Berditschew, knappe 80 Kilometer, wobei der angreifende Gegner furchtbare Verluste erlitten hatte. Doch nun, seit dem 31. Januar, sind bei der 8. Armee sieben deutsche Divisionen mit zirka 50000 Mann im Raum Tscherkassy eingekesselt; ein zweites Stalingrad scheint unvermeidbar.[20] Es zeichnet sich deutlich ab, daß die Sowjets die operative Hauptentscheidung seit Ende 1942 immer wieder im Südteil der Ostfront suchten, zuerst an Don und Wolga, dann in der Ukraine. Im März 1943 bei Charkow und Belgorod, im Juli bei Kursk, im November westlich von Kiew hatten sie schwere Rückschläge hinnehmen müssen, waren sie wiederholt massiv gestoppt worden. Doch jetzt scheint es kein Halten mehr zu geben; die sowjetische Dampfwalze rollt auf die polnische und rumänische Grenze zu. Zwar kämpft im Süden die Hälfte aller Ostfrontverbände (75 Divisionen); doch was bedeutet das schon?

In der Bendlerstraße weiß man sehr gut, wie verschlissen die deutschen Rußlandverbände sind. Eine Division hat, wenn es hoch kommt, im Einsatz noch eine Stärke von 6000 bis 7000 Mann. Die südliche deutsche Heeresgruppe muß einen Frontabschnitt von zirka 1000 Kilometern mit einer Gefechtsstärke von 500 000 Mann verteidigen. Und das gegen vier sowjetische Heeresgruppen mit 23 Armeen, deren Gesamtstärke rund zweieinhalb Millionen Mann beträgt. Vor allem aber: Die Sowjets erringen nun, nach zweieinhalb Jahren Rußlandkrieg, zum erstenmal die totale Luftherrschaft, so daß die überlegene Gefechtsführung, die sich die deutschen Kommandostäbe bislang bewahrt hatten, nicht mehr zum Tragen kommt; die schnellen Schwerpunktverlagerungen im taktischen Bereich werden durch die feindliche Luftüberlegenheit zunichte gemacht. Insgesamt vier Luftarmeen unterstützen den Ansturm der sowjetischen Heeresgruppen.

10. FEBRUAR 1944

Stauffenberg weist die Wehrkreiskommandos an, aus den »Walküre«-Kampfgruppen (verst. Bataillonen) jeweils ein verstärktes Grenadierregiment zu bilden.[21] Als Begründung führt er an, es sei notwendig, kurzfristig »Walküre«-Alarmeinheiten als kampfkräftige Verbände für einen Einsatz im Osten zur Verfügung zu haben. Die Maßnahme hat einen doppelten Effekt: Legal dient sie der verschärften Lage an der Ostfront, wo man jeden Tag – vor allem im Raum Tarnopol und Lemberg – mit einem Zerreißen der Abwehrfront rechnen muß; konspirativ erhöht sie die schnelle Alarm- und Einsatzbereitschaft kampfkräftiger Heimatverbände für die militärischen Zwecke des geplanten Staatsstreichs.

Am selben Tag heißt es in den geheimen SD-»Meldungen aus dem Reich« über die Stimmungslage[22]:

»Nach den Meldungen aus allen Reichsteilen beschäftigt sich die Bevölkerung sehr stark mit der allgemeinen Kriegslage. Man wisse weniger denn je, wie der Krieg zu einem Ende kommen soll. Der Wunsch, daß der Krieg vorbei sein möchte, und die Einsicht in die Notwendigkeit, daß wir diesen Krieg gewinnen müssen, ließen sich schwerer als jemals zuvor aufeinander abstimmen. Alle Betrachtungen in der Familie, im Freundes- und Bekanntenkreis, im Betrieb, in gelegentlichen Gesprächen mit anderen Volksgenossen endeten in der resignierten Feststellung, daß eben ›weitergemacht werden müsse, ohne daß man wisse, wie lange das noch gehen soll‹ und ›wie der Schluß aussieht‹. Zum Teil sind die erfaßten Äußerungen sehr deprimiert und bitter. Recht häufig wiederkehrend sind Aussprüche und Ansichten wie:

›So schlecht wie jetzt ist die Kriegslage noch nie gewesen.‹

›Wo und wann und mit was wollen wir diesen Ansturm aufhalten? Nur ein Wunder kann uns noch den Sieg bringen.‹

›Es geht immer mehr bergab.‹

›Ich bin nicht so schnell zu erschüttern. Jetzt beginnt aber die Lage im Osten reichlich ungemütlich zu werden.‹

›Es müßte ein Wunder geschehen, sonst können wir den Krieg wohl nicht gewinnen.‹

›Es hat alles keinen Zweck. Entweder sind wir in der Lage, bald wieder offensiv zu werden, oder es war alles umsonst.‹

›Die Zeit arbeitet eben doch gegen uns. Der Russe kann den letzten Asiaten und der Amerikaner den letzten Neger mobilisieren. Es ist leicht gesagt, man soll die Nerven nicht verlieren. Aber immer ducken und Schläge hinnehmen, die dauernd stärker werden, das hält keiner aus.‹...«

Am nächsten Tag, dem 11. Februar, findet die geplante Vorführung vor dem Diktator, an der Oberleutnant von Kleist als Attentäter teilnehmen soll, nicht statt. Die neuen Ausrüstungsgegenstände, die man Hitler zeigen wollte, sind bei einem Luftangriff mit »Mosquito«-Schnellbomben auf Berlin in einem abgestellten Güterwaggon verbrannt.

Die Attentatsproblematik bleibt ungelöst. Sie wird für die nächsten Monate ruhen, womit entscheidende Zeit verlorengeht.

13. FEBRUAR 1944

An diesem Sonntag trifft sich »Fritzi« von der Schulenburg mit Stauffenberg und Haeften auf dem Gut des Grafen Hardenberg im Oderbruch.[23] Ursula von Kardorff, die dem Gespräch der vier Verschwörer zuhört, notiert in ihrem Tagebuch über Schulenburg:

»Er ist nicht schön, mittelgroß, hat etwas abstehende Ohren, ziemlich kurze Haare, eine Nase, die wohl mit einem Höcker erdacht, dann ein wenig schief weitergewachsen ist. Viele Schmisse in der unteren Gesichtshälfte. Am Kinn ein Zug von Energie, der Furcht einflößen könnte, wären nicht die Augen, durchsichtig helle Augen, die dauernd den Ausdruck wechseln, manchmal raubvogelartig blicken, manchmal in Selbstironie funkeln. Man kann den Mund verstellen, aber nicht den Blick. Wenn Fritzi lacht, fährt dieses Lachen wie mit dem Scheibenwischer über sein Gesicht. Es ist sofort wieder weg. Ich geriet gleich in seinen Bann. Er strahlt einen Optimismus aus, der unwiderstehlich ist.«

Nach ausgiebiger Erörterung der Frontlage nutzt Schulenburg die Gelegenheit, um noch einmal alle Argumente zusammenzufassen, die seiner Überzeugung nach die Konspiration zum Handeln gegen Hitler, gegen das NS-Regime treibt. Es sind dieselben Grundsätze oder Erkenntnisse, die er schon vor einem halben Jahr in Paris im Gespräch mit Hofacker vertreten hat, und zu denen er in einem weiteren halben Jahr im Verhör durch die Gestapo-Beamten stehen wird. Im NS-System, so sagt er, sei »der Machttrieb« zum Maßstab allen Handelns geworden. Die NS-Führungsschicht habe sich »von den Grundsätzen der Einfachheit und Schlichtheit abgekehrt, die sie in der Kampfzeit gepredigt« habe. Seine Kritik gipfelt in dem Vorwurf, das Regime habe »die Rechtsbasis verlassen und sich zu einem Polizeistaat mit Eingriffen in alle Lebensbereiche entwickelt«. Die Folge der »schädlichen Zentralisierung« sei, daß das deutsche Volk »zur Masse atomisiert« wurde, die »kollektivistisch mit Gewalt und Propaganda beherrscht« werde. In der Außenpolitik habe die NS-Regierung »die ganze Welt gegen Deutschland aufgebracht«, in den besetzten Gebieten Europas habe man eine »kurzsichtige Politik der Unterwerfung und Ausbeutung durchgeführt anstatt die beherrschten Völker für die Führung des Reiches zu gewinnen«.

Schulenburg darf sicher sein, daß seine Auffassungen von Claus Stauffenberg, an dessen Urteil ihm soviel liegt, voll und ganz geteilt werden. Stauffenberg hatte sich bereits Ende Januar 1942 gegen die skandalöse Behandlung russischer Kriegsgefangener ausgesprochen und hatte im Oktober 1942, in Winniza, auf einer Konferenz von 40 hohen Generalstabsoffizieren, den »verhängnisvollen Kurs« der deutschen Ostpolitik kritisiert, indem er ausführte[24]:

»Unsere Ostpolitik ist nur dazu angetan, uns die Menschenmassen im Osten zu Feinden zu machen! Es ist ein Skandal, daß sich in einer Zeit, in der Millionen von Soldaten täglich ihr Leben in die Schanze schlagen, unter den führenden Männern niemand findet, der den Mut hat, sich den Helm aufzusetzen und dem Führer diese Dinge ganz offen zu sagen; auch auf die Gefahr hin, daß er das mit seinem Leben bezahlen muß.«

Schulenburg und Stauffenberg verabreden, bevor sie sich trennen, den Kontakt zu Dr. Leber noch enger zu gestalten. Beide sind sich darin einig, daß Leber ebensogut wie Goerdeler geeignet sei, an die Spitze einer Umsturzregierung zu treten.

17. FEBRUAR 1944

An diesem Donnerstag durchbrechen die eingeschlossenen Divisionen des XI. und XXXXII. Armeekorps bei Tscherkassy den Einschließungsring der Sowjets und vereinen sich mit den heraneilenden Kameraden der 1. Panzerarmee.[25] Etwa 30000 von 50000 Mann kommen durch. Am selben Tag heißt es in den SD-»Meldungen aus dem Reich« über die Stimmungslage[26]:

»Ähnlich, wie es vor einem Jahr nach dem Ende von Stalingrad der Fall war, wird in der Bevölkerung wiederum nach den tieferen Ursachen der ungünstigen militärischen Entwicklung in diesem Winter gefragt. In diesem Zusammenhang ist die Diskussion über den ›totalen Krieg‹, wie die Meldungen aus allen Gauen besagen, erneut in Gang gekommen. Dabei sind es immer wieder die gleichen Argumentationen, die als scheinbarer Beweis dafür vorgebracht werden, daß auf deutscher Seite der Krieg nicht mit der notwendigen Konsequenz geführt werde. Vor allem sind es die angeblich in jedem Ort beobachteten Unterschiede im Arbeitseinsatz der Frauen, die angebliche Hortung von jüngeren kriegsverwendungsfähigen Männern in den Betrieben sowie in den Dienststellen der Partei und Verwaltung. Die Volksgenossen sind deshalb der Ansicht, daß nur durch eine Zusammenfassung und den rücksichtslosen Einsatz aller Kräfte drohendes Unheil abgewendet werden könne. Folgende Äußerungen sind bezeichnend:

›Deutschland kann sich in punkto totaler Kriegführung von Rußland manches abschneiden. Dort wird nicht lange gefragt, dort muß jeder. Auch wird beim Arbeitseinsatz der Unterschied zwischen Arm und Reich bei uns viel zu sehr berücksichtigt.‹

›Der totale Kriegseinsatz steht bei uns auf dem Papier. Wenn er tatsächlich durchgeführt worden wäre, dann ständen die Sowjets heute nicht da, wo sie stehen. Vor lauter Rücksicht auf die besseren Schichten werden wir dann noch eines Tages den Krieg verlieren.‹

›Man muß es Stalin schon lassen, der führt tatsächlich einen totalen Krieg, nicht so wie wir: einen totalen Papierkrieg.‹«

Am 20. Februar läuft die Luftoperation »Big Week« gegen Deutschland an.[27] Fast 4000 alliierte Kampfflugzeuge richten eine Woche lang schwere Tagesangriffe gegen das Reich, vor allem gegen die deutsche Flugzeugindustrie. Die deutsche Abwehr vernichtet 267 feindliche Maschinen; die Alliierten verlieren 2730 Mann an fliegendem Personal.

Die deutsche Rüstungsproduktion erleidet keine nennenswerten Einbußen, während die Verluste unter der Zivilbevölkerung beträchtlich sind.

Am 24. Februar heißt es in den SD-»Meldungen aus dem Reich« über die Stimmungslage der Bevölkerung[28]:

»Die zuversichtlichere Sprache in Presse und Rundfunk seit der günstigen Entwicklung der Kämpfe in Italien, den stärkeren Luftangriffen auf London, gelegentlich der ansehnlichen Abschußzahlen bei feindlichen Luftangriffen und der Befreiung der deutschen Kampfgruppe bei Tscherkassy hat man bei der anhaltenden gedrückten Stimmung der Bevölkerung als Erleichterung empfunden. Die Volksgenossen hielten sich aber sehr zurück, da durchweg befürchtet wird, daß diese Entwicklung nicht von Dauer sei. Besonders im Osten zeige sich immer wieder, daß nach jeder Meldung über ein Abflauen der Offensive schon nach wenigen Tagen regelmäßig neue stärkere Durchbruchsversuche der Sowjets gemeldet werden. Man möchte zwar gern aus den Nachrichten von der Ostfront eine sich anbahnende Stabilisierung herauslesen und sich durch die Mitteilungen über die Entwicklung der Kämpfe in Italien aufmuntern lassen, doch finde man noch ›keinen Grund zum Optimismus‹, sondern sehe wachsenden Gefahren mit dem Näherrücken der Ostfront nach Westen und kommenden Prüfungen durch den Luftkrieg entgegen. Das Abwartenmüssen, was etwa an schweren Schicksalsschlägen für den einzelnen und die große Gemeinschaft noch kommt, und das Bewußtsein der noch nicht absehbaren Dauer dieses Zustandes und des ganzen Kriegsgeschehens überhaupt, mache die Bevölkerung ratlos und einen Teil der Bevölkerung ›halb verzweifelnd‹ gegenüber dem, was um sie herum geschieht. Man habe eben zu Beginn des Krieges, bis zum Winter 1941/42, die militärische Stärke der Alliierten, vor allem die der Sowjets, verkannt und sich im Glauben an einen raschen Sieg gewiegt. Heute zwinge die allgemeine Kriegslage zu dem Schluß, daß das Reich von der erstrebten politischen und militärischen Entscheidung weit entfernt sei. Resigniert werde oft davon gesprochen, daß wir durch unsere Haltung und durch unsere Opfer den Sieg längst verdient haben, es aber oft fraglich erscheine, ob wir ihn uns noch holen könnten...«

26./27. FEBRUAR 1944

Oberstleutnant Stauffenberg trifft am letzten Wochenende des Februar mit dem Oberstleutnant i. G. Peter Sauerbruch zusammen.[29] Beide sind seit der gemeinsamen Zeit beim Reiterregiment 17 in Bamberg miteinander befreundet. Sauerbruch, der am 29. Januar an Löscharbeiten nach einem Luftangriff auf Berlin teilgenommen und sich dabei Brandverletzungen zugezogen hat, ist von Stauffenberg für ein paar Wochen in der Abteilung I des AHA bei Oberstleutnant Bernardis untergebracht worden, wohnt auch in der Nähe seines Freundes in Wannsee.

Peter Sauerbruch gehört nicht zur Konspiration. Dennoch kommt es zu einer freimütigen Diskussion, über die Sauerbruch später im Verhör ausführlich berichten sollte.

STAUFFENBERG: »Ich sage dir, Peter, es kommt in diesem Jahr zum Dreifrontenkrieg! Denn im Westen ist mit Sicherheit die Invasion zu erwarten. Was die Frage des Mannschaftsersatzes und der Reserven angeht, muß endlich ein großer Entschluß fallen. Und der kann nur darin bestehen, daß alle Schulen, Lehrgänge, Inspektionen usw. aufgelöst und daß die freiwerdenden personellen Kräfte der Ostfront zugeführt werden. Ein solcher Entschluß erfordert aber eine klare Entscheidung, wie lange man diesen Krieg noch fortsetzen will. Denn damit ist dann die letzte deutsche Karte ausgespielt.«

SAUERBRUCH: »Eine solche Entscheidung ist doch aber nicht nur eine militärische...«

STAUFFENBERG: »Sehr richtig. Man muß das ganz klar sehen: Der Kriegsausgang ist weitgehend von der Möglichkeit einer militärischen Entscheidung auf die politische Lösung übergegangen...«

SAUERBRUCH: »Ja, aber wie stellst du dir das überhaupt vor?«

STAUFFENBERG: »Das ist es ja eben! Uns wird bald niemand mehr als Verhandlungspartner anerkennen... (Er spricht weiter mit dem Ausdruck echter Verzweiflung.) Es ist furchtbar, Peter, mit offenen Augen Deutschland einer Katastrophe zutreiben zu sehen!«

Beide Offiziere schweigen einen Augenblick.

SAUERBRUCH: »Aber militärisch können wir doch noch erheblich größere Anstrengungen machen, um einer solchen Katastrophe zu entgehen...«

STAUFFENBERG: »Ja, gewiß. Aber dann muß zuerst einmal eine Vereinheitlichung der Kriegführung bei uns hergestellt werden. Das ist die unabdingbare Voraussetzung einer Totalisierung des Krieges! Es ist doch ein kompletter Unfug, daß jeder Wehrmachtsteil, außerdem auch noch die Waffen-SS, eigene Dienststellen und eigene Erprobungsstellen in der Heimat hat. Oder? Und was die Ostfront angeht, so müßte doch in einem Augenblick, in dem uns das Wasser bis an den Hals steigt, eine vernünftige, sachgemäße Führung garantiert sein, die zumindest ein Zerreißen der Front verhindert. Davon kann aber momentan überhaupt keine Rede sein.«

Sauerbruch schweigt bedrückt.

STAUFFENBERG: »Bist du der Auffassung, Peter, daß der Russe und der Westen in diesem Jahr zu einer gleichzeitigen Großoffensive antreten werden?«

SAUERBRUCH: »Ja, das nehme ich an.«

STAUFFENBERG: »Und glaubst du, daß wir mit einer weiteren Steigerung der feindlichen Luftüberlegenheit rechnen müssen?«

SAUERBRUCH: »Ja, das ist wohl zu erwarten.«

STAUFFENBERG: »So. Dann möchte ich dich fragen, wie du auf Grund dieser Lagebeurteilung unsere Gesamtsituation siehst?«

SAUERBRUCH: »Zweifellos sehr gespannt, falls es nicht gelingt, durch den Einsatz der angekündigten Vergeltungswaffen eine Änderung herbeizuführen.«

STAUFFENBERG (lacht bitter auf): »Weißt du, wie diese vielgepriesene Vergeltung aussehen wird? Ich kann dir jedenfalls auf Grund meines Einblicks nur sagen, daß dieser Vergeltungsschlag innerhalb des Gesamtkrieges allenfalls wie die Attacke eines Kürassierregiments wirken wird, das in aussichtsloser Lage versucht, die bereits entschiedene Schlacht doch noch zu wenden.«

SAUERBRUCH: »Also ist der Krieg deiner Meinung nach militärisch verloren?«

STAUFFENBERG: »Ja.«

3. MÄRZ 1944

An diesem Tag heulen wieder die Luftschutzsirenen über Berlin. Diesmal ist es ein Fehlalarm[30]: Ein geplanter Tagesangriff der Amerikaner auf die Reichshauptstadt muß wegen schlechter Wetterbedingungen abgebrochen werden; nur ein Teil der Langstreckenjäger erreicht die Außenbezirke von Berlin, wird aber von der Flak vertrieben.

Am Abend des Tages sitzen sich Stauffenberg und Sauerbruch erneut in Wannsee gegenüber.[31] Oberstleutnant Sauerbruch trägt schwer an dem Pessimismus seines Freundes, dessen schonungslose Analyse der Kriegslage ihn völlig unvorbereitet getroffen hat. Insbesondere Stauffenbergs Spott über die geheimnisvollen deutschen Vergeltungswaffen hat Peter Sauerbruch erschüttert, glaubt man doch in der Bevölkerung wie an der Front fest an die Existenz deutscher »Wunderwaffen«, weil anders man sich die fanatische Fortführung des Kampfes einfach nicht erklären kann.

SAUERBRUCH: »Ich habe mir alles, was du gesagt hast, immer wieder durch den Kopf gehen lassen. Ich wollte dich fragen, Claus, wie stellst du dir persönlich überhaupt die Weiterführung des Krieges vor?«

STAUFFENBERG: »Nur durch eine Änderung in der Führung!«

SAUERBRUCH: »Ja, aber was verstehst du denn darunter?«

STAUFFENBERG: »Den grundlegenden Bruch mit dem derzeitigen Regime! Nur dadurch können Voraussetzungen geschaffen werden, um Verhandlungen mit der Feindseite zu führen...«

SAUERBRUCH (unterbricht ihn): »Solche Verhandlungen können meiner Meinung nach immer nur ungünstig für uns verlaufen. Das Kriegsziel unserer Feinde, ganz gleich welcher Seite, ist doch ausschließlich auf die Vernichtung Deutschlands berechnet! Und eine Änderung der Führung halte ich schon deshalb für unmöglich, weil ich mir nicht vorstellen kann, wer an Stelle des Führers den Staat in die Hand nehmen soll... Außerdem muß das zum sofortigen Zusammenbruch der Truppe führen, und das wird kein Gegner ungenutzt lassen.«

STAUFFENBERG (nach kurzer Pause): »Dann will ich dich folgendes fragen: Was ist deiner Meinung nach das geringere Übel, ein sicherer oder ein nur möglicher Untergang?«

SAUERBRUCH: »Selbstverständlich ist das zweite das geringere Übel...«

STAUFFENBERG: »Gut. Und bist du nicht der Ansicht, daß man aus dieser Tatsache als Offizier, der mit Verantwortung trägt, seine Schlüsse ziehen muß?«

Das Gespräch wendet sich sodann der schweren operativen Krise im Südteil der Ostfront zu. Stauffenberg erklärt zornig, die gesamte deutsche Kriegführung sei miserabel, es würde »ja nicht einmal der Vorteil der inneren Linie genutzt«. Es sei unendlich traurig, mit ansehen zu müssen, »welcher Kuhhandel um jede Division, die vom Osten in den Westen oder umgekehrt verschoben werden soll, betrieben wird«. Sauerbruch meint, das läge aber auch am OKH, an den Generälen und Feldmarschällen, die ihre Belange einfach nicht entschieden genug beim Führer vertreten würden.

STAUFFENBERG: »Nein. Ich stehe auf dem Standpunkt, daß es am Führer selbst liegen muß, wenn niemand mit seiner Ansicht bei ihm durchdringt.«

Während dieses Gespräch in Wannsee stattfindet, kehrt Generalleutnant Rudolf Schmundt, Chefadjutant Hitlers und persönlicher Freund Henning von Tresckows, von einer Dienstreise, die ihn zu den Feldmarschällen des Heeres führte, wieder ins Führerhauptquartier zurück. Er steht unter erheblichem Druck. Denn im Februar haben die Sowjets beim Kampf um den Kessel von Tscherkassy zum erstenmal im großen Maßstab das »Nationalkomitee Freies Deutschland« an der Front eingesetzt, um die Moral der deutschen Truppe zu zersetzen, die deutschen Landser zum Überlaufen zu bewegen. Mit Lautsprechereinsätzen und mit schwarz-weiß-rot umrandeten Fallschirmbriefen an die deutschen Befehlshaber lief die Aktion ab. Die deutsche Fronttruppe reagierte mit Verachtung; die eingeschlossenen Landser antworteten in Sprechchören: »Komm her, Iwan! Wir reißen dir den Arsch bis zum Stehkragen auf!« Doch im Führerhauptquartier registrierte man mit gerunzelten Augenbrauen, daß sich der hochdekorierte General von Seydlitz-Kurzbach, der bei Stalingrad in Gefangenschaft geraten war, mit seinem Namen an der bolschewistischen Propaganda-Aktion beteiligte.

Hitler war ohnehin seit Tagen schlecht auf die Generalität des Heeres zu sprechen: Am 27. Januar hatte Manstein während eines Führervortrages vor den Feldmarschällen und Generälen einen lauten Zwischenruf gemacht, der zu Überlegungen geführt hatte, ihn seines Kommandos zu entheben. Und am 3. Februar hatte Oberst i. G. von Uckermann einen Brief an Hitler übergeben, in dem er verschiedene Maßnahmen der Obersten Führung einer herben Kritik unterzogen hatte. Im OKW war man sich einig geworden, daß dringend etwas geschehen müsse, um das Vertrauen zwischen Hitler und den Oberbefehlshabern wieder zu kitten.

Generalleutnant Schmundt, kaum in seinem Büro eingetroffen, diktiert sofort in seiner gleichzeitigen Eigenschaft als Chef des Heeres-Personalamtes (Chef PA) einen ausführlichen Reisebericht[32]:

»Seit der Gründung des ›Nationalkomitees Freies Deutschland‹ ist die Propaganda gegen die Ostfront in ein anderes Stadium getreten. Der Präsident des Bundes, General d. Art. von Seydlitz, hat mehrfach versucht, durch Briefe an Höhere Truppenführer, u.a. an Generaloberst Model, Generaloberst Lindemann, Feldmarschall von Küchler, General d. Art. Stemmermann usw., diese an entscheidenden Führungsstellen stehenden Generale und Feldmarschälle zu bewegen, den Kampf gegen die Sowjets einzustellen und sich der Bewegung ›Freies Deutschland‹ anzuschließen.

Zunächst bestand keine Sicherheit, ob diese Briefe des Generals von Seydlitz raffinierte Fälschungen waren beziehungsweise ob unter Anwendung von besonderen Mitteln General von Seydlitz zum Schreiben veranlaßt worden war.

Seit dem Kessel von Tscherkassy liegen eindeutige Beweise vor, daß General von Seydlitz diese Briefe aus eigener Überzeugung geschrieben hat. Damit war eine gewisse Vertrauenskrise gegenüber der Generalität an Oberster Stelle entstanden. Mit der zunehmenden Härte des Krieges kommt es aber darauf an, dem Führer die Sicherheit zu geben, daß dieser Verrat eine bedauerliche Einzelerscheinung ist, die übrige Generalität aber treu hinter ihm steht.

General Schmundt hält es für notwendig, daß diese Haltung der Generalität dem Führer in Form einer Erklärung, die zweckmäßig von den Feldmarschällen ausgehen muß, zur Kenntnis gebracht wird.

General Schmundt unterbreitet Feldmarschall von Rundstedt die Beweise über den Verrat des Generals von Seydlitz. Nachdem Feldmarschall von Rundstedt sich selbst davon überzeugt hat, daß kein Zweifel mehr besteht, untersschreibt er die durch General Schmundt vorbereitete Erklärung. Mit dieser Unterschrift fliegt Chef PA zu den einzelnen an den Fronten befehligenden Feldmarschällen, um ebenfalls ihre Unterschriften einzuholen.

Es unterschreiben außer Feldmarschall von Rundstedt
Feldmarschall Rommel
Feldmarschall von Kleist
Feldmarschall Busch
Feldmarschall von Manstein
Feldmarschall Freiherr von Weichs.

Es ist beabsichtigt, zu einem noch in diesem Monat liegenden Termin die Erklärung durch die Feldmarschälle selbst vor dem Führer abzugeben.«

Nach diesem Diktat notiert sich Generalleutnant Schmundt noch die neuesten Verlustzahlen des Offizierskorps.[33] Danach hat das Heer in den bisherigen viereinhalb Kriegsjahren zirka 48 500 Offiziere als Gefallene und Vermißte zu beklagen, von denen allein 41 000 auf den Rußlandfeldzug entfallen.

Am folgenden Tag, dem 4. März, bricht die sowjetische Frühjahrsoffensive in der Ukraine los.[34] Staffelweise treten die 23 Armeen des sowjetischen Südflügels zum Angriff an, über sich die schützenden Geschwader der vier begleitenden Luftarmeen. Die Unterlegenheit der deutschen Verbände, die über keinen Luftschirm verfügen, beträgt 1 : 5 in der Gefechtsstärke.

Einen Tag später trifft die Konspiration ein schwerer Schock:

Hauptmann Ludwig Gehre von der »Abwehr«, der in die Verschwörung eingeweiht ist, kann sich nur mit knapper Not der Verhaftung durch den SD entziehen.[35] Er taucht vorerst beim Kommandanten der Invalidensiedlung in Berlin-Frohnau, Oberst Wilhelm Staehle, unter.

Am selben Tag macht sich Fritz-Dietlof von der Schulenburg nach Antwerpen auf den Weg, um an einem Bataillonsführer-Lehrgang teilzunehmen.[36] Für Claus von Stauffenberg ist es ein herber Verlust, daß der aktivste Mitverschwörer für einen Monat ausfällt.

Angesichts der dramatischen Entwicklung im Südabschnitt der deutschen Ostfront erteilt Hitler am 12. März Weisung, eine Woche später Ungarn zu besetzen.[37] Einen Tag danach monologisiert der Diktator beim Mitagessen im Führerhauptquartier über Fragen der Kunstkritik[38]:

»Das Urteil eines Kritikers kann naturgemäß nie apodiktisch richtig sein. Es spiegelt immer nur seine ganz persönliche Auffassung wider und hat daher auch immer nur Wert für den einzelnen. Wenn in zehn verschiedenen Zeitungen zehn verschiedene Kritiker über das gleiche Werk schreiben, so äußern sie, wenn nicht eine ganz bestimmte Sprachregelung vorliegt, auch zehn verschiedene Meinungen über das Kunstwerk. Was hat das dann praktisch für einen Wert? Gar keinen! Wir übersehen nur zu leicht, daß das Altertum eine Kunstkritik überhaupt nicht kannte. Damals galt der Grundsatz: Das Werk muß sich durch seinen Wert selbst durchsetzen. Das ist an sich auch die richtige und natürliche Auslese. Aber die Kritik, wie sie sich seit Beginn des 19. Jahrhunderts entwickelt hat, bedeutete entweder den Tod des Kunstwerks, weil es in den Kritiken zerredet wurde, oder den Tod der Presse, da sie vom Volk nicht mehr ernst genommen wurde, weil über das gleiche Werk ein Kritiker immer anders schrieb als der andere. Wenn wir überhaupt keine Kunstkritik hätten, so wäre dies auch kein großer Schaden. Schlimm ist es, wenn als Kritiker ein Mann mit einem berühmten Namen zeichnet. Der kann es fertigbringen, durch eine ungünstige Kritik einen Künstler auf 20 Jahre in der öffentlichen Meinung kaputtzumachen...«

16. MÄRZ 1944

Generaloberst Beck läßt, nach entsprechender Absprache mit Olbricht und Stauffenberg, den Hauptmann Ulrich-Wilhelm Graf Schwerin von Schwanenfeld zu sich kommen.[39] Schwerin, der seit Anfang des Jahres in die Konspiration eingeweiht ist, tut als Ordonnanzoffizier Dienst bei dem in die Führerreserve versetzten Generalfeldmarschall Erwin von Witzleben. Beck ermächtigt den Hauptmann, Witzleben unter dem Siegel strengster Verschwiegenheit über die zentrale Rolle Stauffenbergs in der Verschwörung zu unterrichten.

Am selben Tag heißt es in den geheimen SD-»Meldungen aus dem Reich« über die allgemeine Stimmungslage[40]:

»Die Frage ›was noch werden soll‹ wird von großen Teilen unseres Volkes sehr verzagt besprochen. Die neue Entwicklung im Osten, der Luftkrieg und das Warten auf die Invasion führten dazu, daß man ›keinen rechten Ausweg aus der verfahrenen Kriegslage‹ mehr sehe und daß es ›immer schwerer‹ werde, ›an einen guten Ausgang des Krieges zu glauben‹. Im Osten sei der Russe nicht aufzuhalten. Die Engländer und Amerikaner kämen trotz allen Verlusten an Bombern und Jägern und würden offenbar nur gelegentlich durch das Wetter behindert. Im Westen würden unsere Kräfte durch die drohende Invasion gebunden, von der ›kein Mensch wisse, ob sie wirklich kommt‹. Im Osten und im Luftkrieg müßten wir uns verteidigen, so gut es gehe, und im Westen müßten wir warten, bis es dem Gegner einfällt, die Invasion zu versuchen. Alle unsere Anstrengungen, die Tapferkeit unserer Soldaten, die Fehler, die die Russen machten, und die Unentschlossenheit und Uneinigkeit, mit denen die Engländer und Amerikaner handelten, könnten nicht darüber hinwegtäuschen, daß uns immer mehr ›auf den Leib gerückt‹ werde und daß wir immer stärker einer Menschen- und Materialüberlegenheit der Feinde ausgesetzt seien. In der tiefen Sorge und Angst über eine solche Entwicklung des Krieges tragen zwar die Volksgenossen die Hoffnung mit sich herum, daß eines Tages etwas ganz Entscheidendes geschieht, das mit einem Schlag die Kriegslage völlig zu unseren Gunsten verändert, ohne daß man wüßte, wie das erfolgen könnte. Es handelt sich um die vage Vorstellung von dem ›großen Wunder‹, die sich mit dem Begriff der Vergeltung verbunden hat.«

19./20. MÄRZ 1944

Am 19. März heißt es im Tätigkeitsbericht des Generalleutnants Schmundt[41]:

»Die Feldmarschälle von Rundstedt, Rommel, von Kleist, Busch und von Manstein geben dem Führer auf dem Berghof in feierlicher Form die Erklärung über die Stellung, die sie zum Fall Seydlitz einnehmen, bekannt. Generalfeldmarschall von Rundstedt als der älteste Feldmarschall des Heeres nimmt die Verlesung vor und übergibt sie anschließend dem Führer.«

An diesem Tag besetzen deutsche Truppen unter dem Befehl des Generalfeldmarschalls Maximilian von Weichs Ungarn.[42] Budapest wird kampflos eingenommen. Ungarns Reichsverweser, Admiral von Horthy, hat am 18. März, in einer Unterredung mit Hitler auf Schloß Kleßheim, unter starkem Druck der Besetzung seines Landes zugestimmt.

Am 20. März begibt sich der NS-Diktator erneut nach Kleßheim. Generalleutnant Schmundt hält in seinem Tätigkeitsbericht fest[43]:

»Am 20. März findet in Schloß Kleßheim eine Lagebesprechung statt, an der Feldmarschall von Rundstedt, Feldmarschall Rommel, die Armeeführer des Westens und die Kampfkommandanten der Festungen aus dem Bereich des OB West teilnehmen. Der Führer erläutert dabei, welche entscheidende Wichtigkeit dem Kampf im Westen im Falle einer feindlichen Invasion im Hinblick auf die Gesamtkriegführung beizumessen ist...«

In diesen Märzwochen des Jahres 1944 verbringen die Brüder Stauffenberg die Abende in der Tristanstraße Nr. 8 mit der Ausarbeitung von Staatsstreichbefehlen. Schulenburg und Tresckow, diese beiden Hauptaktivisten des Widerstands, fehlen ihnen bitter.

Dennoch gehen sie unverdrossen an die Arbeit. Claus formuliert als militärischer Fachmann, Berthold fungiert als juristischer Berater.[44] Grundlage aller Anordnungen bleibt die Weisung Nr. 1, die Tresckow und Claus Stauffenberg im September vorigen Jahres diktiert haben und die mit dem Satz beginnt: »Der Führer Adolf Hitler ist tot.« Dann folgen die militärischen Grundweisungen, die die drei Wehrmachtsteile betreffen und die Waffen-SS, deren Verbände sofort in das Heer eingegliedert werden.

Detaillierte Anordnungen regeln die zu ergreifenden Sofortmaßnahmen, in erster Linie solche über die Festsetzung sämtlicher Minister, Gauleiter, der höheren SS- und Polizeiführer, der Polizeipräsidenten, der Gestapo- und SD-Funktionäre etc. Allein für das Gebiet der Reichshauptstadt stellen sie Listen zusammen, die 63 Adressen derjenigen Behörden, Ministerien und Institutionen enthalten, die nach erfolgtem Attentat schlagartig besetzt werden müssen.

Ein Beispiel für die Art der Organisationsarbeit, die von den Stauffenbergs geleistet wird, ist die Weisung des »Oberbefehlshabers im Heimatkriegsgebiet« (von den Verschwörern vorgesehen: Generaloberst Hoepner) an sämtliche Wehrkreiskommandos sowie die Befehlshaber im Reichsprotektorat und im Generalgouvernement:

»I.

Auf Grund der mir vom Oberbefehlshaber der Wehrmacht erteilten Ermächtigung übertrage ich die vollziehende Gewalt in den Wehrkreisen den Stellv. Kd. Generalen und Wehrkreisbefehlshabern. Mit der vollziehenden Gewalt gehen auf die Wehrkreisbefehlshaber die Befugnisse der Reichsverteidigungskommissare über.

II.

Folgende Sofortmaßnahmen sind zu treffen:

a) *Nachrichtenanlagen*:
Die wichtigsten Gebäude und Anlagen des Post-Wehrmachtsnachrichtennetzes (einschl. Funkanlagen) sind planmäßig militärisch zu sichern. Die hierzu eingesetzten Kräfte sind so stark zu bemessen, daß unbefugte Eingriffe und gewaltsame Zerstörungen verhindert

werden. Wichtige nachrichtentechnische Anlagen sind mit Offizieren zu besetzen.
Insbesondere sind zu sichern:
Verstärkerämter, Durchgangsvermittlungen des Heeresführungsnetzes sowie Großfunkstellen (Rundfunksender), Fernsprech- und Telegrafenämter, soweit wichtige Fernsprechleitungen durchlaufen, Verstärker- und Batterieräume, Antennen-, Sende- und Notstromanlagen sowie Betriebsräume. Das Fernmeldenetz der Reichsbahn ist im Einvernehmen mit den Transportdienststellen zu schützen.

b) *Verhaftungen*:
Ohne Verzug ihres Amtes zu entheben und in besonders gesicherte Einzelhaft zu nehmen sind:
Sämtliche Gauleiter, Reichsstatthalter, Minister, Oberpräsidenten, Polizeipräsidenten, höhere SS- und Polizeiführer, Gestapoleiter und Leiter der SS-Dienststellen, Leiter der Propagandaämter und Kreisleiter. Ausnahmen befehle ich.

c) *Konzentrationslager*:
Die Konzentrationslager sind schleunigst zu besetzen, die Lagerkommandanten zu verhaften, die Wachmannschaften zu entwaffnen und zu kasernieren. Den politischen Häftlingen ist zu eröffnen, daß sie sich bis zu ihrer Entlassung aller Kundgebungen und Einzelaktionen zu entziehen haben...

III.
Für die Bearbeitung aller politischen Fragen, die sich aus dem militärischen Ausnahmezustand ergeben, bestelle ich bei jedem Wehrkreisbefehlshaber einen Politischen Beauftragten. Dieser übernimmt bis auf weiteres die Aufgaben des Verwaltungschefs. Er berät den Wehrkreisbefehlshaber in allen politischen Fragen.

IV.
Bearbeitende Stelle des Oberbefehlshabers im Heimatkriegsgebiet in allen Angelegenheiten der vollziehenden Gewalt ist der Heimatführungsstab. Er entsendet zu den Wehrkreisbefehlshabern zur wechselseitigen Unterrichtung über Lage und Absichten einen Verbindungsoffizier (VO OKH).

V.
Bei Ausübung der vollziehenden Gewalt dürfen keine Willkür- und Racheakte geduldet werden. Die Bevölkerung muß sich des Abstandes zu den willkürlichen Methoden der bisherigen Machthaber bewußt werden.«

23. MÄRZ 1944

An der Mittagstafel dieses Tages monologisiert der Diktator in seinem Hauptquartier[45]:

»Den Rhein sah ich zum ersten Male, als ich 1914 mit der Truppe nach dem Westen ausrückte. Es wird mir ewig unvergeßlich sein, welche Gefühle mich bedrängten, als ich zum ersten Male diesen Schicksalsstrom erblickte. Ebenso großen Eindruck hat damals auf mich die Aufgeschlossenheit und die Herzlichkeit der dort lebenden Menschen gemacht, die uns überall einen völlig unerwarteten Empfang bereiteten. Wir wurden in geradezu rührender Weise mit allem versorgt. Abends, als wir nach Aachen kamen, sagte ich mir, daß ich diesen Tag in meinem Leben niemals vergessen werde. Und tatsächlich hat mich diese Erinnerung auch immer so lebhaft begleitet, wenn ich später wieder an den Rhein zurückkam.

Ja, vielleicht ist das einer der Gründe, warum es mich immer wieder so dorthin gezogen hat; es war nicht nur die unvergleichliche Schönheit dieser Landschaft, die mich später fast jedes Jahr dorthin zurückkehren ließ. Außer dem Rhein gibt es noch eine ganze Reihe anderer deutscher Landschaften, die ich immer mit besonderer Vorliebe, am liebsten jedes Jahr, aufgesucht habe, zum Beispiel den Kyffhäuser, den Thüringer Wald, den Harz und den Schwarzwald. Es ist doch ein ganz unvergleichliches Gefühl, wenn man so 20, 30, 40 Kilometer fernab von allen menschlichen Siedlungen durch den Wald fährt und sich der Natur nahe fühlt.

Auf solchen Fahrten habe ich immer gern ein Picknick veranstaltet. Das war nicht immer einfach; oft wurde unsere Wagenkolonne von Kraftfahrern stundenlang gejagt, die es sich nicht entgehen lassen wollten, mich auf irgendeiner Rast im Freien aus der Nähe sehen zu können. Wir mußten tatsächlich manchmal zu allen möglichen Mitteln greifen, um diese Verfolger loszuwerden. In solchen Fällen ließ ich den ersten Wagen, in dem ich saß, plötzlich nach links oder rechts in einen Seitenweg abbiegen, während der Wagen mit den Kriminalbeamten die Spitze übernahm und auf der Straße weiterraste. Wenn dann die Verfolger diesen zweiten Wagen erreicht hatten, gaben sie noch mehr Gas, um mich einzuholen, weil sie glaubten, ich sei ihnen in der geraden Richtung ausgerissen. So gelang es uns manchmal tatsächlich, uns auf einige Stunden in der Stille zu verbergen. Manchmal hatten wir auch Pech. Ich erinnere mich, daß wir auf einer solchen Abseitsfahrt im Walde Rast machten. Plötzlich tauchte eine pilzsuchende Familie auf, und es dauerte nicht lange, dann hatten diese Leute aus der nächstgelegenen Ortschaft einen Haufen Menschen herbeigeholt, der sich mir konzentrisch mit lauten Heil-Rufen näherte. Da war es natürlich für diesmal mit der Ruhe vorbei.

Es ist eigentlich schade, daß nur die wenigsten Menschen bei uns Deutschland, ihre Heimat, wirklich kennen. In den letzten sechs Jahren sind die landschaftlichen Schönheiten des Reiches noch wesentlich vermehrt worden. Neben der Ostmark muß man hier auch an die reizvollen Landschaften des böhmisch-mährischen Raumes erinnern, die nur ganz wenigen Altreichsdeutschen bekannt sind. Wer weiß zum Beispiel etwas vom Böhmerwald? Wer kennt ihn? Daß es dort auch heute noch Urwälder gibt, haben viele gelesen; dort gewesen sind nur ganz wenige. Ich kenne eine fotografische Sammlung von Aufnahmen aus dem Böhmerwald; wenn man sie betrachtet, hat man manchmal das Gefühl, Bilder einer Tropenlandschaft vor sich zu sehen. Ein Deutscher, der jedes Jahr einmal eine Reise unternimmt und zwar innerhalb Deutschlands, braucht sein ganzes Leben, bis er wirklich alle Schönheiten seiner Heimat aus eigener Anschauung kennengelernt hat.«

Zur selben Zeit, als Hitler über die Schönheit deutscher Landschaften spricht, verüben italienische Partisanen der CLN in der Via Rasella in Rom einen blutigen Sprengstoffanschlag.[46] Neben acht italienischen Zivilisten kommen 35 Mann einer deutschen Polizeikompanie um. Zur Vergeltung werden am folgenden Tag 335 italienische Geiseln in den Adreatinischen Höhlen erschossen.

Am 25. März kann die seit Mitte November 1943 abgerissene Verbindung zwischen den deutschen Heeresgruppen Mitte und Süd bei Kowel hergestellt werden.[47] Die deutsche Ostfront ist wieder geschlossen.

30. MÄRZ 1944

Die geheimen SD-»Meldungen aus dem Reich« zeichnen an diesem Tag folgende Stimmungslage[48]:

»Die Verschlechterung der Nachrichten von der Ostfront, die unveränderte Lage im Luftkrieg, das Fehlen irgendwelcher Anzeichen eines Gegenschlages unsererseits... sowie die Unannehmlichkeiten des Kriegsalltags halten die Stimmung der Bevölkerung weiterhin nieder. Große Teile der Bevölkerung sind im Augenblick durch die Kriegslage stark eingeschüchtert. Man wisse nicht, ›worauf man eigentlich noch hören soll‹. Auch bisher zuversichtlichen Volksgenossen würde ›die Sache allmählich unheimlich‹. Der Einmarsch unserer Truppen in Ungarn habe gezeigt, daß es auch auf dem Balkan ›nicht stimmt‹, wenn auch im richtigen Augenblick eingegriffen worden sei. Das ›unerbittliche Herannahen‹ der Bolschewisten, die mangelnde Aussicht auf eine absehbare Beendigung des Luftkrieges, die fühlbar werdende Nervosität wegen der zahlreichen Tages- und Nachtalarme, die Angst vor stärkeren Fliegerangriffen und die Vorstellung, daß wir fast wie im Ersten Weltkrieg gezwungen seien, gegen eine Reihe von übermächtigen Feinden zu kämpfen, sowie die Verwüstungen durch den Luftterror und die Opfer in vielen Familien mindern den Glauben, daß eine Wendung kommt, die den Endsieg bringt, und richten die Gedanken auf den Sinn des ganzen Geschehens (Berlin, München, Stuttgart, Stettin). Die Mehrzahl der Volksgenossen halte auch jetzt daran fest, daß man auf alle Fälle durchhalten und ›die Zähne zusammenbeißen‹ müsse. Man tue es, weil man eben müsse und weil gar nichts anderes übrig bleibe. Es erhöht sich aber die Ungeduld, daß ›bald etwas geschehen‹ müsse, sei es nun im Gegenschlag gegen die Sowjets oder die Invasion und die ›Abrechnung‹ mit England. Es sei wirklich nicht mehr leicht, ›bei der Stange‹ zu bleiben.

Nicht nur die militärische und politische Lage, sondern auch andere Dinge trügen dazu bei, jeden Optimismus zu ›dämpfen‹. Die seit Wochen anhaltende schlechte Witterung, die damit verbundene erhöhte Anfälligkeit für alle möglichen Krankheiten, Mängel in der Versorgung mit Heizmaterial, Schwierigkeiten im Nahverkehr und auf der Eisenbahn und die Ernährungslage drückten auf die Stimmung, vor allem der Frauen...«

Am Abend treffen die Oberstleutnante Sauerbruch und Bernardis in der Tristanstraße ein. Stauffenberg, der sie zum Abendessen geladen hat, empfängt sie mit der Nachricht, daß die sowjetischen Stoßarmeen die rumänische Grenze erreicht hätten und sich kurz vor Tschernowitz befänden. Geht die Stadt verloren – und damit sei in den nächsten 48 Stunden zu rechnen –, dann wäre der direkte Verbindungsweg von Rumänien über Galizien nach Deutschland abgeschnitten. Überhaupt stehe man vor der Tatsache, daß die gesamte Ukraine, mit Ausnahme der Krim, nach drei Jahren Ostkrieg erneut in bolschewistischer Hand sei; was 1941 in vier Monaten gewonnen wurde, sei nun in zweieinhalb Jahren Abwehrkampf wieder verlorengegangen. Noch schlimmer sei, daß die 1. Panzerarmee unter Generaloberst Hube mit sechs Panzerdivisionen (1., 6., 11., 16., 19. und »Leibstandarte Adolf Hitler«), einer Panzergrenadierdivision (20.) und drei Infanteriedivisionen (96., 291., 298.) seit dem 26. März im Raum Kamenez-Podolsk eingekesselt sei. Der Verlust dieser Armee mit ihren kampferprobten Elitedivisionen würde praktisch zum Zusammenbruch der Ostfront führen.

Beim Abendessen kommt die Sprache auf den dringenden Wunsch Peter Sauerbruchs, sein Freund möge ihm ein Frontkommando verschaffen, nachdem er am 20. März wieder gesund geschrieben worden war. Stauffenberg, der ihm gesagt hatte, »er könne seinen Drang zur Truppe gut verstehen«, kann ihm mitteilen, daß seine Versetzung zur 4. Panzerdivision genehmigt wurde.

Sauerbruch hat das weitere Gespräch der drei Generalstabsoffiziere später so beschrieben[49]:

»Gegen Ende des Abends wies Stauffenberg noch einmal auf den ungeheuren Ernst der Lage hin. Ich fragte ihn scherzhaft, ob er mir das Weggehen schwermachen wolle. Er verneinte das in scherzhaftem Ton. Er war dann jedoch den Rest des Abends über ernst und sprach von den ungeheuren Schwierigkeiten, die er gerade in seiner Stellung im Allgemeinen Heeresamt zu überwinden hätte, um wenigstens etwas für die Möglichkeit zu tun, die Katastrophe abwenden zu können. Ich sagte zu ihm, daß es nach meiner Ansicht für jeden Offizier an seiner Stelle darauf ankäme, sich so einzusetzen, daß er sich hinsichtlich der Erfüllung seiner Pflicht keine Vorwürfe zu machen habe. Er antwortete etwa dem Sinne nach, ich hätte völlig recht; jedenfalls sei er gewillt, alles zu tun, was in seinen Kräften stände, um das Unglück einer völligen Vernichtung abzuwenden.«

Beim Abschied, der »von großer Herzlichkeit« ist, sagt Stauffenberg zu seinem Freund: »Ich habe keinen Zweifel, daß du deine Sache draußen machen wirst! Ich hätte dich ja gerne dabehalten. Aber man soll in das Schicksal nicht eingreifen...«

31. MÄRZ/1. APRIL 1944

Am letzten Märztag meldet sich der 29jährige Major Roland von Hösslin telefonisch beim AHA. Hösslin, ein junger hochdekorierter Frontoffizier, den das Ritterkreuz schmückt, tut zur Zeit Dienst in Ostpreußen, in Insterburg, als Kommandeur eines Offiziersbewerber-Lehrganges. Damit untersteht er disziplinarisch dem Befehlshaber des Ersatzheeres beziehungsweise dem Allgemeinen Heeresamt, und so hat ihn Stauffenberg ganz legal nach Berlin bestellen können. Beide sind seit langem miteinander befreundet, haben sich aber seit über einem Jahr nicht gesehen. Damals, Anfang 1943, hatte Stauffenberg den verwundeten Hösslin in Berlin im Lazarett besucht und ihm gesagt, daß der Krieg militärisch verloren sei. Jetzt möchte er den Major für die Konspiration gewinnen und mit einer wichtigen Spezialaufgabe betrauen. Er beschließt, klar und offen mit ihm zu reden, aber noch nicht vom Attentat zu sprechen.

Am nächsten Vormittag sitzen sich die beiden Offiziere gegenüber, und Stauffenberg stellt anhand seiner Unterlagen die katastrophale Ersatzlage des deutschen Heeres dar[50]:

»Die Verluste sind erheblich größer als der Ersatz, der von der Heimat nachgeschoben werden kann. Die Stärke des Feldheeres vermindert sich monatlich um die Stärke eines Armeekorps. Abhilfe ist nicht möglich. Wir treiben auf einen militärischen Zusammenbruch hin.«

Stauffenberg beobachtet aufmerksam die Wirkung seiner Ausführungen auf den jungen Major. Dann wird er grundsätzlich:

»Es können in Deutschland eines Tages chaotische Zustände wie 1918 einreißen. Das Ersatzheer ist dann als einzige Macht in der Lage, die Ordnung aufrechtzuerhalten... Das Offizierskorps darf dann nicht wieder versagen und sich die Initiative aus der Hand nehmen lassen wie 1918, sondern es muß aus eigener sittlicher Verantwortung heraus handeln.«

Hösslin hat später bekannt, daß ihn der Appell an die Offiziersehre und an das politische Verantwortungsbewußtsein stärker beeindruckte als die Analyse der militärischen Situation. Der leidenschaftliche Patriotismus Stauffenbergs erfüllt ihn mit »blindem Vertrauen« zu dem schwerverwundeten Oberstleutnant. Und so ist er sofort einverstanden, als er die Weisung erhält, im Falle des Staatsstreichs aus seinem Offiziersbewerber-Lehrgang eine motorisierte Kampfgruppe zu formieren, mit der er das Hauptquartier des OKH in Ostpreußen besetzen und gegen eventuelle Maßnahmen aus dem Führerhauptquartier sichern soll.

ANFANG APRIL 1944

Am Sonntag, dem 2. April, sind Stauffenberg und Haeften wieder in Neuhardenberg.[51] Zwei Tage später kehrt endlich Schulenburg von seinem Bataillonsführer-Lehrgang in Antwerpen nach Gut

Trebbow zurück.[52] Am selben Tag, dem 4. April, machen alliierte Aufklärungsflugzeuge die ersten Luftaufnahmen von den Konzentrationslagern Auschwitz und Birkenau samt den dort zusammenlaufenden Eisenbahnlinien.[53] Aufforderungen jüdischer Kreise, die Bahnanlagen zu bombardieren, werden »angesichts der sehr großen technischen Schwierigkeiten« zurückgewiesen. Im deutschen Machtbereich existieren zu dieser Zeit insgesamt 20 Konzentrationslager.[54]

Am 5. April beginnt die amerikanische Bomberflotte von Süditalien aus eine Luftoffensive gegen das rumänische Erdölgebiet.[55] 250 Bomber greifen Ploesti an, weitere Staffeln stoßen gegen die Hydrierwerke bei Wien vor. Damit setzen die Alliierten eine Taktik ein, die binnen zwölf Monaten zur Kriegsbeendigung führen sollte und die – ein Jahr früher angewandt – sehr viel mehr erreicht hätte als das barbarische Terrorbombardement gegen Städte und Dörfer, Frauen und Kinder.

Am selben Tag treffen sich Schulenburg und Stauffenberg in Neuhardenberg. So freudig das Wiedersehen ist, es wird getrübt durch die Mitteilung, daß Schulenburg den Mai über den zweiten Teil seines Bataillonsführer-Lehrgangs auf der Infanterieschule Döberitz absolvieren muß.[56] Es gilt also für die Verschwörer, den April zu nutzen, um ihre Konspirationsvorbereitungen zum Abschluß zu bringen. Als Stauffenberg, Graf Hardenberg und Haeften diskutierend durch den Park von Neuhardenberg gehen, sagt Schulenburg, der mit Ursula von Kardorff folgt: »Stauffenberg ist unser bestes Pferd im Stall.« Die Journalistin notiert in ihrem Tagebuch über den 36jährigen Oberstleutnant[57]:

»Ein Mensch von ungewöhnlicher Anziehungskraft, groß, dichtes dunkles Haar, über dem einen Auge eine schwarze Klappe, die dem Gesicht nichts von seiner Schönheit nimmt. Das Männliche mit einem Hauch süddeutscher Grazie, eine in Preußen nicht eben häufige Mischung. Ihm fehlt ein Arm, und an der anderen Hand fehlen drei Finger. Da ich neben ihm saß, mußte ich ihm das Fleisch schneiden. Wir unterhielten uns über Jean Paul, dessen Lektüre er mir empfahl, und über Musik. Er soll vor seiner Verwundung sehr gut Cello gespielt haben. Bei aller Liebenswürdigkeit, die angeboren zu sein scheint, ging so viel Energie von ihm aus, daß ich Haeften verstand, der für ihn die Nächte durcharbeitet. Ein solcher Chef verlangt viel, aber es lohnt. Man begegnet nicht oft Menschen wie ihm, die mit allen Tugenden ausgerüstet zu sein scheinen, als habe Gott an ihrer Erschaffung besondere Freude gehabt...«

6. APRIL 1944

Die geheimen SD-»Meldungen aus dem Reich« lauten an diesem Tag[58]:

»Die Stimmung der Bevölkerung ist zur Zeit uneinheitlich. Die Bevölkerung schwankt zwischen der bangen Sorge, daß Schlimmes bevorsteht, und der stillen Hoffnung, daß sich plötzlich alles zu unseren Gunsten ändert. Viele Volksgenossen sind angesichts der gegenwärtigen Lage gänzlich unsicher und ratlos. In der ständigen Unruhe des Wartens auf die Invasion und die Vergeltung sowie eine Wendung der Lage im Osten mache man sich viel Gedanken darüber, was geschehen würde, wenn wir jetzt nicht mehr standhalten könnten. Man trage die Frage mit sich herum, ob sich die vielen und schweren Opfer und Leiden, die der Krieg forderte und noch fordern wird, lohnen werden. Besonders die Frauen fühlen sich beschwert von den Sorgen des Alltags und auch dem Kummer und dem Schicksal ihrer Angehörigen an der Ostfront und in den Städten, die dem feindlichen Bombenterror ausgesetzt sind. Ostern stehe vor der Tür, und noch zeichneten sich keine entscheidenden Ereignisse ab, die man mit dem Frühling, der endlich zu kommen scheine, erwarte. Die Lage im Osten werde immer bedrohlicher, und keiner wisse, wie sich die Dinge dort gestalten sollen. Zwar schwiegen die Sirenen in den letzten Tagen etwas öfter, aber der Luftkrieg mit seinem Leid und seinem Schrecken laste weiterhin auf den Gemütern.

Trotz der schweren Sorgen und Befürchtungen und der Zweifel, die am Glauben an ein gutes Ende nagen, hofft der größere Teil der Volksgenossen auf ein rechtzeitiges Eingreifen des Schicksals zu unseren

Gunsten, weil man ›einfach nicht glauben kann, daß alles umsonst gewesen sein könnte‹. Man sehne sich allmählich sehr nach dem Frieden. Kaum jemand aber wolle deshalb den festen Willen, auszuhalten und seine Pflicht zu tun, aufgeben. Sogar diejenigen, die schon vom ›verlorenen Krieg‹ oder einem ›Zusammenbruch‹ reden, hegten im stillen leise Hoffnungen auf eine Besserung (München, Hamburg u.a.). Man lasse sich auch gern ›gut zureden‹ und die trüben Gedanken, die einen fortwährend plagten, verscheuchen. Allgemein wird anerkannt, daß unsere Lebensweise gegenüber dem Ersten Weltkrieg immer noch besser sei, und daß man im allgemeinen trotz verschiedener unangenehmer Verknappungen doch noch einigermaßen durchkomme. Wenn es manchmal auch schwer sei, besonders mit den wachsenden Schwierigkeiten in der Beschaffung von Kleidern und Schuhen für sich selbst und für die Kinder oder von Haushaltungsgegenständen fertig zu werden, so sei dies sicher immer noch besser, als bei einem ›Frieden um jeden Preis‹ jahrelang elend zu ›vegetieren‹...«

7. APRIL 1944

An diesem Abend kommt »Fritzi« Schulenburg in die Tristanstraße Nr. 8 zu Stauffenberg. In seiner Begleitung befindet sich der Rechtsanwalt Dr. Josef Wirmer, und schnell kommt es zu einer lebhaften politischen Diskussion.[59] Wirmer, ein früherer Zentrumsabgeordneter, ist nicht nur ein geschickter Anwalt, sondern auch ein Mann, der Verbindungen herzustellen und Gegensätze auszugleichen weiß. Er arbeitet in der Konspiration der Zivilisten eng mit Carl Goerdeler zusammen.

Goerdeler ist seit kurzem irritiert und alarmiert, denn er hat über seinen Freund Ludwig Beck vernommen, daß sich Stauffenberg und Schulenburg sehr kritisch über seine – Goerdelers – politischen Zielvorstellungen für die Zeit nach dem Umsturz geäußert haben. In der Tat haben beide wiederholt zu Olbricht gesagt, die innen- und gesellschaftspolitischen Vorstellungen Dr. Goerdelers schienen ihnen auf die Restaurierung früherer Zustände hinauszulaufen. Friedrich Olbricht hatte Beck sofort informiert, und Goerdeler witterte daraufhin eine politische Intrige des jungen Generalstabsoffiziers, des »wilden Mannes«, wie er Stauffenberg gern nannte. Als wahren Hintergrund vermutete er, Schulenburg und Stauffenberg versuchten auf diesem Wege, die Person und den Einfluß Lebers in der Konspiration zu stärken. Goerdeler bat Dr. Wirmer, vorsichtig bei der »Grafengruppe« vorzufühlen und deren wahre Intentionen zu erkunden; er fügte hinzu, es sei sicher gut, wenn erst einmal »jüngere Männer« miteinander sprächen.

Dr. Wirmer, der es versteht, mit Konservativen oder Deutschnationalen ebensogut zu verhandeln wie mit Sozialdemokraten und Gewerkschaftern, müht sich nun im Gespräch um den Nachweis, »wieviel konstruktive neue Gedanken« in der politischen Vorstellungswelt Dr. Goerdelers enthalten seien. Stauffenberg wendet ein, daß in Goerdelers Entwürfen ständig von »Wiederherstellung« gesprochen würde. Das habe Schulenburg und ihn hellhörig gemacht. Sie ihrerseits würden alles tun, »daß es keinesfalls zu dem von Dr. Goerdeler geplanten Restaurationsversuch der Republik von 1919« komme.

Wirmer muß erkennen, daß sich hier ein Grundsatzkonflikt innerhalb der Konspiration anbahnt. Er schlägt als verbindliche Formel für den Gesamtkreis des deutschen Widerstandes vor, »daß nach keiner Richtung hin alte Zustände wieder aufgewärmt werden sollten«. Schulenburg und Stauffenberg, die sich daraufhin zufrieden zeigen, ermuntern Wirmer zum Schluß, künftig auch den Sozialisten Julius Leber in die Grundsatzdebatten einzubeziehen. Wirmer sagt zu, diese Anregung bei Dr. Goerdeler zu befürworten.

Am nächsten Tag wird bekannt, daß Hubes 1. Panzerarmee, die sich 14 Tage lang in einem wandernden Kessel befand, nach Westen ausgebrochen ist und Anschluß an die deutsche HKL gefunden hat.[60] In welch bedenklichem Ausmaß die Kampfkraft der Elite-Panzerdivisionen des deutschen Südflügels in der fünfmonatigen Abwehrschlacht des Winters 1943/44 zusammengeschmolzen ist, läßt sich am repräsentativen Beispiel des 2. Panzergrenadierregiments der »Leibstandarte« ablesen[61]:

Verpflegungsstärke am 10. 11. 1943:

Offiziere	Unteroffiziere	Mannschaften
65	359	2503

Ausfälle des Rgts. bis 10.4.1944:

Offiziere	Unteroffiziere	Mannschaften
64	287	2396

Über Ostern treffen sich Schulenburg und Stauffenberg erneut auf Gut Trebbow.[62] Stauffenberg bringt diesmal seinen Adjutanten, den jungen Hauptmann Karl-Friedrich Klausing mit, der in die Ziele der Konspiration eingeweiht ist. Beide treffen am Nachmittag des Ostersonntags in Trebbow ein. Der Oberstleutnant ist in glänzender Laune, seitdem »Fritzi« Schulenburg wieder im Lande ist. Die Gouvernante und das Kindermädchen der Schulenburgs, beide überzeugte Nationalsozialistinnen, wetteifern darin, dem schwerversehrten Generalstabsoffizier zur Hand zu gehen, ihm das Fleisch zu schneiden und jeden Wunsch von den Augen zu lesen. Danach sitzt man am Kamin, erzählt Gespenster- und Jagdgeschichten, diskutiert über Shakespeare, Rilke und Stefan George.

Erst am Ostermontag sondern sich die beiden Freunde ab, gehen stundenlang durch den Wald und sprechen über die Konspiration. Schulenburg drängt darauf, daß Stauffenberg erneut mit Maaß Kontakt aufnimmt. Im übrigen kommt man überein, den Rest des Monats dazu zu nutzen, die diversen Aufrufe der Verschwörer an Volk und Wehrmacht, an Front und Heimat zu überarbeiten, in ihren Fassungen endgültig abzuschließen. Abgesehen von der Attentatsfrage, die immer noch nicht gelöst ist, soll bis Anfang Mai alles vorbereitet sein, um jederzeit losschlagen zu können.

Wenige Tage später besucht Stauffenberg Hermann Maaß zum zweitenmal in seiner Babelsberger Wohnung.[63] Maaß macht den Fehler, dem Oberstleutnant insistierende Fragen zu stellen, beispielsweise, ob sich »die Militärs« in die Politik mischen wollten, ob sie etwa eine Militärdiktatur planten. So kann man mit Stauffenberg nicht reden; er bleibt distanziert und reserviert. Maaß muß anschließend Wilhelm Leuschner gegenüber bekennen, Stauffenberg sei »sehr wenig aus sich herausgegangen«.

14. APRIL 1944

In den geheimen SD-»Meldungen aus dem Reich« heißt es an diesem Tag[64]:

»Die gegenwärtige militärische und politische Entwicklung erfüllt die Volksgenossen trotz der zuversichtlicheren Darstellung in Presse und Rundfunk mit wachsender Sorge. Fast allgemein ist man der Ansicht, daß niemand etwas über die zukünftige Entwicklung sagen könne und daß es daher wenig Zweck habe, darüber zu reden. Man wartet vielmehr darauf, daß nun bald etwas geschehen müsse, das den Blick aus der bedrückenden Lage befreie. Immer wieder wird gefragt: ›Wie lange kann es denn noch so weitergehen? Wenn die Russen so weitermachen, kommen sie auch noch nach Deutschland. Jetzt sind sie schon in Rumänien, im Generalgouvernement und an den Grenzen Ungarns und der Slowakei.‹ [Linz] Dazu belasten die pausenlosen Fliegeralarme die allgemeine Stimmung. Auch die Vorgänge in Ungarn und Rumänien werden mißtrauisch verfolgt.

Trotz dieser ernsten Gedanken haben die Osterfeiertage dem Teil der Bevölkerung, der dienst- und arbeitsfrei hatte, etwas Entspannung gebracht. Auch die mit den deutschen Gegenangriffen im Osten vermutete Stabilisierung der Ostfront, der Entsatz von Kowel und der Eintritt einer besseren Witterung bewirkten eine Stimmungsauflockerung. Ferner wurden die Sonderzuteilungen von Fleisch, Kondensmilch, Obst usw. dankbar anerkannt, und es fehlte nicht an Vergleichen mit der viel schlechteren Versorgungslage im letzten Weltkrieg (München). Für die ungebrochene innere Haltung der Bevölkerung spreche es auch, daß die Antrittsstärke der Betriebe, die über die Feiertage arbeiteten, sehr hoch war...«

15. APRIL 1944

An diesem Sonnabend fährt Claus Stauffenberg mit dem Major von Hösslin nach Wannsee hinaus. Ein herrlicher Frühling kündigt sich an. Beide Offiziere gehen langsam durch die stillen Vorortstraßen.[65]

HÖSSLIN: »Ja, ich glaube auch, daß ein 80-Millionen-Volk keinen Kampf der letzten Goten am Vesuv führen kann. Das wäre verantwortungslos... Militärisch gesehen ist es heller Wahnsinn, nach Erschöpfung der Kampfkraft des Feldheeres und bei Eindringen der Alliierten in das Reichsgebiet einen Partisanenkrieg nach zwei Seiten gegen hochgerüstete feindliche Armeen führen zu wollen...«

Stauffenberg bleibt stehen. Sein Blick geht nachdenklich über die leere Straße.

STAUFFENBERG: »Der Führer kann sich nicht mehr von seinen großen europäischen Plänen auf ein Deutschland im Rahmen seiner Volkstumsgrenzen umstellen...

Ein Staat wie der nationalsozialistische, der eine Revolution verkörpert, kann nicht mit anderen Staaten Frieden schließen. Denn die Revolution wird von den anderen Völkern als ständige Bedrohung ihres eigenen inneren Zustandes betrachtet...«

Stauffenberg richtet seinen Blick nachdrücklich auf Hösslin. Während er spricht, beobachtet er den Major.

STAUFFENBERG: »Nein, mein Lieber, auch der Führer muß weg! Die einzige Macht, die dann die Ordnung aufrechterhalten kann, ist das Heer beziehungsweise das Ersatzheer...

Die Wehrmacht ist in unserem Staat die konservativste Einrichtung, die gleichzeitig tief im Volk verwurzelt ist.«

MITTE BIS ENDE APRIL 1944

Die zweite Hälfte des Monats April sind Fritz-Dietlof Schulenburg und die Brüder Stauffenberg damit beschäftigt, eine Reihe von Proklamationen an Volk und Wehrmacht zu überarbeiten, sie in die letztgültige Form zu bringen. Diese Arbeit zieht sich bis in den Mai, so daß Schulenburg an den letzten Redaktionen infolge seiner Versetzung nach Döberitz nicht mehr beteiligt ist.

Die Texte liegen im Entwurf schon seit September und Oktober 1943 vor. Im November dieses Jahres hatten Goerdeler, Beck, Hassell und die Brüder Stauffenberg mehrfach über Inhalt wie Form diskutiert. In den letzten vier, fünf Monaten hat die Arbeit geruht; jetzt gehen die beiden Stauffenbergs und Schulenburg an die Schlußredaktion.[66]

In einem *Aufruf an das Deutsche Volk* heißt es, Ziel der Nach-Hitler-Regierung sei es, »die *wahre, auf Achtung, Hilfsbereitschaft und soziale Gerechtigkeit* gegründete Gemeinschaft des Volkes« zu verwirklichen. Voraussetzungen dafür seien: Recht und Freiheit, Sauberkeit in Regierung und Verwaltung sowie die Wiederherstellung der Ehre der Deutschen in der Gemeinschaft der Völker. Die Schuldigen, die soviel Unglück über die Deutschen wie über andere Völker gebracht hätten, würden bestraft werden. Die neue Reichsregierung werde »der Hoffnungslosigkeit, daß dieser Krieg noch unendlich weitergehen müsse, ein Ende machen«. Ihre Ziele seien ein gerechter Friede und die friedliche Zusammenarbeit mit anderen Völkern. Jeder müsse seine Pflicht tun, um das Vaterland zu retten. Schulenburg fügt noch ein:

> »Unserer Väter wären wir nicht würdig, von unseren Kindern müßten wir verachtet werden, wenn wir den Mut nicht hätten, alles, aber auch alles zu tun, um die furchtbare Gefahr von uns abzuwenden und wieder Achtung vor uns selbst zu erringen.«

Die für den Tag nach dem Staatsstreich vorgesehene *Regierungserklärung* der Konspirateure wird in elf übersichtliche Abschnitte gegliedert:

- Wiederherstellung des Rechts;
- Wiederherstellung der öffentlichen Moral;
- Abschaffung lügenhafter Propagandakampagnen;
- Wiederherstellung der Freiheit des Geistes, des Gewissens, des Glaubens und der Meinung;
- Erneuerung der Erziehung und Bildung der Jugend auf christ-

lich-religiöser Basis bei absoluter Toleranz gegenüber Andersgläubigen;
- Neuordnung der Verwaltung und Neugliederung der Beamtenschaft;
- eine neue Reichsverfassung, die der Nation zur Abstimmung vorgelegt wird;
- prinzipielle Autonomie der Wirtschaft unter dem Vorbehalt ausgleichender Sozialpolitik;
- Neuordnung der öffentlichen Haushalte;
- Fortsetzung des Krieges zur ausschließlichen Verteidigung des Vaterlandes;
- Herstellung einer gerechten Friedensordnung für alle Völker.

Ausdrücklich wird in der »Regierungserklärung« anerkannt, daß sich viele Mitglieder der NSDAP von idealistischen Motiven leiten ließen. Den Frontsoldaten wird versprochen, sie in hervorragender Weise an der Gestaltung der neuen Reichsverfassung zu beteiligen. Den Kirchen wird das Recht zugebilligt, frei für ihre Bekenntnisse zu werben, fern von aller politischen Betätigung, also strikt getrennt vom Staat. Die deutschen Arbeiter müßten »Gelegenheit erhalten, an der Verantwortung schöpferisch teilzunehmen«. Das Privateigentum wird geschützt, die Sozialpolitik des Staates werde auf Ausgleich gerichtet sein und sich zum Beschützer unverschuldeter sozialer Schwäche aufwerfen. Noch sei Krieg. Solange er andauere, müsse alles an Arbeit, Pflichterfüllung, Opfer und Liebe den Frontsoldaten gehören, die das Vaterland verteidigen. Der Krieg müsse anständig und ehrenhaft geführt werden, solange es noch nötig sei. Von Goerdeler und Beck stammt der Satz:

»Wir haben vor diesem Krieg gewarnt, der so viel Leid über die ganze Menschheit gebracht hat, und können daher in Freimut sprechen. Wir waren und sind der Ansicht, daß es andere Möglichkeiten gab, unsere Lebensinteressen sicherzustellen.«

Die für den Krieg Verantwortlichen müßten zur Rechenschaft gezogen werden. Zunächst gelte es jedoch, einen ehrenhaften Frieden zu erkämpfen.

Der *Aufruf an die Wehrmacht* schließlich wird im wesentlichen von Claus von Stauffenberg formuliert, nachdem er sich über das Grundsätzliche mit Generaloberst Beck verständigt hat.[67] Beck erklärt darin in seiner Eigenschaft als Reichsverweser und Oberster Befehlshaber der Wehrmacht:

»Der gute Glaube der deutschen Soldaten an einen gerechten Krieg zur Wiedergutmachung des Deutschland in Versailles angetanen Unrechts und zur Sicherung der nationalen Unabhängigkeit ist von der NS-Regierung gewissenlos mißbraucht worden, mißbraucht zur Eroberung und zur Ausbeutung unterjochter Länder. Deshalb hat die NS-Führung zu keinem Frieden mit den anderen Völkern kommen können, sondern überall nur Haß gesät. Was die Wehrmacht angeht, so hat Adolf Hitler ›durch Eigensinn, Unfähigkeit und Maßlosigkeit‹ die schwersten Opfer verursacht, so den Untergang der 6. Armee in Stalingrad, den Verlust der Afrika-Armee und die vergeblichen Opfer auf Sizilien. ›Hunderttausende braver Soldaten büßten für Vermessenheit und Eitelkeit eines einzelnen mit Leben, Gesundheit oder Verlust der Freiheit.‹ Der Reichsverweser und Oberste Befehlshaber verspricht zum Schluß, daß er nur Opfer verlangen werde, die zur Verteidigung Deutschlands notwendig seien, daß im Rücken der Front wieder Recht und Anstand gelten werden und daß das Ziel aller Anstrengungen ein dauerhafter Ausgleich mit allen Völkern ist.«

Am 20. April erscheint Dr. Wirmer bei Oberstleutnant Stauffenberg in der Bendlerstraße.[68] Er hat inzwischen ausführlich mit Goerdeler gesprochen und – wie er es Schulenburg und Stauffenberg versprochen hatte – zu Julius Leber Kontakt aufgenommen. Seinem Bericht zufolge sind die Mißverständnisse zwischen Carl Goerdeler und der »Grafengruppe« beseitigt. Er legt dem Oberstleutnant schriftliche Stichworte Lebers zur künftigen Innen- und Gesellschaftspolitik vor, die eine eindeutig sozialistische Handschrift verraten. Leber habe sich dabei, so Wirmer, ausdrücklich auf Stauffenbergs Einverständnis und Billigung berufen. Der Oberstleutnant ist erstaunt; er weiß nichts von einer solchen »Billigung«.

Am selben Tag lauten die geheimen SD-»Meldungen aus dem Reich«[69]:

»...Viele Volksgenossen zeigten sich allmählich müde unter dem ständigen Druck, durch das Bangen um die Entwicklung im Osten und die immer wieder aufgefrischte Hoffnung ›auf ein erlösendes Wunder‹. Vor allem sind die Frauen in großer Sorge um das Schicksal ihrer Angehörigen an der Front. Allgemein habe man den Krieg ›bis obenhin satt‹. Der Wunsch nach Beendigung sei überall sehr groß. Selbstverständlich sollte der Kriegsausgang ein für uns günstiger sein. Gerade davon aber könne man sich überhaupt keine Vorstellung machen...

Vor allem in Großstädten treffe man zur Zeit auf eine ganze Menge von Volksgenossen, die zwar bei genauerem Zusehen alle ihre Pflicht tun, aus ihrem Mißmut und ihrer Verdrossenheit aber keinen Hehl machen. Von ihnen wird offen dahergeredet, daß es bei einem verlorenen Krieg auch nicht schlimmer sein könne als jetzt. Mehr arbeiten als vom frühen Morgen bis in die späte Nacht könne man nicht. Und zu verlieren habe man ohnehin nichts mehr. Was solle einem schon noch passieren.

Eine wesentliche Rolle spielen dabei die Stimmen über die Verlängerung der wöchentlichen Arbeitszeit auf 72 Stunden. Das sei bei der gegenwärtigen Verpflegung kaum durchzuhalten. Vor allem wird von den Frauen dagegen gesprochen, denn es gehe immer auf sie, wenn sie bei solchen Anforderungen nicht genug zu essen schaffen können für die Männer. Stellenweise laufen erneut Gerüchte über zu erwartende Kürzungen an den Lebensmittelrationen um (z.B. München).

Ein weiteres negatives Moment seien die Briefe und Erzählungen von Soldaten, die in bezug auf die Ostfront nicht mehr die früher einheitlich gezeigte Zuversicht aufweisen.

Insbesondere hätten solche Soldaten, deren Familien in den östlichen Grenzgebieten wohnen, Sorge um das Wohl ihrer Familie und äußerten in ihren Briefen die Befürchtung, daß bei einem weiteren Vordringen der Bolschewisten Frau und Kinder bei ihrer Abwesenheit Schaden erleiden (z.B. Ziechenau).

Aber selbst die Verdrossenen klammerten sich wie die Verzagten im Grunde genommen alle an die Hoffnung auf einen Umschwung. ›Im

Augenblick steht uns das Wasser wohl bis zum Hals, aber wir werden schon noch einen Pfeil im Köcher haben.‹ Man erwarte, daß noch im April, spätestens aber im Mai, wichtige Entscheidungen eingeleitet werden. Wenn das nicht geschehe, sei allerdings die ›Gelegenheit für dieses Jahr wieder vorbei‹ (z. B. Berlin).«

Am Sonntag, dem 23. April, treffen sich Leber, Schulenburg und Stauffenberg in der Wohnung Dr. Wirmers.[70] Einzelheiten der Diskussion sind nicht bekannt geworden, aber es kommt zu einer weitgehenden politischen Übereinstimmung. Von nun an ist Oberstleutnant Stauffenberg ernsthaft darum bemüht, Julius Leber eine dominierende Position in der neuen Regierung nach dem Umsturz zu verschaffen.

Am Tag darauf spricht Hitler auf dem Berghof zu den Generälen aller Wehrmachtsteile im Anschluß an eine NS-Führungstagung. Generalleutnant Rudolf Schmundt notiert in seinem Tätigkeitsbericht[71]:

»Der Führer stellt besonders heraus, welche entscheidende Aufgabe dem Führerkorps im Schicksalskampf des deutschen Volkes gestellt ist, und stellt die Forderung, daß sich jeder Offizier mit den Ideen des Nationalsozialismus identifizieren muß und als Repräsentant des heutigen Staates zu gelten hat. Einen unpolitischen Offizier gibt es nicht.«

Ende April 1944 ist die gesamte Ukraine – bis auf die Festung Sewastopol – von den Sowjets zurückerobert. Seit Anfang des Monats hat sich die Front etwa an der rumänischen Grenze stabilisiert. Die 23 Armeen der 1., 2., 3. und 4. Ukrainischen Front (sowjetische Heeresgruppen) sind nach fünfmonatigem Großkampf und furchtbaren personellen wie materiellen Verlusten restlos erschöpft, so daß man mit einer vier- bis fünfmonatigen Angriffspause rechnen darf. Doch das sowjetische Oberkommando ist dank der gewaltigen westlichen Hilfslieferungen von 400 000 dreiachsigen Lastkraftwagen und riesigen Mengen von rollendem Eisenbahnmaterial in der Lage, in den nächsten zwei, drei Monaten den operativen Schwerpunkt nach Norden zu verlagern, gegen die deutschen Heeresgruppen »Nord« und »Mitte«, die kaum noch über Panzer und Luftstreitkräfte verfügen.

In Italien kommen die westlichen Alliierten nur schrittweise voran. Seit dem 15. April sind die Angelsachsen dazu übergegangen, mit ihren unerschöpflichen Bomberflotten vorrangig Verkehrs- und Transportziele im Westen des Reiches sowie in Belgien und Nordfrankreich anzugreifen. Das ist als Vorbereitung der langerwarteten alliierten Invasion zu verstehen, mit der man nun in den nächsten vier, fünf Wochen täglich rechnen muß.

Sieht man vom Luftkrieg ab, so ist ohne Zweifel eine Art »Stillstand« an den Fronten eingetreten; ein Stillstand, der aber nur als »Ruhe vor dem Sturm« interpretiert werden kann. Selbst wenn es im Mai noch ruhig bleiben sollte, so muß der Juni den Generalansturm der Verbündeten von allen Seiten bringen. Deshalb ist jetzt für den deutschen Widerstand der günstigste Zeitpunkt, den Staatsstreich auszulösen. Noch hat die Wehrmacht den Ruf einer fast unüberwindlichen Truppe, noch hält die Ostfront, noch sind die baltischen Länder, Weißrußland, die Slowakei, Ungarn und Rumänien in deutscher Hand, noch haben die Westalliierten nicht erproben können, ob ihnen eine Landung in Frankreich überhaupt gelingt. Wenn Anfang oder Mitte Mai der Umsturz erfolgt, so ist die neue Reichsregierung in der Lage, den Feindmächten einen Waffenstillstand zum 1. Juni anzubieten, mit der gegenseitigen Vereinbarung, daß die Wehrmacht binnen drei Monaten kampflos die besetzten Gebiete räumt, sich auf die Reichsgrenzen zurückzieht und dort am 31. August die Waffen niederlegt. Es ist sehr fraglich, ob Roosevelt, Churchill und selbst Stalin ein solches Angebot ablehnen können, das Millionen ihrer Soldaten das Leben retten würde.

Die Konspiration ist theoretisch zu einem solchen Schritt in der Lage. Dank der unermüdlichen Tätigkeit von Tresckow, Stauffenberg, Schulenburg, Olbricht in Übereinstimmung mit Goerdeler und Leber, mit Leuschner, Habermann und Kaiser sind die Voraussetzungen geschaffen, um jederzeit loszuschlagen. Die »Walküre«-Einsatzplanung steht. Die Stauffenbergsche Infrastruktur in den Wehrkreisen ist im wesentlichen perfekt. Goerdelers »Politische Beauftragte« stehen bereit. Insgesamt sind etwa 160 Personen in die Staatsstreichplanung eingeweiht, und das ist ausreichend für einen Umsturz von oben; jede personelle Erweiterung kann zur Aufdeckung des Komplotts, kann zur Katastrophe führen. Die Proklamationen und Aufrufe an Volk und Wehrmacht, die Texte der offiziellen Regierungserklärung liegen bereit, müssen nur aus ihren Verstecken geholt und über die Sender des Großdeutschen Rundfunks verlesen werden.

Doch die Konspiration tritt auf der Stelle. Im Mai wird Fritz-Dietlof von der Schulenburg, der führende Kontaktmann zwischen der militärischen und der zivilen Seite der Verschwörung, nicht zur Verfügung stehen. Oberstleutnant Mertz von Quirnheim, den Stauffenberg so dringend zu seiner Unterstützung benötigt, kann erst Mitte Juni nach Berlin kommen.

Dr. Goerdeler verfaßt Ende April eine 24seitige Denkschrift zur Lage, die er über Helmuth Stieff an Generaloberst Zeitzler, den Chef des Generalstabs des Heeres, schickt. Die Verschwörer erfahren nicht einmal, ob das Elaborat den Adressaten überhaupt erreicht. In der Bendlerstraße macht Olbricht Generalfeldmarschall von Witzleben mit Stauffenberg bekannt. Das bringt nicht viel, denn Witzleben will ja erst aktiv werden, wenn die Aktion geglückt ist. Das entscheidende Handicap der Konspiration liegt aber darin, daß die Attentatsfrage nicht gelöst ist. Solange Adolf Hitler, der Gewaltige, das Idol der Massen, noch an der Spitze steht, kann die Auslösung des Staatsstreichs nicht vollzogen werden.

ANFANG MAI 1944

Der neue Monat beginnt mit Katastrophenmeldungen für die Konspiration; die militärische Lage des Reiches verdüstert sich. Am 5. und 6. Mai greifen amerikanische Bomberformationen das rumänische Erdölzentrum von Ploesti an. 25000 Tonnen Treibstoff werden vernichtet. Zur selben Zeit beginnen die Sowjets mit 27 Divisionen den Sturmangriff auf die Festung Sewastopol, die von 60000 Rumänen und 4000 deutschen Infanteristen gehalten wird. Churchill und Stalin teilen Südosteuropa in Operationszonen auf. Spanien schränkt die Lieferung von Wolfram nach Deutschland ein und bekommt dafür Treibstofflieferungen der Alliierten. Der tschechoslowakische Exilpräsident Eduard Beneš stimmt der Besetzung seines Landes durch die Rote Armee zu. In der Nacht vom 8. zum 9. Mai erteilt Hitler den Räumungsbefehl für die Krim.[72]

Am 11. Mai stellt die Türkei die Chromerz-Ausfuhr nach Deutschland ein. 10000 Mann des Ersatzheeres werden zur Bewachung der Konzentrationslager kommandiert.[73] Generalleutnant Schmundt hält in seinem Tätigkeitsbericht fest, daß das Heer seit Kriegsbeginn einen Totalverlust von mehr als 50000 Offizieren zu beklagen hat: 40391 Gefallene, 8070 Vermißte, 2633 in Gefangenschaft.[74] Am selben Tag heißt es in den geheimen SD-»Meldungen aus dem Reich«[75]:

»Der anhaltend schwere Luftterror und die laufende Behandlung des Invasionsthemas durch die Führungsmittel haben die Bevölkerung in einen Zustand starker Spannung versetzt. Die Frage ›Kommt nun die Invasion oder kommt sie nicht?‹ steht im Mittelpunkt aller Erörterungen über die Lage. Ihr gegenüber treten gegenwärtig die Betrachtungen über die Ereignisse an der Ostfront zurück.

Zur Frage der Invasion selbst sind die Meinungen geteilt. Der größte Teil der Volksgenossen nimmt die Darstellungen der Führungsmittel zur Invasion und die feindliche Lufttätigkeit in den besetzten Westgebieten sowie die weiter auf die Verkehrsanlagen gerichteten Angriffe als Bestätigung für einen baldigen Beginn der Invasion. Der andere kleinere Teil der Bevölkerung ist weiterhin davon überzeugt, daß der ›Invasionsrummel‹ ein Bluffmanöver unserer Feinde sei. Diese Volksgenossen stellen sich besorgt die weitere Frage, was wir wohl tun werden, wenn die erwarteten Ereignisse im Westen nicht eintreten würden.

Allgemein ist man der Ansicht, daß in nächster Zeit etwas geschehen müsse, weil ›es so nicht mehr weitergehen kann‹ (z.B. Bayreuth,

Würzburg, Saarbrücken, Dortmund, Hamburg, Linz). Wie solle man sonst noch an ein gutes Ende glauben können? Irgendwie müßten wir aus der nun schon lange dauernden Defensive heraus wieder offensiv werden. Der Luftkrieg sei angesichts der zahlreichen Zerstörungen in den Rüstungsstätten und an den Verkehrsanlagen sicher nicht ohne Wirkung. Er werde doch allmählich zu einer fühlbaren Schwächung unserer Rüstungskapazität führen. Das bedrücke sehr und mache den Luftkrieg bei allen Betrachtungen zur Gesamtlage um so mehr zur wesentlichen Sorge, als man an den Beschwernissen körperlicher und seelischer Art, die er mit sich bringt, und den Opfern, die er fordert, selbst schwer zu tragen habe. Vor allem das Verhalten der Frauen gebe die Frage auf, ob bei längerem Andauern des gegenwärtigen Zustandes die bisher gehaltene Disziplin der Bevölkerung nervenmäßig durchgehalten wird. Viele Volksgenossen hätten das Sirenengeheul, das Motorengebrumm der angreifenden Maschinen, das Schießen der Flak und das Krachen der Bomben dauernd in den Ohren und würden diese Eindrücke beim besten Willen nicht mehr los (Berlin u.a.). Es zeige sich allerdings, daß man in den Gebieten, in denen in letzter Zeit keine Luftangriffe stattgefunden haben, auch sehr rasch wieder aufatme (z.B. Stuttgart). Zur Zeit seien kaum noch Menschen anzutreffen, die sich irgendwelchem Optimismus hingeben. Die Bevölkerung sei sich allgemein klar darüber, daß die nächste Zeit schwere Belastungen bringen wird. Trotzdem ist es der entschiedene Wunsch aller, daß es bald ›losgehen möge‹, damit man ›wieder einmal klarer sieht‹ (z.B. Berlin). Besonders in der arbeitenden Bevölkerung sieht man der kommenden Belastungsprobe sehr ruhig und gefaßt entgegen (z.B. Dortmund). Man arbeite mehr als früher und tue alles, damit ›es gut geht und irgendein Ende abzusehen ist‹...

Wenn auch beim weitaus überwiegenden Teil der Bevölkerung ein großes Zutrauen in unsere Vorbereitungen auf die Invasion besteht, so werden doch alle mündlich weitergereichten Berichte und Gerüchte, daß der Atlantikwall noch nicht ganz fertig sei, daß Flugplätze und Eisenbahnknotenpunkte in den besetzten Gebieten durch Luftangriffe und Sabotageakte so stark beschädigt seien, daß der Nachschub gestört sei, daß ein Rheinübergang nur noch an zwei Stellen möglich sei, daß sieben Millionen anglo-amerikanischer Truppen auf der Insel bereitstünden..., hin- und hergewendet. Die Meldungen über den neuerlichen Besuch von Generalfeldmarschall Rommel am Atlantik wirken aber als starke Garantie dafür, daß man in bezug auf den Westen nicht kleingläubig zu sein brauche. Der Satz aus der Ansprache Rommels an die Befehlshaber ›Ich bin überzeugt, daß jeder einzelne deutsche Soldat seinen Beitrag zu jener Vergeltung leisten wird, die er dem anglo-amerikanischen Geist für seine verbrecherische und bestialische Luftkriegführung gegen unsere Heimat schuldet‹ verweise die Vorstellung der Volksgenossen über unsere Vergeltung wieder auf die Basis militärischer Möglichkeiten und die Einzelleistung des deutschen Soldaten als Träger dieses kommenden Kampfes...«

Am 12. Mai fällt die Krim in die Hände der Sowjets.[76] Von 230 000 Mann der 17. deutschen Armee konnten etwa 150 000 Soldaten mit Hilfe der Kriegsmarine und der Luftwaffe abtransportiert werden. Am selben Tag beginnen die westlichen Alliierten mit ihrer Luftoffensive gegen die Werke zur synthetischen Treibstofferzeugung in Deutschland.[77] Die Wirkung ist verheerend: Die Werke Tröglitz und Brüx (bei Prag) melden 100 Prozent Ausfall, die Leuna-Werke in Merseburg 60 Prozent, das Werk Böhlau 50 Prozent. Damit schrumpfen die Treibstoffreserven der Wehrmacht, insbesondere der Luftwaffe, am Vorabend einer möglichen feindlichen Invasion dramatisch zusammen.

Am nächsten Tag empfängt der deutsche Diktator auf Schloß Kleßheim den slowakischen Staatspräsidenten Jozef Tiso.[78] Anwesend sind von deutscher Seite Reichsaußenminister von Ribbentrop, Generalfeldmarschall Keitel und Generaloberst Jodl, von seiten der Slowaken Ministerpräsident Voitěch Tuka, Kriegsminister General Čatloš und Propagandachef Gaspar. Hitler gibt »seiner Entschlossenheit Ausdruck, den uns von den Feinden des Reiches und seinen Verbündeten aufgezwungenen Krieg im Osten wie im Westen bis zum siegreichen Ende kompromißlos durchzuschlagen«.

14. MAI 1944

In der Tristanstraße Nr. 8 treffen sich an diesem Abend Claus von Stauffenberg und Adam von Trott zu Solz, der außenpolitische Berater der Militärfronde.[79] Stauffenberg bedauert eingangs, daß sein Freund Schulenburg durch den Lehrgang in Döberitz abgehalten ist. Dann überläßt er Trott das Wort, der eine schriftliche Ausarbeitung mitgebracht hat.

TROTT: »In den letzten Wochen habe ich eine Denkschrift über die außenpolitische Lage Deutschlands verfaßt. Ich gab ihr den Titel *Deutschland zwischen Ost und West* und habe sie mit dem Blut meines Herzens geschrieben.«

Trott blättert in der Denkschrift.

TROTT: »Ich wäre Ihnen sehr dankbar, Graf Stauffenberg, wenn Sie sie lesen würden...«

Er übergibt sie dem Oberstleutnant, der sie mit der linken Hand nimmt und auf seinen Schoß legt.

TROTT: »Ich gehe darin von folgender These aus: Das bolschewistische Interesse an einer Gewinnung Deutschlands bedeutet weiteres Vordringen der Sowjetunion bis an die atlantische Küste. Die bolschewistische Politik in bezug auf das Reich wird durch gewisse Ähnlichkeiten im politischen und wirtschaftlichen Aufbau – bei allerdings verschiedener sozialer Struktur – erheblich begünstigt. Außerdem bilden die sozialistische Arbeiterschaft, die radikalisierte deutsche Jugend sowie zwölf Millionen ausländischer Arbeiter im Reich einen günstigen Nährboden für eine Bolschewisierung Deutschlands.«

Stauffenberg, der sich eine Zigarette angezündet hat und gelegentlich an einem Glas Rotwein nippt, hört konzentriert zu.

TROTT: »England, so sage ich weiter, ist der Sowjetunion gegenüber der einzig ernstzunehmende Gegenspieler in Europa. Die englische Politik im Sinne eines zweiten Diktats von Versailles ist falsch. Sie verhindert eine ›Balance of power‹. Deutschland bleibt aber in Europa immer noch die zweitstärkste Macht! Sie muß von England gegen Rußland ausgespielt werden – das liegt im wohlverstandenen nationalen Selbstinteresse der Briten.«

STAUFFENBERG: »Und wie sähe eine Verständigung mit den Briten aus, wenn sie kein zweites Versailles sein soll?«

TROTT (mit Nachdruck): »Die einzige Möglichkeit ist ein ehrenvoller Frieden! Ohne Besetzung, ohne Gebietsabtretungen, ohne Kriegskontributionen, ohne politische Einkreisung und wirtschaftliche Fesseln. Das wäre eine vernünftige Basis einer deutsch-britischen Verständigung, die im Interesse *beider* Nationen und *ganz* Europas läge... Allenfalls könnte an die Abtretung Ostpreußens als Kompensation an Polen gedacht werden sowie an eine Unabhängigkeitserklärung Österreichs...«

STAUFFENBERG: »An Gebietsabtretungen, an einen Verzicht auf Österreich denkt in den Reihen der Konspiration niemand. Wir haben, gemeinsam mit Fritzi Schulenburg, vor einem halben Jahr festgelegt, daß wir solche Konzessionen, daß wir eine Regierung, die sich den Alliierten gegenüber schwach zeigt, nicht dulden werden! Und darin besteht auch völliges Einverständnis mit dem künftigen Reichskanzler, mit Dr. Goerdeler... Nein, wir wollen kein neues Diktat von Versailles, mit dem schließlich alles begonnen hat, ohne das Hitler niemals gekommen wäre! Es wird sich ja bald zeigen, ob die Feindkoalition Krieg gegen Hitler oder gegen das deutsche Volk führt...«

Stauffenberg blättert nachdenklich in Trotts Denkschrift.

STAUFFENBERG: »Ich sehe, Sie gehen in Ihrer Denkschrift auch auf die grundsätzlichen Schicksalsfragen der deutschen Nation ein...«

TROTT: »Ja, und ich sage ausdrücklich: Deutschland ist die Mitte Europas. Davon ist, bei allen künftigen Überlegungen, als Grundprämisse auszugehen... (Stauffenberg nickt.) Ich sehe, Sie verstehen mich: Deutschland darf sich weder ausschließlich für den Westen noch für den Osten entscheiden! Seine geographische Lage verlangt vielmehr, daß es mit *beiden* Seiten in ein erträgliches Verhältnis kommt, daß es sich der deutschen Verantwortung für Gesamteuropa immer bewußt bleibt.«

STAUFFENBERG: »Was heißt das konkret: deutsche Verantwortung für Gesamteuropa?«

TROTT: »Ich habe das schon bei einer Diskussion in Kreisau beantwortet...: Deutschland ist – wie ganz Europa – durch raumfremde

Mächte des Ostens wie des Westens bedroht; durch die Sowjets und durch die Amerikaner. Diese Bedrohung gilt den Briten ebenso wie den Franzosen, den Spaniern wie den Skandinaviern; aber natürlich in besonderem Maße den Deutschen. Das künftige Reich, ohne Hitler und Himmler, benötigt eine eigene kulturelle Identität aus den Kräften der Heimat und aus einer spezifisch deutschen Gesinnung. (Trott mit Nachdruck.) Deutschlands unentbehrlicher Beitrag für Europa und die Welt besteht darin, sich gegen den Übergriff fremder Mächte und Gesinnungen zu verteidigen.«

Beide Männer schweigen einen Augenblick. Stauffenberg legt Trotts Denkschrift auf den Tisch und erhebt sich.

STAUFFENBERG: »Ja. Ich sehe das genauso... Wir werden mit *beiden* Seiten Verhandlungen führen müssen... unter Ausnutzung der Gegensätze im feindlichen Lager.«

15. MAI 1944

Am Montag, dem 15. Mai, kommt es zum großen Eklat innerhalb des deutschen Widerstands. In der Wohnung Dr. Wirmers treffen sich die Spitzen der zivilen Verschwörung.[80] Unter dem Vorsitz von Goerdeler tagen Wilhelm Leuschner, Hermann Maaß und Julius Leber von der SPD, Max Habermann (DHV) sowie die beiden christlichen Gewerkschafter Jakob Kaiser und Bernhard Letterhaus. Die Stimmung ist von Beginn an merkwürdig gespannt. Goerdeler legt das personelle Konzept seiner künftigen Reichsregierung vor, die nach dem Umsturz die Macht in Deutschland ergreifen soll[81]:

– Reichsverweser und Oberster Befehlshaber der Wehrmacht	Generaloberst Beck
– Reichskanzler	Dr. Goerdeler
– Staatssekretär des Reichskanzlers	Dr. Gisevius
– Vizekanzler	Leuschner
– Reichsaußenminister	Botschafter a. D. von Hassell oder Botschafter a. D. von der Schulenburg

– Reichsinnenminster	als vorläufig Beauftragter Fritz-Dietlof von der Schulenburg
– Chef der Polizei und der Sicherheitsorgane	zunächst Graf Helldorf, später dann von Tresckow
– Justizminister	Ministerialdirigent Kriege
– Wirtschaftsminister	Generaldirektor Blessing
– Finanzminister	Helfferich
– Kultusminister	Popitz
– Rüstungsminister	Speer (muß noch gewonnen werden)
– Reichskriegsminister	Generaloberst Hoepner
– Staatssekretär des Reichskriegsministers	General Olbricht oder Oberstleutnant von Stauffenberg
– Oberbefehlshaber der Wehrmacht	Generalfeldmarschall von Witzleben

Goerdeler möchte nun detaillierte Ausführungen zum Regierungsprogramm machen. Doch dazu kommt er nicht. Denn plötzlich ergreift Leuschner das Wort. Er bebt vor Unmut, und er wirft die Frage auf, ob es angesichts der katastrophalen militärischen Lage überhaupt noch Sinn und Zweck habe, sich auf eine gewaltsame Aktion der Offiziere einzustellen. Die Invasion der Westalliierten stehe unmittelbar bevor, so daß man sich fragen müsse, ob ein Gewaltunternehmen der Militärs nicht überhaupt zu spät komme und letzten Endes nicht völlig nutzlos sei. Dann geht Leuschner zum Generalangriff über:

»Ich habe zu den Offizieren nach den vielen ergebnislos verstrichenen Terminen keinerlei Zutrauen mehr. Ich lasse mich von ihnen nicht an der Nase herumführen! Sie wollen sich durch Kontakte zu den Gewerkschaften nur ein politisches Alibi für die Zeit des Zusammenbruchs verschaffen. Eines Tages werden sie die Nichteinhaltung ihres Versprechens, aktiv zu handeln, damit entschuldigen, daß die Hindernisse größer gewesen seien als ihre Macht. Ich mache dieses Spiel nicht mehr mit! Ein Regierungswechsel ist außerdem ohne jeden Einfluß auf die militärische Lage. Ich werde mich deshalb nicht mehr daran beteiligen und ziehe meine unter anderen Voraussetzungen gegebene Zustimmung für eine Reichsregierung unter Generaloberst Beck zurück.«

Leuschners Erklärung wirkt wie ein Kanonenschuß. Alles schweigt erst einmal wie betäubt. An der Kritik des ehemaligen Gewerkschaftsführers ist ja viel Wahres. Seit den Tagen im November 1943, als es hieß, Stieff werde die Bombe im Führerhauptquartier zur Explosion bringen, ist ein halbes Jahr vergangen, und immer noch zeichnet sich keine Lösung der Attentatsproblematik ab. Leuschners Hinweis auf die militärische Lage überzeugt ebenfalls. Könnte in den nächsten fünf Tagen der Staatsstreich stattfinden, so bestünde noch eine Möglichkeit, Anfang Juni zum Waffenstillstand zu kommen, bevor die Invasion stattfindet und bevor die Bolschewisten eine neue Großoffensive starten. Jeder Tag, der weiter verstreicht, verschlechtert die Situation für eine Reichsregierung des Widerstands dramatisch.

Dr. Wirmer versucht, die Spannung im Raum zu überbrücken. Da meldet sich Julius Leber zu Wort und entwickelt eigene, sozialistisch eingefärbte Vorstellungen für die Schaffung einer »neuen Volksbewegung«, die nach dem Umsturz begründet werden soll. Dr. Leber ist sich mit Schulenburg und Stauffenberg darin einig, daß es nicht zu einer neuen Parteiendemokratie à la Weimar kommen darf. Seine »Volksbewegung« soll sozialrevolutionären Charakter haben und die breiten Massen des deutschen Volkes erfassen.

Nun ist Goerdeler aufs äußerste alarmiert. Gewiß richtete sich der verbale Vorstoß Leuschners eigentlich gegen die Militärs. Goerdeler weiß, daß Leuschner sich schon seit langem über das zugeknöpfte, taktierende Verhalten Stauffenbergs Hermann Maaß gegenüber ärgert. Aber Goerdeler vermutet mehr hinter dem Eklat. Die gefährlichste Bedrohung seiner politischen Pläne sieht er in den sozialistischen Tendenzen Lebers. Er vermutet, daß der ehemalige Reichstagsabgeordnete mit Schulenburg und Stauffenberg unter einer Decke steckt. Sein Mißtrauen ist auch nicht unbegründet, denn Schulenburg und Stauffenberg sind fest entschlossen, Leber, von dessen geistigem Format sie sich überzeugen konnten, auf den Posten des Reichsinnenministers in der Umsturzregierung zu katapultieren.

Nur mit Mühe gelingt es, das Treffen zu einem erträglichen Abschluß zu bringen. Wirmer, Kaiser, Habermann, Letterhaus gießen Öl auf die hochgehenden Wogen. Alle sind sich klar darüber, daß die Konspiration in ihrer tiefsten Krise steckt, daß ein Bruch zwischen ziviler und militärischer Verschwörung zu unabsehbaren Konsequenzen führen muß. Leber polemisiert zum Schluß nochmals gegen Goerdelers Versuche, das zukünftige Regierungsprogramm »christlich-religiös« einzufärben. Doch nachdem Leuschner seine Drohung zurückgezogen hat, einigt man sich darauf, den Zusammenhalt des Verschwörerkreises ungeachtet aller Differenzen zu wahren und die Kontakte zur militärischen Konspiration aufrechtzuerhalten.

16./17. MAI 1944

Adolf Hitler erläßt einen Führerbefehl über den »Einsatz der Fernwaffen gegen England«[82]. Von Mitte Juni an soll die neue Raketenwaffe V1 gegen London abgeschossen werden, mit »schlagartiger Feuereröffnung«, um dann »zu einem ununterbrochenen nächtlichen Störungsfeuer auf London« überzugehen.

Großadmiral Dönitz gibt die Unterseeboote, die bisher zur Bekämpfung einer alliierten Invasion zurückgehalten wurden, für den Einsatz im Atlantik frei.[83]

Generaloberst Fromm, der Befehlshaber des Ersatzheeres und Vorgesetzte Olbrichts in der Bendlerstraße, läßt dessen Stabschef zu sich kommen. Fromm ist schon seit längerem auf Stauffenberg aufmerksam geworden; er registriert dessen außergewöhnliche Ideen und intensive Arbeitsleistung. Fromm faßt den Gedanken, seinen Chef des Stabes, Generalmajor Gerhard Kühne, durch Stauffenberg zu ersetzen, dem er – wie zur Probe – den Auftrag erteilt, eine ausführliche Denkschrift zur Ersatzlage des Heeres und zur Führung des totalen Krieges zu erstellen.[84] Als er sie am

17. Mai liest, ist er begeistert ob ihrer Klarheit und Präzision. Er leitet sie unverzüglich an Hitler weiter, der nach der Lektüre der Stauffenberg-Arbeit bewundernd ausruft: »Endlich ein Generalstabsoffizier mit Phantasie und Verstand!«

Am selben Tag monologisiert der Diktator im Führerhauptquartier[85]:

»Es hat in der deutschen Geschichte nur selten für den Staat eine Möglichkeit gegeben, die Entwicklung der Kirche im Innern maßgebend zu beeinflussen. Vielleicht wäre das nie besser möglich gewesen als in der Zeit des Modernismus, etwa in den Jahren 1907 bis 1909. Die Modernisten-Bewegung* hat zwar in vielen Dingen nur ein Wiederaufleben altkatholischer Gedankengänge gebracht. In mancher Beziehung war sie aber doch etwas völlig Neues.

Wenn es damals der Staat verstanden hätte, diese Bestrebungen sich zunutze zu machen, wäre es sehr wahrscheinlich möglich gewesen, eine von Rom völlig losgelöste deutsche Nationalkirche zu schaffen... Aber der Staat war zu schwach, er hat seine Chance verpaßt. Es war eben niemand da, der diese Dinge richtig übersah. So hatte die Kirche leichtes Spiel. Sie drohte und exkommunizierte.** Und was ist ein 50- oder 60jähriger Priester, wenn er seinen schwarzen Rock auszieht und den man aus dem Schoß der Kirche hinauswirft?

Mit Drohungen hat man den Modernisten so lange zugesetzt, bis die meisten sich schließlich unterwarfen. Es ist ja immer so, daß die Drohungen der Kirche einen sehr realen Charakter haben. Wenn es ihr ernstlich darauf ankommt, droht sie nicht so sehr mit ›Hölle und Fegefeuer‹ als mit solchen Dingen, die der Betroffene noch zu Lebzeiten am eigenen Leibe spürt! So brach schließlich die ganze Modernisten-Bewegung zusammen, und die Einführung des Modernisten-Eids gab ihr schließlich den Rest.«***

* Modernismus: eine theologische Richtung, die seit dem Ende des 19. Jahrhunderts durch kritische Bibelforschung einen Ausgleich zwischen katholischem Glauben und modernem Denken herbeiführen wollte.

** Am 3. und 8. Juli 1907 verurteilte Papst Pius X. öffentlich die Modernisten-Bewegung.

*** Im Jahre 1910 verlangte der Papst einen von sämtlichen katholischen Priestern zu schwörenden »Antimodernisten-Eid«.

18. MAI 1944

Die geheimen SD-»Meldungen aus dem Reich« lauten an diesem Tag[86]:

»Die Bevölkerung steht gegenwärtig ausschließlich im Bann der von den Führungsmitteln angesagten Invasion. Der Kehrreim aller Gesänge: ›Wann geht es los? Was wird geschehen?‹ Alle politischen und militärischen Geschehnisse und auch der Luftkrieg werden im Hinblick auf den erwarteten großen, für die ganze Kriegslage entscheidenden Schlag gesehen... Allgemein ist man sich darüber klar, daß die Last der kommenden Entscheidung nicht nur von der kämpfenden Front, sondern auch von der Heimat getragen werden muß. Bei allen Opfern und Leiden, die erwartet werden, habe sich bei dem größten Teil der Bevölkerung, vor allem bei der jetzt schwer arbeitenden Landbevölkerung und in den Betrieben, die Überzeugung durchgesetzt, daß wir gerade jetzt standhalten müßten, wenn das, was komme, auch noch so schwer sei...«

16.–20. MAI 1944

In diesen Tagen Mitte Mai herrschen Aufregung und Hektik in den Reihen des deutschen Widerstands.[87] Die Kritik Leuschners an der Offiziersfronde hat größte Besorgnisse ausgelöst. Jakob Kaiser und Max Habermann begeben sich in die Tristanstraße, um Stauffenberg ihres ungetrübten Vertrauens zu versichern. Der Oberstleutnant wiederum sucht gemeinsam mit Julius Leber die Wohnung Dr. Wirmers auf, um die Einheitsfront der Konspiration zu dokumentieren. Genau in der Zeit, in der Attentat und Staatsstreich stattfinden müßten, wenn noch von intakten Fronten den Feinden gegenüber die Rede sein soll, also weder eine westalliierte Invasion noch eine sowjetische Großoffensive angelaufen ist, ist die Anti-Hitler-Verschwörung vollauf damit beschäftigt, Risse in den eigenen Reihen zu kitten.

Am 19. Mai monologisiert Adolf Hitler im Führerhauptquartier über die Freiheit von Lehre und Forschung[88]:

»Der Gedanke, Forschung und Lehre müßten für immer untrennbar verbunden bleiben, ist nicht richtig. Sie haben beide völlig verschiedene Aufgaben. Jede setzt einen besonderen Menschentyp voraus, und beide sind vom Standpunkt des Staates aus verschieden zu beurteilen.

Der Forschung kann man vom Staat her keine Zügel anlegen. Sie muß frei bleiben. Was sie erarbeitet und feststellt, ist Wahrheit. Und was Wahrheit ist, kann nie schlecht sein. Der Staat hat die Aufgabe, die Forschung zu unterstützen und in jeder Weise zu fördern auch dann, wenn ihre Ergebnisse, auf absehbare Zeit hinaus gesehen, keinen wirtschaftlichen Nutzeffekt abwerfen. Die Ergebnisse der Forschung werden sich vielleicht erst in der nächsten Generation als verwertbar oder sogar als ungeheurer Fortschritt erweisen.

Dagegen kann ich vom Staat aus der Lehre keineswegs die gleiche absolute Freiheit zubilligen. Die Freiheit der Lehre hat ihre Grenzen am Staatsinteresse, sie kann also nie eine uferlose sein. Sie kann nie das in Anspruch nehmen, was ich der Forschung unter allen Umständen zubilligen muß.

Auch die Typen des Forschers und Lehrers sind grundverschieden. Selten vereinigen sich beide in wirklich gültiger Form in der gleichen Persönlichkeit. Der Forscher ist von Natur aus zurückhaltend, er wird mit seinem Denken, seinem Arbeiten, seinem Grübeln und seinen Zweifeln nie fertig. Deshalb ist er auch von Natur aus mißtrauisch, er wägt ab, übt strenge Selbstkritik und neigt zur Einsamkeit. Ganz anders der Typ des Lehrers, der sich nicht so sehr mit dem Unendlichen und seinen Rätseln – also mit etwas, was ungeheuer größer ist als er – beschäftigt, sondern mit Menschen, denen er ein bestimmtes Wissen und ein Verständnis für die Dinge geben will, also mit Menschen, die ihm in der Regel in jeder Weise unterlegen sind. Deshalb neigt der Lehrer allzusehr zur Betonung seines Wissens und Könnens und zur Überheblichkeit.

Es gibt geniale Forscher, hervorragend schöpferische Menschen, denen jede Eignung für den Lehrberuf fehlt, und es gibt Menschen, die eine enorme Lehrbefähigung haben, denen aber jeder schöpferische Funke restlos abgeht; und doch können beide auf ihrem eigentlichen Aufgabengebiet Hervorragendes, ja Geniales leisten.

Ich bin nicht der Auffassung, daß die Freiheit der Forschung nur auf dem Gebiet der reinen Naturwissenschaft gegeben sein soll. Sie soll sich durchaus auch auf das Gebiet der Geisteswissenschaften erstrecken. Hier steht die Philosophie völlig im Vordergrund. Sie ist ja ihrem Wesen nach nur eine Fortsetzung der Naturforschung. Von deren Ergebnissen ausgehend, will sie mit Hilfe der Spekulation ein Weltbild gewinnen. Die Grenzen zwischen diesen Disziplinen sind also keineswegs streng geschieden, sondern flüssig.

In der großen Innenhalle der Bibliothek in Linz werden später einmal Kant, Schopenhauer und Nietzsche stehen, unsere größten Denker, denen die Engländer, Franzosen und Amerikaner nichts, aber auch gar nichts Gleichwertiges an die Seite stellen können. Kant hat das ungeheure Verdienst, die im Mittelalter und in der kirchlichen Dogmatik wurzelnde Scholastik endgültig überwunden zu haben. Auf seiner erkenntnistheoretischen Grundhaltung baute Schopenhauer auf, dem wir außerordentlich viel verdanken. Er war es, der die reine Zweckphilosophie eines Hegel überwand, so daß von ihr nichts mehr übrigblieb. Den ganzen Weltkrieg über habe ich die fünf Bände der Werke Schopenhauers im Tornister mit mir herumgeschleppt. Ich habe viel von ihm gelernt. Den Schopenhauerschen Pessimismus, der sich für ihn vielleicht nicht nur aus seiner Lehre und aus seinem System, sondern auch aus seinem subjektiven Empfinden und den Erfahrungen seines persönlichen Lebens [ergab], überwand Nietzsche dann in einzigartiger Weise.«

Am 20. Mai erfährt Claus von Stauffenberg, daß sich Generaloberst Fromm entschlossen hat, ihn in Kürze zu seinem Stabschef, zum Chef des Stabes beim Befehlshaber des Ersatzheeres zu ernennen.[89] Offiziell soll der Oberstleutnant die neue Stellung am 1. Juli antreten, doch Fromm deutet an, daß Stauffenberg ihm wohl schon Mitte Juni zur Verfügung stehen müsse.

Damit fällt dem 36jährigen Offizier eine der einflußreichsten Stellen im Gesamtgefüge der Wehrmacht zu. Das außerordentlich schnelle Avancement verdankt er Generalleutnant Rudolf Schmundt, dem Chefadjutanten Hitlers, der Stauffenberg in der

Absicht vorschlug, »die Arbeit des müde gewordenen Fromm zu aktivieren«. Schmundt sagt zu Reichsminister Speer, Stauffenberg sei einer der tüchtigsten und fähigsten Offiziere des deutschen Heeres. Hitler fordert Speer auf, mit Stauffenberg eng zusammenzuarbeiten, denn er steht noch ganz unter dem Eindruck der Stauffenbergschen Denkschrift zum totalen Krieg. Auch Speer begrüßt den neuen Stabschef an der Spitze des Ersatzheeres. Stauffenberg habe sich, wie Speer später meint, »einen jungenhaften Charme bewahrt; er war eigentümlich poetisch und präzise zugleich«[90].

Am selben Tag wird Stauffenberg zum Oberst i. G. befördert, was eigentlich schon für den 20. April vorgesehen war. Vor allem aber: Die neue Dienststellung, die ihn Mitte Juni erwartet, eröffnet ihm zum erstenmal den Weg ins Führerhauptquartier. Stauffenberg wird also demnächst persönlichen Zugang zum Diktator haben.

21. MAI 1944

An diesem Sonnabendvormittag treffen sich Dr. Goerdeler und Oberst i. G. Stauffenberg in der Bendlerstraße.[91] Am Tag zuvor hat Hauptmann Kaiser Goerdelers Erscheinen angekündigt und Stauffenberg ein Papier überreicht. Goerdeler rekapituliert nochmals sorgenvoll und in aller Ausführlichkeit die Zwistigkeiten der letzten Tage und Wochen innerhalb der Verschwörung. Er betont, daß er vor Leber persönlich großen Respekt habe, auch wenn er dessen sozialistische Überzeugungen keineswegs teilen könne. Doch man dürfe sich nicht täuschen: Leuschners Angriff auf die Offiziere sei mehr als eine Unmutsäußerung. Die »radikalen Elemente« in der Konspiration verlören allmählich die Geduld. Schon diskutiere man über eine »Ausrottung« der Organisation der Hitlerjugend und über eine »Schwächung« der innenpolitischen Stellung der Wehrmacht. Dann wendet sich Goerdeler wieder dem Thema Leuschner zu.

GOERDELER: »Sie wissen, Graf Stauffenberg, daß Leuschner nicht nur die deutschen Gewerkschaften vertritt, sondern daß er auch als mein Vizekanzler in der Umsturzregierung vorgesehen ist. Wenn er sich von unserer Planung zurückzieht, bricht unsere gesamte Konzeption auseinander... Natürlich gibt es verschiedene Tendenzen. Dem *einen* geht es darum, dem *anderen*...«

STAUFFENBERG (unterbricht schroff): »Es geht um die Rettung Deutschlands! Und um nichts sonst...«

Goerdeler prallt fast zurück vor dem Ernst im Gesicht Stauffenbergs. Dann tritt er auf den Oberst zu und reicht ihm spontan die Hand.

GOERDELER: »Mit diesem Wort, Herr Oberst, haben Sie alle meine Sorgen und Bedenken zerstreut. Jawohl, es geht um die Rettung Deutschlands, und ich habe in elf Punkten die Vorteile notiert, die sich für uns bei schnellem Handeln, nach einem baldigen Umsturz ergeben könnten.«

Goerdeler zieht ein Papier hervor. Es ist eine Kopie des Schreibens, das Hauptmann Kaiser am Tag zuvor überreicht und das Stauffenberg noch nicht gelesen hat. Während Goerdeler vorliest, starrt der Oberst wie hypnotisiert auf das Hitlerbild an der Wand.

GOERDELER: »Wenn jetzt der Umsturz stattfindet, erreichen wir damit:

1. die sofortige Einstellung des Luftkriegs gegen das Reich;
2. die Aufgabe der feindlichen Invasionspläne;
3. das Vermeiden weiterer Blutopfer;
4. die Erhaltung dauernder Verteidigungsfähigkeit im Osten nach Räumung aller besetzten Gebiete im Norden, Westen, Süden;
5. das Vermeiden jeder Besetzung des Reiches;
6. eine freie Regierung mit eigener, selbstgewählter Verfassung;
7. die vollkommene Mitwirkung bei der Abfassung der Waffenstillstandsbedingungen sowie bei der Vorbereitung und Gestaltung des Friedens;
8. die Garantie der Reichsgrenzen von 1914 im Osten; Erhaltung Österreichs und des Sudetenlandes beim Reich; Autonomie für Elsaß-Lothringen;

9. die deutsche Mitwirkung am Wiederaufbau Europas;
10. die Selbstabrechnung mit Verbrechern im Volk;
11. die Wiedergewinnung von Ehre und Selbstachtung.«

Stauffenberg, der konzentriert zugehört hat, stellt konkrete Zusatzfragen zu den Punkten 6 bis 11. Der junge Oberst ist ein glühender gesamtdeutscher Patriot; die Ehre, aber auch die Gestalt des Reiches sind ihm Herzensanliegen. Dr. Goerdeler gibt ihm ausführliche Erläuterungen.[92] Was Punkt 6 anbetrifft, so sei die Wiederherstellung des Rechtsstaates oberstes Gebot; die Freiheit des Individuums, des Gewissens, des Geistes, der Presse müsse in der Verfassung garantiert sein; schrittweise solle man demokratische Einrichtungen installieren; am besten sei es seiner Meinung nach, eine parlamentarische Monarchie in Deutschland zu errichten. Dafür findet er bei Stauffenberg keine Zustimmung. Einer Meinung sind beide Männer dagegen, als Goerdeler sich den Punkten 7 und 8 zuwendet.

GOERDELER: »Was Punkt 7 angeht, so ist natürlich eine Selbstverständlichkeit, daß die Feindstaaten auf ihre Forderung nach ›bedingungsloser Kapitulation‹ und nach totaler Entwaffnung des Reiches verzichten. Deutschland muß Großmacht bleiben und muß Europa vor dem Bolschewismus schützen können... Punkt 8 ist klar: Wir wollen die Einheit und Unabhängigkeit Deutschlands; das werden wir uns nicht nehmen lassen! Es wäre ein Verbrechen, Deutschland zu teilen; denn sonst wird es immer wieder Spannungen in der Mitte Europas geben. Im Osten muß Polen als selbständiger Staat wiederhergestellt werden und ist die Reichsgrenze von 1914 als endgültig festzusetzen. Wenn die Polen einen Ersatz für die beiden Provinzen Westpreußen und Posen beanspruchen sollten, dann bietet sich als Ersatz eine Union mit Litauen an, womit sie auch gleich einen Zugang zum Meer über Polangen hätten. Im Süden soll die in der Konferenz von München 1938 anerkannte Grenze, einschließlich Österreich und Sudetenland, gelten. Das deutsche Südtirol sollte dazukommen. Im Westen muß das Gebiet von Elsaß-Lothringen entweder autonom werden, oder eine neutrale Kommission soll es an der Sprachgrenze zwischen Deutschland und Frankreich gerecht teilen.«

Stauffenberg ist durchaus einverstanden, hakt aber nochmals hinsichtlich der letzten drei Punkte nach. Goerdeler erklärt zu Punkt 9, von Reparationen dürfe überhaupt keine Rede sein, denn das Reich sei total verschuldet und schlimmer zerstört als jeder andere Teil Europas. Und was die letzten beiden Punkte angehe, so müßten die Deutschen Recht und Anstand in ihrem Land selbst wiederherstellen. Selbst diejenigen, die mit Haß und Verachtung auf die Schändung des guten deutschen Namens durch das NS-Regime blickten, würden deren Bestrafung durch Dritte, beispielsweise durch einen »internationalen Gerichtshof«, strikt ablehnen; das sei ausschließlich Sache des deutschen Volkes. Im übrigen seien auch die fremden Staatsmänner für den Ausbruch des Krieges verantwortlich.

Stauffenberg und Goerdeler stellen fast hundertprozentige Übereinstimmung fest und sprechen abschließend noch über die nächsten Schritte der Konspiration. Goerdeler drängt in der Terminfrage. Stauffenberg erhebt sich und erwidert[93]: »Ich gebe Ihnen mein Offiziers-Ehrenwort: Ich werde mit allen mir zu Gebote stehenden Kräften auf einen Gewaltakt gegen den Führer hinarbeiten!«

23.–25. MAI 1944

Am 23. Mai erhält Oberst Stauffenberg in der Bendlerstraße Besuch von Mertz von Quirnheim, der endlich von der Front in Rumänien freigestellt ist und über Berlin in den Schwarzwald zu einem dreiwöchigen Urlaub fährt.[94] Stauffenberg ist hocherfreut und teilt Mertz mit, daß er, Stauffenberg, zu Fromm versetzt sei und daß Mertz, sobald der Urlaub abgelaufen sei, an seine Stelle als Stabschef des AHA komme. Dann gehen beide zu General Olbricht. Mertz, der noch vor vier, fünf Monaten geglaubt hat, man werde die Fronten 1944 halten können, wird informiert, daß davon infolge der katastrophalen Ersatzlage keine Rede sein könne.

Zwei Tage später erscheinen Oberstleutnant im Generalstab Klamroth und Oberleutnant der Reserve Hagen in Stauffenbergs Büro.[95] Generalmajor Helmuth Stieff hat ihnen zwei Tage zuvor in Berchtesgaden zwei Sprengstoffpakete gegeben, die sie nach Berlin zu Stauffenberg bringen sollten. Nun stehen sie vor dem einarmigen Oberst, der sie überrascht anstarrt. Dann nimmt er die gefährliche Fracht und gibt sie Haeften in Verwahrung. Zu Klamroth und Hagen sagt er:

»Ich habe einen Anschlag auf den Führer und seine nähere Umgebung vor. Das ist notwendig, weil sonst der Krieg bestimmt verlorengeht!«

Es ist der 25. Mai 1944, und es ist das erste Mal, daß Stauffenberg davon spricht, das Attentat auf den Diktator unter Umständen selbst auszuführen. Er kann diesen Gedanken fassen, weil er seit fünf Tagen weiß, daß er in Kürze Chef des Stabes bei Generaloberst Fromm sein wird und daß er dann persönlichen Zugang zu Adolf Hitler hat. In drei Wochen etwa wird Mertz von Quirnheim seine Stelle bei General Olbricht übernehmen, und damit ist dann auch sichergestellt, daß in Berlin das Unternehmen »Walküre« abläuft, während er, Stauffenberg, im Führerhauptquartier das Attentat auslöst.

Das heißt noch nicht unbedingt, daß Stauffenberg in eigener Person den Attentäter spielen muß. Abgesehen davon, daß er als »Stabschef der Verschwörung« für das Gesamtunternehmen unentbehrlich ist, fehlen ihm ja als Schwerstverwundetem alle physischen Voraussetzungen für eine solche Tat. Und in den nächsten Wochen wird Stauffenberg immer noch hoffen, Stieff zur Aktion animieren zu können. Außerdem hat er persönlich noch nie vor Hitler gestanden, kennt die Verhältnisse in dessen nächster Umgebung nicht, weiß nicht, welchen Bewegungsspielraum man in der Nähe des Diktators hat. Aber zum erstenmal seit sechs Monaten gibt es wieder eine Chance, sich mit Nachdruck der Attentatsproblematik anzunehmen. Insofern ist der 25. Mai ein einschneidendes Datum für die Konspiration.

Die geheimen SD-»Meldungen aus dem Reich« lauten an diesem Tag[96]:

»Der Umstand, daß die für die letzten Tage bestimmt erwartete Invasion nicht gekommen ist, beschäftigt alle Volksgenossen sehr stark und ist vielfach eine große Enttäuschung. Die Zahl derjenigen, die daran gezweifelt haben, daß im Westen eine baldige Entscheidung kommt, nimmt zu. Ein kleiner Teil der Volksgenossen wendet sich kopfschüttelnd vom politisch-militärischen Geschehen ab. Es habe keinen Zweck mehr, sich Gedanken zu machen. Dennoch sind die Volksgenossen, die fest an die Invasion glauben, noch immer in der Überzahl.

Das Warten vertieft die seit längerer Zeit bestehende Spannung und führt teilweise zu einer ausgesprochenen Nervosität (z.B. Koblenz, Hamburg, Prag, Frankfurt/M., Ziechenau, Schwerin, Frankfurt/O.). Die Ungewißheit, ob etwa doch nichts kommt, wirke sehr bedrückend, ebenso die allgemeine Ansicht, daß wir zur Zeit überall in der Abwehr stehen, daß uns an jeder Front, an der unsere Soldaten kämpfen, eine erdrückende Übermacht an Menschen und Material gegenübersteht, daß der Mai schon fast vorbei ist und noch nichts zu unseren Gunsten geschehen ist, daß die sonst immer für uns günstige Jahreszeit rasch voranschreite und ähnliches.

›Wenn sich nicht bald etwas tut, wird es in diesem Jahr für uns wieder zu spät sein‹ ist eine Ansicht, die in den Erörterungen der Volksgenossen zur Gesamtkriegslage häufig wiederkehrt (z.B. Linz). Oft wird befürchtet, daß ein weiterer Winter über unsere Kräfte gehe, und vereinzelt wird davon gesprochen, daß deshalb der Krieg in diesem Jahr ›so oder so ausgehen‹ müsse (z.B. Frankfurt/M.). Im Ganzen aber erhofft man im Vertrauen auf die Stärke der Wehrmacht und der Heimat noch immer einen nicht ungünstigen Ausgang des Krieges. Wenn die Invasion, die man in diesen Tagen fast ›mit der Uhr in der Hand‹ erwartet habe, nicht kommt, dann sei wirklich schwer abzusehen, wie und wann der Krieg zu Ende gehen soll (z.B. Berlin, Würzburg).

Sehr viele Volksgenossen versprechen sich, wenn die Invasion begonnen hat und abgeschlagen wird, ein sehr spürbares Nachlassen des Luftterrors. Man rechne damit, daß der Luftkrieg vorübergehend kurz vor der Invasion und in den ersten Tagen der Operation allerdings noch rücksichtslosere Formen annimmt als bisher und daß er Leiden und Opfer verursacht, die über das bisher genannte Maß noch weit hinausgehen (z. B. Koblenz, Hamburg, Braunschweig).

Die Nachrichten in Presse und Rundfunk über neue Offensiv-Vorbereitungen der Sowjets haben die Sorge um die Ostfront wieder aufleben lassen. In den Wünschen, daß die Invasion bald kommt, spielt immer wieder der Gedanke mit, daß wir dann Luft bekommen, um im Osten wieder stärker einzugreifen (z. B. Karlsruhe, Kattowitz usw.).«

ENDE MAI 1944

Am 26. Mai besprechen Dr. Goerdeler und Oberst Stauffenberg noch einmal die Details der Staatsstreichplanung in der Bendlerstraße.[97] Goerdeler, der anschließend in das Büro von Hauptmann Kaiser geht, sagt diesem, »ein Vorwärtstreiben, ein Anspornen Stauffenbergs« sei nicht nötig; der Oberst habe ihm sein persönliches Ehrenwort gegeben.[98]

Am nächsten Tag richtet die amerikanische Luftwaffe starke Tagesangriffe gegen Mannheim und Ludwigshafen, gegen Trier und Saarbrücken. Im *Völkischen Beobachter* kann man einen Artikel lesen, in dem Joseph Goebbels unter der Überschrift »Ein Wort zum feindlichen Luftterror« Stellung zum Bombenkrieg der Westalliierten nimmt[99]:

»Es wird heute von keiner Seite mehr bestritten, daß der feindliche Luftterror fast ausschließlich das Ziel verfolgt, die Moral der deutschen Zivilbevölkerung zu brechen. Der Feind führt Krieg gegen Wehrlose, in der Hauptsache Frauen und Kinder, um damit die Männer unseres Landes zur Nachgiebigkeit zu zwingen... Das hat nichts mehr mit Krieg zu tun, das ist nackter Mord!... Es ist nur mit Hilfe der bewaffneten Macht möglich, bei solchen Angriffen abgeschossene Feindpiloten in ihrem Leben zu sichern, da sie sonst von der heimgesuchten Bevölkerung totgeschlagen würden... Es ist immer unser Wunsch gewesen, daß der Krieg sich in ritterlichen Formen abspielt. Der Feind scheint das nicht zu wollen. Die ganze Welt ist Zeuge dafür. Sie würde bei Anhalten dieses empörenden Zustandes auch Zeuge dafür werden, daß wir Mittel und Wege zu finden wissen, um uns gegen diese Verbrechen zur Wehr zu setzen. Wir sind das unserem Volke schuldig, das anständig und tapfer sein Leben verteidigt und keinesfalls verdient, dafür zum Freiwild feindlicher Menschenjagden erklärt zu werden.«

Am 29. Mai greifen amerikanische Bomberverbände bei Tage Mittel- und Ostdeutschland an, vor allem die Städte Leipzig, Cottbus und Posen. Das Hydrierwerk Pölitz wird schwer getroffen; es fällt für zwei Monate zu 100 Prozent aus.[100] Oberst Graf Stauffenberg fährt am späten Abend, gemeinsam mit Haeften und mit Oberstleutnant i. G. Herber vom AHA im Schlafwagen nach Berchtesgaden.[101] Der Besuch gilt der Organisationsabteilung im Oberkommando des Heeres (OKH) in Frankenstrub, die Generalmajor Stieff leitet. Es ist wahrscheinlich, daß Stauffenberg bei dieser Gelegenheit Stieff erneut für das Attentat zu gewinnen sucht.

Am 31. Mai findet in Potsdam eine Abendgesellschaft bei Legationsrat Eduard Brücklmeier statt, an der auch Fritz-Dietlof von der Schulenburg teilnimmt, der aus Döberitz zurückgekehrt ist und am 29. noch Stauffenberg gesprochen hat. Schulenburg bringt in bester Laune einen Trinkspruch »auf das Vierte Reich« aus.[102]

1. JUNI 1944

Der neue Monat beginnt mit einem Paukenschlag: Der bisherige Chef des Amtes »Ausland/Abwehr« im OKW, Admiral Canaris, wird auf Befehl Hitlers seines Postens enthoben.[103] Damit wird Himmlers »Sicherheitsdienst« (SD) noch einflußreicher und mächtiger.

Oberst i. G. Graf Stauffenberg begibt sich von Berchtesgaden aus, wo es ihm nicht gelungen ist, mit Generalmajor Stieff klare Attentatsabsprachen zu treffen, über München – mit einem Abstecher zur Chirurgischen Klinik – zu seiner Frau, Gräfin Nina, nach Bamberg. Er möchte acht Tage Kurzurlaub machen, um seinen angeschlagenen Gesundheitszustand wiederherzustellen. Er kann das um so leichter tun, als sein Freund »Fritzi« Schulenburg wieder in Berlin beziehungsweise Potsdam präsent ist. Schulenburg ist und bleibt der Motor des Widerstands; er hält alle Verbindungen zum zivilen und militärischen Sektor der Konspiration intakt.

An diesem Tag heißt es in den geheimen SD-»Berichten aus dem Reich« über die allgemeine Stimmungslage[104]:

»In der Bevölkerung hält die Enttäuschung darüber, daß die Invasion auch im Mai noch nicht erfolgt ist, an. Die Vorstellung, daß mit dem entscheidenden Waffengang im Westen in der Gesamtkriegslage eine Wendung zu unseren Gunsten eintreten sollte, trägt dazu bei, die weitere Entwicklung allmählich recht mutlos zu betrachten. Vereinzelt glaubt man, daß der Krieg vielleicht politisch beigelegt werde. Auf die Bevölkerungskreise, die das Jahr 1944 als das Jahr der Entscheidung betrachten, habe folgende Feststellung von Reichsminister Dr. Goebbels in seinem letzen Aufsatz ›Die schwerste Prüfung‹ in der Wochenzeitung *Das Reich* vom 28. Mai 1944 ernüchternd und teilweise sehr deprimierend gewirkt: ›Von einer Kriegsentscheidung ist weit und breit noch nicht das geringste Anzeichen zu entdecken. Es ist auch nicht anzunehmen, daß diese Entscheidung durch politische Tricks herbeigeführt werden könnte. Sie muß auf dem ehrlichen Schlachtfelde gesucht werden (z.B. Bayreuth, Nürnberg).

Man schaue jetzt auch großenteils mit steigender Sorge auf die Ereignisse in Italien. Von den Meldungen über die ungeheure Überlegenheit der Gegner an Menschen und Material ist man allgemein stark beeindruckt. Es sei doch recht zweifelhaft geworden, ob wir uns dort noch durchsetzen werden, wenn der feindliche Druck im bisherigen Umfang anhält (z.B. Koblenz, Saarbrücken, Berlin, Hamburg, Würzburg).

Nicht weniger bedrückend sei das Bewußtsein der feindlichen Überlegenheit im Luftkrieg, der sich an den Pfingstfeiertagen besonders unliebsam bemerkbar gemacht habe. Die Ruhe, die man bei dem schönen Wetter gern genossen hätte, sei in den meisten Teilen des Reiches durch die Sirenen gestört worden. ›Halb verzweifelt‹ müsse man zusehen, wie sich die feindlichen Flieger ohne Pause über dem Reich

›tummeln‹. Vor allem die Tiefangriffe auf Einzelpersonen und Ausflügler beunruhigen im wachsendem Maße. Man könne kaum noch mit ansehen, wie Männer, Frauen und Kinder zum Freiwild der anglo-amerikanischen Flieger werden. Unter dem Eindruck der täglichen Leiden und Opfer, die der Luftterror unter den Rüstungsarbeitern und von vielen Familien fordert, glaube man zunehmend, daß die Feinde bei längerer Dauer des Luftkrieges uns doch noch ›mürbe‹ machen.

Hinzu treten stärker werdende Zweifel, ob wir eine neue Offensive der Russen aushalten könnten, wenn von mehreren Seiten zugleich ein Angriff erfolge. Nach den letzten Erfahrungen kommen viele Volksgenossen zu der Meinung, daß dieser Krieg ein Materialkrieg sei, der durch die moralische und geistige Überlegenheit unserer Soldaten allein nicht gewonnen werden könne.

Besonders in Wirtschaftskreisen sei man der Ansicht, daß wir sehr schweren Zeiten entgegengehen und daß wir letzten Endes den Krieg noch verlieren, wenn es mit dem Luftkrieg so weitergehe wie bisher (z. B. Saarbrücken, Halle). Die Bevölkerung wird unter dem Druck der dauernden Spannung und der Ungewißheit über das Kommende nach dem Ausbleiben der erwarteten Entscheidung im Westen unruhig und ratloser denn je. Man wartet mit wachsender Ungeduld darauf, daß irgend etwas geschieht, um das Kriegsglück wieder auf unsere Seite zu holen. Eine Vorstellung, was geschehen soll, habe jedoch niemand. Vielfach richten sich jetzt die Erwartungen darauf, daß doch der Führer wieder einmal sprechen solle, damit man wenigstens in etwa wieder wisse, ›wie man daran ist‹ (z. B. Bremen, Kiel, Halle).«

ANFANG JUNI 1944

In den ersten Junitagen studiert General Olbricht, der Chef des AHA, in seinem Büro im Bendlerblock Stauffenbergs Unterlagen über Personalverluste, Mannschaftsstärken und die Ersatzlage des Heeres. In drei Monaten wird der Krieg fünf Jahre alt sein, und das Bild, das die Zahlenkolonnen bieten, ist niederschmetternd.

Verluste der Wehrmacht vom 1. September 1939 bis 31. Mai 1944:

Gefallene		
des Heeres	ca.	1 460 000 Mann
der Waffen-SS	ca.	60 000 Mann
der Marine	ca.	35 000 Mann
der Luftwaffe	ca.	105 000 Mann
insgesamt	ca.	1 560 000 Mann
Vermißte		
(in der Hauptsache Gefangene)	ca.	340 000 Mann
Schwerverwundete	ca.	1 100 000 Mann
Leichtverwundete	ca.	2 200 000 Mann

Das heißt konkret, daß die Wehrmacht am Vorabend einer alliierten Invasion einen *Totalausfall* (an Gefallenen, Vermißten und Schwerverwundeten) von zirka drei Millionen Mann zu verzeichnen hat. Und das wiederum bedeutet, daß ihre personelle Kampfkraft im Großeinsatz glatt halbiert ist. An den Abwehrfronten, in den besetzten Gebieten und an der Kanalküste befinden sich nominell 250 Divisionen des Heeres und 20 Divisionen der Waffen-SS; insgesamt also 270 Divisionen. Doch ihre Personalstärke und damit ihre Kampfkraft entspricht nur noch der von 150 Normaldivisionen. An der Ostfront stehen die Sowjets mit sechs Millionen Mann an Feldtruppen, was 300 deutschen Normaldivisionen entspricht, während die Kampfkraft des gegenüberliegenden deutschen Ostheeres mit etwa 80 Normaldivisionen zu veranschlagen ist. Verhältnis 15 : 4 zuungunsten der Wehrmacht. Die Kampfkraft sämtlicher Verbände im Westen, in Frankreich und Belgien, ist mit 30 bis 32 Normaldivisionen zu veranschlagen, während in England eine feindliche Invasionsstreitmacht von zirka 90 Divisionen bereitsteht. Und bei alledem ist die erdrückende feindliche Materialüberlegenheit, vor allem die totale Luftherrschaft der Alliierten im Westen wie jetzt auch im Osten, nicht einmal berücksichtigt. Die deutsche Fronttruppe hat nicht mehr die geringste Chance. Gelingt es nicht, die westlichen Alliierten, wenn sie landen sollten, in den ersten 30 Stunden ins Meer zurückzuwerfen, ist alles verloren, muß sofort das Ersuchen um Waffenstillstand gestellt werden.

Nicht anders sieht es Stauffenberg, der am 2. Juni in Bamberg Besuch von Friedrich Hielscher erhält.[105] Hielscher ist ein oppositioneller Schriftsteller aus dem Kreis der »Konservativen Revolution«. Er hat Kontakte zu Caesar von Hofacker und »Fritzi« Schulenburg, denen er sich im Geiste der früheren Bündischen Jugend verwandt fühlt. Er wünscht einen Neuaufbau des Reiches aus den »alten deutschen Stämmen« heraus, was immer das heißen mag. Als Hielscher etwas nebulös von Verbindungen nach London via Stockholm spricht, kommt es zu einem kurzen Dialog.

STAUFFENBERG: »Schön wär's ja... Aber ich glaube nicht daran! Obgleich man alles tun muß, um die Karte bedienen zu können, falls sie wider Erwarten von Stockholm ausgespielt werden sollte...«

HIELSCHER: »Das heißt, erst einmal die Front halten?«

STAUFFENBERG: »Jawohl, das heißt es –«

Am folgenden Tag, dem 3. Juni, erklärt Generalfeldmarschall Kesselring, der deutsche Oberbefehlshaber in Italien, im Einverständnis mit Hitler Rom zur »offenen Stadt«[106]. Am 4. Juni ziehen sich die deutschen Verbände ohne Sprengung der Brücken Roms kampflos hinter den Tiber zurück. General Eisenhower verschiebt in diesen Stunden die alliierte Invasion in Frankreich, die ursprünglich für den 5. Juni vorgesehen war, um 24 Stunden.[107]

6./7. JUNI 1944

In den frühen Morgenstunden landen die westlichen Alliierten in der Normandie.[108] Ihre materielle wie personelle Überlegenheit ist erdrückend: An Einsatzstärke stehen knapp zwei Millionen Mann in 90 Divisionen zur Verfügung, davon die Hälfte als »erste Welle«, die von 10500 Kampfflugzeugen und 2315 Transportmaschinen begleitet werden. Rund 15000 Einsätze fliegen die alliierten Luftstreitkräfte an diesem Tag; die deutsche Luftwaffe bringt es in derselben Zeit auf 260 Einsätze. Neben der totalen Luftherrschaft ist es eine überwältigende alliierte Seestreitmacht, die mit dem Feuer von 145 schweren (darunter 7 Schlachtschiffe, 25 Kreuzer, 105

Zerstörer) und 1073 kleineren Kriegsschiffen die Invasionstruppen in ihren 4216 Landungsfahrzeugen unterstützt. Dagegen kann die deutsche Kriegsmarine nur 300 Kleinstfahrzeuge aufbringen.

Die Invasionsschlacht ist seit acht oder neun Stunden im Gange, als um 15.00 Uhr in Bamberg, in der Schützenstraße Nr. 20, Franz Sperr, der frühere bayerische Gesandte in Berlin, ein Mitglied der Opposition, bei Claus von Stauffenberg auftaucht.[109] Sperr ist von Goerdeler als »Politischer Unterbeauftragter« im Wehrkreis V (München) vorgesehen und bittet nun den Generalstabsoberst um eine Einschätzung der militärischen Lage.

STAUFFENBERG: »Tja, die alliierte Landung ist in der Normandie erfolgt. Heute früh gegen 6.30 Uhr. Die Entscheidungsschlacht des Krieges hat begonnen... Morgen um dieselbe Zeit werden wir bedeutend mehr wissen... Die Gesamtlage, Herr Sperr, ist äußerst düster! Das Allerschlimmste ist die prekäre Frage des Mannschaftsersatzes. Die muß im nächsten Jahr zu einem Engpaß führen, demgegenüber die Materialfrage kaum noch ins Gewicht fällt... Es ist unbedingt notwendig, weitere Blutopfer zu vermeiden! Deshalb ist eine innenpolitische Änderung erforderlich; und zwar durch Ausschaltung des Führers. Anders gibt es keine Möglichkeit, Frieden zu machen... (Er reicht Sperr die linke Hand.) Jetzt bitte ich mich zu entschuldigen. Heute nacht geht mein Zug nach Berchtesgaden. Ich habe noch eine Menge vorzubereiten...«

Um 2.05 Uhr des 7. Juni besteigt Stauffenberg in Bamberg einen D-Zug Richtung Süden. Ihm ist der Befehl übermittelt worden, sich nach Berchtesgaden zu begeben und sich mit Generaloberst Fromm zu treffen, um mittags dem Diktator auf seinem Berghof einen Vortrag über die angespannte Ersatzlage zu halten.[110] Es ist das erste Mal in seinem Leben, daß Claus von Stauffenberg persönlich vor Adolf Hitler tritt. An der Besprechung, die von 15.52 bis 16.52 stattfindet, nehmen Reichsmarschall Göring, Reichsführer SS Himmler, Generalfeldmarschall Keitel, Reichsminister Speer und Martin Bormann teil.

Wenn in diesem Augenblick ein Bombenattentat stattfände und Erfolg hätte, könnten Deutschland die furchtbaren letzten zehn Kriegsmonate erspart, könnte die totale Katastrophe verhindert werden; am 20. Juni könnte an allen Fronten Waffenstillstand eintreten, die deutschen Armeen sich dann vielleicht bis Ende August auf die Reichsgrenzen zurückziehen, um dort die Waffen niederzulegen; zahlreiche deutsche Städte wie Dresden, Potsdam, Würzburg, Darmstadt könnten vor Vernichtung bewahrt, 4–500 000 weitere Gefallene, 3–400 000 zivile Opfer des Bombenterrors vermieden werden. Es könnte auch keine »Dolchstoßlegende« entstehen, denn die Kämpfe der nächsten 14 Tage würden allen zeigen, daß die deutschen Soldaten auf verlorenem Posten fechten.

Doch die Konspiration ist noch nicht soweit. Noch hat Stauffenberg nicht den letzten Entschluß gefaßt, selbst Attentäter zu sein, und noch ist Mertz von Quirnheim nicht an Stauffenbergs Stelle in Berlin gerückt, um an dessen Statt das »Walküre«-Unternehmen auszulösen und zu überwachen, das – wie das Attentat – unabdingbare Voraussetzung für das Gelingen des Umsturzes ist.

So geht die größte Rettungschance des deutschen Widerstands an diesem Tag, dem 7. Juni 1944, ungenutzt vorüber.

8. JUNI 1944

Die geheimen SD-»Meldungen aus dem Reich« berichten, daß die Nachricht über den Invasionsbeginn zu einem »völligen Stimmungsumschwung« in der Bevölkerung geführt habe.[111]

»Die Nachricht sprach sich wie ein Lauffeuer herum, alles strömte zu den Lautsprechern, um auf weitere Meldungen zu warten. Durch die gesamte Bevölkerung ging ein befreiendes Aufatmen. ›Gott sei Dank, die Spannung ist gelöst, das unerträgliche Warten hat ein Ende, nun kann es losgehen‹, sind spontane Äußerungen aus allen Volksschichten. Den Kämpfen wird mit Ernst und fester Zuversicht entgegengesehen. Vielfach, vor allem bei Soldatenfrauen, verbindet sich hiermit die Hoffnung, daß nunmehr ein baldiges Kriegsende abzusehen ist. Auch eine

Stärkung des Vertrauens zur Führung ist festzustellen, da die Truppenkonzentration im Westen doch nicht vergeblich war...

Die sehr rasch bekanntgewordene Nachricht vom Beginn der Invasion hat die schon längere Zeit auf der gesamten Bevölkerung liegende außerordentliche Spannung, ›Kommt die Invasion, oder handelt es sich nur um einen Bluff der Feinde?‹ gelöst. Die meisten Volksgenossen empfinden darüber Genugtuung und Freude, weil man in der erfolgten Invasion doch irgendwie die unmittelbare Herannahung einer Entscheidung sieht. Die positiven Kreise sind fest davon überzeugt, daß wir die gelandeten Feinde vertreiben können, und sehen darin die Möglichkeit, den Krieg zu gewinnen. Die anderen Volksgenossen sagen sich, daß im Falle eines Gelingens der Invasion doch der Krieg bald zu Ende sei. Man sieht also der weiteren Entwicklung mit größtem Interesse entgegen und wartet die einzelnen Nachrichten mit großer Ungeduld ab. Das Interesse am Geschehen hat schlagartig zugenommen und die vorher zu bemerkende Passivität ist fast vollständig gewichen (Donau- und Alpengaue).

Invasion ist Trumpf. Alles andere, auch Rom, ist hinfällig oder unwichtig. Seit Mitteilung im Mittagsnachrichtendienst fieberhafte Erwartung weiterer Meldungen in Rundfunk und Presse. Teilweise Telefonsperre steigert Spannung. Der ›Bericht zur Lage‹ von Fritzsche wurde geradezu ›gefressen‹ vor Aufmerksamkeit... Jedem ist klar: ›Jetzt geht es um die Entscheidung.‹ Allenthalben der Wille, diese Entscheidung durchzustehen. Bei der ersten Reaktion auf die Überraschung bis jetzt unterschiedliche Aufnahme nur als Sache des persönlichen Temperaments und des Charakters beobachtet: äußerste Belebung bei den Aktivisten, beherrschtes Abwarten bei den Besonnenen, Furcht vor unerhörten Luftangriffen hauptsächlich bei älteren Frauen. Dabei überall die Hoffnung, daß wir es schaffen. Auf einmal ist nicht mehr zu hören ›Wenn die Bolschewisten oder die Anglo-Amerikaner kommen, wird es schon nicht so schlimm werden‹, sondern alles will ihnen heimleuchten...«

9. JUNI 1944

Abends treffen sich in der Tristanstraße die Brüder Stauffenberg. Der Oberst wirft ein schwarz-weiß-rot umrandetes Flugblatt des kommunistischen Nationalkomitees Freies Deutschland auf den Tisch und sagt zu seinem Bruder Berthold: »Was ich mache, ist Hochverrat. Aber was die machen, das ist Landesverrat.«[112]

Berthold zerknüllt das Flugblatt und wirft es in den Papierkorb. Dann setzt er eine Karaffe Rotwein auf den Tisch und schenkt ein. Das Gespräch wendet sich sehr bald den Ereignissen im Führerhauptquartier zu.[113]

BERTHOLD: »Wie war es auf dem Obersalzberg, Claus? Du hast ja nun Hitler zum erstenmal persönlich gegenübergestanden...«

CLAUS: »Ja: Hitler, und um ihn herum Göring, Himmler, Keitel, Speer...«

Er sucht nach einem passenden Wort.

CLAUS: »Der Führer?... Er erschien mir wie hinter einem Schleier stehend...«

Der Oberst trinkt einen Schluck. Er sinnt seinen Worten nach.

CLAUS: »Die Männer seiner Umgebung?... Ausnahmslos Psychopathen und Arschkriecher.«

Er läßt sich von Berthold eine Zigarette und Feuer reichen.

CLAUS: »Aber das Interessanteste, Berthold, war die Feststellung, daß man in unmittelbarer Nähe des Führers recht zwanglose Bewegungsmöglichkeiten hat! Das wußte ich ja gar nicht. Das hat mir niemand so geschildert; auch Stieff nicht.«

Beide schweigen. Der Oberst tupft sich die Augenhöhle mit einem Wattebausch ab. Dann zieht er ein zusammengefaltetes Blatt Papier aus der Brusttasche seiner Uniformhemdes.[114]

CLAUS: »Ich habe auf dem Rückweg von Berchtesgaden noch einmal über unsere moralische und politische Rechtfertigung nachgedacht, habe in Stichworten meine Gedanken aufgeschrieben. (Er entfaltet das Papier.) Hör zu:

1. Bei Fortsetzung des gegenwärtigen Kurses ist eine Niederlage und Vernichtung der materiellen und blutsmäßigen Substanz des deutschen Volkes unausbleiblich.

2. Das drohende Verhängnis kann nur durch Beseitigung der jetzigen Führung abgewendet werden.
3. Die vom Nationalsozialismus vertretenen Ideen sind großenteils richtig gewesen, nach der Machtergreifung jedoch ins Gegenteil verkehrt worden.
4. Die neue Führerschicht stellt in der Voranstellung eigensüchtiger Interessen, im Aufkommen von Korruption und Bonzentum eine Herrschaft der Minderwertigen dar.
5. Ein wesentliches Moment für die schlechte Gesamtlage ist in der Behandlung der besetzten Länder zu sehen.
6. Den Anfang vom Ende der gesamten militärischen Entwicklung bildet der russische Feldzug, der mit dem Befehl zur Tötung der Kommissare begonnen hat und mit dem Verhungernlassen der Kriegsgefangenen und der Durchführung von Menschenjagden zwecks Gewinnung von Zivilarbeitern fortgesetzt wurde.
7. Die Führung ist nicht in der Lage gewesen, den Zweifrontenkrieg zu vermeiden.
8. Das derzeitige Regime hat kein Recht, das ganze deutsche Volk mit in seinen Untergang hineinzuziehen.
9. Nach einem Regimewechsel ist es das wichtigste Ziel, daß Deutschland noch einen im Spiel der Kräfte einsetzbaren Machtfaktor darstellt und daß insbesondere die Wehrmacht in der Hand ihrer Führer ein verwendbares Instrument bleibt.
10. In Ausnutzung der Gegensätze im feindlichen Lager bestehen verschiedene politische Möglichkeiten. Diese werden jedoch mit jeder weiteren militärischen Schwächung, insbesondere mit einem Wirksamwerden der Invasion, geringer. Daher ist rasches Handeln erforderlich.«

Der Oberst übergibt seinem Bruder das Papier, der es unter völliger Zustimmung noch einmal vorliest.

BERTHOLD: »Die Invasion ist seit vier Tagen im Gange. Wann fällt deiner Meinung nach eine Entscheidung in der Normandie?«

Stauffenberg zuckt die Schultern. In den nächsten zehn, zwölf Tagen müsse es sich dort entscheiden, meint er. Doch dann wechselt er abrupt das Thema und sagt seinem Bruder, das alles sei zweitrangig, er habe sich entschlossen, das Attentat auf Hitler selbst durchzuführen. Es sei keine Zeit mehr, nach anderen zu suchen, und er habe ja nun in Zukunft hin und wieder Zugang zum Führerhauptquartier.

Beide sehen sich in die Augen. Claus reicht seinem Bruder die linke Hand.

CLAUS: »Weißt du: Es geht jetzt nicht mehr um den Führer, nicht um das Vaterland, nicht um meine Frau und meine vier Kinder... Es geht jetzt um das ganze deutsche Volk!«

10. JUNI 1944

Claus Stauffenberg besucht am Morgen seinen Vetter Yorck von Wartenburg.[115] Er bittet ihn, sich am Staatsstreich aktiv zu beteiligen und nach dem Umsturz den Posten eines Staatssekretärs bei Reichskanzler Goerdeler zu übernehmen, anstelle des bislang dafür vorgesehenen Dr. Hans Gisevius. Yorck, reiner Idealist, dem jede »Stellenverteilung« ein Greuel ist, sagt nach einigem Zögern zu. Ihm fällt auf, daß sein Vetter, dessen stürmisch-optimistisches Temperament er so sehr schätzt, ungewöhnlich ernst ist. Stauffenberg skizziert die militärische Lage dahingehend, »daß meine Erwartungen an und für sich nach der schlechten Seite noch übertroffen« seien. Dann verabschiedet er sich von Yorck mit der knappen Mitteilung, er werde das Attentat selbst ausführen.[116]

Mittags in der Bendlerstraße, stellt Stauffenberg General Olbricht in Haeftens Beisein den Major von Leonrod vor, der ursprünglich als Verbindungsoffizier im Wehrkreis VII (München) vorgesehen war, aber nun – auf »Fritzi« Schulenburgs Vorschlag hin – im Umsturzfall Erster Adjutant Olbrichts werden soll.[117] An die Stelle Leonrods soll in München Hauptmann Max-Ulrich Graf von Drechsel treten. Stauffenberg instruiert Leonrod, er solle Drechsel nichts vom Attentat sagen, sondern ihn unterrichten, daß es sich bei dem geplanten Staatsstreich »um eine Aktion gegen die Partei und um die Einrichtung einer Militärdiktatur« handle.

Kurz darauf trifft zu Stauffenbergs Genugtuung der Oberst i. G. Albrecht Ritter Mertz von Quirnheim ein.[118] Das Gefühl, daß nun die jungen Aktivisten des militärischen Widerstands – Schulenburg, Stauffenberg, Quirnheim – in der Reichshauptstadt versammelt sind, daß ihnen die Berliner Polizei unter Graf Helldorf am Tage X zur Verfügung stehen wird, daß die Freunde Tresckow und Hofacker an der Ostfront wie in Frankreich auf ihrem Posten stehen, wirft einen Hoffnungsschimmer in die düstere Zukunft. Jetzt darf man sagen: Die Konspiration tritt an, die Zeit zum Handeln ist gekommen.

11.–14. JUNI 1944

In diesen hektischen Tagen jagt eine Konspirationsbesprechung die andere. Fritz-Dietlof von der Schulenburg legt die neue Liste der Umsturz-Reichsregierung, die er in langwierigen personalpolitischen Diskussionen mit Goerdeler, Leuschner, Leber zustande gebracht hat, Olbricht und Stauffenberg in der Bendlerstraße vor. Ihr Inhalt ist nun folgender[119]:

Reichsverweser und Oberster Befehlshaber	Generaloberst Beck
Reichskanzler	Dr. Goerdeler (konservativ)
Staatssekretär	Yorck von Wartenburg
Vizekanzler	Leuschner (Sozialdemokrat)
Staatssekretär	Maaß (Sozialdemokrat)
Reichsaußenminister	Botschafter a. D. von Hassell oder Botschafter a. D. Graf Schulenburg
Reichsinnenminister	Dr. Leber (Sozialdemokrat)
Staatssekretär	Fritz-Dietlof von der Schulenburg
Chef der Polizei, der Gestapo und des SD	zunächst Graf Helldorf, später Generalmajor von Tresckow
Justizminister	Dr. Wirmer (Zentrum)
Wirtschaftsminister	Dr. Léjeune-Jung (konservativ)
Staatssekretär	Dr. Ernst

Finanzminister	Dr. Löser (Krupp-Generaldirektor) oder Dr. Popitz
Staatssekretär	Helfferich
Kultusminister	Prof. Reichwein (Sozialdemokrat) oder Dr. von Schuschnigg (österreichischer Bundeskanzler bis 1938)
Staatssekretär	Hauptmann Kaiser
Arbeitsminister	Letterhaus (Zentrum)
Verkehrsminister	Dr. Raabe (Zentrum) oder Hermann (Sozialdemokrat)
Postminister	General Fellgiebel
Staatssekretär	General Thiele
Reichskriegsminister	Generaloberst Hoepner oder General Olbricht
Staatssekretär	Olbricht oder Stauffenberg
Oberbefehlshaber der Wehrmacht	Generalfeldmarschall von Witzleben

Olbricht und Stauffenberg sind höchlichst zufrieden. Endlich sind die inneren Rivalitäten in der Konspiration beigelegt. Die Ämterverteilung zwischen Konservativen und Linken scheint ausgewogen; das konservativ-sozialistische Bündnis zum Sturz Hitlers ist perfekt. Unter den zwei Dutzend designierten Regierungsmitgliedern sind zehn Offiziere, so daß die Belange der Wehrmacht und vor allem die der Front nicht zu kurz kommen dürften.

Auch die Gewerkschaftspolitiker haben sich geeinigt. Man plant die Errichtung einer einheitlichen, allumfassenden Gewerkschaftsbewegung, die den Namen »Deutsche Gewerkschaft« (DG) erhalten soll. Auf keinen Fall will man zur Weimarer Zeit mit ihrer organisatorischen und weltanschaulichen Zersplitterung der Gewerkschaften zurück. Die führende Stellenbesetzung sieht so aus[120]:

Reichsleitung	Wilhelm Leuschner (früher ADGB) Jakob Kaiser (früher Christliche Gewerkschaften) Max Habermann (früher Deutschnationaler Handlungsgehilfen-Verband)
Ehrenvorsitzende	Alwin Brandes und Theodor Leipart (beide früher ADGB)
Abteilungsleiter:	
Personal und Organisation	Jakob Kaiser
Presse und Propaganda	Richard Seidel (Gewerkschaftsredakteur)
Schule und Bildung	Max Habermann
Jugend und Sport	Hermann Maaß (Deutsche Jugendverbände)
Angestelltenfragen	Max Habermann
Wirtschaftspolitik	Fritz Tarnow (Holzarbeiterverband)
Sozialpolitik	Jakob Kaiser
Finanzwesen	Max Habermann

Olbricht und Stauffenberg nehmen sich noch einmal den Text des Tagesbefehls vor, der sofort nach dem Umsturz vor allen Truppenteilen und über sämtliche Sender des Großdeutschen Rundfunks zur Verlesung kommen soll. Goerdeler hat ihn entworfen und von Beck absegnen lassen; Witzleben soll ihn, wenn es soweit ist, unterschreiben. Olbricht und Stauffenberg fügen noch zwei letzte Absätze hinzu, dann liegt auch der Tagesbefehl an die Wehrmacht bereit[121]:

»Soldaten! Es geht um die Sicherung eines gerechten Friedens, der dem deutschen Volk ein Leben in Freiheit und Ehre, den Völkern freiwillige und fruchtbare Zusammenarbeit ermöglicht. Ich stehe Euch dafür, daß fortan von Euch nur die Opfer verlangt werden, die notwendig sind, um dieses Ziel zu erreichen. Alle Kräfte des Volkes werden nunmehr einheitlich für diese Aufgabe eingesetzt. Mit der sinnlosen Verzettelung der Kräfte, die soviel Blut gekostet hat, ist Schluß.

Wo immer Ihr steht, an der Front oder in den besetzten Gebieten, verpflichte ich Euch auf die Gesetze des unbedingten Gehorsams, soldatischer Manneszucht und ehrenhafter, ritterlicher Haltung. Wer es daran hat fehlen lassen oder sich künftighin gegen diese Gesetze vergeht, wird unnachsichtig zur Rechenschaft gezogen werden. Auch in der Heimat kämpfen wir für Recht und Freiheit, für Anstand und Sauberkeit.

Ich erwarte von Euch, daß jeder seine Pflicht treu und tapfer weiter erfüllt. Davon hängt das Geschick unseres Vaterlandes, hängt unsere und unserer Kinder Zukunft ab.

Soldaten! Es geht um Bestand und Ehre unseres Vaterlandes, um eine wahre Gemeinschaft im eigenen Volke und mit den Völkern der Welt.«

Am 12. Juni erfährt man in der Bendlerstraße, daß vormittags Oberst Wilhelm Staehle, Kommandant der Invalidensiedlung in Berlin-Frohnau, von der Gestapo verhaftet wurde.[122] Das ist eine dramatische Warnung; sie signalisiert unmittelbare Gefahr für die Konspiration, denn Staehle steht schon seit Ende 1941 in enger Beziehung zu Goerdeler. Man muß damit rechnen, daß die Gestapo in den Verhören dahinterkommt. Stauffenberg sucht denn auch unverzüglich Generaloberst Beck auf und rät ihm, sich, was die Kontakte angeht, weitgehend von Goerdeler fernzuhalten, der in seinen Augen bereits »kompromittiert« ist. Dennoch wächst die Gefahr der Aufdeckung täglich. Generalquartiermeister Wagner und Generalmajor Stieff sprechen in diesen Tagen mehrfach über einen Attentatstermin. Wagner berichtet Stieff, Stauffenberg wolle persönlich »die nächste sich bietende Gelegenheit zur Durchführung des Anschlags benutzen«. Die Folge ist, daß in den Gesellschaftskreisen Potsdams und Berlins immer häufiger gemunkelt wird, in der nächsten Zeit würde »etwas im Führerhauptquartier« passieren. Die Konspirateure registrieren das mit Sorge. Bei einer Segelpartie auf dem Wannsee sagt Fräulein von Bredow dem Ordonnanzoffizier Stauffenbergs, Werner von Haeften, auf den Kopf zu, daß er etwas gegen den Führer plane. Haeften schreit sie an: »Ich verbiete dir ein für allemal, dich in meine Angelegenheiten zu mischen!«[123]

Am 14. Juni zieht Mertz von Quirnheim zu den beiden Stauffenbergs in die Tristanstraße Nr. 8.[124] Hier, in dieser verträumten Straße des idyllischen Berliner Vorortes Wannsee, ist nun in den nächsten fünf Wochen das zweite, das private Hauptquartier der Verschwörung. Neben den beiden Brüdern Stauffenberg und Oberst Mertz sind »Fritzi« Schulenburg, die Hauptleute Klausing und Graf Schwerin sowie Oberleutnant von Haeften fast täglich zusammen. Der abendliche Rotwein- und Zigarettenverbrauch ist beachtlich. Es wird verbissen gearbeitet. Der Tag der Entscheidung rückt unaufhaltsam näher. Es wird vereinbart, daß Mertz am 17. Juni offiziell die Chefstelle Stauffenbergs bei General Olbricht übernimmt. Dann werden zwei Offiziere (Stauffenberg und Haeften) das Attentat ausführen, und zwei weitere Offiziere (Olbricht und Mertz) werden den »Walküre«-Staatsstreich in Gang setzen.

15.–18. JUNI 1944

Am 15./16. Juni beginnt das Flakregiment 155 unter Oberst Wachtel mit dem Abschuß der unbemannten Raketenwaffe V 1 gegen den Großraum London.[125]

Am 16. Juni treffen sich die Spitzen der zivilen Konspiration im Berliner Hotel »Esplanade« zu einem Grundsatzgespräch.[126] Anwesend sind Goerdeler, Kaiser, Habermann, Leber und Wirmer, während Leuschner sich entschuldigen läßt. Goerdeler, der den Vorsitz hat, wird sogleich von seinem künftigen Reichsinnenminister Leber wegen seines außenpolitischen »Illusionismus« kritisiert. Leber, gebürtiger Elsässer, der sein ganzes Leben dafür gekämpft hat, daß das Elsaß entweder deutsch oder zumindest ein selbständiger Staat sein soll, fordert angesichts der katastrophalen militärischen Lage den Verzicht auf Elsaß-Lothringen sowie auf Ostpreußen und das Sudetenland; Österreich soll Teil des Reiches bleiben, die neue deutsche Ostgrenze etwa auf der Linie Danzig-Gleiwitz verlaufen. Ein Sturm der Entrüstung ist die Folge. Der Vorschlag wird rundweg abgelehnt.

Die Kontroverse erweitert sich auf die Innen- und Gesellschaftspolitik. Julius Leber wirft Goerdeler vor, daß er »in seinen wirtschaftlichen Auffassungen überlebt und insgesamt an die Großindustrie gebunden« sei. Jakob Kaiser, Habermann und Dr. Wirmer weisen den Vorwurf zurück. Sie werfen ihrerseits Leber vor, er wolle »die alte SPD-Politik« der Weimarer Zeit fortsetzen. Das kann Leber leicht widerlegen, denn schließlich hat er sich mit Goerdeler und Leuschner längst darauf verständigt, nach erfolgtem Staatsstreich »keinen Parteienstaat mehr« anzustreben. Als gemeinsame Zielvorgabe wurde formuliert: »Eine Volksbewegung soll alle Stände, Schichten und Gaue einigen.«

Diese Bewegung bezeichnet Goerdeler als »neue Gemeinschaft«, während Leber hartnäckig bei dem Begriff »Volksbewegung« bleibt. Leber hat dafür Programmpunkte erarbeitet, die er zuvor mit Maaß, Schulenburg und Stauffenberg abgestimmt hat. An der Spitze dieses Programms steht: »Erklärung der unveräußerlichen Freiheitsrechte; Wiederherstellung von Recht, Gesetz und Ordnung«. In allen Glaubens-, Rassen- und Klassenfragen soll eine unbedingte Toleranzerklärung abgegeben, der jüdischen Minderheit in Deutschland soll zu voller Gleichberechtigung verholfen werden. Im volkswirtschaftlichen Bereich proklamiert Leber »die Sozialisierung der Grund- und Schlüsselindustrien«.

Der letzte Punkt erzeugt allgemeinen Widerspruch. Die anderen Sitzungsteilnehmer nennen das ein »radikales sozialistisches Programm«. Goerdeler verschärft die Diskussion, indem er als Einleitungssatz der Proklamation folgende Formulierung vorschlägt: »Die Volksbewegung bekennt sich zur deutschen Kultur und zur christlichen Vergangenheit des deutschen Volkes.« Leber lehnt die zweite Hälfte des Satzes ab; eine Bezugnahme auf religiöse Bindungen habe in politischen Proklamationen nichts zu suchen.

Es ist die zweite große Krise innerhalb der zivilen Konspiration nach dem Eklat von Mitte Mai. Wieder ist es Wirmer, dem es im letzten Augenblick gelingt, Öl auf die hochgehenden Wogen zu gießen. Er macht sich anheischig, beim nächsten Treffen im Juli einen Kompromißentwurf vorzulegen.

Am nächsten Tag besuchen Schulenburg und Stauffenberg Dr. Wirmer, um zu hören, was die zukünftige Reichsregierung beschlossen hat.[127] Sie sind entsetzt über die internen Streitigkeiten. Am Sonntag, dem 18. Juni, kommt es zu einem Treffen mit Julius Leber, wobei Wirmer seinen neuen Entwurf für das Grundsatzprogramm einer »Deutschen Gemeinbewegung« vorliest.[128] Darin ist die von Leber, Schulenburg und Stauffenberg gewünschte Öffnung nach links weitgehend berücksichtigt. Alle erklären sich einverstanden. Leber verspricht, Leuschner entsprechend zu informieren, wozu er aber erst Ende des Monats kommen wird.

In Paris benutzt Oberstleutnant von Hofacker das Wochenende, um mit General von Stülpnagel die militärische Lage zu erörtern. Danach schreibt er am 18. Juni seiner Frau[129]:

»Die Schwächung der Ostfront ist zweifellos eine schwere Sorge. Aber solange man noch eine Möglichkeit hat, den Feind hier (in der Normandie) wieder ins Meer zu werfen, ist es wichtig, den Schwerpunkt zu bilden. Denn hier droht die *noch* größere Gefahr, hier winkt die *einzige* Erfolgsaussicht.«

Am Abend dieses Sonntags treffen sich Stauffenberg und Trott zu Solz, der mitteilt, daß er in vier oder fünf Tagen dienstlich nach Stockholm fahren kann.[130] Er will nicht nur mit den neutralen Schweden sprechen, sondern auch zur britischen und sowjetischen Botschaft in Stockholm Kontakte aufnehmen. Stauffenberg ist außergewöhnlich ernst; von dem »jungenhaften Charme«, den Trott und andere immer an ihm bewundert haben, ist kaum noch etwas zu ahnen. Offenbar steht es kritisch an den Fronten oder bereiten sich feindliche Großoffensiven vor. Jedenfalls sagt Stauffenberg zu Trott: »Ich muß wissen, wie sich England und die USA benehmen, wenn Deutschland zur Aufnahme kurzfristiger Verhandlungen genötigt sein sollte.«

19. JUNI 1944

Am nächsten Morgen meldet sich Claus von Stauffenberg dienstlich bei dem 44jährigen Generalmajor Gerhard Kühne, dem bisherigen Chef des Stabes des Ersatzheeres unter Generaloberst Fromm.[131] Es wird festgelegt, daß Stauffenberg de facto schon seine neue Dienststellung wahrnehmen soll, für die er offiziell erst am 1. Juli vorgesehen ist. Am vorhergehenden Sonnabend, dem 17. Juni, hat Mertz von Quirnheim bereits Stauffenbergs Arbeit beim AHA übernommen. Am Abend desselben Tages schrieb er seiner Frau aus der Tristanstraße[132]:

»Heute um 14.00 Uhr setzte ich mich mit einem hörbaren Ruck und allem mir zur Verfügung stehenden Selbstvertrauen auf Stauff's Stuhl. Der Kopf raucht mir nach den kurzen sechs Tagen der ›Einarbeitung‹ gewaltig. Es ist aber höchste Zeit, daß ich ins Geschäft steige und selbst die Verantwortung übernehmen darf; die letzten zwei Tage wurde es mir schon unbefriedigend, nur dabeizusitzen und zuzuhören. Olbricht wird in den ersten Wochen viel Geduld mit mir haben müssen, bis ich richtig ›im Laufen‹ bin. Ich übernahm aber von St. einen sehr gut eingespielten Stab mit einer Reihe wirklich guter Generalstabsoffiziere.«

Auf seine neue Tätigkeit als führender Generalstabsoffizier des gesamten deutschen Ersatzheeres konzentriert sich Oberst Stauffenberg in den Tagen vom 19. bis 21. Juni. Das Gesamtbild, das sich für ihn ergibt, ist katastrophal:

An der *Normandiefront* haben die Alliierten in den zurückliegenden 14 Tagen etwa 10 Panzerdivisionen und 20 motorisierte Infanteriedivisionen zum Einsatz gebracht. Das sind etwa 620 000 Mann mit zirka 100 000 Fahrzeugen.[133] Auf deutscher Seite stehen an kampfkräftigen Verbänden fünf Panzerdivisionen, zwei Fallschirmjägerdivisionen, eine Luftlandedivision und fünf kampfstarke Infanteriedivisionen im Einsatz. Das sind 13 Divisionen, die nur wenig Sprit haben und die lediglich nachts bewegungsfähig sind, da die Luftherrschaft der Alliierten am Tage total ist. 15 sogenannte »bodenständige« Infanteriedivisionen sind schon fast ausgelöscht. Die blutigen Verluste belaufen sich bisher auf 35 000 bis 40 000 Mann. In der Heranführung sind fünf Panzerdivisionen der Waffen-SS (aus Belgien die »Leibstandarte«, aus Südfrankreich »Das Reich« und »Götz von Berlichingen«, von der Ostfront »Hohenstaufen« und »Frundsberg«).[134] Selbst wenn sie bis zum 27. Juni an der Invasionsfront einsatzbereit sein sollten, wird die Gesamtzahl der deutschen Panzer nur bei 900 liegen (100 sind bereits ausgefallen), während auf der Gegenseite 2000 Panzer rollen. Von den beiden im schwersten Abwehrkampf um Caen stehenden gepanzerten Verbänden, der Panzerlehrdivision des Heeres und der 12. SS-Panzergrenadierdivision »Hitlerjugend«, liegen übereinstimmende Berichte vor. Danach schlagen sich die Grenadiere mit geradezu heroischer Tapferkeit, sind aber gegen Luftherrschaft und Schiffsartillerie völlig chancenlos.

Am Mittelabschnitt der *Ostfront* scheint eine sowjetische Großoffensive bevorzustehen. Aufklärung hat ergeben, daß vier sowjetische Heeresgruppen mit 19 Armeen bereitstehen, die von vier Luftarmeen mit etwa 4000 Kampfflugzeugen unterstützt werden.[135] Auf deutscher Seite steht die Heeresgruppe Mitte mit vier Armeen, die aus 40 Divisionen bestehen, fast ohne jede Luftunterstützung. Nur 10 Prozent dieser 40 Divisionen bestehen aus motorisierten Verbänden, verfügen aber nur über halbe Kampfkraft. Die Divisionen der Heeresgruppe Mitte sind völlig ausgeblutet, ihr Kampfwert ist etwa mit dem von 25 Normaldivisionen anzusetzen. Damit sollen sie einen Frontabschnitt von zirka 1000 Kilometer Länge verteidigen.

Die Versorgungslage der *Treibstoffvorräte* ist bedrohlich. Am 1. Mai hatte sie noch 540 000 Tonnen betragen; ausreichend für drei Monate bei Heer und Luftwaffe.[136] Dann, am 12. Mai, hatten die massierten Luftbombardements der Alliierten auf die deutschen Hydrierwerke begonnen. Bei Invasionsbeginn war der Treibstoffvorrat schon auf 475 000 Tonnen zusammengeschmolzen. An diesem 20. Juni erfolgt ein erneuter alliierter Luftangriff mit 1500 Bombern und mehr als 1000 Begleitjägern auf die Hydrierwerke in Ostermoor, Hamburg, Pölitz (bei Stettin), Misburg,

Fallersleben und Magdeburg mit verheerenden Schäden.[137] Am 1. Juli werden voraussichtlich noch 360 000 Tonnen Treibstoff vorhanden sein; zwei knappe Monatssätze für Heer und Luftwaffe[138].

18. JUNI 1944

Adam von Trott zu Solz bereitet sich an diesem Abend auf seine Reise nach Stockholm vor, die er am folgenden Tag antreten und mit der er feststellen will, wessen sich der deutsche Widerstand im Fall des Umsturzes von den Alliierten zu versehen hat. Er blättert in einem großen Memorandum, das er in den letzten drei Tagen sorgfältig formuliert hat.[139]

1. Der deutsche Widerstand, der das Hitlersystem beseitigen wolle, könne mit den Alliierten auf der Basis einer »bedingungslosen Kapitulation« unter keinen Umständen zusammenarbeiten, auch nicht, wenn Deutschland nach einem Waffenstillstand militärisch besetzt werden sollte. Die entehrende Bedingung der »bedingungslosen Kapitulation« sei weder psychologisch noch politisch für die deutschen Widerstandskreise in Betracht zu ziehen.
2. Deutschland müßten unbedingt territoriale Integrität und nationale Selbstbestimmung gewährt werden. Anderenfalls fürchte der deutsche Widerstand willkürliche Annexionen deutschen Landes, Sklavenhandel mit deutschen Arbeitern und Soldaten sowie eine fremde, ausländische Gerichtsbarkeit gegen die NS-Machthaber.
3. Wenn solche Befürchtungen sich bestätigen sollten, würde die deutsche Opposition zum Widerstand gegen die Alliierten getrieben werden.
4. Die deutsche Opposition brauche dringend die Unterstützung hoher militärischer Befehlshaber und Polizeikommandeure, die sie aber nicht erhalten werde, wenn sie dem deutschen Volk nicht ein besseres Los bieten könne.
5. Wenn die Alliierten dazu nicht bereit seien, dann könne der

Widerstand auch nicht das Odium der Niederlage auf sich nehmen.

6. Es bestünde die Gefahr, daß nach einer Niederlage zwei einander feindliche Deutschlands entstünden, ein nationalbolschewistisches als Satellit der Sowjetunion, und ein westliches, in dem dann eine Hitlerlegende entstehen würde. Der Westen unternehme bislang nichts, eine solche Entwicklung zu verhindern.
7. Der deutsche Widerstand wolle keine Militärdiktatur, sondern eine zivile Demokratie, allerdings ohne kommunistische Organisationen.
8. Die neue Reichsregierung benötige Garantien für ihre nationale und internationale Handlungsfähigkeit. Zwischen dem Waffenstillstand an allen Fronten und der alliierten Besetzung Deutschlands müßten mehrere Wochen, möglichst zwei oder drei Monate, liegen, in denen die Umsturzregierung ihre innere und äußere Autorität stabilisieren könne.
9. Deutschland müsse in den Grenzen von 1937 existieren (also ohne Österreich und Sudetenland, wofür die Zustimmung von Leuschner und teilweise von Leber, aber mitnichten die von Schulenburg und Stauffenberg vorliegt). Eine Besetzung deutschen Gebietes durch die Bolschewisten sollte möglichst vermieden werden.
10. Kriegsverbrechen dürften nur vor deutschen Gerichten und auf deutschem Boden abgeurteilt werden.

Als Trott zu Solz sich am nächsten Tag nach Stockholm begibt, bricht im Mittelteil der Ostfront eine gewaltige sowjetische Offensive los, der die deutsche Heeresgruppe Mitte fast nichts entgegenzusetzen hat. Die militärische Lage des Reiches treibt Ende Juni 1944 einer Katastrophe entgegen; im neutralen Ausland wird vermutet, daß Deutschland Ende August beziehungsweise Anfang September endgültig am Boden liegen wird.

29./30. JUNI 1944

Bei Bobruisk müssen sich die dort von vier sowjetischen Armeen eingekesselten Reste des XXXV. und XXXXI. Armeekorps der deutschen Heeresgruppe Mitte mit rund 70000 Mann ergeben.[140]

In der Normandie fällt die Festung Cherbourg, die von 20000 Deutschen verteidigt wurde, den Divisionen des VII. US-Korps in die Hand.[141] Von den 2000 V-1-Raketen, die in den letzten 14 Tagen vom Flakregiment 155 abgeschossen wurden, haben etwa 1000 den Großraum von London erreicht.[142]

Die geheimen SD-»Meldungen aus dem Reich« berichten über die Stimmung der Bevölkerung:

»Die Hochstimmung der ersten Tage nach dem Beginn der Invasion und der Vergeltung flaut allgemein sehr stark ab. Die anfängliche große Freude und Hoffnung, daß sich die Kriegslage entscheidend verändert und daß es ›mit uns wieder vorangeht‹, ist sehr nüchternen und skeptischen Erwägungen gewichen. Man ist zwar durchweg darauf gefaßt gewesen, daß der Kampf schwer werden wird, aber bei aller Entschlossenheit, auch weiterhin ›fest bei der Stange zu bleiben, komme, was mag‹, kämpfen viele Volksgenossen mit dem drückenden Gefühl, daß wir den Gegnern zahlen- und materialmäßig zu sehr unterlegen sind. ›Wenn man rund herum schaut, dann kann einem der Mut sinken.‹ Alle vorhandenen Hoffnungen richten sich auf die Vergeltungswaffe und die noch angekündigten neuen Waffen. Vielleicht werde, obwohl soviel Tatsachen und verstandesmäßige Überlegungen entgegenstünden, das Kriegsglück auf wunderbare Weise gewendet. Dabei mischt sich eine leise Enttäuschung über das Ausbleiben greifbarer Wirkungen von ›V 1‹ in die Sorge über den bisherigen Verlauf der Invasion, die uns um die Hafenfestung Cherbourg bringt. Nun sei die Invasion da, und die Vergeltung habe begonnen, aber es gehe immer noch zurück. Der Luftkrieg verschärfe sich wieder. Die Offensive der Sowjets habe bereits am ersten Tage zu Einbrüchen in unsere Front geführt. In Italien dringe der Feind immer weiter nach Norden. ›Jetzt haben wir glücklich drei Fronten‹ oder ›Daß der Feind trotz unserer Vergeltungswaffe überall die Luftüberlegenheit besitzt, kann niemand abstreiten. Ich sehe schwarz‹

oder ›Es sieht ganz so aus, als ob die Dinge sich doch gegen uns entwickeln würden‹, oder ›Es gehört ein starker Glaube dazu, in dieser Lage zuversichtlich zu bleiben‹, oder ›Auch unsere Vergeltung hält sie nicht davor zurück, unsere Städte weiter zu bombardieren‹ sind Äußerungen, wie sie auch bei durchweg gutwilligen Volksgenossen in den Erörterungen zur Gesamtlage häufig anzutreffen sind. Die Bevölkerung will sich die Hoffnung erhalten, ›daß wir mit der Invasion eines Tages fertig werden‹, aber nach dem jetzigen Verlauf werde es ›sehr lange dauern, bis wir die Engländer und Amerikaner wieder draußen haben‹.

Seit den Tagen der Invasion sitzen in zahlreichen Betrieben, Geschäften und Behörden Männer und Frauen mit der Frage herum, ob das, was sie tun, wirklich so kriegswichtig ist, daß man es in dieser entscheidenden Zeit nicht unterbrechen könnte. Man möchte persönlich so eingespannt werden, daß es sich unmittelbar auf den Krieg auswirkt und in einem ›großen Endspurt‹ Sieg und Kriegsende erzwungen werden. Der größte und tiefste Wunsch zahlreicher Volksgenossen ist es, daß alles zu einer zeitlich begrenzten äußersten Kraftanstrengung zusammengerafft wird, die zu einer ausschlaggebenden Wirkung führt.«

Stauffenberg führt den Leiter der OKH-Abteilung »Fremde Heere West«, Oberst i. G. Alexis Freiherrn von Roenne, in die Verschwörung ein. Er nennt ihm die Namen der Konspirateure, weiht ihn aber nicht in die Ziele ein. Roenne soll als eine Art »Antriebsmotor« bei Wagner, Fellgiebel und Stieff wirken.

1. JULI 1944

An diesem Sonnabend, dem 1. Juli, empfängt Oberst Stauffenberg bereits in seiner offiziellen Stellung als Chef des Stabes des BdE den Oberleutnant Urban Thiersch, einen befreundeten Bildhauer, der nun in Regensburg als Führer einer Ersatzbatterie Dienst tut, nachdem er in Rußland schwer verwundet wurde.[143] Stauffenberg überfällt ihn mit den Worten: »Gehen wir in medias res. Ich betreibe mit allen mir zur Verfügung stehenden Mitteln den Hochverrat.«

Am Nachmittag macht der Generalstabsoberst nochmals einen kleinen Abstecher nach Neuhardenberg im Oderbruch. Er umschreitet das Schloß, steht vor der Schinkelkirche und vor der Grabstätte des Staatskanzlers Fürst Hardenberg, des großen preußischen Reformers, geht durch den Schloßpark und betrachtet das Denkmal mit der ersten Medaillenverewigung Friedrichs des Großen.

Abends beantragen die Feldmarschälle von Rundstedt und Rommel bei Hitler die Räumung von Caen und die Zurücknahme der deutschen Abwehrstellungen aus dem Bereich der feindlichen Schiffsartillerie. Der Diktator lehnt ab.[144]

2. JULI 1944

Am Sonntagmittag erscheint Fritz-Dietlof von der Schulenburg in der Tristanstraße. Sein Besuch geschieht aus besonderem Anlaß. Seit längerem schon hat man im engsten Freundeskreis diskutiert, wie man sich verhalten soll, wenn der Staatsstreich mißlingt oder wenn die Kriegsgegner ins eigene Land eindringen. In den letzten 14 Tagen ist dieses Gespräch besonders intensiv geführt worden, ausgelöst durch die feindliche Invasion, verschärft durch den Zusammenbruch der Heeresgruppe Mitte. Wortführer ist Schulenburg, der wie kein zweiter zum Staatsstreich treibt und der als glühender Patriot auch niemals von seinen »unverrückbaren« nationalen Positionen abweicht. Sein skeptischer Sinn veranlaßt ihn zu der Bemerkung, zur Not müsse man eben die Konspiration in die Besatzungszeit hinein verlängern.[145]

»Wenn es nicht mehr gelingen sollte, zur Tat zu kommen, so muß man sich einen Eid geben und zu einem ›Orden‹ zusammenschließen, um nach dem Zusammenbruch Deutschlands in der dann von allen Seiten einbrechenden Fremdherrschaft ohne äußeres Band eine Gruppe von Männern zusammenzuhalten, die voneinander weiß und unverrückbar am Vaterland festhält.«

Der Gedanke eines geheimen Schwurs für die Zeit einer NS-

Verfolgung oder einer fremden Besatzungsherrschaft trifft sich mit ähnlichen Vorstellungen der Stauffenberg-Brüder. Berthold hat in den letzten Tagen seiner Sekretärin Maria Appel im Barackenlager »Koralle« (Oberkommando der Kriegsmarine) heimlich den Text eines feierlichen »Schwurs« in die Maschine diktiert, den er seinem Bruder Claus zur Korrektur vorgelegt hat. Nun – nachdem auch Mertz, Klausing und Werner von Haeften dazugekommen sind – wollen sie sich in gemeinsamem »Schwur« zu einer untrennbaren Einheit verbinden. Könnten Tresckow, Yorck, Schwerin und Hofacker dabei sein, so wäre die ganze junge Aktivistengruppe des deutschen Widerstands versammelt.

Claus von Stauffenberg verliest den Text des »Schwurs«.[146]

»SCHWUR

Wir glauben an die Zukunft der Deutschen.

Wir wissen im Deutschen die Kräfte, die ihn berufen, die Gemeinschaft der abendländischen Völker zu schönerem Leben zu führen.

Wir bekennen uns im Geist und in der Tat zu den großen Überlieferungen unseres Volkes, das durch die Verschmelzung hellenischer und christlicher Ursprünge in germanischem Wesen das abendländische Menschentum schuf.

Wir wollen eine Neue Ordnung, die alle Deutschen zu Trägern des Staates macht und ihnen Recht und Gerechtigkeit verbürgt, verachten aber die Gleichheitslüge und fordern die Anerkennung der naturgegebenen Ränge.

Wir wollen ein Volk, das in der Erde der Heimat verwurzelt den natürlichen Mächten nahebleibt, das im Wirken in den gegebenen Lebenskreisen sein Glück und sein Genüge findet und in freiem Stolze die niederen Triebe des Neides und der Mißgunst überwindet.

Wir wollen Führende, die aus allen Schichten des Volkes wachsend, verbunden den göttlichen Mächten, durch großen Sinn, Zucht und Opfer den anderen vorangehen.

Wir verbinden uns zu einer untrennbaren Gemeinschaft, die durch Haltung und Tat der Neuen Ordnung dient und den künftigen Führern die Kämpfer bildet, derer sie bedürfen.«

Alle sechs Anwesenden geben sich die Hand.

»Wir geloben:
untadelig zu leben –
gewissenhaft zu dienen –
unverbrüchlich zu schweigen –
und füreinander einzustehen.«

ANFANG JULI 1944

Die erste Juliwoche ist gekennzeichnet von dramatischen Zuspitzungen, Hiobsbotschaften und Alarmnachrichten. Stauffenbergs Vorgesetzter, Generaloberst Fromm, sagt am Montag, dem 3. Juli, zu dem Berliner Polizeipräsidenten, Graf Helldorf, als dieser ihn in der Bendlerstraße besucht[147]: »Am besten wäre es, der Führer nähme sich das Leben!« Generaloberst Fromm ist seit Anfang 1943 der Ansicht, daß der Krieg nicht mehr zu gewinnen sei. Aber das wird erst später bekannt, während der Gestapo-Verhöre nach dem 20. Juli. Im Augenblick ist man in der Konspiration noch unsicher, wie man Fromms Haltung einzuschätzen hat.

Am 4. Juli verhaftet die Gestapo die beiden Kommunisten Franz Jacob und Anton Saefkow sowie Prof. Dr. Adolf Reichwein.[148] Professor Reichwein, der innerhalb der Konspiration allseits sehr geschätzt wird, steht auch auf der Kabinettsliste der Umsturzregierung. Reichwein, 46 Jahre alt, Sohn eines Lehrers, schon vor dem Ersten Weltkrieg Mitglied der Wandervogelbewegung, hat sich 1916 freiwillig gemeldet und ist ein Jahr später schwer verwundet worden. In den zwanziger Jahren bereiste er Skandinavien, die USA, vor allem aber China und Japan, entwickelte sich mit der Zeit zu einem anerkannten Experten für ostasiatische Fragen. Von 1930 bis 1933 Dozent an der Pädagogischen Akademie in Halle, trat er 1932, kurz vor Hitlers Machtübernahme, ostentativ der SPD bei. In den Friedensjahren des Dritten Reiches lebte er als Volksschullehrer in der Mark Brandenburg. Seit Kriegsbeginn leitet er die Abteilung »Schule und Museum« am Staatlichen Museum für Deutsche Volkskunde Berlin im Prinzessinnenpalais

Unter den Linden, und seit Mitte 1941 unterhält Prof. Reichwein, immer noch ein jugendbewegter Sozialist, enge Kontakte zu Wilhelm Leuschner und Julius Leber. Er soll Kultusminister der neuen Reichsregierung werden, und Schulenburg wie Stauffenberg möchten ihn auch in die spätere Verhandlungsdelegation zur Sowjetunion einbauen.

So ist seine Verhaftung ein harter Schlag für die Verschwörung. Sie wäre nicht erfolgt, wenn Reichwein nicht Kontakt zur schwachen Berliner Untergrundgruppe der KPD aufgenommen hätte. Er wußte nicht, daß sie mit Gestapo-Agenten durchsetzt und daß der einzig ernstzunehmende KPD-Untergrundführer, Bernhard Bästlein, den Leber aus der KZ-Haft von 1933 bis 1937 persönlich kannte, bereits im Mai verhaftet worden war. So ist Reichwein völlig überrascht, als er in der illegalen KPD-Unterkunft von der Geheimen Staatspolizei erwartet wird, und er kann auch nicht verhindern, daß man Julius Leber, den designierten Reichsinnenminister, am 5. Juli ebenfalls in Haft nimmt.[149]

Schlimmer kann es für die Verschwörer kaum noch kommen. Schulenburg und Stauffenberg sind in den letzten sechs Monaten zu persönlichen Freunden Lebers geworden; sein Schicksal erbittert sie. Aber sie müssen nun auch täglich den großen Schlag gegen die Konspiration befürchten.

6. JULI 1944

Die geheimen SD-»Meldungen aus dem Reich« berichten an diesem Tag[150]:

»Die Stimmung der Bevölkerung ist gegenwärtig besonders ernst. Die Volksgenossen verhalten sich den Ereignissen gegenüber abwartend. Daß sowohl die Invasion als auch die Vergeltung bisher den erwarteten Höhepunkt in dem Sinne, daß eine Kriegsentscheidung abzusehen ist, nicht gebracht haben, mache allgemein recht bedenklich. ›Jedesmal, wenn wir glauben, wir sind auf dem Höhepunkt, türmt sich ein neuer Berg auf. Das geht allmählich auf die Nerven.‹ Die Ausbreitung der Kampffronten, die zunehmende Härte der Kämpfe, die Verschärfung des Krieges in der Normandie mit dem Verlust Cherbourgs, die anhaltend rückläufigen Bewegungen in Italien, die überraschend schnellen Fortschritte der Sowjets und der Tod von Generaloberst [Eduard] Dietl wirken bei den Volksgenossen aus dem Gefühl einer allzu starken Übermacht unserer Feinde heraus sehr bedrückend. ›Es wird schon noch so weit kommen, daß die Russen in Ostpreußen, die Anglo-Amerikaner in der Po-Ebene und die Invasionstruppen in Paris stehen‹ oder ›Wenn es so weitergeht, bringen wir sie im Westen nicht mehr hinaus‹, sind immer wiederkehrende Äußerungen. Die meisten Volksgenossen setzen ihre ganzen Hoffnungen auf die Anwendung noch stärkerer Waffen unsererseits, denn ›sonst sei alle Tapferkeit und aller Heldenmut unserer Soldaten umsonst‹.«

Am selben Tag, dem 6. Juli, fliegt Oberst Graf Stauffenberg von Berlin nach München. Er ist ins Führerhauptquartier auf dem Berghof befohlen, um dem Diktator einen Vortrag über »Neuaufstellungen« und über den »Walküre«-Alarmplan zu halten.[151] Die beiden Sonderbesprechungen dauern von 17.05 bis 18.00 Uhr und von 23.55 bis 0.50 Uhr. Stauffenberg führt in seiner Aktentasche einen neuen englischen Sprengstoff mit sich. Er hat kein Attentat vor, denn in Berlin sind keinerlei Vorbereitungen für »Walküre« und für den Staatsstreich getroffen. Er geht mit seiner Aktenmappe zu Generalmajor Stieff und sagt: »Ich habe das ganze Zeug mit!« Stieff denkt aber gar nicht daran, die Rolle des Attentäters zu übernehmen. »Lassen Sie gefälligst die Finger davon«, antwortet er und läßt, wie er später im Verhör behaupten wird, Stauffenberg nicht mehr aus den Augen.[152]

Werner von Haeften sagt einen Tag später zu Oberleutnant Thiersch in tiefstem Vertrauen, sein Chef habe sich endgültig davon überzeugt, daß nur er selbst, Stauffenberg, für das Attentat in Frage käme.

8.–10. JULI 1944

Das Wochenende vom 8. und 9. Juli verbringt Fritz-Dietlof von der Schulenburg in Neuhardenberg.[153] Er trifft sich dort mit Claus Stauffenberg, um noch einmal die organisatorischen Details des Staatsstreichunternehmens zu besprechen, das in den nächsten Tagen stattfinden muß.

Am selben Wochenende besucht der designierte Reichsaußenminister der Verschwörung, Ulrich von Hassell, das Bismarck-Mausoleum in Friedrichsruh.[154] Er notiert in seinem Tagebuch:

»Alles trat aber zurück hinter der Erinnerung an den Großen, im Haus, im Mausoleum, im kleinen Museum. Kaum zu ertragen; ich war dauernd nah an Tränen beim Gedanken an das zerstörte Werk. Deutschland, in Europas Mitte gelegen, ist das Herz Europas.«

Am 10. Juli wird in der Bendlerstraße bekannt, daß 70 Prozent der Heeresgruppe Mitte vernichtet sind[155]; im Grunde gibt es in diesem Frontabschnitt kaum noch Widerstand. Jetzt liegt das Reich fast wehrlos vor den Panzermassen der Sowjets. Am selben Tag berichtet der Chef des Stabes der Panzergruppe West, General Gause, an Feldmarschall Rommel über den Kampf an der Invasionsfront[156]:

»Feind hat anscheinend unbegrenzten Munitionsvorrat. Er verschießt das Zwanzigfache von dem, was wir verschießen können... Die Kampfmoral unserer Truppen ist hoch, aber sie allein genügt nicht gegen die materielle Überlegenheit des Gegners. Selbst unsere Frontsoldaten des Ersten Weltkrieges haben so etwas nicht erlebt. Der Feind gleicht seine schlechtere Kampfmoral durch Artilleriefeuer und Bombardierungen aus.«

11. JULI 1944

Schneller als erwartet wird Oberst Stauffenberg wieder auf den Berghof befohlen.[157] Begleitet wird er von seinem Adjutanten, Hauptmann Klausing. Obwohl in Berlin keinerlei Vorbereitungen für »Walküre« getroffen sind, nimmt Stauffenberg den Sprengstoff mit.

Während er nach Süden unterwegs ist, tritt Hauptmann Kaiser in Goerdelers Auftrag bei General Olbricht in der Bendlerstraße ein und sagt: »Es wird höchste Zeit! Sonst ist Sonnenuntergang.« Olbricht antwortet: »Es wird ja auch wild bei uns gearbeitet«, ohne Kaiser etwas über den Stauffenberg-Flug zu sagen. Dagegen erklärt er Generaloberst Hoepner, der etwas später bei ihm erscheint, der Oberst sei »vollgeladen« zum Führerhauptquartier abgeflogen.

Die Besprechung mit Hitler, die der Neuaufstellung von »Sperrdivisionen« gilt, ist für die Zeit von 13.07 bis 15.30 Uhr angesetzt. Vorher spricht Stauffenberg mit Stieff, der ihm mitteilt, daß Göring und Himmler nicht anwesend sein werden. Nun ist seit langem innerhalb der Konspirateure festgelegt, daß – wenn schon ein Attentat unumgänglich ist – Hermann Göring und Heinrich Himmler die Mitbetroffenen sein müssen, um eine reibungslose Übergabe der Regierungsgewalt zu ermöglichen und einen Bürgerkrieg zu vermeiden. Stauffenberg, tief enttäuscht, wirft die Frage auf: »Herrgott! Soll man nicht doch handeln?« Stieff rät ihm dringend ab, und der Oberst hat dann wohl mit Olbricht telefoniert. Jedenfalls setzt dieser in seinem Dienstzimmer in der Bendlerstraße Hoepner kurz vor 13.00 Uhr davon in Kenntnis, ihm sei »soeben die Mitteilung zugegangen«, daß heute nichts stattfindet, »weil der Reichsführer SS« (Himmler) nicht eingetroffen sei.

Nach der Lagebesprechung fahren Stauffenberg und Klausing zu einem verspäteten Mittagessen in die Berchtesgadener Jägerkaserne. Anschließend trifft sich der Oberst mit den Generälen Fellgiebel und Stieff sowie mit dem eingeweihten Oberst Klamroth. Er fordert Fellgiebel nachdrücklich auf, im Attentatsfall die nachrichtentechnischen Maßnahmen so zu treffen, daß alle Befehle und Weisungen der Umsturzregierung reibungslos durchgegeben werden können, »alle anderen Benutzer aber abgeschaltet werden«.

Am Spätnachmittag fliegen Stauffenberg und Klausing nach Berlin zurück, wo sie Oberstleutnant von Hofacker antreffen, der am Tag zuvor von Paris abgefahren ist.[158] Hofacker berichtet von einem Gespräch, das er am 9. Juli mit Generalfeldmarschall Rommel gehabt hat. Rommel habe dezidiert erklärt, daß die Invasionsfront »maximal 14 Tage bis drei Wochen« gegen die gewaltige Übermacht der Anglo-Amerikaner gehalten werden könne, dann sei Schluß. Stauffenberg, der auf Rommel große Stücke hält, zweifelt nicht an der Voraussage des Feldmarschalls. Die Zeit drängt.

12./13. JULI 1944

Am Mittwoch, dem 12. Juli, trifft frühmorgens der Abwehragent Hans Bernd Gisevius in Berlin ein.[159] Der 40jährige Gisevius kommt aus der Schweiz, wo er seit 1940 für die »Abwehr« tätig ist und enge Beziehungen zum amerikanischen Geheimdienst unter Allen Welsh Dulles unterhält. Gisevius ist ein hochkarätiger Opportunist[160]: vor Hitlers Machtübernahme deutschnationaler Jugendführer, trat er 1933 sofort in die NSDAP ein und beteiligte sich in zentraler Position am Aufbau der Gestapo. Als seine höchst ehrgeizigen Karrierepläne nicht in Erfüllung gingen, wich er in die Wirtschaft und bei Kriegsbeginn zur »Abwehr« aus. Er unterhält enge Verbindungen zu Goerdeler und Beck und hat nun über den Abwehrhauptmann Dr. Strünck erfahren, daß es jetzt in Berlin »losgehen« soll. Gisevius will unbedingt Staatssekretär bei Reichskanzler Goerdeler werden und SD sowie Gestapo, seine alten Domänen, in seine Hand bekommen. Er eilt zu Graf Helldorf, Generaloberst Beck und Dr. Goerdeler. Es gelingt ihm auch, kurz vor Mitternacht mit Oberst Graf Stauffenberg zu sprechen, den er zum erstenmal sieht. Sein Urteil lautet[161]:

»Ich weiß nicht, wie Stauffenberg in seinen früheren Jahren gedacht hat, ich weiß nicht, wie er ein Jahr oder auch nur drei Monate vor dem 20. Juli gedacht hat. Ich kann nur davon ausgehen, wie er in diesen Tagen, als er zur großen Tat schritt, die Dinge angesehen hat. Und da war er konfrontiert mit einer ganz bestimmten Sachlage. Die war die, daß er trotz der Entwicklung des Krieges immer noch glaubte, das

Reich an den Grenzen defensiv verteidigen zu können. Und daß es dann gelingen würde, durch geschickte Anlehnung – sei es an den Osten, sei es an den Westen – einen Balanceakt zu vollbringen, um einen vernünftigen Frieden auszuhandeln. Und in dieser Meinung waren wir konfrontiert, weil manche sagten, dafür ist es schon zu spät, wir müssen durch die bedingungslose Kapitulation hindurch, wir müssen hindurch durch die totale Besetzung Deutschlands. Das waren beides für Stauffenberg unvorstellbare Gedanken! Er war noch ganz erfüllt von der Vorstellung der Erhaltung des Reiches, von der Absicht, Deutschland vor der bedingungslosen Kapitulation und vor der totalen Besetzung zu retten.«

Am darauffolgenden Tag, dem 13. Juli, tritt die sowjetische 1. Ukrainische Front unter Marschall Iwan Konjew mit drei Panzerarmeen und sieben Schützenarmeen, unterstützt von zwei Luftarmeen, in Ostgalizien zur Großoffensive gegen die Front der deutschen Heeresgruppe »Nordukraine« an.[162]

Im Westen, an der Normandiefront, spricht Generalfeldmarschall Rommel in seinem Hauptquartier, sorgenvoll auf- und abgehend, mit Vizeadmiral Ruge.[163]

ROMMEL: »Die Front kann nicht mehr lange halten... Ein politischer Entschluß muß unbedingt kommen!... Es wird doch ›danach‹ sicher auch wieder besser werden... Man kann ja mit sehr wenig zufrieden sein, wenn man mit der Familie zusammen sein darf... Vordringliche Aufgaben sind dann Nahrung und Wohnungsbau... Wichtig ist, daß es zu keiner Spaltung im deutschen Volk kommt! Die sich ja schon abzeichnet durch die englische und die russische Richtung... Der Gegensatz der Alliierten muß ausgenutzt werden... Am größten wäre es, wenn der Führer von sich aus Entsprechendes veranlassen würde. Aber das ist ja wohl nach allen seinen Erklärungen unwahrscheinlich... Was aber nach einem Kampf um das letzte Haus? Innere Schwierigkeiten: SD, SS, Parteifunktionäre... Da muß aufgepaßt werden!... Die andere Seite will wahrscheinlich viele ausgeliefert haben. Wird nicht zu verhindern sein, da, wo wirkliche Schuld vorliegt...«

Der Generalfeldmarschall erinnert an 1918/19, als Deutschland sich mit Erfolg weigerte, sogenannte Kriegsverbrecher an die

Alliierten auszuliefern. »Das zeigt, was man auch in scheinbarer Machtlosigkeit erreichen kann!« Er macht sich Sorgen um die jungen Soldaten der Waffen-SS. Man solle sie schleunigst in andere Truppenteile überführen und neue Personalblätter für sie anlegen, um sie vor Diskriminierungen der Alliierten zu schützen.

ROMMEL (fährt fort): »Der Führer ist doch ein großer Mann. Er hat politischen Instinkt, er müßte von sich aus auf die richtige politische Lösung kommen!... Ich bin gespannt, was auf mein Schreiben hin geschehen wird, das ich gerade fertiggestellt habe... Wissen Sie, mir ist es gleich, ob man mich wegjagt oder ob man mich umlegt... Befehlshaber in verantwortlichen Stellungen müssen unbedingt ihre Meinung sagen! Das hat die Umgebung des Führers leider nicht getan...«

Zur selben Zeit, in der Feldmarschall Rommel in Gegenwart Ruges laut nachdenkt, macht Generalfeldmarschall von Rundstedt im Raum Caen seinen Abschiedsbesuch bei der 12. SS-Panzergrenadierdivision »Hitlerjugend«.[164] Rundstedt wird auf Hitlers Weisung in seiner Eigenschaft als »Oberbefehlshaber West« durch Feldmarschall von Kluge abgelöst. Rundstedt weiß, was die Normandiefront der HJ-Division zu danken hat. Diese Division von 18jährigen Kriegsfreiwilligen hat sich in den vergangenen 40 Tagen wie ein Fels in der Brandung gegen die britisch-kanadische Übermacht gestemmt, hat die Stadt Caen bis zur letzten Patrone verteidigt, sich förmlich aufgeopfert und hat nun 20 Prozent an Gefallenen und 40 Prozent an Verwundeten zu beklagen. Feldmarschall Rundstedt spricht dem Divisionskommandeur Kurt Meyer seine Bewunderung aus:

»Ihre Soldaten besitzen die Begeisterung der jungen Regimenter von Langemark, sind ihnen jedoch an Ausbildung weit überlegen und werden vor allen Dingen von fronterfahrenen Offizieren und Unteroffizieren geführt. Es ist ein Jammer, daß diese gläubige Jugend in aussichtsloser Lage geopfert wird.«

Anschließend spricht Rundstedt mit dem Kommandierenden General des I. SS-Panzerkorps, dem »Leibstandarte« und »Hitlerjugend« angehören, Sepp Dietrich, und Divisionskommandeur Meyer vernimmt mit Erstaunen, »daß der Generalfeldmarschall und Sepp Dietrich eine sehr deutliche Sprache führen und die Art der Kriegführung in der Normandie verurteilen«. Das bedeutet konkret, daß zwischen den hohen Kommandeuren des Heeres und der Waffen-SS in der Beurteilung der Lage keine Differenzen bestehen. Und das heißt wiederum für die Konspiration, daß Gegenaktionen der Waffen-SS in der Stunde X nicht zu befürchten sind.

An eben diesem Tag, dem 13. Juli, lauten die geheimen SD-»Meldungen aus dem Reich«[165]:

»Die schweren Kämpfe an allen Fronten sind für die gesamte Bevölkerung Gegenstand einer täglich zunehmenden Sorge. Das unerwartete rasche Vordringen der Sowjets ist erschreckend und beschäftigt die Gemüter mehr als alles andere. Im Augenblick erscheint allen die Ostfront auf Grund ganz akuter Gefahren viel wichtiger als der Westen. Die Unmöglichkeit für jeden einzelnen, die Zusammenhänge zu erkennen und die Frage nach dem Zeitpunkt der immer sehnlicher erwarteten Entscheidung im Westen und einer Wendung im Osten zu beantworten, wirkt so deprimierend, daß nur ein kleiner Teil der Bevölkerung eine unbeirrt zuversichtliche Stimmung bewahrt (z.B. Berlin, Innsbruck, Würzburg, Frankfurt/Main, Litzmannstadt, Koblenz, Saarbrücken u.a.). Besonders die Frauen leiden stark unter dem Druck der gegenwärtigen Schwierigkeiten. ›Es geht fast über meine Kraft, jetzt den Wehrmachtsbericht zu hören. Ich muß einfach warten, bis wieder bessere Nachrichten kommen.‹ Mit solchen und ähnlichen Erklärungen versuchen viele Volksgenossen, um irgendwelche Erörterungen über die Lage herumzukommen. Andere bemühen sich, alle ungünstigen Zukunftsaussichten von sich fernzuhalten und sich mit Tagesereignissen nicht mehr zu beschäftigen als es unbedingt nötig ist, um sich nicht in eine Kopflosigkeit hineinreißen zu lassen. Die Männer gehen zumeist stur ihrer Arbeit nach...

Allgemein glaubt man..., daß alle verfügbaren Kräfte unmittelbar für die letzte Entscheidung eingesetzt werden müßten. Die Forderung, endlich einen wirklichen, totalen Krieg zu führen, werde immer dringlicher (z.B. Bremen). Die letzten Aufsätze von Reichsminister Dr. Goebbels in der Wochenzeitung *Das Reich* und seine kürzliche Rede in Ostdeutschland habe man als ein Eingeständnis dafür angesehen, daß der totale Krieg in der Heimat noch nicht verwirklicht ist. Es sei notwendig, die Durchsetzung des totalen Krieges nicht nur in Reden und Aufsätzen und Aufrufen an die Bevölkerung heranzutragen, sondern Maßnahmen zu ergreifen. Man müsse endlich damit aufhören, nur zur freiwilligen Mitarbeit aufzurufen. Der Großteil unseres Volkes sei ja zu allem bereit, und diejenigen, die sich bisher nicht zum Einsatz gemeldet haben, melden sich auch bei keinem weiteren Appell. Es sei jetzt endlich an der Zeit, klar zu bestimmen, was praktisch getan werden soll (z.B. Reichenberg). Jeder klare Befehl werde willig ausgeführt, ›wenn die Kriegslasten gleichmäßig verteilt werden‹ und wenn die ›führenden Kreise‹ ebenso wie die einfachen Volksgenossen gleichermaßen die notwendigen persönlichen Einschränkungen auf sich nehmen.«

14. JULI 1944

An diesem Freitag wird das Führerhauptquartier vom Berghof nach Ostpreußen zurückverlegt, in die »Wolfsschanze« bei Rastenburg.[166] Während der Fahrt trägt Generalleutnant Schmundt in seinem »Tätigkeitsbericht« ein[167]:

»Der Führer stellt an Gen.Lt. Schmundt die Forderung, das Offizierskorps daraufhin durchzusehen, daß alle diejenigen Offiziere entlassen werden, die nicht mehr mit Nutzen an der Front Verwendung finden können, andererseits aber in der Wirtschaft mehr leisten können als im aktiven Wehrdienst.

Es soll eine Verfügung erneut ausgearbeitet werden, die diesem Gedanken Rechnung trägt und die freiwerdenden Offiziere der Kriegswirtschaft unverzüglich zur Verfügung stellt.

Der Führer betont, daß jeder Dienst auch außerhalb der Wehrmacht Ehrendienst am deutschen Volke ist. Eine rangmäßige Unterbringung kann nicht gefordert werden...«

Im Westen, an der Invasionsfront, überdenkt Generalfeldmarschall Rommel noch einmal seinen Lagebericht, der an den Führer und Obersten Befehlshaber gehen soll.[168] In den vergangenen Tagen hat er sich durch eine Reihe von Frontbesuchen einen umfassenden Überblick über die militärische Lage in der Normandie verschafft. Vor allem die beiden Kommandierenden Generäle der Waffen-SS, Hausser und Dietrich, haben »selbständige Maßnahmen im Falle des Zerreißens der Front« gefordert. Sepp Dietrich, der Korpsgeneral der beiden SS-Panzerdivisionen »Leibstandarte« und »Hitlerjugend«, hat zu ihm gesagt: »Ich gehorche nur Ihnen, was Sie auch befehlen!«

Rommel kann sicher sein, daß die sechs gepanzerten Divisionen der Waffen-SS, die vier Heeres-Panzerdivisionen und die beiden Fallschirmjägerdivisionen, die an der Invasionsfront stehen, bedingungslos seinen Befehlen folgen.

In Berlin, in der Bendlerstraße, erscheint der SD-General und Generalleutnant der Polizei Arthur Nebe bei Olbricht.[169] Dieser Nebe, ein 50jähriger Mann, gehört seit Juli 1931 der NSDAP und seit April 1933 der Gestapo beziehungsweise später dem SS-Reichssicherheitshauptamt (RSHA) an. Er hat von Juni bis November 1941 die SD-Einsatzgruppe B im Osten geführt, hat also unzweifelhaft schwere Kriegsverbrechen zu verantworten. Dennoch zählt er schon seit langem zur Opposition und ist nach dem Tag X dafür vorgesehen, zusammen mit Gisevius das Sicherheitsressort zu übernehmen. Graf Helldorf hat ihn instruiert, daß nach dem Umsturz SD und Gestapo aufgelöst werden und die Kriminalpolizei, die Nebe untersteht, in die allgemeine Ordnungspolizei überführt wird, die dann unter Helldorfs Befehl kommt. Alle Verbände der Waffen-SS werden sofort jedem Einfluß Himmlers entzogen und treten automatisch in die Reihen des Heeres über. Die höheren Führer der allgemeinen SS, der SA und der NSDAP-Parteigliederungen werden die Weisung erhalten, sich unverzüglich auf dem nächstgelegenen Wehrkreiskommando zu melden. Nebe selbst soll dann gemeinsam mit Gisevius die beschlagnahmten SD- und Gestapo-Akten sichten. General Olbricht fordert ihn außerdem auf, zwölf bis fünfzehn Kriminalbeamte für Sonderaufgaben bereitzustellen, was Nebe auch verspricht.

Um die Mittagszeit erfährt Oberst Stauffenberg plötzlich, daß er am nächsten Tag gemeinsam mit Generaloberst Fromm zum

Vortrag vor Hitler zu erscheinen hat, und zwar in der »Wolfsschanze« bei Rastenburg.[170] Stauffenberg informiert sofort Olbricht und Mertz. Alle drei fassen den Entschluß, am folgenden Tag, vormittags, die »Walküre«-Maßnahmen Stufe I auszulösen. Olbricht verständigt Generaloberst Hoepner und bittet ihn, am nächsten Vormittag in die Bendlerstraße zu kommen. Werner von Haeften informiert Hauptmann Kaiser, der seinerseits Carl Friedrich Goerdeler unterrichtet. Am Nachmittag telefoniert Claus Stauffenberg mit seinem Bruder Berthold. In verklausulierter Sprache teilt er auch ihm die Alarmnachricht mit. Berthold sagt zu seiner Frau: »Das Furchtbarste ist, zu wissen, daß es nicht gelingen kann, und daß man es dennoch für unser Land und unsere Kinder tun muß.«

Stauffenberg, der am Spätnachmittag Peter Yorck von Wartenburg trifft, sagt beim Abschied zu ihm: »Es bleibt also nichts übrig, als ihn umzubringen.«

15. JULI 1944

An diesem Sonnabend fliegen Fromm, Stauffenberg und Klausing kurz nach 7.00 Uhr morgens von Berlin nach Ostpreußen ab.[171] Stauffenberg führt den Sprengstoff in seiner Aktenmappe mit. Um 9.35 Uhr kommt die Maschine in Rastenburg an. Ein Dienstwagen bringt die Besucher ins Führerhauptquartier, wo schon ein Frühstück im Kasino des Kommandanten bereitsteht. Inzwischen ist es 10.15 Uhr geworden. Während Fromm und Klausing sich zum Frühstück setzen, telefoniert Stauffenberg mit den Generälen Fellgiebel und Stieff, um sich zu vergewissern, daß die fernsprech- und nachrichtentechnischen Maßnahmen vorbereitet sind, und um beiden mitzuteilen, daß Olbricht und Mertz in diesem Moment in der Reichshauptstadt den »Walküre«-Alarm auslösen. Er hört von Fellgiebel und Stieff, sie seien frühmorgens von Generalquartiermeister Wagner instruiert worden, das Attentat dürfe nur stattfinden, wenn auch Reichsführer

SS Himmler beim Lagevortrag anwesend sei. Inzwischen stehe aber fest, daß Himmler nicht kommen werde; das Attentat müsse unterbleiben.

Während Stauffenberg im Führerhauptquartier diese Überraschung erlebt, tritt in Berlin der »Walküre«-Mechanismus in Kraft. Schulen, Inspektionen, Lehrtruppen und Ausbildungseinheiten treten rund um die Reichshauptstadt in den Alarmzustand. Bei Olbricht meldet sich verabredungsgemäß SD-General Nebe. Er erhält die Weisung, seine 15 Kriminalbeamten für Sonderaufträge in die Bendlerstraße zu kommandieren. Oberst Mertz von Quirnheim übergibt dem Stadtkommandanten von Berlin, Generalleutnant Paul von Hase, der seit kurzem in die Umsturzplanung eingeweiht ist, in Gegenwart des Oberstleutnants Bernardis die Staatsstreich-Befehle. »Walküre« ist nun in vollem Gang.

Gegen 11.00 Uhr werden Generaloberst Fromm und Stauffenberg zum Chef des OKW, Feldmarschall Wilhelm Keitel, gebeten. Eine Vorbesprechung findet statt. Um 13.00 Uhr kommt Hitler in Begleitung seines Marineadjutanten Karl Jesko von Puttkamer und trifft Keitel, Fromm, Stauffenberg vor der »Lage«-Baracke. Der Diktator schüttelt Hände und sieht jedem in die Augen. Stauffenberg steht hochaufgerichtet und überragt Hitler um Haupteslänge. Es ist dies das einzige Foto, auf dem sich Diktator und Attentäter gegenüberstehen.

Die »Mittagslage« findet dann von 13.10 bis 13.40 Uhr statt. Daran schließt sich eine Sonderbesprechung über »Stellungsbau und Auffangorganisation«, die zwischen 14.20 und 14.30 Uhr beendet ist. Dann endlich kann Stauffenberg an ein unbewachtes Telefon und teilt Mertz mit, daß das Attentat wieder nicht stattgefunden hat.

Der »Walküre«-Alarm in Berlin ist seit vier Stunden im Gang. General Olbricht, begleitet von den beiden Generalstabsmajoren Arvid Harnack und Hans Ulrich von Oertzen, fährt sofort zu den Alarmeinheiten. Mertz von Quirnheim ruft währenddessen Generalleutnant von Hase, Graf Helldorf und SD-General Nebe an und fordert sie auf, alle Umsturzmaßnahmen zu stoppen. Olbricht tut

Am 15. Juli 1944 stehen sich Attentäter und Diktator gegenüber:
Claus Schenk Graf von Stauffenberg (links) und Adolf Hitler (Mitte).

so, als handele es sich um eine legale Alarmübung und inspiziert die »Walküre«-Verbände: vor allem die Infanterieschule in Döberitz, die Panzertruppenschulen in Krampnitz und Glienicke sowie die Fahnenjunkerschule in Potsdam. Dann fährt er wieder in die Bendlerstraße zurück.

Im Osten, in Ostgalizien, tobt an diesem gewitterschwülen 15. Juli ein furchtbarer Kampf zwischen der sowjetischen 1. Ukrainischen Front und der 4. und 1. deutschen Panzerarmee. General Balck, Stauffenbergs Bekannter, der ein Panzerkorps führt, notiert in seinem Tagebuch[172]: »Die Schlacht tobt, das ist der einzig richtige Ausdruck. Anders kann man es nicht nennen. Ein Materialeinsatz, wie wir ihn im Osten noch nicht gekannt haben... So etwas von [feindlichem] Luftwaffeneinsatz ist mir noch nicht vorgekommen. Es bebt und zittert alles...«

Im Westen, an der Normandiefront, erhält Feldmarschall Kluge an diesem 15. Juli den Lagebericht Rommels, der für Hitler bestimmt ist. (Kluge läßt den Bericht fünf Tage liegen und gibt ihn erst am 21. Juli an das OKW weiter.) Der Bericht lautet[173]:

»Die Lage an der Front der Normandie wird von Tag zu Tag schwieriger, sie nähert sich einer schweren Krise. Die eigenen Verluste sind bei der Härte der Kämpfe, dem außergewöhnlich starken Materialeinsatz des Gegners vor allem an Artillerie und Panzern und bei der Wirkung der den Kampfraum unumschränkt beherrschenden feindlichen Luftwaffe derartig hoch, daß die Kampfkraft der Divisionen rasch absinkt. Ersatz aus der Heimat kommt nur sehr spärlich und erreicht bei der schwierigen Transportlage die Front erst nach Wochen. Rund 97 000 Mann an Verlusten, darunter 2160 Offiziere, unter ihnen 28 Generäle und 354 Kommandeure, also durchschnittlich pro Tag 2500 bis 3000 Mann, stehen bis jetzt insgesamt 6000 Mann Ersatz gegenüber. Auch die materiellen Verluste der eingesetzten Truppen sind außerordentlich hoch und konnten bisher nur in geringem Umfang ersetzt werden, zum Beispiel von 225 Panzern bisher nur 17.

Die neuzugeführten Divisionen sind kampfungewohnt und bei der geringen Ausstattung mit Artillerie, panzerbrechenden Waffen und Panzerbekämpfungsmitteln nicht imstande, feindliche Großangriffe nach mehrstündigem Trommelfeuer und starken Bombenangriffen auf die Dauer erfolgreich abzuwehren. Wie die Kämpfe gezeigt haben, wird bei dem feindlichen Materialeinsatz auch die tapferste Truppe Stück für Stück zerschlagen.

Die Nachschubverhältnisse sind durch die Zerstörungen des Bahnnetzes, die starke Gefährdung der Straßen und Wege bis zu 150 Kilometer hinter der Front durch die feindliche Luftwaffe derart schwierig, daß nur das Allernötigste herangebracht werden kann und vor allem mit Artillerie- und Werfermunition äußerst gespart werden muß.

Neue nennenswerte Kräfte können der Front in der Normandie nicht mehr zugeführt werden. Auf der Feindseite fließen Tag für Tag neue Kräfte und Mengen an Kriegsmaterial der Front zu. Der feindliche Nachschub wird von unserer eigenen Luftwaffe nicht gestört. Der feindliche Druck wird immer stärker. Unter diesen Umständen muß damit gerechnet werden, daß es dem Feind in absehbarer Zeit – 14 Tage bis drei Wochen – gelingt, die eigene dünne Front, vor allem bei der 7. Armee, zu durchbrechen und in die Weite des französischen Raumes zu stoßen. Die Folgen werden unübersehbar sein.

Die Truppe kämpft allerorts heldenmütig; jedoch der ungleiche Kampf neigt sich dem Ende entgegen. Ich muß Sie bitten, die Folgen aus dieser Lage unverzüglich zu ziehen.

Rommel. Generalfeldmarschall.«

16. JULI 1944

Am Morgen dieses Sonntags wird bekannt, daß die sowjetische 50. Armee der 2. Weißrussischen Front Grodno erreicht hat.[174] Damit stehen die bolschewistischen Angriffsverbände nur noch 50 Kilometer von der deutschen Reichsgrenze entfernt.

Hitlers Chefadjutant Schmundt trägt vormittags in seinem »Tätigkeitsbericht« ein[175]:

»Generalleutnant Schmundt trägt dem Führer die Gesamtoffizierslage vor und zeigt an einem Schaubild die schwierige Nachwuchslage des Heeres. Ferner legt Chef HPA [Heeres-Personal-Amt] dem Führer eine Zusammenstellung über die in diesem Kriege gefallenen, an Verwundung gestorbenen und vermißten sowie in Gefangenschaft geratenen Generäle vor. Die Liste enthält 252 Generäle.«

Zur selben Zeit treffen sich in Berlin Mertz von Quirnheim und Stauffenberg. Beide verständigen sich sehr schnell darauf, in Zukunft nicht mehr auf Wagners, Fellgiebels und Stieffs Interventionen zu achten und den Staatsstreich bei nächstbester Gelegenheit durchzuführen, ohne Rücksicht darauf, ob Himmler beim Lagevortrag anwesend ist oder nicht.[176]

Beim gemeinsamen Essen beobachtet Frau von Mertz, die Stauffenberg zum erstenmal sieht, den Oberst und bemerkt eine »bis zur äußersten Grenze gehende geistig-seelische Anspannung« an ihm, die sicherlich auf den fehlgeschlagenen Attentatsversuch vom Tage vorher zurückzuführen ist.[177] In ihrem Tagebuch notiert sie über den Eindruck, den Stauffenberg auf sie macht[178]: »Umfassendes Wissen, lebhafter Geist, große Klugheit, Charme, dominierend in allem; aber in keiner guten Nervenverfassung.«

Am Spätnachmittag dieses Sonntags sitzen Claus und Berthold Stauffenberg mit Mertz in der Tristanstraße Nr. 8 zusammen. Sie erwarten ihre wichtigsten Mitverschwörer, um noch einmal gemeinsam die Lage zu analysieren. Abgesehen von Henning von Tresckow und Werner von Haeften wird sich die gesamte junge Aktivistengruppe versammeln.[179]

Die Stimmung ist gedrückt. Claus Stauffenberg raucht ruhelos Zigaretten und tupft sich immer wieder die linke Augenhöhle ab.

BERTHOLD: »Wieviel kommen noch?«

MERTZ: »Sechs oder sieben...«

BERTHOLD: »Claus, du bist bedrückt... du quälst dich damit herum, daß du gestern das Attentat nicht ausführen konntest...«

CLAUS (unterbricht ihn gereizt): »Bedrückt? Man müßte das ganze Führerhauptquartier in die Luft sprengen!«

Alles schweigt. Berthold und Mertz sehen sich an.

CLAUS: »Es lief alles schief gestern. In meiner Aktentasche hatte ich den Sprengstoff. Als ich gegen 10.00 Uhr ankam, erzählten mir Stieff und Fellgiebel ganz aufgeregt, Himmler würde an diesem Tag nicht anwesend sein. Und morgens habe Generalquartiermeister Wagner extra noch ausrichten lassen, es dürfe nichts unternommen werden, wenn Himmler fehlen sollte. Ich ließ die beiden reden und reden... Um 13.10 Uhr, glaube ich, begann dann die Führerlage, die gewöhnlich zwei oder zweieinhalb Stunden dauert. In dieser Zeit wollte ich unter einem Vorwand die Lagebesprechung verlassen, den Sprengstoff mit Klausings Hilfe schärfen und dann...«

Der Oberst macht eine resignierte Handbewegung.

CLAUS: »Plötzlich, nach einer knappen halben Stunde, gegen 13.40 Uhr, unterbricht Hitler die Lagebesprechung und setzt für die nächsten 40 Minuten eine Sonderbesprechung zum Thema ›Stellungsbau und Auffangorganisation im Osten‹ an. Da mußte ich ja nun selbst vortragen und konnte den Raum partout nicht verlassen... Als ich rauskam, stürzten sich wieder Stieff und Fellgiebel auf mich. Dadurch habe ich glatte zehn Minuten verloren, bevor ich in Berlin anrufen und alles abblasen konnte...«

Die ersten Besucher kommen. Es sind Trott zu Solz, Yorck von Wartenburg und Fritz-Dietlof von der Schulenburg. Kurz darauf treffen Caesar von Hofacker, Oberst Georg Hansen von der »Abwehr« und Graf Schwerin von Schwanenfeld, der Ordonnanzoffizier Witzlebens, ein.

Es wird unverzüglich über die Situation an der Ostfront gesprochen. Stauffenberg hat eine Skizze mitgebracht, die den Frontverlauf zeigt (siehe Karte der Frontlage am 16. Juli 1944 auf Seite 305). Er zeigt mit dem Finger auf die Frontlücke zwischen der 16. Armee und der 3. Panzerarmee.

CLAUS STAUFFENBERG: »Das muß der erste Befehl nach dem Umsturz sein: Rückzug der Heeresgruppe Nord auf die Abwehrlinie Riga-Kowno. Hoffentlich ist es dann nicht schon zu spät!«

Stauffenberg weist darauf hin, daß die Heeresgruppe Mitte und Nord zusammen nur noch über 45 abgekämpfte Divisionen verfügten, also nur noch 60 Prozent von dem, was ihnen bis zum 21. Juni an Kräften zur Verfügung stand. Darunter seien nur zwei halbwegs intakte Panzerverbände.

CLAUS STAUFFENBERG: »Was die Normandiefront im Westen angeht, so hat mir Hofacker gesagt, daß der Nachschub des Gegners in etwa 14 Tagen eine geradezu erschütternde Übermacht an Menschen und Material geschaffen haben wird. Und dann, das prophezeie ich euch, ist die Normandiefront keinen Tag mehr zu halten. Dann bricht in Frankreich alles zusammen. Dann ist der Krieg endgültig verloren! ...«

Niemand sagt etwas. Die Fakten sind niederschmetternd.

CLAUS STAUFFENBERG: »Neuaufstellungen? Reserven? Darüber weiß ja nun niemand besser Bescheid als ich... Nein, die können sich frühestens in acht Wochen auswirken, im Westen wie im Osten... Das ist die militärische Lage des Reiches.«

Danach nimmt Trott zu Solz das Wort und resümiert seine völlig erfolglosen Gespräche in Stockholm. Er macht unumstößlich klar, daß nach einem Umsturz, der besser schon ein oder zwei Monate früher erfolgt wäre, unverzüglich Verhandlungen mit den Gegnern aufgenommen werden müßten.

TROTT: »Die Feindkoalition wird aber unter allen Umständen erst dann zu Verhandlungen bereit sein, wenn ein völliger Wechsel des Regimes in Deutschland erfolgt ist! Daran kann es keinen Zweifel geben...«

YORCK VON WARTENBURG meldet sich zu Wort: »Wenn der Umsturz gelungen ist, muß nicht nur mit den Feinden im Westen, sondern es muß gleichzeitig auch mit den Sowjets verhandelt werden.«

Schulenberg und Oberst Stauffenberg stimmen sofort zu.

CLAUS STAUFFENBERG: »Diese Verhandlungen sollten von Militär zu Militär geführt werden. Nicht das Reich, sondern die Wehrmacht verhandelt.«

Alle sind mit diesem Gedanken einverstanden. Gemeinsam wird beschlossen, daß der ehemalige deutsche Botschafter in Moskau, Graf Schulenburg, und der ehemalige deutsche Militärattaché in der UdSSR, General Köstring, die Kontakte zum Oberkommando der Roten Armee aufnehmen sollen, und daß Trott zu Solz auf jeden Fall zu der Delegation gehören wird, die sich im Westen zu General Eisenhower begibt.

CLAUS STAUFFENBERG: »Entscheidend ist, daß die Wehrmacht – gerade auch während dieser Verhandlungen – ein scharfes Instrument in der Hand ihrer Führer bleibt und daß wir dadurch in der Lage

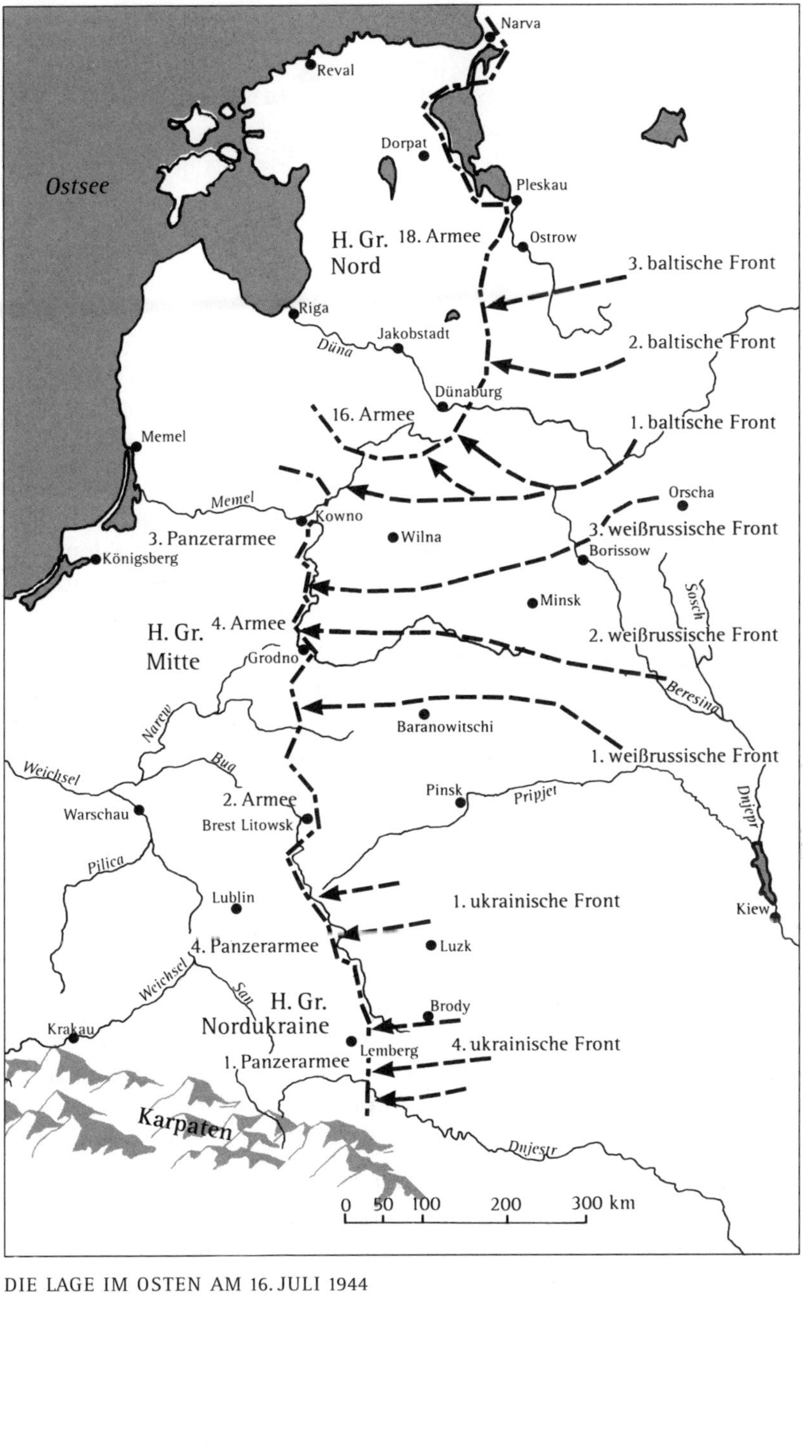

DIE LAGE IM OSTEN AM 16. JULI 1944

sind, uns noch sechs, sieben, acht Wochen zu verteidigen, ohne daß der Gegner in das Reichsgebiet vordringt. Vielleicht gelingt es dann, einen Balanceakt zu vollziehen, um einen vernünftigen Frieden auszuhandeln...«

17. JULI 1944

Am Montag früh besucht Major i. G. Hans Ulrich von Oertzen im Auftrag Olbrichts die Panzergrenadier-Ersatzbrigade »Großdeutschland« im Raum Cottbus.[180] Er soll sich über den Stand der »Walküre«-Bereitschaft dieser erstklassigen Elite-Einheit informieren. Die Verschwörer haben es versäumt, sich auch mit dem neuen Kommandeur des Berliner Wachbataillons »Großdeutschland«, Major Remer, in Verbindung zu setzen, der seit 1. Mai diese Funktion ausübt.[181] Otto-Ernst Remer, Absolvent des Humanistischen Gymnasiums und früherer Hitlerjugend-Führer, hat sich an der Front besonders ausgezeichnet, ist mit dem Eichenlaub zum Ritterkreuz dekoriert worden. Er gilt als energischer Kommandeur. Die Konspiration hätte schon im Mai/Juni unbedingt versuchen müssen, den Führer der stärksten Elite-Einheit in der Reichshauptstadt für sich zu gewinnen. Das Versäumnis wird sich bitter rächen.

Zur selben Zeit erfährt Gisevius, der sich in Berlin versteckt hält, durch seinen Freund, SD-General Nebe, daß auf Grund der Vernehmungen des verhafteten Oberst Staehle Haftbefehl gegen Dr. Goerdeler erlassen wurde.[182] Goerdeler ist am Tag zuvor nach Hause, nach Leipzig gefahren und wird am 18. Juli in Berlin zurückerwartet. Gisevius beeilt sich, Generaloberst Beck und Hauptmann Kaiser über die drohende Gefahr zu unterrichten.

In der Seekriegsleitung (»Koralle«) äußern die oppositionellen Korvettenkapitäne Kranzfelder und Jessen ihre Besorgnis darüber, daß in der Reichshauptstadt Gerüchte kolportiert werden, noch in dieser Woche würde das Führerhauptquartier in die Luft gesprengt werden.[183]

Am frühen Nachmittag besucht Generalfeldmarschall Rommel den Gefechtsstand des I. SS-Panzerkorps an der Invasionsfront.[184] Bei ihm meldet sich Kurt Meyer, der Kommandeur der SS-Panzergrenadierdivision »Hitlerjugend«. Rommel spricht der HJ-Division seine besondere Anerkennung für die zähe Verteidigung der Stadt Caen aus und fordert Meyer auf, eine Beurteilung der Lage abzugeben. Der Ansicht dieses Divisionskommandeurs, der als »Panzermeyer« einen legendären Draufgängerruf genießt und mit höchsten Tapferheitsauszeichnungen dekoriert ist, kommt besonderes Gewicht zu. Meyer beginnt in dienstlichem Ton:

»Mit einer britischen Offensive südlich Caen muß in den nächsten Tagen gerechnet werden. Ziel dieser Offensive wird die Zerschlagung des rechten Flügels, des Angelpunktes der Normandiefront, sein, um dann in das Herz Frankreichs vorstoßen zu können. Die Truppe wird kämpfen, die Grenadiere werden auch weiterhin in ihren Stellungen sterben, aber sie werden nicht verhindern können, daß die britischen Panzer über ihre Leiber hinwegrollen und den Marsch auf Paris antreten. Die überwältigende feindliche Luftüberlegenheit macht eine taktische Führung nahezu unmöglich. Die Jabos stürzen sich selbst auf einzelne Melder. Eine Schwerpunktbildung, ja selbst die Verschiebung kleinster Verbände, kann wegen der pausenlosen Luftüberwachung nicht mehr ohne größere Verluste durchgeführt werden. Das Straßennetz steht Tag und Nacht unter Kontrolle. Ein paar Jabos genügen, um alle Bewegungen zu verzögern oder gar zu unterbinden.«

Bis dahin hat Rommel steinernen Gesichts zugehört. Kein Divisionskommandeur hat bisher die Lage so rücksichtslos, so drastisch geschildert, und der Feldmarschall weiß, daß dieser 33jährige Divisionskommandeur, der ständig vorne bei der Truppe ist, mit jedem Wort recht hat. Er läuft jedoch hochrot an, als Meyer mit erhobener Stimme fortfährt:

»Feldmarschall, geben Sie uns einen Luftschirm, geben Sie uns eigene Jagdverbände! Die feindlichen Landstreitkräfte fürchten wir nicht. Aber gegen den Masseneinsatz der ›Air Force‹ sind wir machtlos...«

Erregt tritt Rommel auf Meyer zu und schneidet ihm das Wort ab:

»Wem sagen Sie das?! Glauben Sie etwa, ich fahre mit geschlossenen Augen durch die Gegend? – Ich habe Berichte über Berichte geschrieben. Schon von Afrika habe ich auf die vernichtende Wirkung der Jagdbomber hingewiesen – aber die Herren wissen ja alles besser – meine Berichte werden einfach nicht mehr geglaubt. – Es muß etwas geschehen! Der Krieg im Westen muß beendet werden! – Aber was passiert im Osten?«

Als sich Rommel verabschiedet, bittet ihn Sepp Dietrich, der Kommandierende General des I. Panzerkorps, wegen der feindlichen Jabos die Hauptstraße zu meiden. Er macht den Vorschlag, den großen Wagen des Feldmarschalls gegen einen VW-Kübel zu tauschen. Rommel winkt lächelnd ab und fährt davon. Kurze Zeit später wird er bei einem Jabo-Tiefangriff bei Foy de Montgomery schwer verwundet. Damit ist der Mann ausgefallen, der nach einem Umsturz am ehesten in der Lage gewesen wäre, Front wie Heimat gleichermaßen an sich zu binden.

18. JULI 1944

Dr. Goerdeler betritt frühmorgens das Büro Stauffenbergs in der Bendlerstraße. Der Oberst, in aufgeknöpfter weißer Sommerlitewka, springt auf und drückt ihm die Hand.

STAUFFENBERG: »Seit gestern wissen wir, daß ein Haftbefehl gegen Sie vorliegt. Die Gestapo ist Ihnen auf der Spur... Bitte, Dr. Goerdeler, machen Sie sich schleunigst unsichtbar! Und vor allem: Gefährden Sie nicht durch längeres Herumfahren und Herumtelefonieren in Berlin die ganze Aktion!«

Goerdeler verabschiedet sich und geht in das Büro von Hauptmann Kaiser, von wo er Gisevius in seinem Versteck anruft, der es aber brüsk ablehnt, sich mit ihm zu treffen. Dr. Goerdeler taucht ab in den Untergrund.

Währenddessen spricht Fritz-Dietlof Schulenburg mit Stauffenberg und erinnert ihn daran, daß Julius Leber bereits seit 14 Tagen in Gestapo-Haft sitzt.

STAUFFENBERG: »Ja, jetzt ist es soweit. Bitte, such gleich Frau Leber auf und sag ihr, daß wir ihren Mann bald befreien. In ganz wenigen Tagen schon. Und sag ihr: Die Konspiration ist sich ihrer Pflicht bewußt!«

Kaum ist Schulenberg gegangen, da läßt sich Korvettenkapitän Kranzfelder von der Seekriegsleitung melden.

KRANZFELDER: »Ich soll Sie grüßen, von Berthold. Aber ich möchte Sie auch warnen: Gestern hat mir Korvettenkapitän Jessen erzählt, daß in der Reichshauptstadt Gerüchte kursieren, noch in dieser Woche würde das Führerhauptquartier in die Luft gesprengt werden...«

Stauffenberg lacht.

STAUFFENBERG: »Vorgestern abend, da habe ich zu Berthold gesagt, man müßte das ganze Führerhauptquartier in die Luft sprengen.«

Nach kurzem Gespräch verabschiedet sich Kranzfelder:

KRANZFELDER: »Hat denn, Graf Stauffenberg, ein Anschlag auf den Führer unter den gegebenen militärischen Umständen überhaupt noch einen Sinn?«

Stauffenberg tritt einen Schritt zurück und fixiert Kranzfelder ernst.

STAUFFENBERG: »Da gibt es keine andere Wahl mehr! Der Rubikon ist überschritten.«

Stauffenberg arbeitet über Mittag die letzten Stärkemeldungen der Ostfront durch. Die Gesamtstärke des deutschen Feldheeres im Osten, die Anfang Juni noch bei zweieinhalb Millionen Mann lag, ist in den letzten vier Wochen fast auf zwei Millionen Mann gesunken.[185] Die Sowjets verfügen über sechs Millionen Mann. Die deutsche Gefechtsstärke (also die fechtende Truppe bis inklusive Regimentsstäben) umfaßt noch eineinhalb Millionen Mann; die sowjetische das Dreifache.

Gegen 16.30 Uhr bekommt Stauffenberg aus dem Führerhauptquartier ein Blitzgespräch durchgestellt.[186] Er wird für den übernächsten Tag, den 20. Juli, in die »Wolfsschanze« befohlen. Er soll dort über die beschleunigte Aufstellung neuer »Volksgrenadierdivisionen« berichten. Der Oberst informiert sofort General Olbricht, bei dem sich Mertz und Oberstleutnant Bernardis befinden. Stauffenberg bestellt Oberstleutnant Stirius von der Panzergrenadier-

Ersatzbrigade »Großdeutschland« für den nächsten Morgen um 10.00 Uhr in sein Büro.[187]

Kurz vor 17.00 Uhr verläßt Stauffenberg die Bendlerstraße, um nach Zossen zu fahren.[188] Fünf Minuten später kommt Fritz-Dietlof Schulenburg von Frau Leber zurück. Mertz teilt ihm mit, daß das geplante »Unternehmen wahrscheinlich für den 20. Juli bevorsteht«[189]. Schulenburg entschließt sich, sofort nach Gut Trebbow zu fahren, da seine Frau am 20. Juli Geburtstag hat und er noch ein paar Stunden mit ihr und den Kindern beisammen sein möchte.[190] Er verspricht, im Laufe des 19. Juli nach Berlin zurückzukehren.

Während Olbricht, Mertz und Bernardis über das geplante Attentat am 20. Juli diskutieren und sich darüber sorgen, daß Stauffenberg durch seine schweren Kriegsverletzungen in der Ausführung der Aktion physisch schwer behindert sein könnte, spricht der Oberst in Zossen in Gegenwart von Klamroth mit Generalquartiermeister Wagner über den 20. und fordert die Gestellung eines Flugzeugs, das ihn morgens nach Ostpreußen und zur Mittagszeit wieder nach Berlin bringt.[191]

Als Stauffenberg abends in der Tristanstraße eintrifft, ruft er sofort seine Frau in Bamberg an. Er erreicht nur seine Schwiegermutter. Gräfin Nina ist mit den Kindern nach Lautlingen abgereist. Er versucht auch dort anzurufen, doch die Verbindungen sind unterbrochen. Oberst Stauffenberg erreicht seine Frau nicht mehr.

19. JULI 1944

Um 10.00 Uhr vormittags meldet sich Oberstleutnant Hans-Werner Stirius befehlsgemäß bei Graf Stauffenberg in der Bendlerstraße, der ihn in Gegenwart seines Ordonnanzoffiziers, Oberleutnant von Haeften, empfängt.[192] Stauffenberg läßt sich detailliert über die Elite-Brigade in Cottbus unterrichten. Das Gespräch bringt ihm die Gewißheit, daß »Großdeutschland« mit dem Gros der Brigade fünf Stunden nach Herstellung der Marschbereitschaft Berlin erreichen wird und daß es nur ein bis zwei Stunden dauert, bis sich eine schnelle Vorausabteilung der »GD« in den Besitz des Deutschlandsenders setzt. Stauffenberg bedankt sich bei Stirius, der nicht eingeweiht wird, für die präzisen Angaben.

Mittags verabschiedet sich Fritz-Dietlof von der Schulenburg auf Gut Trebbow von seiner Frau Charlotte mit den Worten[193]: »Du weißt, es steht fifty-fifty.« Dann fährt er zurück nach Berlin.

Ab 15.00 Uhr werden Generalfeldmarschall von Witzleben, Generaloberst Hoepner, Generalquartiermeister Wagner, Generalleutnant von Hase, Generalmajor Stieff und die eingeweihten Offiziere in Potsdam über den Ablauf des nächsten Tages informiert.[194] Stauffenberg leitet von 15.00 bis 17.00 Uhr eine Besprechung seiner 30 Mitarbeiter.[195] Ein Offizier einer Ost-Dienststelle, der an der Besprechung teilnimmt, erinnert sich später daran, wie Stauffenberg »eine ihm angebotene Zigarette mit einem Lächeln und Feuer mit einem Kopfnicken entgegennimmt«. Danach beginnt der Chef des Stabes »ruhig und gemessen über die einzelnen Punkte der Tagesordnung zu sprechen«. Stauffenberg scheint völlig entspannt und in bester Stimmung. Einigen jungen Offizieren, die sich nicht still verhalten, ruft er »ihr Kerle dahinten« zu, lacht und wickelt das Besprechungsprogramm zügig ab.[196] Die Schilderung zeigt, daß Unruhe und Nervosität von Stauffenberg abgefallen sind. Er ist über alles hinweg, ist ruhig und wie befreit. Er weiß, daß der morgige Tag die Entscheidung bringen wird.

Sofort nach Ende der Besprechung fährt der Stabschef der Verschwörung nach Zossen, wo er gegen 18.00 Uhr eintrifft.[197] Er spricht dort etwa eine Stunde lang mit Generalquartiermeister Wagner über den Ablauf des 20. Juli. Dann fährt er nach Hause, in die Tristanstraße Nr. 8, wo ihn schon Berthold erwartet.[198]

CLAUS: »Um sechs müssen wir morgen früh aus dem Haus. Der Dienstwagen ist bestellt und fährt uns nach Rangsdorf, zum Flugplatz. Dort wartet schon Haeften. Gegen sieben fliegt die Maschine ab ins Führerhauptquartier, nach Ostpreußen...«

Stauffenberg läßt sich in einen der beiden Sessel an einem Rauchtisch fallen. Er trägt die aufgeknöpfte weiße Litewka über den langen feldgrauen Hosen mit den roten Generalstabsbiesen. Er fährt sich mit der Hand durch das Haar.

CLAUS: »Du, Berthold, fährst dann in die Bendlerstraße, bleibst die ganze Zeit bei Mertz und Olbricht...«

Berthold stellt mit einem Ruck eine Aktentasche auf den Tisch.

BERTHOLD: »Die hat vorhin dein Fahrer, Feldwebel Schweizer, gebracht. Er hat sie in Potsdam bei von der Lancken abgeholt.«[199]

Stauffenberg schlägt mit der Hand leicht auf die Aktenmappe.

CLAUS: »Ja, das war sein Auftrag... In der Wolfsschanze hängt dann morgen unser aller Schicksal an diesem Inhalt...«

Berthold öffnet die Mappe und schaut hinein.

BERTHOLD: »Zwei verschnürte Pakete...«

Sein Bruder nickt ernst.

CLAUS: »Ja, der Sprengstoff... Darüber lege ich morgen früh ein frisches Hemd... Kurz vor Beginn der Lagebesprechung werde ich irgendwo und irgendwie das Hemd wechseln. Und diese Gelegenheit werde ich benutzen, den Sprengstoff zu schärfen... Das geht ziemlich schnell. Man muß nur den chemischen Zünder durch einen Druck auslösen. Haeften wird mir dabei helfen...«

Berthold verschließt die Tasche und stellt sie vorsichtig an die Wand.

BERTHOLD: »Hast du Nina noch erreicht?«

CLAUS: »Gestern abend habe ich die Omi in Bamberg gesprochen. Nina war mit den Kindern schon nach Lautlingen abgereist... Heute habe ich's nicht mehr versucht. Es ist besser so, Berthold...«

Beide sitzen sich gegenüber. Sie sehen sich an und schweigen. Claus lächelt plötzlich.

CLAUS: »Wie es auch ausgeht, ob es gelingt oder ob's schiefgeht, wir sind auf jeden Fall in der ersten Drecklinie...«

Berthold nickt stumm. Claus läßt sich Feuer für eine Zigarette geben. Er atmet tief ein, ist sehr ernst.

CLAUS: »Weißt du, wenn ich schon die Hauptverantwortung trage, dann will ich auch die schmutzige Arbeit niemand anderem zumuten.«

Stille.

CLAUS: »Derjenige, der etwas zu tun wagt, muß sich bewußt sein, daß er wohl als Verräter in die deutsche Geschichte eingehen wird... Unterläßt er jedoch die Tat, dann wird er ein Verräter an seinem Gewissen.«

Der Oberst tupft sich mit einem Wattebausch die Augenhöhle trocken.

CLAUS: »Wie heißt es doch bei Stefan George? (Er rezitiert.)
›Wer Adel hat, erfüllt sich nur im Bild;
ja, zahlt dafür mit seinem Untergang.
Das Niedre fristet larvenhaft sich fort,
bescheidet vor Vollendung sich mit Tod.‹«

Berthold schweigt zuerst. Dann steht er auf und geht langsam an das Klavier.

BERTHOLD: »Erinnerst du dich noch an das alte Reiterlied von Georg Herwegh, Claus? Das wir damals so gerne sangen, vor 20 Jahren, als wir bei den Neupfadfindern waren? Wir sangen es nach einer seltsamen Melodie, von Justus Lyra glaube ich, im Takt eines wiegenden Pferdeschritts.«[200]

Das »Reiterlied« von Georg Herwegh erklingt:

»Die bange Nacht ist nun herum,
wir reiten still, wir reiten stumm
und reiten ins Verderben.
Wie weht so scharf der Morgenwind!
Frau Wirtin noch ein Glas geschwind
vorm Sterben, vorm Sterben.

Du junges Gras, was stehst so grün?
Mußt bald wie lauter Röslein blühn;
mein Blut ja soll dich färben.
Den ersten Schluck, ans Schwert die Hand,
den trink ich für das Vaterland
zu sterben, zu sterben.

Und schnell den zweiten hinterdrein,
und der soll für die Freiheit sein,
der zweite Schluck vom Herben!
Dies Restchen – nun, wem bring ich's gleich?
Dies Restchen dir, o Deutsches Reich,
zum Sterben, zum Sterben!«

Beide, Claus und Berthold Stauffenberg, sprechen gemeinsam die letzte Strophe. Sie endet:

»Auf! in den Feind wie Wetterschlag!
O Reiterlust, am frühen Tag
zu sterben, zu sterben!«

20. JULI 1944

6.00 Uhr Claus und Berthold von Stauffenberg verlassen die Wohnung in der Tristanstraße Nr. 8.

8.00 Uhr Eine Ju 52 startet von Berlin-Rangsdorf nach Ostpreußen. Stauffenberg und Haeften sind an Bord. Berthold begibt sich zur Bendlerstraße.

10.15 Uhr Die Maschine landet bei Rastenburg in Ostpreußen. Oberst i. G. Stauffenberg fährt zur »Wolfsschanze«.

12.30 Uhr Beginn der täglichen Lagebesprechung im Beisein Adolf Hitlers.

Stauffenberg stellt seine Aktentasche mit einer geschärften Sprengladung unter einen massiven Holztisch, auf dem die Lagekarten liegen, und verläßt unter einem Vorwand wieder den Raum.

12.42 Uhr Stauffenberg und Haeften beobachten, wie die Lagebaracke von einer ungeheuren Detonation zerrissen wird, und verlassen in einem Wagen das Führerhauptquartier.

13.45 Uhr Eine Luftwaffenmaschine, mit Stauffenberg und Haeften an Bord, startet zur Reichshauptstadt.

15.30 Uhr Die Maschine landet planmäßig in Berlin.

Stauffenberg und Haeften unterrichten General Olbricht über das erfolgte Attentat und erfahren, daß in der Bendlerstraße bisher nichts geschehen ist.

16.00 Uhr Oberst Mertz von Quirnheim geht davon aus, daß Hitler tot ist, und gibt selbständig die »Walküre«-Alarmbefehle heraus.

16.15 Uhr Fritz-Dietlof von der Schulenburg, Yorck von Wartenburg, Berthold von Stauffenberg und Major Leonrod versammeln sich bei Olbricht, der ihnen den Tod Hitlers mitteilt.

16.55 Uhr Oberst Stauffenberg, soeben vom Flugplatz angekommen, übernimmt in der Bendlerstraße die Leitung der Umsturzaktion und telefoniert mit den Wehrkreiskommandos.

18.28 Uhr Der Reichsrundfunk bringt eine Sondermeldung, daß Adolf Hitler lebt.

19.15 Uhr Der Kommandeur des Wachbataillons »Großdeutschland«, Major Remer, erhält von Hitler telefonisch den Befehl, den Aufstand in Berlin niederzuschlagen.

19.55 Uhr Stauffenberg erteilt der Heeresgruppe Nord die Weisung, unverzüglich zurückzugehen, um Ostpreußen gegen die Sowjets zu verteidigen.

21.00–22.30 Uhr In den Wehrkreisen Kassel und Wien sowie in Paris werden die Staatsstreichaktionen planmäßig durchgeführt.

22.45–23.15 Uhr Hitlertreue Offiziere der Bendlerstraße überwältigen die Verschwörer. Oberst Stauffenberg wird beim Schußwechsel verwundet.

Das Wachbataillon »Großdeutschland« umstellt den Bendlerblock.

23.15–24.00 Uhr Generaloberst Fromm läßt Olbricht, Stauffenberg, Mertz und Haeften standgerichtlich zum Tode verurteilen. Generaloberst Beck erschießt sich.

00.01 Uhr Hitler spricht über den Großdeutschen Rundfunk.

00.15 Uhr Im Hof des Bendlerblocks werden Olbricht, Stauffenberg, Mertz und Haeften erschossen. Stauffenberg fällt mit dem Ruf: »ES LEBE DEUTSCHLAND!«[201]

REAKTIONEN

Als erster kommentierte Adolf Hitler selbst die Ereignisse des 20. Juli 1944. Bereits eine Minute nach Mitternacht ertönte seine Stimme über alle Sender des Großdeutschen Rundfunks[1]:

»Deutsche Volksgenossen und Volksgenossinnen!

Ich weiß nicht, zum wievielten Male nunmehr ein Attentat auf mich geplant und zur Ausführung gekommen ist. Wenn ich heute zu Ihnen spreche, dann geschieht das aus zwei Gründen:

1. Damit Sie meine Stimme hören und wissen, daß ich selbst unverletzt und gesund bin.

2. Damit Sie aber auch das Nähere erfahren über ein Verbrechen, das in der deutschen Geschichte seinesgleichen sucht.

Eine ganz kleine Clique ehrgeiziger, gewissenloser und zugleich verbrecherischer, dummer Offiziere hat ein Komplott geschmiedet, um mich zu beseitigen und zugleich mit mir den Stab praktisch der deutschen Wehrmachtführung auszurotten. Die Bombe, die von dem Oberst Graf von Stauffenberg gelegt wurde, krepierte zwei Meter an meiner rechten Seite. Sie hat eine Reihe mir teurer Mitarbeiter sehr schwer verletzt, einer ist gestorben. Ich selbst bin völlig unverletzt bis auf ganz kleine Hautabschürfungen, Prellungen oder Verbrennungen. Ich fasse es als eine Bestätigung des Auftrages der Vorsehung auf, mein Lebensziel weiter zu verfolgen, so wie ich es bisher getan habe. Denn ich darf es vor der ganzen Nation feierlich gestehen, daß ich seit dem Tage, an dem ich in die Wilhelmstraße einzog, nur einen einzigen Gedanken hatte, nach bestem Wissen und Gewissen meine Pflicht zu erfüllen, und daß ich, seit mir klar wurde, daß der Krieg ein unausbleiblicher war und nicht mehr aufgeschoben werden konnte, eigentlich nur Sorge und Arbeit kannte und in zahllosen Tagen und durchwachten Nächten nur für mein Volk lebte.

Es hat sich in einer Stunde, in der die deutschen Armeen in schwerstem Ringen stehen, ähnlich wie in Italien, nun auch in Deutschland eine ganz kleine Gruppe gefunden, die glaubte, wie im Jahre 1918 den Dolchstoß in den Rücken führen zu können. Sie hat sich diesmal aber schwer getäuscht! Die Behauptung dieser Usurpatoren, daß ich nicht mehr lebe, wird jetzt in diesem Augenblick widerlegt, da ich zu Euch, meine lieben Volksgenossen, spreche. Der Kreis, den diese Usurpatoren darstellen, ist ein denkbar kleiner. Er hat mit der deutschen Wehrmacht und vor allem auch mit dem deutschen Heer nichts zu tun. Es ist ein ganz kleiner Klüngel verbrecherischer Elemente, die jetzt unbarmherzig ausgerottet werden...«

Nur wenige Tage später zirkulierte im Foreign Office, im britischen Außenministerium, eine von John Wheeler-Bennett verfaßte Stellungnahme, in der es hieß[2]:

»Man kann nun definitiv feststellen, daß die Lage für uns heute besser ist, als wenn der Attentatsversuch vom 20. Juli gelungen und Hitler getötet worden wäre. Durch das fehlgeschlagene Attentat sind uns – zu Hause wie in den USA – einige Peinlichkeiten erspart geblieben, die sonst daraus entstanden wären. Die gegenwärtige Verhaftungswelle wird zur Entfernung zahlreicher Individuen führen, die uns hätten Schwierigkeiten bereiten können... Gestapo und SS leisten uns einen hoch einzuschätzenden Dienst durch die Beseitigung all jener, die nach dem Krieg zweifellos als ›gute Deutsche‹ posiert hätten... Es kann nur zu unserem Vorteil sein, wenn die Verfolgungen andauern, da die Tötung von Deutschen durch Deutsche uns in Zukunft Peinlichkeiten aller Art ersparen wird.«

Was die Reaktion der Bevölkerung im Reichsgebiet anging, so hieß es in den SD-»Meldungen aus dem Reich« vom 28. Juli 1944[3]:

»Der mißglückte Anschlag auf den Führer und der Putschversuch der Offiziersclique haben die Erörterungen über die Lage an den Fronten in den Hintergrund treten lassen. Nachdem sich der erste Schreck über das Attentat selbst gelegt hat, beschäftigen sich die Volksgenossen in ihren Gesprächen mehr mit den Hintergründen und den eventuellen Folgen dieses Ereignisses. Eine Verschlechterung der Stimmung ist nach den vorliegenden Meldungen nicht eingetreten. Die Bevölkerung atmet erleichtert auf, daß der Führer dem Anschlag nicht zum Opfer fiel. Fast durchweg ist die Bindung an den Führer vertieft und das Vertrauen zur Führung gestärkt worden, die sich als Herr der Lage gezeigt hat (z. B. Berlin, Frankfurt/O., Innsbruck, Kattowitz u.a.). Nur hin und wieder werden Befürchtungen laut, daß die Ereignisse des 20. Juli unsere politische Lage dem Ausland gegenüber beeinträchtigen (z. B. Frankfurt/M., Innsbruck, Köln, Linz). Dagegen macht sich allgemein eine Erhöhung des Kampfgeistes und des Willens zum unbedingten Durchhalten bemerkbar...«

Drei Monate nach dem Attentat verfaßte der 41jährige Oberst i. G. Alexis Freiherr von Roenne, vormals Leiter der OKH-Abteilung »Fremde Heere West«, in der Gestapo-Haft ein privates Papier, in dem er eine Bilanz der Verschwörung zog und die Motive der Widerstandskämpfer wertete (zwei Wochen später wurde Roenne hingerichtet)[4]:

»Am 20. Juli 1944 war die Gesamtlage Deutschlands überaus ernst geworden. Militärisch war es die Folge einer Reihe schwerer Niederlagen, die wiederum und ausschließlich auf schwerste Fehler der Obersten Führung zurückgingen. Der Verlust der kampfstärksten deutschen Armee (6.) in Stalingrad, der Verlust Afrikas mit allem Personal und Material, der Verlust des russischen Vorfeldes infolge Verbotes jeder rückwärtigen Abwehrvorbereitung, das fast mühelose Gelingen der Invasion und viele andere Rückschläge lassen sich mühelos als reine Führungsfehler nachweisen... Sie kosteten zahllosen Soldaten das Leben, beraubten Deutschland seines Vorfeldes wie entscheidender Rohstoffbasen und führten schließlich zum Abfall der hoffnungslos gewordenen Verbündeten.

Ohne ausreichende Ernährungsbasis, ohne Betriebsstoff, ohne Chrom, Mangan und Bauxit war Deutschland offensichtlich nur noch zeitlich begrenzt abwehrfähig, während gleichzeitig die feindliche personelle und materielle Übermacht sich an die deutschen Grenzen heranschob, um in einigen Monaten nun zur Erde und in der Luft Deutschland zum ausschließlichen Kriegsschauplatz zu machen, das deutsche Volk zu vernichten.

Selbst in dieser Lage waren seitens der obersten deutschen Führung weder die erforderlichen politischen noch militärischen Maßnahmen zu erreichen: totale Mobilmachung; Preisgabe unwichtiger Gebiete (Italien, Norwegen) zur Schwerpunktbildung an entscheidender Stelle (Frankreich, Rußland); Versuch der Verständigung mit *einem* Gegner zur Vernichtung des *anderen*; Zugeständnisse an Frankreich und an das *nationale* Rußland (zwecks Zersetzung des Roten) u.a. Schwerste militärische Fehler gingen Hand in Hand mit totaler politischer Sterilität, und das seit zweieinhalb Jahren.

So war die tatsächliche Lage zum Sommerausgang 1944. Sie ist einer Anzahl deutscher Männer zum Anlaß geworden, einen Umsturz zur Rettung Deutschlands im letzten Augenblick zu unternehmen. Angesichts des Versuches, diesen Männern nun Schuld an der tatsächlichen Lage Deutschlands aufzubürden, ist besonders festzuhalten, daß bei ihrem Antreten zum Umsturz die Russen bereits an der Reichsgrenze standen, die Angelsachsen ihren entscheidenden Durchbruch in der Normandie (auf Avranches) erzielt hatten und die Türkei bereits im feindlichen Lager stand, während Finnland, Rumänien und Bulgarien infolge dieser Niederlagen ihre Abmachungen mit dem Feind fixierten. Der Umsturzversuch war also nicht Anlaß, sondern Folge der tödlichen Gesamtlage.«

Oberst von Roenne fuhr dann fort, daß ihm die Ziele der Konspiration »im einzelnen nicht bekannt« gewesen seien. Es könne jedoch keinerlei Zweifel daran bestehen, daß die Verschwörer:

»... mindestens in der Mehrzahl Männer von höchster Vaterlandsliebe und ausgeprägtem Ehrgefühl waren, die nur unter dem Eindruck der Todesnot ihres Vaterlandes zu dem schwersten aller Entschlüsse kamen. Sie werden an ihre Verantwortung ihrem deutschen Volk, ihren Kindern und den kommenden Geschlechtern gegenüber gedacht haben. Sie werden an den unheilvollen allgemeinen Gehorsam von 1918 gedacht haben. Und so wird in ihnen der Entschluß gereift sein, dem bergab sausenden Rad unter Einsatz ihres Lebens in die Speichen zu fallen. Furcht, eigene Ziele und Ehrgeiz konnten nicht die Triebfeder eines Entschlusses sein, der in dieser Form auf Leben und Tod ging und dem einzelnen, meist in hoher, angesehener Stellung befindlichen, keinerlei persönlichen Vorteil zu erbringen vermochte. Es ging nur um

Deutschland. Und dabei vor allem um die Kernfrage: wie man Land und Volk vor dem Russeneinbruch und der Zerstückelung retten könne... Ihre Ziele sind rein gewesen, wie ihr Idealismus. Ihre Gesinnung wird vielleicht einmal wieder geistiger Anknüpfungspunkt für ein deutsches Heer in ferner Zukunft werden, denn sie haben bewiesen, daß der deutsche Generalstab sein Volk nicht widerstandslos ins Verderben führen ließ, sondern sich unter Einsatz des Lebens vor die Räder warf. Das ist stolz und zukunftweisend.

Mein eigener Anteil war klein genug. Ich habe drei Wochen zuvor etwas erfahren und geschwiegen, weil ich auch darin die einzige Rettung Deutschlands und meiner Kinder sah. So falle ich stolz und reinen Gewissens für diese. Gott, der Herr, hat mir vergeben...«

ANMERKUNGEN

I. DIE REGIMEGEGNER SAMMELN SICH

1. Wolfgang Venohr, Stauffenberg. Frankfurt/M., Berlin 1986, S. 186f.
2. Andreas Hillgruber/Gerhard Hümmelchen, Chronik des Zweiten Weltkrieges. Königstein/Ts. 1978, S. 156ff.
3. Manfred Overesch (Hrsg.), Chronik deutscher Zeitgeschichte. 3 Bde. Düsseldorf 1982/83, Bd. 2/II, S. 325f.
4. Heinz Bergschicker (Hrsg.), Deutsche Chronik 1933-1945. Ost-Berlin 1981, S. 463.
5. Manfred Overesch, a. a. O., Bd. 2/II, S. 327.
6. Heinz Boberach (Hrsg.), Meldungen aus dem Reich. 17 Bde. Herrsching 1984, Bd. 12, S. 4617.
7. Uwe von Hassell, Die Hassell-Tagebücher 1938-1944. Berlin 1988, S. 345ff. Ulrich Heinemann, Ein konservativer Rebell. Berlin 1990, S. 144f. Peter Hoffmann, Claus Schenk Graf von Stauffenberg und seine Brüder. Stuttgart 1992, S. 262f. Christian Müller, Oberst i. G. Stauffenberg. Düsseldorf 1970, S. 276. Arthur P. Young, Die X-Dokumente. München, Zürich 1989, S. 170ff.
8. Woronow, »Operation Ring«. In: *Voenno-istoriceskij zurnal*, 1962, H. 5 u. 6. »Stalingrad«, geheime Kommandosache des Luftgaukommandos Rostow, Gruppe Ic, 3. Februar 1943, S. 1-11.
9. Wolfgang Venohr, a. a. O., S. 170.
10. Heinz Boberach, a. a. O., Bd. 12, S. 4694.
11. Peter Hoffmann, a. a. O., S. 263.
12. Heinz Boberach, a. a. O., Bd. 12, S. 4707.
13. Ulrich Heinemann, a. a. O., S. 144f. John W. Wheeler-Bennett, The Nemesis of Power. New York 1953, S. 549.
14. Andreas Hillgruber/Gerhard Hümmelchen, a. a. O., S. 157.
15. Heinz Boberach, a. a. O., Bd. 12, S. 4714.
16. Peter Hoffmann, a. a. O., S. 263. Wolfgang Venohr, a. a. O., S. 202.
17. Bodo Scheurig, Henning von Tresckow. Oldenburg, Hamburg 1973. Wolfgang Venohr, »Henning von Tresckow«. In: Sebastian Haffner/Wolfgang Venohr, Preußische Profile. Königstein/Ts. 1986, S. 263-287.
18. Persönliche Mitteilung der verwitweten Frau Erika von Tresckow an den Verfasser.
19. Persönliche Mitteilung Alexander Stahlbergs an den Verfasser. Kriegstagebuch der Heeresgruppe v. Manstein für den 26. Januar 1943, Uhrzeit: 18.25-19.10 Uhr. Wolfgang Venohr, a. a. O., S. 171-175.
20. Max Domarus (Hrsg.), Hitler, Reden und Proklamationen 1932-1945. Würzburg 1973, Bd. 4, S. 1976.
21. Ebda., Bd. 4, S. 1977ff.
22. Wolfgang Venohr, a. a. O., S. 175f.
23. Helmuth Greiner, Die oberste Wehrmachtführung. Wiesbaden 1951, S. 435.
24. Peter Hoffmann, a. a. O., S. 270f. Wolfgang Venohr, a. a. O., S. 174-178.
25. Peter Hoffmann, a. a. O., S. 270f.
26. Manfred Overesch, a. a. O., Bd. 2/II, S. 339.
27. Peter Hoffmann, a. a. O., S. 270f.
28. Ebda.
29. Ebda.
30. Manfred Overesch, a. a. O., Bd. 2/II, S. 340.
31. Ebda., S. 341.

32. Ebda., S. 343.
33. Ebda., S. 347.
34. Ebda., S. 349.
35. Ebda.
36. O. N. Bradley (Hrsg.), Tätigkeitsbericht des Chefs des Heerespersonalamtes General der Infanterie Rudolf Schmundt. 1984, S. 48.
37. Heinz Boberach, a. a. O., Bd. 13, S. 493.
38. Andreas Hillgruber/Gerhard Hümmelchen, a. a. O., S. 164.
39. Manfred Overesch, a. a. O., Bd. 2/II, S. 353.
40. Ulrich Heinemann, a. a. O., S. 149f.
41. Gerhard Ritter, Carl Goerdeler und die deutsche Widerstandsbewegung. Stuttgart 1954, S. 609.
42. Heinz Boberach, a. a. O., Bd. 13, S. 5020.
43. Ulrich Heinemann, a.a.O., S. 149f.
44. Hans-Adolf Jacobsen (Hrsg.), Spiegelbild einer Verschwörung. 2 Bde., 1984, S. 88, 401. Peter Hoffmann, a. a. O., S. 304.
45. Manfred Overesch, a. a. O., Bd. 2/II, S. 358.
46. Wolfgang Venohr, »Henning von Tresckow«, a. a. O., S. 285.
47. Andreas Hillgruber (Hrsg.), Staatsmänner und Diplomaten bei Hitler. 2 Bde. Frankfurt/M. 1967, 1970, Bd. 2, S. 215ff.
48. Ulrich Heinemann, a. a. O., S. 158.
49. Andreas Hillgruber, a. a. O., Bd. 2, S. 236ff.
50. Wolfgang Venohr, a. a. O., S. 151f.
51. Heinz Bergschicker, a. a. O., S. 463.
52. Manfred Overesch, a. a. O., Bd. 2/II, S. 360f.
53. Ebda., S. 363.
54. Andreas Hillgruber/Gerhard Hümmelchen, a. a. O., S. 169f.
55. Persönliche Mitteilung der verwitweten Gräfin Nina von Stauffenberg an den Verfasser.
56. Wolfgang Venohr, a. a. O., S. 187ff. Peter Hoffmann, a. a. O., S. 302ff.
57. O. N. Bradley, a. a. O., S. 60.
58. Heinz Boberach, a. a. O., Bd. 13, S. 5215.
59. Peter Hoffmann, a. a. O., S. 304.
60. Felix Steiner, Die Armee der Geächteten. o. O. 1971, S. 185f.
61. Manfred Overesch, a. a. O., Bd. 2/II, S. 369.
62. Ebda.
63. Ebda., S. 370.
64. Andreas Hillgruber/Gerhard Hümmelchen, a. a. O., S. 168.
65. Hans-Adolf Jacobsen, a. a. O., S. 87f. Peter Hoffmann, a. a. O., S. 304ff.
66. Manfred Overesch, a. a. O., Bd. 2/II, S. 374.
67. Peter Hoffmann, a. a. O., S. 305.
68. Ebda., S. 306.
69. Ulrich Heinemann, a. a. O., S. 150.
70. Wolfgang Venohr, a. a. O., S. 203. Peter Hoffmann, a. a. O., S. 305.
71. Wolfgang Venohr, a.a.O., S. 190.
72. Peter Hoffmann, a. a. O., S. 305f.
73. Werner Jochmann (Hrsg.), Adolf Hitler. Monologe im Führerhauptquartier 1941–1944. Hamburg 1980, S. 398f.
74. Peter Hoffmann, a. a. O., S. 305f.
75. Werner Jochmann, a. a. O., S. 403ff.
76. Heinz Boberach, a. a. O., Bd. 14, S. 5357.
77. Andreas Hillgruber/Gerhard Hümmelchen, a. a. O., S. 174.
78. Lothar Rendulic, Gekämpft – Gesiegt – Geschlagen. Heidelberg 1952, S. 155ff.
79. Werner Jochmann, a. a. O., S. 403ff.
80. Andreas Hillgruber/Gerhard Hümmelchen, a. a. O., S. 174.
81. Ebda., S. 175.
82. Albert Krebs, Fritz-Dietlof Graf von der Schulenburg. Hamburg 1964, S. 201.
83. Ulrich Heinemann, a. a. O., S. 215–254.
84. O. N. Bradley, a. a. O., S. 77.
85. Peter Hoffmann, a. a. O., S. 297.
86. Wolfgang Venohr, a. a. O., S. 189.

II. DIE OPPOSITION FORMIERT SICH

1. Manfred Overesch, a. a. O., Bd. 2/II, S. 377.
2. Ebda., S. 383. Andreas Hillgruber/Gerhard Hümmelchen, a. a. O., S. 175. Janusz Piekalkiewicz, Unternehmen Zitadelle. Bergisch Gladbach 1983, S. 110ff.
3. Andreas Hillgruber/Gerhard Hümmelchen, a. a. O., S. 175f.
4. Manfred Overesch, a. a. O., Bd. 2/II, S. 387.
5. Ebda., S. 389-392. Andreas Hillgruber/Gerhard Hümmelchen, a. a. O., S. 177.
6. Andreas Hillgruber/Gerhard Hümmelchen, a. a. O., S. 177f.

7. Walter Hubatsch (Hrsg.), Hitlers Weisungen für die Kriegführung 1939 bis 1945. Koblenz 1983, S. 233–241. Helmut Heiber, Hitlers Lagebesprechungen. Stuttgart 1962, S. 377. Andreas Hillgruber, Der Zweite Weltkrieg. Stuttgart 1983, S. 122f., 128.
8. O. N. Bradley, a. a. O., S. 83.
9. Peter Hoffmann, a. a. O., S. 309. Fabian von Schlabrendorff, Offiziere gegen Hitler, Zürich 1946, S. 68f., 88–91.
10. Peter Hoffmann, a. a. O., S. 328 ff. Wolfgang Venohr, a. a. O., S. 208.
11. Peter Hoffmann, a. a. O., S. 309f.
12. Rudolf Lehmann, Die Leibstandarte. 5 Bde. Osnabrück 1977–1987, Bd. III, S. 287–293.
13. Heinz Boberach, a. a. O., Bd. 14, S. 5561ff.
14. Peter Hoffmann, a. a. O., S. 315.
15. Klaus Gerbet, Carl-Hans Graf von Hardenberg. Berlin 1992, S. 137.
16. Erich von Manstein, Soldat im 20. Jahrhundert. o. O. 1983, S. 184f. Rudolf-Christoph von Gersdorff, Soldat im Untergang. Frankfurt/M., Berlin, Wien 1977, S. 134ff.
17. Peter Hoffmann, a. a. O., S. 310.
18. Ebda., S. 315.
19. Ebda. Hans-Adolf Jacobsen, a. a. O., S. 87f.
20. Hans-Adolf Jacobsen, a. a. O., S. 249 bis 253, 269, 411. Wolfgang Venohr, a. a. O., S. 243–248.
21. Andreas Hillgruber/Gerhard Hümmelchen, a. a. O., S. 180. Manfred Overesch, a. a. O., Bd. 2/II, S. 397.
22. Rudolf Lehmann, a. a. O., Bd. III, S. 299f.
23. Andreas Hillgruber/Gerhard Hümmelchen, a. a. O., S. 181.
24. Wolfgang Venohr, a. a. O., S. 209f.
25. Andreas Hillgruber/Gerhard Hümmelchen, a. a. O., S. 176.
26. Wolfgang Venohr, a. a. O., S. 210.
27. Ebda., S. 193–197.
28. Manfred Overesch, a. a. O., Bd. 2/II, S. 401.
29. Wolfgang Venohr, a. a. O., S. 197.
30. Ebda., S. 193-197.
31. Andreas Hillgruber/Gerhard Hümmelchen, a. a. O., S. 183f. Manfred Overesch, a. a. O., Bd. 2/II, S. 404.
32. Peter Hoffmann, a. a. O., S. 317f.
33. Ebda., S. 318.
34. Max Domarus, a. a. O., Bd. II/2, S. 2035–2039.
35. Wolfgang Venohr, a. a. O., S. 211.
36. Manfred Overesch, a. a. O., Bd. 2/II, S. 406. Andreas Hillgruber/Gerhard Hümmelchen, a. a. O., S. 185.
37. Ebda.
38. Manfred Overesch, a. a. O., Bd. 2/II, S. 406.
39. Andreas Hillgruber/Gerhard Hümmelchen, a. a. O., S. 185f.
40. Heinz Boberach, a. a. O., Bd. 15, S. 5753.
41. Manfred Overesch, a. a. O., Bd. 2/II, S. 407. Rudolf Lehmann, a. a. O., Bd. III, S. 321.
42. Manfred Overesch, a. a. O., Bd. 2/II, S. 407.
43. Wolfgang Venohr, a. a. O., S. 214f.
44. Heinz Boberach, a. a. O., Bd. 15, S. 5770.
45. Peter Hoffmann, a. a. O., S. 327, 337. Wolfgang Venohr, a. a. O., S. 215.
46. Peter Hoffmann, a. a. O., S. 327.
47. Wolfgang Venohr, a. a. O., S. 215ff.
48. Manfred Overesch, a. a. O., Bd. 2/II, S. 411.
49. Peter Hoffmann, a. a. O., S. 320f., 560.
50. Wolfgang Venohr, a. a. O., S. 217ff.
51. Peter Hoffmann, a. a. O., S. 321.
52. Wolfgang Venohr, a. a. O., S. 221f.
53. Klaus Gerbet, a. a. O., S. 133.
54. Ulrich Heinemann, a. a. O., S. 155f. Christian Müller, a. a. O., S. 334, 340, 348, 368f. Eugen Gerstenmaier, Streit und Friede hat seine Zeit. Frankfurt/M., Berlin, Wien 1985, S. 179f.
55. Wolfgang Venohr, a. a. O., S. 222f.
56. Ebda., S. 223.
57. Ebda., S. 224ff., 258f.
58. Andreas Hillgruber/Gerhard Hümmelchen, a. a. O., S. 189.
59. Manfred Overesch, a. a. O., Bd. 2/II, S. 419. Wolfgang Venohr, a. a. O., S. 250.
60. Wolfgang Venohr, a. a. O., S. 226.
61. Ebda., S. 227.
62. O. N. Bradley, a. a. O., S. 108.
63. Wolfgang Venohr, a. a. O., S. 232.
64. Hermann Balck, Ordnung im Chaos. Osnabrück 1981, S. 534ff. Wolfgang Venohr, a. a. O., S. 230f., 310–313. Persönliche Mitteilungen des Generals Hermann Balck an den Verfasser.
65. Hans-Adolf Jacobsen, a. a. O., S. 115f. Peter Hoffmann, a. a. O., S. 355f.

66. Hans-Adolf Jacobsen, a. a. O., S. 189. Peter Hoffmann, a. a. O., S. 355.
67. Andreas Hillgruber/Gerhard Hümmelchen, a. a. O., S. 191.
68. Ebda.
69. Max Domarus, a. a. O., Bd. II/2, S. 2051–2058.
70. Wolfgang Venohr, a. a. O., S. 233ff.
71. Manfred Overesch, a. a. O., Bd. 2/II, S. 425.
72. Andreas Hillgruber/Gerhard Hümmelchen, a. a. O., S. 192.
73. Wolfgang Venohr, a. a. O., S. 232.
74. Ebda., S. 227.
75. Peter Hoffmann, a. a. O., S. 324.
76. Manfred Overesch, a. a. O., Bd. 2/II, S. 431. Andreas Hillgruber/Gerhard Hümmelchen, a. a. O., S. 192.
77. Manfred Overesch, a. a. O., Bd. 2/II, S. 427f.
78. Wolfgang Venohr, a. a. O., S. 237f.
79. Manfred Overesch, a. a. O., Bd. 2/II, S. 428.
80. Ebda., S. 429.
81. Ulrich Heinemann, a. a. O., S. 156f.
82. Wolfgang Venohr, a. a. O., S. 251.
83. Manfred Overesch, a. a. O., Bd. 2/II, S. 428.
84. Wolfgang Venohr, a. a. O., S. 251f.
85. Hans-Adolf Jacobsen, a. a. O., S. 145, 533. Peter Hoffmann, Widerstand, Staatsstreich, Attentat. Frankfurt/M., Berlin, Wien 1985, S. 439ff. Wolfgang Venohr, a. a. O., S. 240ff.
86. Peter Hoffmann, Claus Schenk…, a. a. O., S. 313ff.
87. Andreas Hillgruber/Gerhard Hümmelchen, a. a. O., S. 193f., Manfred Overesch, a. a. O., Bd. 2/II, S. 430.
88. Wolfgang Venohr, a. a. O., S. 251.
89. Hans-Adolf Jacobsen, a. a. O., S. 128f.
90. Heinz Boberach, a. a. O., Bd. 15, S. 6062f.
91. Peter Hoffmann, Claus Schenk…, a. a. O., S. 385.
92. Ebda., S. 333. Wolfgang Venohr, a. a. O., S. 252f.
93. Wolfgang Venohr, a. a. O., S. 253f. Peter Hoffmann, Claus Schenk…, a. a. O., S. 333.
94. Peter Hoffmann, Claus Schenk…, a. a. O., S. 377.
95. Ebda.
96. Wolfgang Venohr, a. a. O., S. 254f.
97. Manfred Overesch, a. a. O., Bd. 2/II, S. 440.

III. DIE KONSPIRATION TRITT AN

1. Manfred Overesch, a. a. O., Bd. 2/II, S. 440.
2. Heinz Bergschicker, a. a. O., S. 464.
3. Heinz Boberach, a. a. O., Bd. 16, S. 6203.
4. Ebda., S. 6215.
5. Peter Hoffmann, a. a. O., S. 459.
6. Wolfgang Venohr, a. a. O., S. 264ff.
7. Ulrich Heinemann, a. a. O., S. 115–121. Albert Krebs, a. a. O., S. 269ff. Wolfgang Venohr, »Stauffenbergs geistiger Hintergrund«. In: *Damals*, 1987, H. 11, S. 992f.
8. Ulrich Heinemann, a. a. O., S. 290.
9. Manfred Overesch, a. a. O., Bd. 2/II, S. 447.
10. Ulrich Heinemann, a. a. O., S. 160.
11. Ebda., S. 191f.
12. Wolfgang Venohr, a. a. O., S. 270ff.
13. Ebda., S. 272.
14. Ebda., S. 273-279. Hans-Adolf Jacobsen, a. a. O., S. 118, 179, 188f., 206, 212, 234, 286. Dorothea Beck, Julius Leber. Berlin 1983, S. 182-186, 235-249. Tilman Fichter, Die SPD und die Nation. Berlin 1993, S. 97.
15. Heinz Boberach, a. a. O., Bd. 16, S. 6284f.
16. Peter Hoffmann, a. a. O., S. 378f.
17. Manfred Overesch, a. a. O., Bd. 2/II, S. 452.
18. Ebda., S. 453.
19. Wolfgang Venohr, a. a. O., S. 280.
20. Ebda., S. 251f.
21. Ebda., S. 282.
22. Heinz Boberach, a. a. O., Bd. 16, S. 6311.
23. Hans-Adolf Jacobsen, a. a. O., S. 145f. Ulrich Heinemann, a. a. O., S. 170f. Ursula von Kardorff, Berliner Aufzeichnungen. München 1976, S. 131.
24. Wolfgang Venohr, a. a. O., S. 166.
25. Andreas Hillgruber/Gerhard Hümmelchen, a. a. O., S. 201. Manfred Overesch, a. a. O., Bd. 2/II, S. 457.
26. Heinz Boberach, a. a. O., Bd. 16, S. 6328f.
27. Andreas Hillgruber/Gerhard Hümmelchen, a. a. O., S. 202.

28. Heinz Boberach, a.a.O., Bd. 16, S. 6362f.
29. Wolfgang Venohr, a.a.O., S. 284-287.
30. Andreas Hillgruber/Gerhard Hümmelchen, a.a.O., S. 203.
31. Wolfgang Venohr, a.a.O., S. 287f.
32. O.N. Bradley, a.a.O., S. 129f.
33. Ebda., S. 131.
34. Andreas Hillgruber/Gerhard Hümmelchen, a.a.O., S. 203.
35. Wolfgang Venohr, a.a.O., S. 288.
36. Ulrich Heinemann, a.a.O., S. 160.
37. Andreas Hillgruber/Gerhard Hümmelchen, a.a.O., S. 204.
38. Werner Jochmann, a.a.O., S. 406.
39. Wolfgang Venohr, a.a.O., S. 289.
40. Heinz Boberach, a.a.O., Bd. 16, S. 6412.
41. O.N. Bradley, a.a.O., S. 131.
42. Andreas Hillgruber/Gerhard Hümmelchen, a.a.O., S. 205.
43. O. N. Bradley, a.a.O., S. 131.
44. Wolfgang Venohr, a.a.O., S. 289ff.
45. Werner Jochmann, a.a.O., S. 407ff.
46. Andreas Hillgruber/Gerhard Hümmelchen, a.a.O., S. 205.
47. Ebda., S. 206.
48. Heinz Boberach, a.a.O., Bd. 16, S. 6455.
49. Wolfgang Venohr, a.a.O., S. 292.
50. Ebda., S. 294f.
51. Klaus Gerbet, a.a.O., S. 132f.
52. Ulrich Heinemann, a.a.O., S. 160.
53. Manfred Overesch, a.a.O., Bd. 2/II, S. 472.
54. Ebda.
55. Ebda.
56. Ulrich Heinemann, a.a.O., S. 160.
57. Ursula von Kardorff, a.a.O., S. 119. Hans-Adolf Jacobsen, a.a.O., S. 417.
58. Heinz Boberach, a.a.O., Bd. 16, S. 6465f.
59. Wolfgang Venohr, a.a.O., S. 295ff.
60. Andreas Hillgruber/Gerhard Hümmelchen, a.a.O., S. 207.
61. Rudolf Lehmann, a.a.O., Bd. IV/1, S. 106ff.
62. Ulrich Heinemann, a.a.O., S. 161f.
63. Wolfgang Venohr, a.a.O., S. 298.
64. Heinz Boberach, a.a.O., Bd. 16, S. 6489.
65. Wolfgang Venohr, a.a.O., S. 298f.
66. Hans-Adolf Jacobsen, a.a.O., S. 33f., 131, 145–156, 199–203, 213–217, 249–255, 352, 411, 535f., 540. Peter Hoffmann, a.a.O., S. 344–350.
67. Von Schramm, »Ich muß mich vor die Armee stellen«. In: *BA-MA*, Freiburg, Nr. 100/64, S. 15.
68. Wolfgang Venohr, a.a.O., S. 299.
69. Heinz Boberach, a.a.O., Bd. 16, S. 6499f.
70. Wolfgang Venohr, a.a.O., S. 299f.
71. O.N. Bradley, a.a.O., S. 136.
72. Andreas Hillgruber/Gerhard Hümmelchen, a.a.O., S. 210f.
73. Manfred Overesch, a.a.O., Bd. 2/II, S. 482.
74. O.N. Bradley, a.a.O., S. 139.
75. Heinz Boberach, a.a.O., Bd. 17, S. 6522.
76. Andreas Hillgruber/Gerhard Hümmelchen, a.a.O., S. 211.
77. Ebda.
78. Manfred Overesch, a.a.O., Bd. 2/II, S. 483.
79. Wolfgang Venohr, a.a.O., S. 302f.
80. Ebda., S. 303ff.
81. Ebda., S. 305.
82. Manfred Overesch, a.a.O., Bd. 2/II, S. 484.
83. Ebda.
84. Wolfgang Venohr, a.a.O., S. 309.
85. Werner Jochmann, a.a.O., S. 409f.
86. Heinz Boberach, a.a.O., Bd. 17, S. 6535.
87. Wolfgang Venohr, a.a.O., S. 305.
88. Werner Jochmann, a.a.O., S. 410f.
89. Peter Hoffmann, a.a.O., S. 384. Wolfgang Venohr, a.a.O., S. 307.
90. Albert Speer, Erinnerungen. Berlin 1969, S. 388.
91. Wolfgang Venohr, a.a.O., S. 306–310. Peter Hoffmann, a.a.O., S. 563, 570f.
92. Hans-Adolf Jacobsen, a.a.O., S. 249–255, 411, 727f. Gerhard Ritter, a.a.O., S. 333–341.
93. Hans-Adolf Jacobsen, a.a.O., S. 728. Peter Hoffmann, a.a.O., S. 388. Wolfgang Venohr, a.a.O., S. 307.
94. Peter Hoffmann, a.a.O., S. 386f.
95. Ebda., S. 388. Wolfgang Venohr, a.a.O., S. 308.
96. Heinz Boberach, a.a.O., Bd. 17, S. 6551f.
97. Hans-Adolf Jacobsen, a.a.O., S. 728.
98. Peter Hoffmann, a.a.O., S. 388.
99. Manfred Overesch, a.a.O., Bd. 2/II, S. 487.
100. Ebda., S. 488.
101. Peter Hoffmann, a.a.O., S. 389.
102. Wolfgang Venohr, a.a.O., S. 309.
103. Manfred Overesch, a.a.O., Bd. 2/II, S. 489.

104. Heinz Boberach, a. a. O., Bd. 17, S. 6563f.
105. Wolfgang Venohr, a. a. O., S. 314.
106. Andreas Hillgruber/Gerhard Hümmelchen, a. a. O., S. 214.
107. Ebda.
108. Ebda., S. 214f.
109. Wolfgang Venohr, a. a. O., S. 315f.
110. Ebda., S. 316.
111. Heinz Boberach, a. a. O., Bd. 17, S. 6572f.
112. Peter Hoffmann, a. a. O., S. 355.
113. Wolfgang Venohr, a. a. O., S. 316f.
114. Ebda., S. 320f.
115. Ebda., S. 322.
116. Ebda., S. 322.
Hans-Adolf Jacobsen, a. a. O., S. 110.
Peter Hoffmann, a. a. O., S. 389.
117. Wolfgang Venohr, a. a. O., S. 321f.
118. Peter Hoffmann, a. a. O., S. 386f.
119. Wolfgang Venohr, a. a. O., S. 324f.
120. Ebda., S. 325f.
121. Ebda., S. 323f.
122. Ebda., S. 326f.
123. Ebda., S. 327.
124. Peter Hoffmann, a. a. O., S. 386f.
125. Andreas Hillgruber/Gerhard Hümmelchen, a. a. O., S. 216.
126. Wolfgang Venohr, a. a. O., S. 327–330.
127. Ebda., S. 330.
128. Ebda.
129. Ulrich Heinemann, a. a. O., S. 154.
130. Peter Hoffmann, a. a. O., S. 365.
131. Wolfgang Venohr, a. a. O., S. 331.
132. Peter Hoffmann, a. a. O., S. 387.
133. Andreas Hillgruber/Gerhard Hümmelchen, a. a. O., S. 216.
134. Rudolf Lehmann, a. a. O., Bd. IV/1, S. 121ff.
135. Andreas Hillgruber/Gerhard Hümmelchen, a. a. O., S. 217f.
136. Wolfgang Venohr, a. a. O., S. 319f.
137. Andreas Hillgruber/Gerhard Hümmelchen, a. a. O., S. 217.
138. Wolfgang Venohr, a. a. O., S. 319.
139. Hans-Adolf Jacobsen, a. a. O., S. 175.
Peter Hoffmann, a. a. O., S. 365ff.
140. Andreas Hillgruber/Gerhard Hümmelchen, a. a. O., S. 219.
141. Ebda.
142. Ebda.
143. Peter Hoffmann, a. a. O., S. 395.
144. Manfred Overesch, a. a. O., Bd. 2/II, S. 500.
145. Ulrich Heinemann, a. a. O., S. 168.
146. Peter Hoffmann, a. a. O., S. 395-398.
147. Hans-Adolf Jacobsen, a. a. O., S. 756–759.
148. Peter Hoffmann, a. a. O., S. 391.
149. Ebda. Wolfgang Venohr, a. a. O., S. 341f.
150. Heinz Boberach, a. a. O., Bd. 17, S. 6626.
151. Peter Hoffmann, a. a. O., S. 407f.
Wolfgang Venohr, a. a. O., S. 342.
152. Hans-Adolf Jacobsen, a. a. O., S. 90.
Peter Hoffmann, a. a. O., S. 408.
Wolfgang Venohr, a. a. O., S. 342.
153. Ebda.
154. Ebda., S. 342f.
155. Andreas Hillgruber/Gerhard Hümmelchen, a. a. O., S. 221.
156. Wolfgang Venohr, a. a. O., S. 357.
157. Ebda., S. 342. Hans-Adolf Jacobsen, a. a. O., S. 44, 49, 91, 125, 130, 146.
Peter Hoffmann, a. a. O., S. 408f.
158. Wolfgang Venohr, a. a. O., S. 344f.
159. Ebda., S. 345-354.
Peter Hoffmann, a. a. O., S. 409ff.
160. Klaus Gerbet, a. a. O., Supplement S. 15.
161. Wolfgang Venohr, »Vorbild für ganz Deutschland«. Fernsehdokumentation der ARD zum 60. Geburtstag von Claus Stauffenberg, 1967.
162. Andreas Hillgruber/Gerhard Hümmelchen, a. a. O., S. 221.
163. Peter Hoffmann, a. a. O., S. 368f.
164. Kurt Meyer, Grenadiere. o. O. 1970, S. 271.
165. Heinz Boberach, a. a. O., Bd. 17, S. 6636ff.
166. Peter Hoffmann, a. a. O., S. 411.
167. O. N. Bradley, a. a. O., S. 157.
168. Wolfgang Venohr, a. a. O., S. 356f.
169. Ebda., S. 355.
170. Ebda., S. 355f.
171. Ebda., S. 357ff.
Hans-Adolf Jacobsen, a. a. O., S. 130.
Peter Hoffmann, a. a. O., S. 411–419.
172. Hermann Balck, a. a. O., S. 527f.
173. Hans Royce (Hrsg.), 20. Juli 1944. Bonn 1953/54, S. 62.
174. Andreas Hillgruber/Gerhard Hümmelchen, a. a. O., S. 221.
175. O. N. Bradley, a. a. O., S. 159.
176. Peter Hoffmann, a. a. O., S. 419.
177. Ebda., S. 594.
178. Ebda., S. 420.
179. Ebda., S. 420f. Hans-Adolf Jacobsen, a. a. O., S. 91f., 101f., 136, 175f.
Wolfgang Venohr, a. a. O., S. 362ff.
180. Hans-Adolf Jacobsen, a. a. O., S. 158.

Wolfgang Venohr, a.a.O., S.364.
Peter Hoffmann, a.a.O., S.405.
181. Peter Hoffmann, a.a.O., S.403f., 591.
182. Wolfgang Venohr, a.a.O., S.364.
183. Ebda.
184. Ebda., S.366f.
185. O.N. Bradley, a.a.O., S. 161f.
186. Wolfgang Venohr, a.a.O., S.367.
187. Peter Hoffmann, a.a.O., S.405.
188. Wolfgang Venohr, a.a.O., S.367.
189. Hans-Adolf Jacobsen, a.a.O., S.21.
190. Ulrich Heinemann, a.a.O., S. 168.
191. Wolfgang Venohr, a.a.O., S.367.
192. Ebda., S.368.
Peter Hoffmann, a.a.O., S.406.
193. Ulrich Heinemann, a.a.O., S. 168.
194. Peter Hoffmann, a.a.O., S.421f.
195. Wolfgang Venohr, a.a.O., S.368.
196. Ebda.
197. Peter Hoffmann, a.a.O., S.422.
198. Wolfgang Venohr, a.a.O., S.369ff.
199. Peter Hoffmann, a.a.O., S.422.
200. Persönliche Mitteilung von Nina Gräfin Stauffenberg an den Verfasser.
201. Nach Aussage von zwei Unteroffizieren aus dem Erschießungskommando des Wachbataillons »Großdeutschland«.

REAKTIONEN

1. Max Domarus, a.a.O., Bd. II/2, S.2127f.
2. Public Records Office, FO 371/39062.
3. Heinz Boberach, a.a.O., Bd. 17, S.6684.
4. Hans Royce, a.a.O, S. 132f.

BIBLIOGRAPHIE

Balck, Hermann: Ordnung im Chaos. Osnabrück 1981.
Balzer, Karl: Der 20. Juli und der Landesverrat. Preußisch Oldendorf 1971.
Bavendamm, Dirk: Roosevelts Weg zum Krieg. München, Berlin 1983.
Beck, Dorothea: Julius Leber. Berlin 1983.
Below, Nicolaus von: Als Hitlers Adjutant 1937-1945. Mainz 1980.
Benoist-Méchin, Jacques: Geschichte der deutschen Militärmacht. 6 Bde. Oldendorf, Hamburg 1965-1971.
Bergschicker, Heinz (Hrsg.): Deutsche Chronik 1933-1945. Ost-Berlin 1981.
Boberach, Heinz (Hrsg.): Meldungen aus dem Reich. 17 Bde. Herrsching 1984.
Boveri, Margret: Der Verrat im XX. Jahrhundert. 4 Bde. Hamburg 1956-1960.
Bradley, O. N. (Hrsg.): Tätigkeitsbericht des Chefs des Heerespersonalamtes General der Infanterie Rudolf Schmundt. Osnabrück 1984.
Brauchitsch, Manfred von: Ohne Kampf kein Sieg. Ost-Berlin 1964.
Bussmann, Walter: Die innere Entwicklung des deutschen Widerstandes gegen Hitler. Berlin 1964.
Cartier, Raymond: Der Zweite Weltkrieg. 2 Bde. München 1967.
Domarus, Max (Hrsg.): Hitler. Reden und Proklamationen 1932-1945. 4 Bde. Wiesbaden 1973.
Dulles, Allen Welsh: Verschwörung in Deutschland. Kassel 1949.
Faber du Faur, Moritz von: Macht und Ohnmacht. Stuttgart 1953.
Fichter, Tilman: Die SPD und die Nation. Berlin 1993.
Finker, Kurt: Stauffenberg und der 20. Juli 1944. Ost-Berlin 1970.
Foerster, Wolfgang: Generaloberst Ludwig Beck. München 1953.
Freund, Michael (Hrsg.): Weltgeschichte der Gegenwart in Dokumenten. 5 Bde. Essen 1942.
Gerbet, Klaus: Claus-Hans Graf von Hardenberg. Berlin 1993.
Gersdorff, Rudolf-Christoph von: Soldat im Untergang. Frankfurt/Main, Berlin, Wien 1977.
Gerstenmaier, Eugen: Streit und Friede hat seine Zeit. Frankfurt/Main, Berlin, Wien 1981.
Gisevius, Hans Bernd: Bis zum bitteren Ende. Zürich 1954.
Graetz, Wolfgang: Die Verschwörer. München 1965.
Greiner, Helmuth: Die oberste Wehrmachtführung. Wiesbaden 1951.
Guderian, Heinz: Erinnerungen eines Soldaten. Heidelberg 1951.
Haffner, Sebastian und Wolfgang Venohr: Preußische Profile. Königstein/Ts. 1980.
Hagen, Hans Wilhelm: Zwischen Eid und Befehl. München 1959.
Hassell, Uwe von: Vom anderen Deutschland. Zürich, Freiburg 1946.
Hassell, Uwe von: Die Hassell-Tagebücher 1938-1944. Berlin 1988.
Heiber, Walter: Hitlers Lagebesprechungen. Stuttgart 1962.
Heinemann, Ulrich: Ein konservativer Rebell. Berlin 1990.
Hielscher, Friedrich: Fünfzig Jahre unter Deutschen. Hamburg 1954.
Hillgruber, Andreas: Der Zweite Weltkrieg 1939-1945. Stuttgart 1983.
Hillgruber, Andreas (Hrsg.): Staatsmänner und Diplomaten bei Hitler. 2 Bde. Frankfurt/Main 1967-1970.

Hillgruber, Andreas und Gerhard Hümmelchen: Chronik des Zweiten Weltkrieges. Königstein/Ts. 1978.
Hitler, Adolf: Mein Kampf. München 1939.
Hoffmann, Peter: Widerstand, Staatsstreich, Attentat. München 1970.
Hoffmann, Peter: Claus Schenk Graf von Stauffenberg und seine Brüder. Stuttgart 1992.
Hubatsch, Walter (Hrsg.): Hitlers Weisungen für die Kriegführung 1939–1945. Koblenz 1983.
Irving, David: Hitler und seine Feldherren. Frankfurt/Main 1975.
Irving, David: Rommel. Hamburg 1978.
Irving, David: Hitlers Weg zum Krieg. München, Berlin 1979.
Irving, David: Hitlers Krieg. München 1983.
Jacobsen, Hans-Adolf (Hrsg.): Spiegelbild einer Verschwörung, 2. Bde. Stuttgart 1984.
Jochmann, Werner (Hrsg.): Adolf Hitler. Monologe im Führerhauptquartier 1941 bis 1944. Hamburg 1980.
Kardorff, Ursula von: Berliner Aufzeichnungen. München 1976.
Kehrl, Hans: Krisenmanager im Dritten Reich. Düsseldorf 1973.
Kramarz, Joachim: Claus Graf Stauffenberg. Frankfurt/Main 1965.
Krebs, Albert: Fritz-Dietlof Graf von der Schulenburg. Hamburg 1964.
Leber, Annedore: Das Gewissen steht auf. Berlin, Frankfurt/Main 1954.
Lehmann, Rudolf: Die Leibstandarte. 5 Bde. Osnabrück 1977–1987.
Lidell-Hart, Basil Henry: Jetzt dürfen sie reden. Stuttgart, Hamburg 1950.
Lukacs, John: Die Entmachtung Europas. Stuttgart 1978.
Manstein, Erich von: Verlorene Siege. Bonn 1955.
Manstein, Erich von: Aus einem Soldatenleben. Bonn 1958.
Manstein, Erich von: Soldat im 20. Jahrhundert. o. O. 1983.
Meyer, Kurt: Grenadiere. o. O. 1970.
Molden, Otto: Der Ruf des Gewissens. Wien, München 1958.
Müller, Christian: Oberst i. G. Stauffenberg. Düsseldorf 1970.
Overesch, Manfred (Hrsg.): Chronik deutscher Zeitgeschichte. 3 Bde. Düsseldorf 1982–1983.
Paar, Hans: Dilettanten gegen Hitler. Preußisch Oldendorf 1985.
Piekalkiewicz, Janusz: Unternehmen Zitadelle. Bergisch Gladbach 1983.
Remer, Otto Ernst: 20. Juli 1944. Hamburg 1951.
Remer, Otto Ernst: Verschwörung und Verrat um Hitler. Preußisch Oldendorf 1981.
Rendulic, Lothar: Gekämpft – Gesiegt – Geschlagen. Heidelberg 1952.
Ritter, Gerhard: Carl Goerdeler und die deutsche Widerstandsbewegung. Stuttgart 1954.
Rothfels, Hans (Hrsg.): Die deutsche Opposition gegen Hitler. Krefeld 1949.
Royce, Hans (Hrsg.): 20. Juli 1944. Bonn 1953/54.
Rühle, Gerd: Das Dritte Reich. 5 Bde. Berlin 1936–1938.
Scheringer, Richard: Das große Los. Ost-Berlin 1959.
Scheurig, Bodo: Claus Graf Schenk von Stauffenberg. Berlin 1964.
Scheurig, Bodo: Henning von Tresckow. Oldenburg, Hamburg 1973.
Schlabrendorff, Fabian von: Offiziere gegen Hitler. Zürich 1946.
Schramm, Percy Ernst (Hrsg.): Kriegstagebuch des Oberkommandos der Wehrmacht (Wehrmachtführungsstab). 4 in 7 Bdn. Frankfurt/Main 1961–1965.
Schulz, Ursula (Hrsg.): Adolf Reichwein. München 1974.
Schwinge, Erich: Bilanz einer Kriegsgeneration. Marburg 1979.
Schwinge, Erich: Churchill und Roosevelt aus kontinentaleuropäischer Sicht. Marburg 1982.
Speer, Albert: Erinnerungen. Berlin 1969.
Steiner, Felix: Die Armee der Geächteten. o. O. 1971.
Turner, Henry Ashby jr. (Hrsg.): Hitler aus nächster Nähe. Frankfurt/Main, Berlin, Wien 1978.
Venohr, Wolfgang: Verlegenheit um Stauffenberg? In: *Die Zeit*, 20. 3. 1964.
Venohr, Wolfgang: Glücklicher, toter Stauffenberg. In: *Die Zeit*, 28. 1. 1966.
Venohr, Wolfgang: Das Bild des Attentäters. In: *Die Zeit*, 17. 11. 1967.
Venohr, Wolfgang: Vorbild für ganz Deutschland. Fernsehfilm, ARD, 1967.
Venohr, Wolfgang: Über den Fronten. In: *Die Zeit*, 16. 7. 1971.

Venohr, Wolfgang (Hrsg.): Ungeliebte Deutsche. Hamburg 1972.
Venohr, Wolfgang: Henning von Tresckow. Fernsehfilm, ARD, 1972.
Venohr, Wolfgang: Stauffenberg – Symbol der deutschen Einheit. Frankfurt/Main, Berlin 1986.
Venohr, Wolfgang: Stauffenbergs geistiger Hintergrund. In: *Damals*, 1987, H. 11.
Wagner, Eduard (Hrsg.): Der Generalquartiermeister. München, Wien 1963.
Wheeler-Bennett, John W.: The Nemesis of Power. New York 1953.
Young, Arthur P.: Die X-Dokumente. München, Zürich 1989.
Zeller, Eberhard: Geist der Freiheit. München 1952.

REGISTER

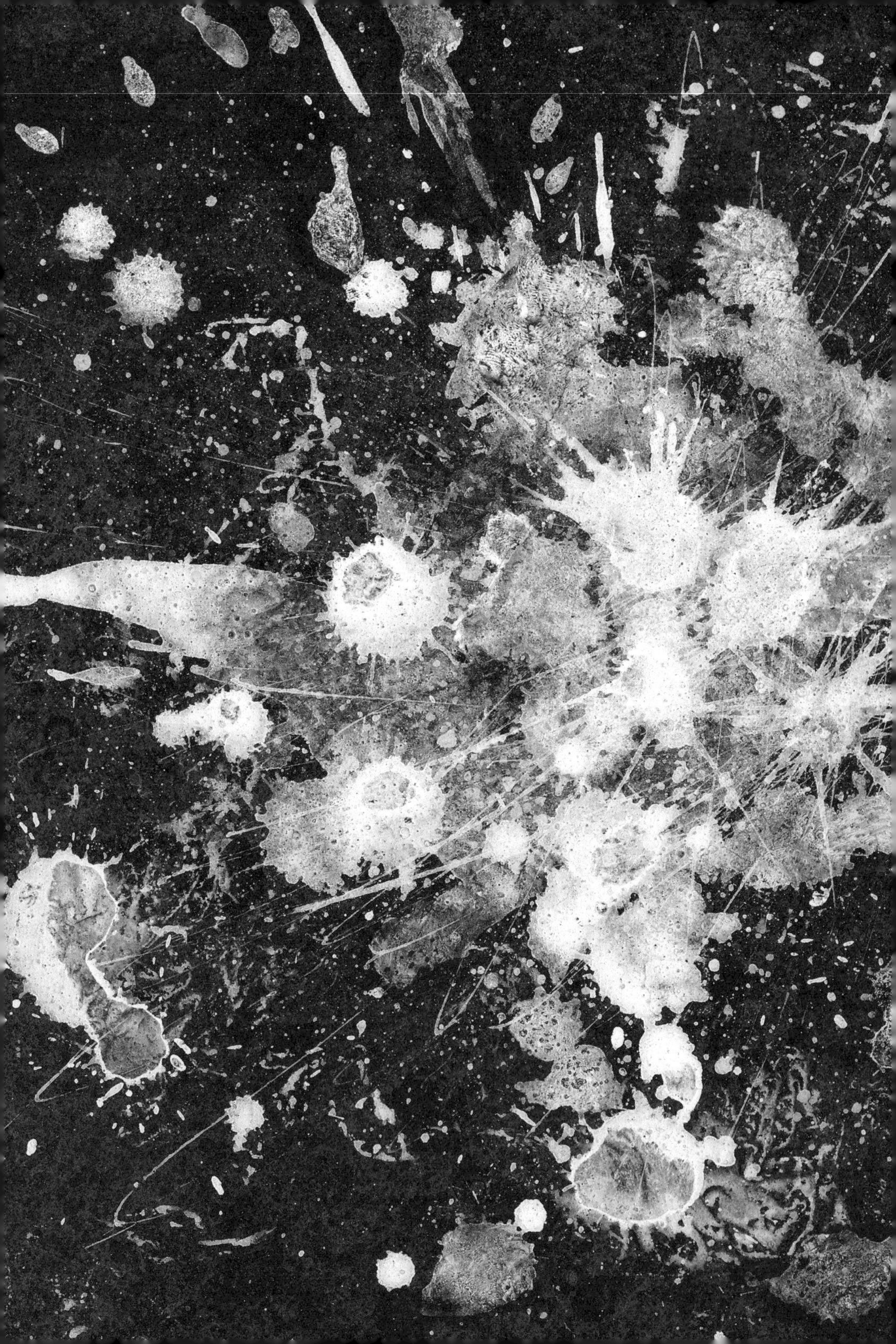